推荐语

王　峰

区块链技术引发的数字货币革命悄然而至。对区块链的理解，如果不拿真金白银去领悟，不参与投资加密数字资产，可能都只是纸上谈兵。本书以加密数字货币基础知识为出发点，综合其交易技术要点、指标运用、数据操作等多个维度进行深度解读，是加密数字资产投资者的实用工具教材。

——火星财经及共识实验室发起人、蓝港互动集团创始人　王峰

在新的数字经济发展过程中，数字货币已经成为普通百姓资产配套的重要组成部分。数字货币的价格发现和流通需要通过交易的手段实现。如何能够在交易过程中实现盈利？这个需要传统的技术分析和基本面的分析，也需要实操经验。该书籍是作者济卿凭先生以金融视角入局，用一线的经验总结，从几百万字手稿中提炼所得的数字货币交易精华。可以大大缩短读者的摸索之路。

济老师之前也出过两本受到读者好评的书《期货交易盈利策略》和《黄金交易盈利策略》。这本书是作者的第三本书，除了描述数字货币交易的独到之处，还有底层逻辑。细细品读，让人总觉得意犹未尽，获益匪浅。

黄连金

——中国管理科学学会金融科技研究院特聘区块链专家、中国电子学会区块链分会专家委员、云安全联盟大中国区区块链安全工作组主席、中国移动通信联合会区块链专委会首席安全专家　黄连金

贺　源

济老师的书籍被想学习交易技术的人视为最实用的工具类教科书，使很多人对交易的理解豁然开朗。"卿若吾师"是每一位受益者心中对济老师的一份敬重与感恩。多年的行业经验使我在初次结识济老师时就有强烈的感应，此人此书将把更多的人生可能性与机遇带给加密货币爱好者们。我相信未来此行业中将诞生更多的交易新星。你将是这万千受益者中的一人么？

——品牌及流量运作人、济卿凭亚洲交易共建体创始合伙人　贺源

数字货币市场是个相对年轻市场，对这个市场的规律把握，学界还未有翘楚者，济卿凭老师的这本《数字货币交易盈利策略》可以说填补了这个领域的空白。这本书把济老师成功实战的丰富经验进行理论总结，对投资者具有很强的实操指导意义！

——国家信息中心中经网管理中心副主任、中国通信工业协会区块链专委会副主任、区块链经济学者 朱幼平

朱幼平与作者济卿凭

区块链技术应用，推动数字经济狂飙突进。未来，数字货币将影响到每一个人的生活。近年来，以比特币为代表的加密数字货币交易，引无数投资者竞折腰。何以分享匠心，授之以渔？凭借战略眼光、实操经验，揭秘交易背后的商业密码，济卿凭老师的《数字货币交易盈利策略》备受期待。全面认知，运筹帷幄，决胜市场，这本书终将成为投资者睥睨天下的指南。

——国家石墨烯联盟理事长、世界区块链联盟执行主席、海南省科学院副院长 赵猛

赵猛与作者济卿凭

Mr. Ji QingPing has understood the finacial transaction industry to the extreme.

——现代华尔街风云人物，被誉为最富远见的国际投资家，美国证券界最成功的实践家之一 吉姆·罗杰斯

吉姆·罗杰斯与作者济卿凭

数字货币
交易盈利策略

**DIGITAL CURRENCY
TRADING PROFIT STRATEGY**

济卿凭 ○ 著

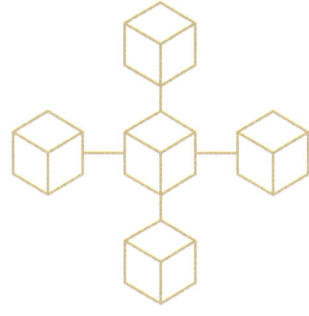

智慧不可赐 唯有通过磨难方可获得

扫一扫，听听济老师想对你说的话。

广东经济出版社

·广州·

图书在版编目（CIP）数据

数字货币交易盈利策略/济卿凭著．—广州：广东经济出版社，2020.10（2025.6重印）
ISBN 978-7-5454-7384-1

Ⅰ.①数… Ⅱ.①济… Ⅲ.①数字货币－金融交易－研究 Ⅳ.①F830.95

中国版本图书馆CIP数据核字（2020）第188337号

责任编辑：罗振文　周伊凌
责任技编：陆俊帆

数字货币交易盈利策略
SHUZI HUOBI JIAOYI YINGLI CELÜE

济卿凭　著

出版人	刘卫平
出版发行	广东经济出版社（广州市环市东路水荫路11号11~12楼）
经销	全国新华书店
印刷	佛山市迎高彩印有限公司 （佛山市顺德区陈村镇广隆工业区兴业七路9号）
开本	787毫米×1092毫米　1/16
印张	19.25
字数	347千字
版次	2020年10月第1版
印次	2025年6月第6次
书号	ISBN 978-7-5454-7384-1
定价	68.00元

图书营销中心地址：广州市环市东路水荫路11号11楼
电话：（020）87393830　邮政编码：510075
如发现印装质量问题，影响阅读，请与本社联系
广东经济出版社常年法律顾问：胡志海律师
·版权所有　翻印必究·

前言

近两年来，区块链技术已经越来越受到全球各国政府、组织和企业的重视。2019年10月24日，中共中央政治局就区块链技术发展现状和趋势进行第十八次集体学习。中共中央总书记习近平强调，区块链技术的集成应用在新的技术革新和产业变革中起着重要作用。我们要把区块链作为核心技术自主创新的重要突破口，明确主攻方向，加大投入力度，着力攻克一批关键核心技术，加快推动区块链技术和产业创新发展。同时，习近平总书记指出，区块链技术应用已延伸到数字金融、物联网、智能制造、供应链管理、数字资产交易等多个领域。目前，全球多个国家都在加快区块链技术发展的布局。我国在区块链领域拥有良好基础，在加快推动区块链技术和产业创新发展、积极推进区块链和经济社会融合发展方面有一定的优势。

以比特币为首的数字货币作为区块链技术现今较为主流的应用，近期发展得越来越好。笔者深知顺应一个时代趋势的重要性，以极具前瞻性的眼光，自2016年开始踏入区块链数字货币领域，通过整合全球优质资源，精准跟紧时代节拍，并运用自身多年极具价值的金融交易经验，探索数字货币交易技巧，目前笔者已成为国内数字货币合约交易行业的先行探索者。进入新技术领域后，笔者及团队致力于为全球新技术和新商业创业者、投资者、职业精英、学术领导者搭建区块链新技术及应用、数字货币交易知识与投资经验分享和沟通交流的平台。自进入数字货币合约交易领域后，笔者时常对投资者朋友强调要时刻保持正确的风险意识，学习正确的交易理念及搭建属于自己的交易系统，短期内已有不少学员领悟到交易的真谛并实现稳定盈利，进入行业后更是几乎抓住所有波段以上级别行情。笔者

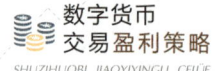

通过精准预测并提前埋伏，数次抓住比特币2000点以上行情并实现单日单次最高28倍的收益。

笔者自2013年进入金融交易行业，先后交易过国际黄金白银、伦敦铜、外汇、A股、港股、美股、国内商品期货等。凭着多年的交易经验，笔者认为，数字货币交易是所有交易标的物中形态最规则、诱多及诱空行情出现最少、最容易盈利的品种。基于以上种种原因，2020年1月初，抱着推动数字货币交易行业向前发展的使命，笔者开始着手撰写本书，目的是让更多交易者及有兴趣者全面了解这个新兴的交易市场，使更多人能够把握当下时代数字货币交易的趋势，在人生的旅途里能多一条改变命运的路。读者通过对书籍的系统化学习，可迅速掌握数字货币交易的看盘方式和交易技术等，实现自身交易利润大幅增长。

济卿凭
2020年5月

目录 CONTENTS

第一章　区块链技术与数字货币　/ 1

第一节　区块链技术与比特币　/ 2
第二节　比特币诞生的起源及特点　/ 6
第三节　主流数字货币　/ 8
第四节　数字货币的重要事件　/ 18
第五节　数字货币合约交易的说明　/ 26
第六节　数字货币合约的名词解释　/ 28
第七节　正向合约与反向合约的区别　/ 33
第八节　数字货币合约的交易类型　/ 34

第二章　数字货币K线组合及形成理论　/ 37

第一节　K线的定义　/ 38
第二节　K线的分类　/ 39
第三节　多头吞没线的组合特征　/ 42
第四节　空头吞没线的组合特征　/ 44
第五节　孕多线的组合特征　/ 46
第六节　孕空线的组合特征　/ 49
第七节　多方炮的组合特征　/ 52
第八节　空方炮的组合特征　/ 54
第九节　希望之星的组合特征　/ 56

第十节　黄昏之星的组合特征　　　　　　　　　　　/ 58

第十一节　金针探底的组合特征　　　　　　　　　　/ 60

第十二节　金针探顶的组合特征　　　　　　　　　　/ 62

第十三节　绝地反攻的组合特征　　　　　　　　　　/ 64

第十四节　一叶知秋的组合特征　　　　　　　　　　/ 66

第十五节　仙人指多的组合特征　　　　　　　　　　/ 68

第十六节　仙人指空的组合特征　　　　　　　　　　/ 70

第十七节　串阳组合的组合特征　　　　　　　　　　/ 72

第十八节　串阴组合的组合特征　　　　　　　　　　/ 74

第十九节　上下影转多的组合特征　　　　　　　　　/ 76

第二十节　上下影转空的组合特征　　　　　　　　　/ 78

第二十一节　多头/空头加速的组合特征　　　　　　/ 80

第二十二节　多头/空头乏力的组合特征　　　　　　/ 82

第三章　数字货币交易K线形态　　　　　　　　　　/ 85

第一节　支撑与阻力的形态特征　　　　　　　　　　/ 86

第二节　反支撑与反阻力的形态特征　　　　　　　　/ 87

第三节　诱多/诱空形态的形态特征　　　　　　　　/ 89

第四节　上涨中继平台的形态特征　　　　　　　　　/ 91

第五节　下跌中继平台的形态特征　　　　　　　　　/ 92

第六节　上涨三浪的形态特征　　　　　　　　　　　/ 94

第七节　下跌三浪的形态特征　　　　　　　　　　　/ 95

第八节　三次探顶的形态特征　　　　　　　　　　　/ 97

第九节　三次探底的形态特征　　　　　　　　　　　/ 98

第十节　箱体整理的形态特征　　　　　　　　　　　/ 100

第十一节　通道上轨的形态特征　　　　　　　　　　/ 103

第十二节　通道下轨的形态特征　　　　　　　　　　/ 104

第十三节　三角形形态的形态特征　　　　　　　　　/ 106

第十四节　V形反转的形态特征　　　　　　　　　　/ 108

第十五节　岛形反转的形态特征　　　　　　　　　　/ 110

第十六节　头肩顶的形态特征　　　　　　　　　　　/ 111

第十七节　头肩底的形态特征　　　　　　　　　　／113

第十八节　头肩顶失败的形态特征　　　　　　　　／114

第十九节　头肩底失败的形态特征　　　　　　　　／115

第二十节　重心上移的形态特征　　　　　　　　　／117

第二十一节　重心下移的形态特征　　　　　　　　／118

第二十二节　密集交易区的形态特征　　　　　　　／120

第二十三节　多头强势变盘图形汇总　　　　　　　／121

第二十四节　空头强势变盘图形汇总　　　　　　　／125

第二十五节　如何画线　　　　　　　　　　　　　／130

第四章　MACD 指标与 BOLL 指标的应用　　　／133

第一节　MACD 的顶背离特征　　　　　　　　　／134

第二节　MACD 的底背离特征　　　　　　　　　／136

第三节　MACD 的顶背离失败　　　　　　　　　／138

第四节　MACD 的底背离失败　　　　　　　　　／139

第五节　MACD 区间顶底背离失败　　　　　　　／141

第六节　BOLL 支撑位　　　　　　　　　　　　／142

第七节　BOLL 阻力位　　　　　　　　　　　　／143

第八节　BOLL 上开口　　　　　　　　　　　　／144

第九节　BOLL 下开口　　　　　　　　　　　　／146

第十节　BOLL 收口　　　　　　　　　　　　　／147

第五章　数字货币交易系统的构成　　　　　　　／149

第一节　关于交易系统看盘的周期转换　　　　　　／150

第二节　关于震荡行情与单边行情的转换关系　　　／151

第三节　关于同级别震荡修整与单边释放的含义　　／152

第四节　关于顺势而为的具体含义　　　　　　　　／153

第五节　关于追涨杀跌的具体解析　　　　　　　　／155

第六节　关于行情预期变盘方向的预判　　　　　　／156

第七节　关于进单设置移动止损位的问题　　　　　／157

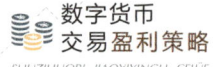

第八节	关于实盘仓位的轻重分配问题	/ 158
第九节	关于中线与波段行情中包含短线机会问题	/ 161
第十节	关于持单的问题	/ 162

第六章 比特币历史行情全面解析 / 165

第一节	2019 年 7 月 27 日行情分析	/ 166
第二节	2019 年 7 月 28 日行情分析	/ 171
第三节	2019 年 7 月 29 日行情分析	/ 172
第四节	2019 年 7 月 30 日行情分析	/ 175
第五节	2019 年 8 月 1 日行情分析	/ 177
第六节	2019 年 8 月 2 日行情分析	/ 180
第七节	2019 年 8 月 10 日行情分析	/ 182
第八节	2019 年 8 月 12 日行情分析	/ 184
第九节	2019 年 8 月 15 日行情分析	/ 187
第十节	2019 年 8 月 29 日行情分析	/ 190
第十一节	2019 年 9 月 3 日行情分析	/ 191
第十二节	2019 年 9 月 7 日行情分析	/ 193
第十三节	2019 年 9 月 9 日行情分析	/ 195
第十四节	2019 年 9 月 25 日行情分析	/ 197
第十五节	2019 年 10 月 26 日行情分析	/ 198
第十六节	2019 年 11 月 1 日行情分析	/ 199
第十七节	2019 年 11 月 22 日行情分析	/ 201
第十八节	2019 年 12 月 19 日行情分析	/ 203
第十九节	2019 年 12 月 25 日行情分析	/ 205
第二十节	2019 年 12 月 31 日行情分析	/ 208
第二十一节	2020 年 1 月 5 日行情分析	/ 210
第二十二节	2020 年 1 月 16 日行情分析	/ 213
第二十三节	2020 年 3 月 21 日行情分析	/ 216

第七章　世界主流币种K线行情分析　/ 219

第一节　以太坊（ETH）的行情分析　/ 220

第二节　莱特币（LTC）的行情分析　/ 226

第三节　瑞波币（XRP）的行情分析　/ 231

第四节　比特币现金（BCH）的行情分析　/ 233

第五节　EOS代币的行情分析　/ 238

第六节　以太经典（ETC）的行情分析　/ 242

第七节　比特币SV（BSV）的行情分析　/ 248

第八章　数字货币正确交易理念　/ 255

第一节　掌握K线规律的重要性　/ 256

第二节　构建交易系统的重要性　/ 257

第三节　交易盈利的根源性问题　/ 259

第四节　只操作形态的重要意义　/ 260

第五节　等待安全买点的重要性　/ 262

第六节　进单设置止损位的重要性　/ 264

第七节　分批止盈仓位的重要性　/ 265

第八节　加仓不同时机的双面性　/ 266

第九节　亏光本金的几种做单方式　/ 271

第十节　关于杜绝锁单操作问题　/ 272

第十一节　不断更改止损位的严重后果　/ 273

第十二节　不要让盈利演变为亏损　/ 275

第十三节　只等待属于自己的行情　/ 275

第十四节　较大盈利后的处理方式　/ 276

第十五节　规避四种不良的做单习惯　/ 277

第十六节　关于交易执行力的问题　/ 278

第十七节　摒弃各种复杂技术指标　/ 279

第十八节　获得较大盈利的途径　/ 279

第十九节　关于保本的两种方法　/ 280

第二十节　在相对高位/低位平仓的意义　/ 281

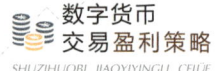

第二十一节　冲动交易与频繁交易的解决办法　　　/ 281

第二十二节　交易过程中需克服的人性弱点　　　／ 284

第二十三节　交易过程中需具备的优秀品质　　　／ 288

后记　　　／ 294

第一章
区块链技术与数字货币

导读

区块链是一个信息技术领域的术语。从本质上讲，它是一个共享数据库，存储于其中的数据或信息，具有"不可伪造""全程留痕""可以追溯""公开透明""集体维护"等特征。基于这些特征，区块链技术奠定了坚实的"信任"基础，创造了可靠的"合作"机制，具有广阔的运用前景。

2019年1月10日，国家互联网信息办公室发布《区块链信息服务管理规定》。2019年10月24日，在中共中央政治局第十八次集体学习时，习近平总书记强调，"把区块链作为核心技术自主创新的重要突破口""加快推动区块链技术和产业创新发展"。"区块链"已走进大众视野，成为社会的关注焦点。

第一节 区块链技术与比特币

一、区块链的诞生

区块链起源于比特币。2008年11月1日,一位自称中本聪(Satoshi Nakamoto)的人发表了《比特币:一种点对点式的电子现金系统》一文,阐述了基于P2P网络技术、加密技术、时间戳系统、区块链技术等电子现金系统的构架理念。这篇论文描述了一个全新的数字货币系统,标志着比特币的诞生,同时标志着比特币的底层技术——区块链的诞生。中本聪在论文发表两个月后由理论步入实践。2009年1月3日,中本聪在位于芬兰赫尔辛基的一个小型服务器上,亲手创建了第一个区块——比特币的创世区块,至此,第一个序号为0的创世区块诞生。2009年1月9日序号为1的区块出现,并与序号为0的创世区块相连接形成了链,区块链就此诞生。

近年来,世界各国对比特币的态度摇摆不定,但作为比特币底层技术之一的区块链技术却日益受到重视。在比特币形成过程中,区块是一个一个的存储单元,记录了一定时间内各个区块节点的全部交流信息。各个区块之间通过散列函数(也称哈希算法)实现链接,后一个区块包含前一个区块的哈希值,随着信息交流的扩大,一个区块与一个区块相继接续,形成的结果就叫区块链。

区块链是比特币的底层技术,比特币是区块链的第一个应用。比特币诞生后,国内外各大金融机构争相研究区块链,并寻求区块链的实际应用。在近10年的发展过程中,区块链已经完成了对比特币的"脱离",作为底层技术被发掘和推广,逐渐发展成有币区块链和无币区块链两种形式。人们发现区块链技术不仅可用于数字货币,由于其自身的去中心化、不可被篡改、公开透明、分布式存储等特性,还可运用到更大的范围、更多的行业中。区块链技术已经逐渐得到了世界各国的认可。2015年《经济学人》杂志发表了封面文章《重塑世界的区块链技术》,之后区块链技术在全球掀起一股金融科技狂潮,仅2016年就有数十亿美元被投到与区块链相关的企业当中。2017年9月,我国《经济日报》发表文章《我国区块链产业有望走在世界前列》,公开支持区块链技术发展。区块链在我国金融、保险、零售、公证等实体经济领域的应用开始加速落地。

从科技层面来看，区块链涉及数学、密码学、互联网和计算机编程等科学技术。从应用视角简单来说，区块链是一个分布式的共享账本和数据库，具有去中心化、不可被篡改、全程留痕、可以追溯、集体维护、公开透明等特点。这些特点保证了区块链的"诚实"与"透明"，为区块链解决信任问题奠定基础。而且区块链技术可被应用于丰富的场景，这是因为区块链技术基本上能够解决信息不对称问题，实现多个主体之间的协作信任与一致行动。

区块链是分布式数据存储、点对点传输、共识机制、加密算法等计算机技术的新型应用模式。它本质上是一个去中心化的数据库，同时作为比特币的底层技术，它又是一串使用密码学方法关联产生的数据块，每一个数据块中都包含了一批次比特币网络交易的信息，用于验证其信息的有效性（防伪）和生成下一个区块。

对区块链的概念我们可以作如下简单理解。A借钱给B，A怕B赖账，于是找来村主任做公证，记录了这笔借款，这就是中心化。但如果A不找村主任，而是找来村里所有人来做公证，村里每个人手里都有一个账本，都记录了这笔借款，这就叫去中心化。以前这个村主任德高望重，掌握着全村的账本，大家都把钱存在他那里，这是过去大家对中心化（村主任）的信任。但是现在出现了一些问题，比如：①村主任年事已高，万一离世怎么办？②村里有小偷偷走账本，怎么办？③村主任开始收取记账手续费，想存钱的人找不到村主任无法记账，怎么办？④村主任偷偷挪用大家的钱，怎么办？这些都是中心化的弊端！于是大家每个人都拿一本账本，任何人之间转账、借款，都通过大喇叭广播出去，每个人收到消息后，都在自家的账本上记下这笔交易，这就是去中心化。有了这些分布式账本，即使村主任、A和B的账本都丢了也没关系，因为村里其他人都有账本。这个账本上的每一页纸就可以理解成一个"区块"，整本账本就可以理解成"区块链"。

以比特币的区块链系统为例：比特币的所有交易信息都被记录在区块链中。如果把区块链比喻成一个实体账本，那么每一个区块就相当于这个账本中的一页。一个新区块诞生的时间系统设定是10分钟，每一个区块上记载着比特币网络这10分钟的交易信息，然后通过时间戳系统按照顺序，使用密码学原理将数据区块相连组合成一种链状的结构，并保证其数据不可被篡改和不可被伪造，利用非对称加密技术保证私钥的安全性，利用共识机制中的工作量证明解决在去中心化系统中如何公平地分发2100万枚比特币的问题，以及保证在整个去中心化的区块链网络中，所有记录保持一致。

二、区块链的技术特征

1. 去中心化。去中心化是区块链最基本的特征，区块链不再依赖中心化机构，实现了数据的分布式记录、存储和更新。在生活中，比如当我们在淘宝购物时，实际上消费者的钱由支付宝这样的机构进行管理和储存。转账、消费时机构在我们的账户余额上做减法，收款时做加法。你的个人信息也都在机构的数据库中，这些操作都围绕着第三方机构这个中心。但如果机构的服务器损坏、受到攻击导致数据丢失，那我们的记录就会被销毁，无法查询交易，甚至导致我们无法追回在机构内的现金等。还有可能出现另一种常见的问题——个人信息泄露。这就是中心化的缺点。但由区块链技术支撑的交易模式则不同，买卖双方可以直接交易，无须通过任何第三方支付平台，同时也无须担心自己的其他信息被泄漏。去中心化的处理方式会更加简单和便捷，当中心化交易数据过多时，去中心化的处理方式还能节约很多资源，使整个交易自主、简单化，并且排除了被中心化控制的风险。

2. 全球流通。区块链资产首先是基于互联网的，只要有互联网的地方，区块链资产就可以流通。这里的互联网可以是万维网，也可以是各种局域网，所以区块链资产是全球流通的。只要有互联网，就可以进行区块链资产转账操作。相较于中心化的方式，区块链资产在全球流通的转账手续费非常低，比如早期比特币转账手续费为0.0001BTC。相对于传统转账来说，区块链资产到账也非常快，一般几分钟到1小时就能到账。

3. 匿名性。别人无法知道你的区块链资产有多少，以及你给谁转账了，这种匿名性是不分程度的。比特币的匿名性也是其基本特点，在区块链网络上只能查到转账记录，无法查到地址背后对应的人，但是一旦知道这个地址背后对应的人是谁，也就能查到其所有相关的转账记录和资产。达世币和门罗币匿名性做得更高，即使查到了地址背后对应的是谁，你也无法知道他所有的转账信息；而Zcash（大零币）将匿名性做到极致，只有拥有私钥的人才能查到所有转账信息。

4. 开放性。区块链系统是公开透明的，除了交易各方的私有信息被加密外，数据对全网节点是公开透明的，任何人都可以通过公开的接口查询区块链数据记录或者开发相关应用，这是区块链系统值得信任的基础。区块链数据记录和运行规则可以被任何人审查、追溯，具有很高的透明度。

5. 信息不可被篡改。区块链系统里的信息一旦通过验证并添加至区块链，就会被永久存储，并无法被更改（具备特殊更改需求的私有区块链等系统除外）。除非能够同时控制系统中超过51%的节点，否则在单个节点上对数据库的修改是无效的，因此区块链的数据稳定性和可靠性极高。哈希算法的单向性可保证区块链网络不被篡改。

6. 自治性。区块链采用基于协商一致的规范和协议（比如一套公开透明的算法）使得整个系统中的所有节点能够在去中心的环境中自由安全地交换数据，整个区块链系统不依赖第三方，所有节点能够在系统内自动安全地验证、交换数据，使得对"人"的信任变成了对机器的信任，任何人为的干预都不起作用。

三、区块链的应用领域

互联网是我们已经不再陌生的概念，它渗入到我们生活的方方面面，可以实现信息高速、低成本传输。如果说互联网是一条传输信息的高速公路，那么区块链就是传输价值的高铁，其去中心化的价值传输体系，具有信息公开透明、不可被篡改、全球流通且交易成本低等特点。区块链技术适用于暂时无信任中心、信任成本高、跨中心价值传输等领域。目前，比特币是区块链技术最著名也是最成功的应用，所以金融领域是区块链最天然的应用场景。区块链的应用领域广泛，近年来，其在档案管理、数据储存、记账方式、专利保护等社会管理领域，在物品溯源、防伪等物联网领域，在公证领域，在慈善捐款等公益领域的运用均体现了区块链上信息公开透明且不可被篡改的特点；在交易清算结算、私募等金融服务领域的运用体现了区块链低交易成本的特点；在社交、通信领域，在共享租赁等共享经济领域的运用体现了区块链全球流通的特点。区块链正在逐渐发挥着巨大潜能，未来也会有更广阔的应用空间，将彻底革新现有价值传输体系。

比特币

比特币的概念最初由中本聪在2008年11月1日提出，并于2009年1月3日正式诞生。比特币是一种P2P形式的虚拟的加密数字货币。点对点的传输意味着一个去中心化的支付系统。

与其他货币不同，比特币不依靠特定货币机构发行，它通过特定算法的大量计算产生。比特币经济使用整个P2P网络中众多节点构成的分布式数据库来确认并记录所有的交易行为，并使用密码学的设计来确保货币流通各个环节的安全性。P2P的去中心化特性与算法本身可以确保他人无法通过大量制造比特币来操控币值。基于密码学的设计可以使比特币只能被真实的拥有者转移或支付。这同样确保了货币所有权与流通交易的匿名性。比特币与其他虚拟货币最大的不同，是其数量非常有限，具有极强的稀缺性。

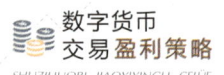

第二节 比特币诞生的起源及特点

比特币（简称BTC）的概念最初由中本聪在2008年提出，是一种点对点、去中心化的数字资产。比特币是一种P2P形式的数字加密货币，预计于2140年发行完毕，共2100万枚，具有极强的稀缺性。德国为首个认可比特币的国家，微软、戴尔也纷纷接受比特币支付。比特币与传统货币不同，比特币不依靠特定货币机构发行，它通过特定加密算法的大量计算产生，密码学的设计确保其流通各个环节的安全性。

目前，便捷获取比特币的方式主要有以下两种：

1. 提供地址给对方，转账即可，一般几分钟即可到账。
2. 可通过交易所进行法币交易购买，也可以通过交易所购买其他主流币种。

一、比特币的起源

传统货币还存在于一个中心（国家银行、支付宝、微信等）体系中，如果发生意外，例如这些第三方的服务器受到损坏，那我们的交易记录就被销毁了，无法查询交易。存在银行里的钱，在特殊时期，有可能被查封、冻结、没收，我们将无法取款存款，或者发生意外导致货币销毁、无法追回等。同时由国家发行的法定货币存在超印的情况，会引起通货膨胀。在2008年全球经济危机中，美国政府因为有记账权所以可以无限增发货币。中本聪觉得这样很不靠谱，于是发明创造了一种新型支付体系。他发表的论文《比特币：一种点对点的电子现金系统》，描述了全新的电子现金系统——比特币。比特币是一种去中心化的电子现金系统，解决了在没有中心机构的情况下，总量恒定的数字资产发行和流通的问题，通过比特币系统转账，完全公开透明，全网记录信息，让大家都有权来记账，十分公平。这就是比特币的原理和产生动机。比特币的出现，标志着比特币的底层技术——区块链的诞生。所以中本聪成为比特币的开发者兼创始者。2008年11月1日，一封不起眼的帖子出现在Cryptography Info Page（加密信息页）的"密码学邮件组"里，帖子言论大胆："我正在开发一种新的电子货币系统，采用完全点对点的形式，而且无须授信第三方的介入。"帖子署名就是中本聪。2009年1月3日，中本聪落实自己的想法，在赫尔辛基的一个服务器上创建、编译、打包了第一份开源代码；在当天的18时15分，他创建了比特币世界的第一个区块（block）——"创世区块"。于是比特币就出现了。

二、比特币的特点

去中心化：不依赖任何一个中心记账，没有中央银行，而是由所有人一起来维护一个账本，任何人都可以去抢记账权。去中心化是比特币安全与自由的保证。

不可被篡改：每一个区块都被盖上了时间戳，所有区块首尾相连，一旦想更改区块内的数据，时间戳就对不上了；而且所有人都在盯着，想篡改至少要有超过一半的人愿意跟篡改者一起操作。

公开透明：任何一个账户的往来账目都可以在区块链上查到。当你转账给别人时，不用担心对方收了钱不认账，区块链上都记得一清二楚。

国际化，无国界流通：因为比特币只存在于互联网中，如果用户想转账、支付、购买比特币，只需要联网操作就可以。全世界有近一半的国家接受比特币，其比美元、人民币等货币更加国际化。

抗通货膨胀：各个国家法币的总量是没有上限的，政府每年都在大量印钱，而比特币的数量上限是2100万枚，且任何人不得更改。

专属所有权：操控比特币需要私钥，它可以被隔离保存在任何存储介质中，除了用户自己外无人可以获取。

比特币作为最早的数字货币，是区块链最成功的应用之一，具有标志性的意义，是第一个被大家真正认识到的数字货币。所有的交易所都支持比特币，在所有的现货和期货交易中比特币都是成交量最大的。所以想入门数字货币，比特币是不二之选。比特币创造了一种价值流动，价值的本质就是共识！它所拥有的价值不仅仅是2100万枚比特币那么简单，更多的是它背后藏着参与者的一种共识，这个共识才是最难能可贵的，所以这种共识一天不消失，就意味着它一直都会有价值，都会存在。再加上它本身的数量也比较少，比特币代表的市值越来越高，越来越多的人相信并认可它，越来越多的人在使用它，越来越多的人在参与寻找它，这是一个不可逆的过程。

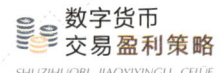

第三节 主流数字货币

一、泰达币（USDT）

（一）什么是泰达币

泰达币是Tether公司推出的基于稳定价值货币美元（USD）的代币Tether USD（下称USDT），1 USDT=1美元，用户可以随时使用USDT与USD进行1∶1兑换。Tether公司严格遵守1∶1准备金保证的规定，即每发行1个USDT代币，其银行账户都会有1美元的资金保障。用户可以在Tether平台储存账户状态，这体现了USDT的透明性。用户可以通过SWIFT（环球同业银行金融电信协会）电汇美元至Tether公司提供的银行账户，或通过交易所换取USDT。赎回美元时，反向操作即可。用户也可在交易所用比特币换取USDT。

USDT是在比特币区块链上发布的基于Omni Layer协议的数字资产。USDT最大的特点是，它与同数量的美元是等值的。USDT被设计为法定货币在数字网络上的复制品，使之成为波动剧烈的加密货币市场中良好的保值代币。

（二）泰达币的特点

1. 直观：USDT与美元是等值的，每个币种等于多少USDT，也就相当于它的单价是多少美元。

2. 稳定：因为USDT是由法定货币支撑的，所以用户可以在不受多数区块链资产价格波动影响的情况下在区块链资产市场上继续进行交易。

3. 透明：USDT的发行公司Tether声称其法定货币储存账户有定期审计，以确保市面流通的每一枚USDT都有对应的1美元作为支撑。储存账户状态是公开的，用户可以随时查询到。此外，所有的USDT交易记录都会公布在公链上。

4. 小额交易费用：在Tether账户间交易或者在储存有USDT的钱包间交易都不收手续费。但将USDT转换为法定货币时需要收取交易服务费。

（三）常用链接

官方网站：https://tether.to/。

区块查询：https://www.omniexplorer.info/。

二、BTC（比特币）

（一）什么是比特币

比特币是目前使用最广泛的一种数字货币，它诞生于2009年1月3日，是一种点对点（P2P）传输的数字加密货币，总量2100万枚。

比特币因去中心化、全球流通、低交易费用、匿名流通等特点，备受科技爱好者青睐。近年来华尔街、多国央行等传统金融机构开始研究比特币区块链技术，日本政府正式承认比特币支付为法定支付方式，越来越多的日本商家接受比特币支付。

（二）比特币的优势

1. 去除中心化。没有发行机构，也就不可能操纵发行数量。比特币的发行与流通，通过开源的P2P算法实现。

2. 网络健壮性。比特币完全依赖P2P网络，无发行中心，所以外部无法破解它。虽然比特币价格可能会波动，但比特币和比特币庞大的P2P网络不会消失。想要控制比特币网络51%的运算力，所需要的CPU和GPU数量将是一个天文数字。

3. 支付自由。无论何时何地都可以即时支付和接收任何数额的比特币资金。无银行假日，无国界，无强加限制。比特币允许其用户完全控制他们的资金。

4. 极低的手续费用。目前对比特币支付的处理不收取手续费，或者仅收取极少的手续费。用户可以把手续费包含在交易中来获得处理优先权，以此更快收到由网络发来的交易确认。另外，也有商家处理器协助商家处理交易，它将比特币兑换成法定货币并直接将资金存入商家的银行账户。因为这些服务都基于比特币，所以只需要远低于PayPal或信用卡网络的手续费。

5. 降低商家的风险。比特币交易是安全的、不可撤销的，并且不包含顾客的个人信息或敏感信息。这避免了欺诈或欺诈性退单给商家造成的损失，而且商家也没有必要遵守支付卡行业数据安全标准。在信用卡无法使用或欺诈率高得令人无法接受的地方，商家通过比特币可以很容易地开拓新的市场。最终结果是更低的手续费用、更大的市场和更少的行政成本。

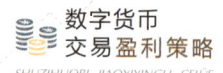

6. 安全性和可控性高。比特币的用户完全控制自己的交易，商家不可能强制收取那些在其他支付方式中可能发生的不该有或不易被发现的费用。用比特币付款时无须在交易中绑定个人信息，这对个人身份信息提供了极大的保护。比特币的用户还可以通过备份和加密保护自己的资金。

7. 透明和中立。关于比特币资金供给本身的所有信息都存储在区块链中，任何人都可以实时检验和使用。但没有任何人或组织能控制或操纵比特币协议，因为它是受密码保护的。这使得比特币被认为是完全中立、透明以及可预测的。

（三）比特币的缺点

1. 交易平台的不确定性。比特币网络很健壮，但比特币交易平台存在不确定性。交易平台通常是一个网站，而网站会遭到黑客攻击致比特币丢失，或者网站被所在国家政府关闭。

2. 价格波动大。大量炒家介入，导致比特币兑换现金的价格如过山车一般起起伏伏。这使得比特币更适合投机，而不是匿名交易。

3. 接受程度。仍然有很多人不知道比特币。虽然每天有很多的企业接受比特币，因为它们希望从中受益，但接受比特币的企业仍然很少，为了从网络效应中获利，仍然需要有更多的企业接受比特币。

4. 波动性。流通中的比特币总价值和使用比特币的企业数量及企业规模相比仍然非常小。因此，相对较小的事件、交易或业务活动都可以显著地影响其价格。从理论上讲，随着比特币的市场和技术的成熟，这种波动影响将会减小。

5. 处于发展阶段。比特币交易软件中许多未完成的功能正处于积极研发阶段。新的工具、特性和服务正在研发中，以使比特币更为安全，为更多大众所使用。其中有一些功能目前还不是每个用户都能使用的，大部分比特币业务都是新兴的，尚不提供保险。总体来说，比特币尚处于走向成熟的发展过程当中。

（四）详细参数

比特币的详细参数见表1-1。

表1-1 比特币的详细参数

中文名：比特币	英文名：Bitcoin	英文简称：BTC
研发者：中本聪（Satoshi Nakamoto）	核心算法：SHA-256	发布日期：2009-01-03
总量：2100万枚	区块时间：约600秒/块	共识算法：工作量证明（POW）

（续表）

中文名：比特币	英文名：Bitcoin	英文简称：BTC
区块奖励：当前为12.5BTC/区块（每产出21万个区块减半一次，最近一次减半时间：2020年5月12日）		
风险：扩容之争，存在潜在的分叉风险		

（五）常用链接

官方网站：https://bitcoin.org/zh_CN/。

比特币常见问题网站：https://bitcoin.org/zh_CN/faq。

区块查询：https://blockchain.info/。

市值查询：https://coinmarketcap.com/。

三、以太坊（ETH）

（一）什么是以太坊

以太坊是下一代密码学账本，可以支持众多高级功能，包括用户发行货币、智能协议、去中心化的交易和设立去中心化自治组织（DAOs）或去中心化自治公司（DACs）。以太坊并不是把每一单个类型的功能作为特性来特别支持，相反，以太坊包括一个内置的图灵完备的脚本语言，允许通过被称为"合同"的机制来为自己想实现的特性写代码。一个"合同"就像一个自动的代理，每接收到一笔交易，"合同"就会运行一段特定的代码，这段代码能修改"合同"内部的数据存储或者发送交易。高级的"合同"甚至能修改自身的代码。

通俗一点说，以太坊是数字货币开源平台和区块链平台，它为开发者提供在区块链上搭建和发布应用的平台。以太坊可以用来编程、分散、担保和交易任何事物。

2017年2月28日，一批代表着石油、天然气行业，金融行业和软件开发公司的全球性企业正式推出企业以太坊联盟（EEA），致力于将以太坊开发成企业级区块链。这些企业包括英国石油巨头BP、摩根大通、软件开发商微软、埃森哲、桑坦德银行、BlockApps、BNY梅隆、芝商所、ConsenSys、英特尔和Nuco等。许多企业或组织开发基于以太坊区块链的项目，并发行代币。联合国世界粮食计划署成功使用以太坊区块链向10000名难民提供救助。

（二）详细参数

以太坊的详细参数见表1-2。

表1-2　以太坊的详细参数

中文名：以太坊	英文名：Ethereum	英文简称：ETH
研发者：Vitalik Buterin	核心算法：Ethash	发布日期：2015-3-20
区块时间：15~17秒/块	区块奖励：5ETH	货币总量：7200万枚+1872万枚/年
主要特色：含数字货币和智能合约等特色功能		

（三）常用链接

官方网站：https://ethereum.org/。

四、瑞波币（XRP）

（一）什么是瑞波币

瑞波（Ripple）是一个无阻碍的且利用区块链技术的全球支付网络，是世界上第一个开放的支付网络，通过加入瑞波这个正在成长的全球支付网络，用户可以使用任意一种货币进行转账，包括美元、欧元、人民币、日元以及比特币，简便、易行、快捷，交易确认在几秒以内完成，交易费用几乎为零，没有所谓的跨行、异地以及跨国支付费用。Ripple是开放源码的点到点支付网络，它可以让任何机构或个人轻松、低成本并安全地把金钱转账到互联网上的任何机构或个人，无论机构或人在世界的哪个地方。Ripple是P2P软件，不受任何个人、公司或政府操控，任何人都可以创建一个Ripple账户。

自2017年5月以来，Ripple的验证者网络已经扩大了140%，参与者达到了55个，其中包括WorldLink、Telindus-Proximus集团、微软、MIT、CGI、瑞典ISP、Bahnhof以及数据中心和系统整合服务提供商AT TOKYO等。而所有这些参与者现都在维护着瑞波分布式分类账本（此前为瑞波共识账本）的完整性，运行软件帮助其保证交易结算订单的一致性。

（二）瑞波币的特点

瑞波币是Ripple系统中唯一的通用货币，其不同于Ripple系统中的其他货币，其他货币如人民币、美元是不能跨网关提现的，换句话说，A网关发行的人民币只能在A网关提现，若想在B网关提现，必须通过Ripple系统的挂单功能转化为B网关的人民币才可以在B网关提现。而瑞波币完全没有这方面的限制，它在Ripple系统内是通用的。

（三）详细参数

瑞波币的详细参数见表1-3。

表1-3 瑞波币的详细参数

中文名：瑞波币	英文名：Ripple	英文简称：XRP
研发者：Ripple Labs	核心算法：OpenCoin原创算法	发布日期：2011-04-18
区块时间：秒到	区块奖励：/	货币总量：1000亿枚
流通量：436.85亿枚（截止时间：2020-05-05）		
主要特色：Google旗下投资，去中心化交易功能已经实现，实际应用前景好		
不足之处：技术有待完善，XRP分发有待出方案		

（四）常用链接

官方网站：https://ripple.com/。

区块链浏览器：https://bithomp.com/。

五、莱特币（LTC）

（一）什么是莱特币

莱特币诞生于2011年10月7日，被称为"数字白银"。莱特币在技术上和比特币具有相同的实现原理。它是第一个基于Scrypt算法的网络数字货币，与比特币相比，莱特币拥有更快的交易确认时间、更大的网络交易容量和更高的效率。莱特币现在拥有完整的产业链以及充分的流动性，足以证明其是一个成熟、安全、稳定的商用金融系统。

（二）数据块链

莱特币数据块链与其竞争者——如比特币数据块链相比，能够处理更大的交易量。由于数据块的产出更加频繁，该网络支持更多的交易，并且在将来无须修改软件。

因此，商家使用莱特币时可以获得更快的交易确认，而且在销售大额商品时依然能够等待更多的交易确认。

（三）钱包加密

钱包加密能够保证用户钱包中私钥的安全，从而可以让用户查看交易情况及账户余额，而且在用户使用莱特币之前必须输入密码。该功能不仅能够防止病毒的侵扰，同时还是支付之前一项合法的有效检查。

（四）挖矿奖励

目前每个数据块可以产出25枚莱特币。每4年（每经过840000个数据块），生产的莱特币货币量将减少一半。

因此，莱特币网络生产的货币总量将是比特币的4倍，即8400万个莱特币。

莱特币的创造和转让基于一种开源的加密协议，不受任何中央机构的管理。莱特币旨在优化比特币，与比特币相比，莱特币具有三个显著差异：

（1）莱特币网络每2.5分钟（而不是10分钟）就可以处理一个区块，因此可以提供更快的交易确认。

（2）莱特币网络预期产出8400万枚，是比特币网络发行货币量的4倍。

（3）莱特币在其工作量证明算法中使用了由科林·珀西瓦尔（Colin Percival）首次提出的Scrypt加密算法。

2017年4月，莱特币社区经过投票达成协议，决定通过隔离验证软分叉对其区块链进行升级。同年6月，莱特币闪电网络正式上线。

（五）详细参数

莱特币的详细参数见表1-4。

表1-4 莱特币的详细参数

中文名：莱特币	英文名：Litecoin	英文简称：LTC
研发者：Charlie Lee	核心算法：Scrypt	发布日期：2011-10-07
区块时间：150秒/块	发行总量：8400万枚	减半时间：4年
共识证明：POW	难度调整：2016个区块	区块奖励：最初50LTC，当前12.5LTC
主要特色：发行量大，发行量是比特币的4倍；交易快速，确认时间仅2.5分钟；隔离验证激活			
不足之处：莱特币相关应用还较少			
风险：隔离验证激活后，存在网络漏洞的风险			

（六）常用链接

官方网站：https://litecoin.org/。

区块查询：http://explorer.litecoin.net/。

六、EOS代币

（一）什么是EOS

EOS（enterprise operation system）是由Block.one公司主导开发的一种全新的基于区块链的智能合约平台，旨在为高性能分布式应用提供底层区块链平台服务。EOS项目的目标是实现一个类似操作系统的支撑分布式应用程序的区块链架构。该架构可以提供账户、身份认证、数据库、异步通信以及可在数以万计的CPU/GPU群集上进行程序调度和并行运算。EOS最终可以支持每秒执行数百万个交易，同时普通用户执行智能合约无须支付使用费用。

（二）EOS代币的功能

EOS代币目前是EOS区块链基础设施发布的基于以太坊的代币，主要有三大应用场景：带宽和日志存储（硬盘）、计算和计算储备（CPU）、状态存储（RAM）。EOS主网上线后会将EOS代币转换为其主链上的代币。具体可解释为：

（1）接收方支付：客户从该业务中购买特定产品，而这些产品的销售收入将用于支付业务成本，避免客户直接为使用区块链支付费用，也不会限制或阻止企业确定其产品的货币化策略。

（2）授权能力：如果一个区块链是基于EOS软件系统开发的，而其代币是由一个代币持有者所持有，他可能不需要立即消耗全部或部分可用带宽，这时代币持有者可以选择将未消耗的带宽给予或租给他人。

（3）将交易成本与代币价值区分开：如果应用程序所有者持有相应数量的代币，那么应用程序可以在固定的状态和带宽中持续运行。开发人员和用户不会受到代币市场价格波动的影响，因此不依赖于价格。

（4）区块奖励：每生成一个区块时，EOS都会奖励该区块生产者新的代币用于支付其运维成本。目前EOS设定了区块生产者所得奖励上限，EOS设定给予区块生产者的奖励上限为每年最多5%，即代币新增供应的年总增长不超过5%。

（三）常用链接

官方网站：https://eos.io/。

白皮书：https://github.com/EOSIO/Documentation/blob/master/TechnicalWhitePaper.md。

七、比特币现金（BCH）

（一）项目名称

比特币现金Bitcoin ABC（BCH）。

（二）项目定位

Bitcoin ABC的目标是创造出人人都可以使用的可靠资金。

（三）代币概况

代币总量：2100万枚。

（四）常用链接

项目网站：https://www.bitcoinabc.org/。

八、以太经典（ETC）

（一）什么是以太经典

以太经典是以太坊在1920000个块后硬分叉出的分叉币种，功能和以太坊极为类似。以太经典秉承去中心化理念，支持区块链保证的共识机制。以太经典的开发人员坚信，区块链一旦开始运行，它的发展方向就不被任何中心团队所左右，而是为参与整个网络人员的共识和全网算力的共识所决定。

2016年7月进行的以太坊区块链硬分叉旨在将被黑客盗窃的The DAO资金转移到一个由投资者掌控的账户，并让旧的交易记录被历史遗忘。于是以太经典（ETC）诞生了。大多数以太坊开发者都参与了这次逆转，交易所、创业公司和该生态系统中的其他成员也参与了。几天之后，该项目恢复了常态。但是并非所有人都想将旧的交易记录忘记。于是一小部分矿工继续使用原来的区块链，以此表达一种抗议，他们将硬分叉描述为是对The DAO这个废弃项目的抽资行为。

（二）详细参数

以太经典的详细参数见表1-5。

表1-5 以太经典的详细参数

中文名：以太经典	英文名：Ethereum Classic	英文简称：ETC
研发者：以太经典团队	核心算法：Ethash	共识算法：工作量证明（POW）
发布日期：2016-07-20	区块时间：15~17秒/块	
代币总量：2.1亿枚，首次减产时间为2020年3月17日14:06（GMT+8）		
主要特色：独立的加密货币		

（三）常用链接

区块查询：https://etc.tokenview.com/cn。

九、比特币SV（BSV）

（一）项目名称

比特币SV（BSV）。

（二）项目定位

比特币SV是比特币现金（BCH）的全节点实现。应比特币现金（BCH）矿业巨头CoinGeek及其他矿工的要求，比特币SV团队创建了比特币SV，旨在为矿工提供明确的比特币现金（BCH）实现选择，并允许企业在其稳固可靠的基础上构建应用程序和网站。

（三）代币概况

代币总量：2100万枚。

（四）常用链接

项目网站：https://bitcoinsv.io/。

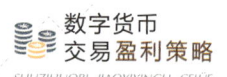

第四节 数字货币的重要事件

表1-6所示为2010年5月至2020年5月数字货币重要事件。

表1-6 数字货币重要事件

时间	事件	影响	评价
2010-05-22	BitcoinTalk论坛用户laszlo使用10000个比特币购买了比萨	利好	"这就是著名的'比特币比萨日'"
2010-07-12	比特币经历第一次价格剧烈波动，5天10倍涨幅	利好	"比特币价格的快速上涨引发了用户的好奇心"
2010-11-06	比特币市值超过100万美元	利好	"MtGox上的汇率达到0.50美元可兑1BTC，比特币市值终于破百万美元"
2010-12-12	中本聪最后一次在BitcoinTalk论坛发帖，之后逐渐消失	重大利空	"中本聪就此人间蒸发，开启了长达10年的中本聪身份之谜猜测篇章"
2010-12-16	比特币矿池出现	利好	"采矿成为一项团队运动，一群矿工一起在slush矿池挖出了第一个区块"
2011-02-09	比特币价格首次达1美元	重大利好	"这是一个标志性价格"
2011-03-27	各大比特币交易所陆续开放兑法定货币的交易	利好	"比特币有了法定货币入口，加快了比特币交易的发展"
2011-06-23	门头沟CEO Mark Karpeles发起了一笔44.2万比特币的交易	重大利好	"这可能是单笔发送比特币最多的交易"
2011-08-01	比特币交易处理中心MyBitcoin被攻击，7.8万枚比特币下落不明	利空	"此次丢失的比特币数量巨大，引发市场恐慌"
2012-06-20	Coinbase成立	利好	"Coinbase在美国成立，加密货币的未来独角兽诞生"
2012-08-14	芬兰中央银行承认比特币的合法性	利好	"芬兰政府承认比特币的合法性，可以自由交易比特币"

（续表）

时间	事件	影响	评价
2012-11-28	比特币迎来首次"产量减半"	重大利好	"比特币产量首次减半，发挥了比特币的独特货币政策的作用"
2012-11-28	比特币的发行量占到发行总量（2100万枚）的一半	利好	"固定的上限，越来越多的用户，比特币稀缺性将逐渐增强"
2012-12-06	Bitcoin Central成为首家在欧盟监管框架下运作的比特币交易所	利好	"开启了比特币交易所在监管下的合法运营"
2013-02-28	比特币价格达到32美元，创两年新高	利好	"比特币创新高，激发市场情绪"
2013-03-29	比特币市值突破10亿美元	利好	"比特币市值里程碑，增强用户信心"
2013-04-01	比特币单价突破100美元	利好	"比特币价格不断创下新的纪录，走上发展快车道"
2013-04-24	虚拟货币成救灾捐赠物，壹基金收到117枚比特币	利好	"传统慈善基金接受比特币捐赠，提高了比特币的合法性，以及比特币的知名度"
2013-08-16	德国联邦财政部将比特币视为一种"私人货币"	重大利好	"德国政府给予比特币合法身份，将其定义为'私人货币'"
2013-11-10	V神发布以太坊	利好	"V神写了以太坊的第一版白皮书《以太坊：一个下一代加密货币和去中心化应用平台》"
2013-11-18	美国参议院将召开听证会讨论比特币问题	重大利好	"比特币走进美国国会，走进立法者的视野"
2013-11-29	比特币单价首次超过一盎司黄金	利好	"比特币在门头沟的交易价格达到1242美元，比特币价格首度超过黄金"
2013-12-05	中国人民银行等五部委发文，将比特币定性为一种特定的虚拟商品，两大中国比特币平台暂停人民币充值	利空	"中国比特币市场遭受重创，比特币普及遇到挫折"
2014-04-11	比特币价格创当年新低314美元	利空	"门头沟交易所的影响让市场陷入了长期低迷状态"

（续表）

时间	事件	影响	评价
2014-06-01	美国加利福尼亚州通过AB-129法案，允许比特币在加利福尼亚州使用和消费	利好	"比特币的使用获得法律支持"
2014-07-09	波兰确认比特币为一种金融工具	利好	"比特币再获合法地位"
2014-07-18	美国IT巨头戴尔宣布接受比特币支付	重大利好	"巨头企业的支持无疑是为比特币正名，推动比特币的采用"
2014-08-10	英国财务大臣乔治·奥斯本：或将比特币列为合法货币	利好	"比特币受到英国政府的支持，开启了其英国之路"
2014-09-09	支付巨头PayPal子公司确认将很快接受比特币	利好	"支付巨头的支持毫无疑问证明了比特币的支付职能"
2014-09-12	美国推出了首个由商品期货交易委员会（CFTC）批准的比特币金融产品	重大利好	"比特币金融产品的上线为机构投资者提供了进入门户"
2014-09-22	西班牙政府将比特币视为电子支付系统	利好	"比特币被视为电子支付系统，其支付职能获得政府认可"
2014-10-03	比尔·盖茨：比特币是令人兴奋的，因为它的交易成本低	利好	"比尔·盖茨首次对比特币发声，极大地增加了比特币的知名度"
2014-10-12	戴尔成为比特币矿业数据中心供应商	利好	"巨头的支持往往会提高比特币的发展速度"
2014-12-11	美国科技巨头微软开始接受比特币支付	重大利好	"比特币的历史性时刻，微软的接受让比特币等同于其他法定货币"
2015-01-26	Coinbase成为首家美国持牌比特币交易所	重大利好	"全美最大的交易所诞生了，美国有了一家合法比特币交易所"
2015-03-08	比特币投资信托基金募集资金已突破6000万美元	利好	"比特币信托基金模式开始受到欢迎"
2015-03-23	纳斯达克首次涉足比特币领域	利好	"作为传统证券交易所巨头，纳斯达克对比特币的涉足改变了传统市场对比特币的看法"
2015-04-29	比特币公司Circle获5000万美元融资，高盛IDG资本等参投	利好	"比特币公司获得传统金融巨头的投资，说明了比特币正在进入主流金融世界"

（续表）

时间	事件	影响	评价
2015-05-08	itBit获A轮2500万美元融资，成为首家获NYDFS许可的比特币公司	利好	"获得NYDFS的认可，这意味着比特币业务可以在纽约合法经营了"
2015-06-03	纽约州金融服务厅（NYDFS）发布数字货币公司监管框架BitLicense	重大利好	"这是一个影响全球监管的政策，给很多地区的监管提供了参考，比特币业务的合法化迈出了重要一步"
2015-09-17	美国商品期货交易委员会（CFTC）裁定比特币为商品	重大利好	"CFTC的立场明确了比特币的地位，为比特币在美国的发展提供了基础"
2015-09-23	Circle获得第一张数字货币许可证BitLicense	重大利好	"第一张许可证的颁发，意味着比特币业务可以在纽约合法经营了"
2015-10-08	比特币交易所Gemini获纽约监管部批准，即将正式上线	重大利好	"又一家合规交易所的上线将为投资者带来更多选择"
2015-11-08	中本聪被提名为诺贝尔经济学奖的候选人	重大利好	"中本聪被提名是对比特币的认可，是为比特币所带来的创新正名"
2015-12-31	纳斯达克首只区块链股票发行	利好	"区块链初创公司Chain已经使用纳斯达克最近推出的私营市场区块链产品Nasdaq Linq为私人投资者发行股票"
2016-01-20	中国人民银行在北京召开数字货币研讨会	重大利好	"央行开始对数字货币开展公开行动"
2016-02-21	香港比特币圆桌会议达成关于区块链扩容的共识	重大利好	"扩容问题终于有了共识，但最终这个共识还是破灭了"
2016-03-07	日本国会批准比特币监管新法案	重大利好	"日本有了一套清晰的加密货币监管法案，为行业监管扫除障碍"
2016-05-25	日本认定比特币为财产	重大利好	"日本参议院批准了一项监管国内数字货币交易所的法案，将比特币归类为一种资产或财产"
2016-06-28	《中华人民共和国民法总则》明确虚拟财产属于民事权利保护范围	重大利好	"第十二届全国人大常委会第二十一次会议首次审议了全国人大常委会委员长提请的草案。草案对网络虚拟财产、数据信息等新型民事权利客体做出了规定，意味着网络虚拟财产、数据信息将正式成为权利客体，比特币等网络虚拟财产将正式受到法律保护"

（续表）

时间	事件	影响	评价
2016-07-09	比特币产量第二次减半，价格波动剧烈	利好	"减半导致比特币供应减少，比特币稀缺性突显，币价上涨理所应当"
2016-07-16	CME主管：比特币ETF上市申请标志着数字资产市场的成熟	利好	"比特币ETF即将在一家传统交易所上线，增加了比特币的主流采用"
2016-08-02	Bitfinex再遭黑客攻击，暂停交易	重大利空	"巨头交易所遭受攻击，安全性受到威胁，市场再次恐慌"
2016-08-24	Bitcoin Core软件0.13.0版本正式发布，为隔离见证上线做好了技术准备	重大利好	"比特币迎来众多更新，这属于重要利好"
2016-09-02	比特币交易总额首次突破1000亿美元	重大利好	"比特币交易规模创下里程碑，比特币的使用得到进一步证实"
2016-11-11	瑞士国家铁路服务开始提供使用售票机购买比特币的服务	利好	"比特币在瑞士得到认可和推广"
2016-12-28	区块链技术被列入国务院"十三五"国家信息化规划	利好	"区块链被列入国家发展计划，作为最早使用区块链的比特币的技术得到认可"
2017-01-02	比特币价格突破1000美元，微软宣布支持比特币支付	重大利好	"微软将比特币视为货币，同时比特币价格突破1000美元关口，让行业者看到希望"
2017-01-12	三大交易所结束"零手续费"时代	重大利空	"零手续费时代结束，比特币交易者的热情遭受打击，交易成本上涨"
2017-01-29	中国人民银行正式成立数字货币研究所	重大利好	"中国在数字货币的道路上稳步前进，数字货币成为未来重要发展方向"
2017-02-04	波兰政府正式承认比特币合法	利好	"比特币在波兰获得合法地位，让投资者能够稳定开展业务"
2017-02-09	中国人民银行约谈在京比特币交易平台	重大利空	"比特币平台在中国处于被动状态，面临更多监管的不确定性"
2017-04-01	日本正式宣布比特币支付合法化	重大利好	"比特币在日本有了合法地位，进入了快速发展时期"

（续表）

时间	事件	影响	评价
2017-04-06	日本26万家商店将接受比特币支付	利好	"这将极大推动比特币支付的应用"
2017-06-06	加密货币总市值突破1000亿美元	重大利好	"里程碑关口，体现了加密货币市场的成功"
2017-07-21	BIP 91正式锁定，Segwit即将到来，引发比特币暴涨	利好	"重大技术利好，比特币暴涨理所应当"
2017-07-25	比特币期权交易首获CFTC批准	重大利好	"比特币衍生品市场得到进一步发展"
2017-08-01	比特币硬分叉，比特币现金（BCH）诞生	重大利空	"比特币分裂，但也意味着扩容争斗的结束"
2017-09-13	Coincheck宣布成为日本首家持牌虚拟货币交易所	重大利好	"日本有了合法经营比特币的交易所"
2017-09-30	国际货币基金组织（IMF）总裁：加密货币可能会成为政府货币的竞争对手	利好	"加密货币终于受到了IMF的重视"
2017-10-13	比特币价格突破5000美元，创历史新高	利好	"比特币价格继续上涨创新高，激发更多投资者的热情"
2017-11-28	比特币价格首次突破10000美元	重大利好	"比特币价格继续创新高，创造了历史性时刻"
2017-12-11	CBOE比特币期货上线	利好	"比特币期货正式上线，机构投资者和传统投资者加入比特币大军"
2017-12-17	比特币价格突破19000美元	重大利好	"比特币在2017年开启了暴涨之路，距离20000美元一步之遥，投资者热情达到最高潮"
2017-12-18	比特币价格逼近20000美元，CME比特币期货上线	利好	"又一比特币期货市场上线，有更多投资者可以获得比特币"
2017-12-28	韩国宣布交易所实名制、闪电网络登录比特币主网	重大利好	"比特币交易在韩国开启合规之路"
2018-01-13	比特币已经开采80%	利好	"80%的比特币已经被挖出，比特币将越来越稀缺"

（续表）

时间	事件	影响	评价
2018-02-05	财新网：中国对境外虚拟货币交易所采取措施	重大利空	"中国监管机构再次出手打击加密货币市场，但影响已不及以往"
2018-03-09	中国人民银行行长首次提出央行研发的法定数字货币的名字是"DC/EP"	重大利空	"时任央行行长周小川在记者会上回答了央行对比特币和ICO的立场，让投资者了解了官方的态度"
2018-04-16	人民日报：全面禁止数字货币难以实现	利好	"人民日报此次表明了数字货币是不可禁止的"
2018-04-26	美国证监会（SEC）主席表示比特币并非证券，不受SEC监管	重大利好	"SEC主席的立场说明了美国监管机构对比特币的立场"
2018-05-12	外媒：Facebook考虑发行加密货币	重大利好	"Facebook将大力推动加密货币的普及"
2018-05-15	嘉楠耘智正式向港交所递交招股书	利好	"加密货币企业进军股市，这将是加密货币行业走向主流的重要一步"
2018-07-17	Coinbase已获得SEC和FINRA批准上线有价证券加密货币	利好	"新的加密货币业务上线，加密货币行业正在不断扩大"
2018-08-03	美国纽交所母公司宣布将推出数字资产平台Bakkt和比特币期货	重大利好	"纽交所重磅进入，比特币迎来更多关注和投资者"
2018-09-26	世界最大矿机公司比特大陆向港交所递交招股书	利好	"比特大陆谋求上市，市场观望行业能否进入传统领域"
2018-10-13	纳斯达克欲推出STO平台	利好	"传统交易所纳斯达克进军STO，说明了STO方向的正确性"
2018-10-15	稳定币USDT上演爆雷，一日波动超过10%	利空	"作为投资者进入加密货币最重要的入口，USDT的爆雷毫无疑问将引发整个市场波动"
2018-11-01	比特币白皮书发布10周年	利好	"比特币10周年，成功度过了10年"
2018-12-21	Facebook计划推出稳定币	利好	"Facebook将发币，引发全球关注"
2019-01-01	Bakkt完成1.82亿美元首轮融资	利好	"完成巨额融资，Bakkt引发牛市的猜想"

（续表）

时间	事件	影响	评价
2019-01-04	比特币创世区块10周年	重大利好	"比特币创世10周年，让人感叹，同时坚定未来10年"
2019-01-25	支付宝、微信支付发函下架OTC支付通道	重大利空	"微信与支付宝两大巨头同时抵制OTC市场，引起市场担忧"
2019-02-21	三星宣布Galaxy S10手机默认内置区块链资产钱包	重大利好	"三星手机支持比特币，这将推动比特币的普及"
2019-05-08	币安钱包被盗取7000 BTC	重大利空	"全球最大的交易所之一被盗，交易所的安全性引发投资者恐慌"
2019-06-18	美国社交网络巨头Facebook发布Libra白皮书	重大利好	"Facebook终于宣布将发币，进而全球监管机构纷纷发声，比特币也引起全球关注"
2019-06-22	比特币价格再次突破1万美元	利好	"比特币价格再次重回1万美元，市场正逐渐从熊市中恢复"
2019-07-17	Libra首次亮相美国国会听证会	利好	"Libra被众多议员轮番提问，让更多人了解加密货币"
2019-07-22	纽交所母公司旗下Bakkt交易所的比特币期货合约开启测试	利好	"比特币期货合约呼之欲出，Bakkt能否带来牛市即将得到验证"
2019-08-03	中国人民银行宣布将加快数字货币研发工作	利好	"中国人民银行数字货币工作引发热烈讨论，数字货币确定是未来发展方向"
2019-09-23	美国Bakkt实物结算比特币期货交易平台正式上线	重大利好	"实物交割的比特币期货交易代表了机构对比特币，尤其是加密货币领域普遍接受的一次飞跃"
2019-10-24	中国开始把区块链作为核心技术自主创新的重要突破口	重大利好	"习近平指出，相关部门及其负责领导同志要注意区块链技术发展现状和趋势，提高运用和管理区块链技术能力，使区块链技术在建设网络强国、发展数字经济、助力经济社会发展等方面发挥更大作用"

（续表）

时间	事件	影响	评价
2019-11-21	比特币矿机商嘉楠耘智正式挂牌纳斯达克	重大利好	"嘉楠耘智在美国上市之后，不仅让美国证监会（SEC）更容易接受第二个、第三个……区块链企业在美国的IPO申请，还会进一步刺激政府有关部门加速推动区块链的立法进度和相关标准的出台"
2020-03-12	比特币24小时内跌幅最高达43%	重大利空	"受全球新型冠状病毒肺炎疫情影响，全球经济下滑，股市多次熔断，比特币24小时内跌幅最高达43%"
2020-05-08	比特币再次突破10000美元关口，CME比特币期货突破10000美元大关	利好	"比特币持续上涨，再次突破10000美元关口，日内涨幅超5%，比特币再登微博热搜榜"

第五节 数字货币合约交易的说明

一、数字货币现货与数字货币合约的区别

（一）现货

现货类似于股票，投资者只能做单边行情，现价买入，一手交钱，一手交货，可以随时提走。涨了就赚钱，跌了就亏钱。

现货交易是没有杠杆的交易，就是无论多少资金进去都不带任何的杠杆性质。你买涨行情，跌了亏钱，涨了赚钱。

举例说明，你做现货，在比特币单价8000多美元时买进，就算暴跌到10美元，只要你继续持有，就相当于你的资产还在，你还持有原来数量的比特币，也就是说只要你的比特币没有卖出去，你就可能回本，只是时间问题，看你能不能扛得住，如果行情又涨上去了，再回到8000美元，那么你可以一分钱不亏出来了。说得再简单点，你买进后只要不出单，资产就不会归零。

短线操作的话可高抛低吸，缺点是容易卖飞，假设今天高点抛了，明天有可能继续拉升（如果投资者想短线操作，笔者建议分批建仓、分批卖出，不要把资金一下都用光）。

现货的好处是，即便遇到极端行情，也不会亏损币，如投资比特币（BTC），只要有耐心，行情上涨，都会有些许盈利。

（二）合约

合约类似于国内商品期货。投资者可以做双边行情，也就是说可以买涨也可以买跌，而且带有一定的杠杆性质。

你可以用小资金来买卖高价值产品的涨跌，但你买卖的产品不属于你，你只是拥有产品涨跌的归属权。

举例说明，如果你有5万美元，但是你非常看好现价为1万美元的比特币，你认为接下来它的价格会涨，那么可以做多（预计接下来价格会涨），如果加10倍杠杆，相当于你的资金就变成了50万美元，那么当行情上涨10%，你就赚了5万美元，但如果行情下跌了10%，那你就亏损5万美元，你的5万美元本金就没有了。同样，如果加100倍杠杆，你的本金就放大了100倍，相当于用500万美元做单，那么当行情上涨10%，你就赚了50万美元，但如果行情没有按照你的预期上涨，而是价格比你买进时低，那么当行情下跌1%时，你的5万美元本金就不存在了。

同理，如果你有5万美元，现在比特币价格为1万美元，你通过技术分析或者消息面判断等，预计接下来行情会跌，那么就可以做空（就是预计它会跌），如果加10倍杠杆，相当于你的资金变成了50万美元，那么接下来行情果真跌了10%，你就赚了5万美元，但如果行情涨了，同样地，5万美元本金就亏损了。

通过以上举例可知，所谓多空双向交易，反映到K线上，本质还是对接下来行情是上涨还是下跌方向的预判。只要你对接下来行情涨跌的方向预期对了，就能赚钱，而无关价格的涨跌。并且风险和收益取决于仓位的多少和杠杆的大小，如果只用20%的仓位或只用5倍以下的杠杆，风险会减小，同样收益也会减少。

二、数字货币合约与商品期货的区别

前面介绍了数字货币合约，接下来我们来看数字货币合约和商品期货的区别。

1. 标的物不同。商品期货的标的是现实世界中的某种商品，比如大豆、原油、黄金。数字货币合约的标的是某个数字货币，比如比特币（BTC）、以太坊（ETH）等。

2. 交割期不同。商品期货由于是实物，需要进行交割。而2017年永续合约推出后，数字货币交易时无须交割。

3. 交易保证金不同。期货保证金只能是人民币、美元之类的法定货币，而合约交易中的保证金是数字货币，可以用比特币或者USDT这样锚定美元的稳定数字货币做交易。

4. 交易时间不同。期货有固定的开盘时间和收盘时间，合约是7×24小时交易。

5. 准入门槛不同。期货品种会要求开户验资门槛，入市门槛较高，期货交易单位被称为"手"，买一手动辄好几万元。而在数字货币交易所仅有100人民币也能入市，合约交易单位为"张"，单张金额可以是几块钱，人人都能参与。

6. 交易杠杆倍率不同。目前合约交易所支持100倍杠杆，然而传统商品期货一般是10倍杠杆。

7. 私密程度与安全程度不同。期货账户可以查到交易员详细信息；而数字货币是一种加密货币，如果通过钱包地址进行资产的划转，则无法查证。

第六节 数字货币合约的名词解释

【杠杆】即杠杆交易，顾名思义，就是利用小额的资金来进行数倍于原始金额的投资，以获取波动的数倍收益率，抑或亏损率。

【仓位】投资人实际投资资金和账户内现有投资资金的比例，例如账户内资金有100万元，但只用50%的仓位进行交易。

【建仓】买入数字货币。

【重仓】所买币的资金占总资金比例很大，例如账户内资金有100万元，用90万元进行交易。

【轻仓】所买币的资金占总资金比例很小。

【空仓】把手里所持数字货币全部卖出，全部转为资金，没有持仓。

【止盈】获得一定收益后，将所持数字货币卖出以保住盈利。

【止损】亏损到一定程度后，将所持数字货币卖出，以防止亏损进一步扩大。

【牛市】市场行情呈现普涨，价格持续上升，前景乐观。

【熊市】与牛市正好相反，指市场行情持续走低，市场呈现普跌。

【补仓】分批买入数字货币，如先买入1 BTC，之后再买入2 BTC。

【全仓】将所有资金一次性全部买入数字货币。

【反弹】币价下跌时，价格因下跌过快而回升调整。

【割肉】买入数字货币后，币价下跌，为避免亏损扩大而亏本卖出数字货币。或做空后，币价上涨，造成亏损后平仓。

【套牢】预期币价上涨，不料买入后币价却下跌；或预期币价下跌，不料卖出后币价却上涨。

【解套】买入数字货币后，币价下跌造成暂时的账面损失，但之后币价回升，扭亏为盈。

【踏空】因看淡后市而卖出数字货币后，币价却一路上涨，未能及时买入，因此未能赚得利润。

【超买】币价持续上升到一定高点，买方力量基本用尽，币价即将下跌。

【超卖】币价持续下跌到一定低点，卖方力量基本用尽，币价即将回升。

【诱多】主力、庄家有意制造币价上涨的假象，诱使投资者买入，结果币价不涨反跌，让跟进做多的投资者套牢的一种市场行为。

【诱空】多头买入数字货币后，故意打压币价，使空头以为币价将会下跌，纷纷抛出，结果误入多头的陷阱。

【多头】预期币价未来将会上涨，以目前价格买入一定数量的数字货币，等价格上涨后，高价卖出，从而赚取差价利润的交易行为。其特点为先买后卖。

【空头】预期币价未来将会下跌，将手中的数字货币按目前价格卖出，待行情下跌后再买进，获得差价利润。其特点为先卖后买。

【法币】指法定货币，由国家和政府发行，以政府信用来做担保，如人民币、美元等。

【大饼/币王】比特币（BTC）。

【韭菜】炒币的人，刚开始接触或不精通投资数字货币的散户。

【佛系持币】买币后不关心数字货币价格走势，打算长期持有，无论加密货币资产价格跌到什么程度，都不会减持手中的币。

【钱包】一般指区块链钱包，可以存放自己数字货币资产的地方，安全性好，分为冷钱包和热钱包。新人还不了解的情况下不建议使用。

【冷钱包】简单来说就是不联网的钱包，也叫离线钱包。冷钱包比热钱包更安全。

【热钱包】保持联网上线的钱包，也就是在线钱包。

【白皮书】公司（项目）产品介绍官方文件，通常用来判断该项目的好坏和应用场景。

【震荡】币种价格不稳定、小幅度波动（上涨或下跌）。

【主升浪】来源于波浪理论，指行情上涨中持续时间最长的那一波，这也是牛市常见的行情。与之相反的是下跌行情走势，也有人叫"主跌浪"。

【阴跌】整体行情呈现下跌的走势，币价缓慢下滑。

【盘整】又称横盘。价格波动幅度较小，币价稳定。

【瀑布】又称跳水。指行情突然大幅下跌，就像瀑布一样，飞流直下，让人看了心痛。

【利多】也叫利好。出现有助于币价上升的消息或情况，如政策、大环境等。

【利空】多指对行情不利的消息，如比特币技术问题、央行打压等。

【减仓】把部分数字货币卖出，但不全部卖出。

【锁仓】一般指投资者在买卖合约后，当市场出现与自己操作相反的走势时，开立与原先持仓相反的新仓，又称对锁、锁单，甚至美其名曰"蝴蝶双飞"。锁仓的另一个说法叫作对冲交易，对于使用杠杆进行数字货币交易的新手来说，进行锁仓最根本的原因是不想让自己的仓位损失太多，所以就按照自己最初仓位的相反方向再开立一个仓位，这就是锁仓。

【清仓】卖了所有的币，准备空仓观望。

【法币交易】指用美元或人民币等法定货币购买BTC、ETH、USDT等，可以使用银行卡、支付宝或者微信直接购买。

【币币交易】指数字货币之间（如用比特币购买以太币）的交易。

【场内交易】又称交易所交易，指在虚拟货币交易平台上进行撮合交易，买卖双方价格公开，平台显示实时报价。也就是在交易所进行竞价买卖的交易方法。

【场外交易】OTC（over-the-counter），又称点对点（线下）交易，指通过交易所以外的方式进行的交易。场外交易包括以下三种形式。①线上P2P：一些交易平台开发了点对点形式的场外交易系统，用户自己可以决定买入或者卖出价格来发布交易单，用户之间自由选择成交，平台不经手资金。例如，平台上卖家发布固定数量和价格的比特币交易单，买家若选择购买，则需退出平台应用程序，在个人支付宝、微信或网上银行操作将资金直接支付至卖家支付宝、微信等收款账户。卖家确认收款后在平台上选择收款放币。②线上B2C：用户可直接向平台购买或卖出比特币，其价格由平台指定。平台在收取用户的付款后，将直接释放比特币给买家用户，或在收到比特币后，将资金释放给卖家用户。B端的资金或比特币为平台自有或来自合作商户。③线下交易：除交易平台外，也有类似于中间商的人，买卖的需求汇集到中间人处，中间人促成交易并收取一定费用，多发生在微信群、QQ群等社交群组中。此外，人们也可以通过当面交易的方式兑换数字货币，一些网站会提供当面交易信息发布的服务。

【限价交易】即挂单交易或委托交易，投资者可以设置低于市场价格的买入价格，或高于市场价格的卖出价格的委托，当市场价格波动到其设定的价格时，即成交；当设定的价格和市价偏离较大时，则无法成交。

【市价交易】即按照当前的价格进行买入和卖出的交易。市价交易具有交易的优先权，如果你先完成交易，可以使用市价交易，然后只需输入想买入或卖出的数量即可。以当时的市场价成交，在一定程度上可以保证投资者买卖指令及时成交，但与此同时，市价委托下单前投资者无法预知其交易价格，存在一定的不确定性。一般来说，行情波动越剧烈，市价交易的成交价格不确定性越大。

【价格优先，时间优先原则】当委托价格一样时，较高的买入价格优于较低的买入价格成交，较低的卖出价格优于较高的卖出价格成交，挂单时间较早的委托单优于挂单时间较晚的委托单成交。

【交易对】交易对是由2种不同的数字货币构成的，当你拥有交易对中的其中一种数字货币时，就可以通过这种数字货币来交易另外一种数字货币，如EOS/ETH，这样的显示即为交易对，指购买一个EOS需要支付多少个ETH，类似于"克/元"的概念。

【搬砖】指同一币种在不同交易所中的价格存在一定差异，从价格低的平台买入、在价格高的平台卖出，通过跨平台来赚取其中的差价。搬砖需要注意的就是转币速度，有时候会因为转币速度的问题影响收益。

【长线】长期持有某币种。

【短线】短期持有某币种达到盈利目标后卖出，期限可能是几小时、几天、几周，根据市场而定。

【过山车】买的币涨了，但是没有卖出，结果过几天又跌回来了。就像坐过山车一样，只是刺激了一次，但没赚到钱。

【囤币】如果看好这种币的后期发展，想实现财富自由，大量地买入这种币然后一直持有的行为。

【做多】买进多单，一般指对接下来的行情看涨。

【做空】卖出空单，一般指对接下来的行情看跌。

【抄底】在某币种跌到低位合适的价格区间时买入。

【拉盘】主力因某种目的或经过一段时间蓄力，开始拉升币价。

【吸筹】一般通过洗盘洗出散户，然后庄家接手韭菜卖出的币，让他们手中的筹码更多，达到控盘的目的（吸筹等操作一般会在低价时进行）。

【砸盘】砸盘一般分两种情况，一种是币价上升中，庄家要对跟风筹码做一次清洗，在某个价格大幅抛空币，造成下跌假象，引诱散户和跟风者卖出；另一种发生在某个庄家完成了做庄的目的，币价相当高的时候，庄家通过大幅抛出币种，达到出逃的目的。

【对冲】一般对冲是同时进行两笔行情相关、方向相反、数量相当、盈亏相抵的交易。在合约市场，买入数量相同、方向不同的头寸，当方向确定后，平仓掉反方向头寸，保留正方向获取盈利。

【换手率】指在一定时间内市场中某个币种转手买卖的频率，是评价某个币种流动性的主要指标之一。

【庄家】即资金实力雄厚的交易者或者持币大户，他们能深刻影响币种价格走势，庄家一般使用护盘、控盘、对敲、砸盘等方式控制数字货币市场价格，正因为庄家对价格走势有巨大的影响，才有"庄家割韭菜""打死狗庄"之说。

【撤单】发出买卖单子还没有成交，但投资者又不希望刚发出的申请能成交，把这种申请撤回，即是撤单。

【挂单手续费】指单子成交后，所要收取的手续费，如果没有成交，是不会收取任何费用的。数字货币性质的交易标的物只有交易手续费，没有印花税、过户费等费用。

【保证金】指数字货币交易者按照规定标准交纳的资金，用于结算和保证履约。

【插针】指在任意币种的价位震荡中，在某个价位快速冲高回落，K线图上显示为较长的上影线，或是快速破位下跌后反弹，K线图上显示为较长的下影线。

【挂单】填写指定所要买进或卖出的币种名称、数量、价格后提交给交易系统等待成交，这个过程就叫挂单。系统会根据你指定的交易范围自动进行交易。

第七节 正向合约与反向合约的区别

正向合约是指以USDT为保证金的稳定币合约，赚是直接赚USDT，亏则直接亏USDT。也就是说，只要持有USDT，就可以直接交易多个主流币种的合约交易。

需要持有多个币种再去一一做对应交易，这种方式就叫反向合约，即币本位合约。反向合约意味着，如果你要做比特币的合约交易，就必须用比特币作为本位币；如果你是以太坊合约交易，那就得持有以太坊才行。反向合约是通过合约标的物币本位进行开仓平仓操作和结算的，例如你要操作BTC/USDT合约，那么你需要用BTC来开仓下单，并且最终通过BTC进行结算。而正向合约则是通过合约标的物报价位进行开仓平仓操作和结算的，例如你要操作BTC/USDT合约，那么你需要用USDT来开仓下单，并且最终通过USDT进行结算。这里我们可以看到，反向合约操作存在BTC等主流数字货币价格波动的情况，会导致合约收益不稳定和两极风险增大，在高度投机的市场中无论在操作上还是结算上，其实人们都认为稳定和简单是最必要和关键的因素。所以，正向合约交易风险低，波动小，而反向合约交易风险高。由于比特币的币价波动比较大，因此反向合约最大的风险就在于币价波动带来的风险，即使用户不交易也有一定的持币风险。所以使用UDST稳定币作为保证金，是当下合约交易的趋势，因为USDT波动很小，交易者无须使用套期保值来规避持币风险。

正向合约具有以下特点：正向合约的保证金计算方式和盈亏计算方式比反向合约上涨更为直观。并且正向合约最大的优势在于持有USDT一种币就可以开多币种合约，避免"贻误战机"，也没有管理多个币种的麻烦。

USDT在中国的流通量占全世界流通量的60%以上，并且有越来越多的场外交易市场认可USDT，USDT的市值也在不断上涨。越来越多的合约交易所采用USDT合约交易，现在已经有越来越多的投资者通过正向合约进行交易。USDT目前总市值为75亿美元，全球排名第4，相比2018年12月的30亿美元，增长幅度还是非常明显的。简单来说，正向合约交易风险低、波动小，反向合约交易风险高、波动大。这是因为正向合约交易对中只有一个变量且变化相对较小，而反向合约做交易对的主流数字货币，其价格都是随着行情不断波动的。

我们将两者简单地对比一下，会发现正向合约比反向合约更直接、简单、稳定，同时在市场异动情况下，不仅价格波动小，并且风险也很低，符合绝大多数人的操作习惯。从衍生品的市场发展来看，更接地气的玩法才能吸引更多的用户和资金，进而壮大整个市场的规模。反向合约的操作、结算复杂且变量多，不具备稳定特征；相反，正向合约采用稳定币的方式，让操作、结算显得更加简单，定价更稳定，正是新人了解数字货币合约的最佳方式。

第八节 数字货币合约的交易类型

一、永续合约

永续合约是一种衍生品，从交易角度来说，它类似于传统的期货合约，但又与传统的期货合约有一些不同之处，最大的区别在于永续合约没有到期日或结算日，用户可以无限期持有仓位。永续合约类似于一个保证金现货市场，因此它的交易价格接近标的物的现货指数价格，这是它与期货合约不同的地方，所以永续合约的价格在绝大部分时间不会偏离现货价格太多。

下文介绍永续合约的特点，让大家能够更好地了解这个交易方式，也希望大家能够学会运用不同的交易方式去分散投资风险。

（一）采用USDT正向合约交易

在交易场上，永续合约采用的是正向合约机制，交易存在便利性。

（二）不用交割，交易灵活

永续合约不用定期定点交割，单子想持有多久都可以，避免了交割带来的重复开仓的麻烦，并且可以节约手续费，相对应的风险较小。永续合约无须交割、高杠杆、有标记价格等特性都非常吸引人。永续合约不受限于时间，没有交割日，交易者可长期持有，以获得更大的投资收益。

（三）始终锚定现货市场价格

永续合约的另一个特点是交易价格始终锚定现货市场价格，即引入了现货价格指数的概念，并通过相应机制，使永续合约的价格回归现货指数价格。资金费用是确保这一目标的重要手段。因此与传统期货不同，永续合约的价格在绝大部分时间不会偏离现货价格太多。

（四）清算及时，提高资金利用率

永续合约随时可以结算已经实现的盈亏，对交易频繁的投资者来说无疑是一大福利。用户可以随时将资金提出来用于别的投资，大大提高资金利用率。

（五）杠杆交易灵活调节

永续合约中杠杆是可调节的，根据不同的合约种类可以设定不同的杠杆，有10倍、20倍、50倍、100倍，投资者可以最大化利用资金。当然高收益的同时也有着高风险，所以建议投资者根据自身对行情判断的准确性和资金情况来衡量选择杠杆的大小。

（六）开户交易便捷

开户流程简单，选择交易所进行注册，完成实名认证后即可交易。

（七）无涨跌停限制

虚拟货币交易无涨跌停限制，并且可实时买入卖出。

（八）提币与变现快捷

无时间限制，可随时提币变现，资金流动性高。

（九）自动减仓机制确保交易者利益

采用完整的穿仓机制而非风险分摊机制，以确保交易者利益。该机制能确定谁承担强制平仓，有效确保交易者的利益免受由高风险投机者所造成的巨额损失的影响。

（十）T+0的交易机制

7×24小时交易，全年无休。将价格波动的风险控制到最低，交易者几乎每天都在经历行情震荡、大涨大跌。

二、交割合约与永续合约的区别

交割合约与永续合约，虽然都叫"合约"，但两者之间还是有着本质的区别。

第一，交割时间不同。

交割合约根据时间一般分为当周交割、月度交割和季度交割。

交割的意思就是到了交割日，你的货必须给我，我的钱必须给你，我们按照约定的价格成交，无论此时交易者亏了多少或者赚了多少，都必须进行平仓，结算盈亏。

比如季度合约，就是在每一季度结算你的收益，这个时候你的收益才能给你。其他时间你只能提取或充值本金，收益是提不出来的。

永续合约没有交割时间限制，合约永远不会到期，收益随时可以提走。只要保证金充足，你就可以长期持有这份合约而不被强制平仓。

同时，可以避免交割带来的重复开仓步骤，避免贻误行情，也避免了重复建仓产生的手续费。

第二，穿仓处理方式不同。

交割合约常常采用"穿仓分摊"规则，如果行情波动造成某些合约用户无法及时平仓发生穿仓事件，也就是说，我亏的钱比我交的保证金还多，无法覆盖亏损，则所有盈利用户必须分摊我亏的钱。

永续合约则通过自动减仓，减少对手盘的仓位，从而降低市场风险，故不存在"穿仓分摊"的情况。

第三，用法不同。

交割合约最高20倍杠杆，主要适合矿工做套期保值。

而永续合约可提供最高100倍的杠杆，风险性与投机性更强，如果你是以投机为目的的，那么更适合永续合约。

第四，报价机制不同。

交割合约的价格是交易平台的盘口价格，价格受到盘口"买一价"和"卖一价"的影响。

永续合约锚定的是现货价格，也就是现货交易平台显示的价格，看盘方式更加便捷。

DIERZHANG
第二章
数字货币K线组合及形成理论

导读

金融交易教材一般只单纯地解释K线组合的应用。但K线组合的形成原理到底是什么呢？明白形成原理对我们的实战操作是否有益呢？答案是肯定的。明白了大小周期的转换原理后，我们就可以在相对小周期中更及时地观察、进单以及止盈。K线组合有时不如K线形态重要，但如果K线组合出现在比较重要的位置，例如一轮上涨后的高位或一轮下跌后的低位，那么它就很有参考价值了。

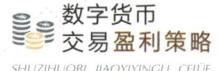

第一节 K线的定义

K线图这种图表形式源于日本德川幕府时代，它被当时日本米市的商人用来记录米市的行情与价格波动，后因其细腻独到的标记方式而被引入股市及期货市场。由于用这种方法绘制出来的图表形状颇似一根根蜡烛，加上这些蜡烛有黑白之分，因而K线图也叫阴阳线图表。利用K线图，我们能够把每日或某一周期的市况表现完全记录下来，股价经过一段时间的运行后，会在图上形成一种特殊区域或形态，不同的形态显示出不同意义。我们可以从这些形态的变化中摸索出一些有规律的东西。

K线图以每个分析周期的开盘价、最高价、最低价和收盘价绘制而成。以绘制日K线为例，首先要确定开盘和收盘的价格，将开盘价与收盘价之间的差距画成矩形实体。如果收盘价格高于开盘价格，则开盘价在下收盘价在上，K线被称为阳线，用红色实体表示。反之，如果收盘价低于开盘价格，则开盘价在上收盘价在下，K线就被称为阴线，用绿色实体表示。如图2-1所示。现在很多软件都可以用彩色实体来表示阴线和阳线，在国内股票和期货市场，通常用红色表示阳线，绿色表示阴线。（但涉及数字货币、欧美股票及外汇市场时投资者应注意：在这些市场上通常用绿色代表阳线，红色代表阴线，与国内股票和期货市场习惯刚好相反。）用较细的线将最高价和最低价分别与实体连接。最高价和实体间的线称为上影线，最低价和实体间的线称为下影线。用同样的方法，如果用1分钟价格数据来绘制K线图，就称为1分钟K线图；用1个月的数据绘制K线图，就称为月K线图。在日线图中，一根K线就代表一天；在周线图中，一根K线就代表一周；在1分钟K线图中，一根K线就代表1分钟。再进一步讲，日线图中的一根K线是由24根60分钟K线图的K线上下波动综合形成，60分钟K线图中的一根K线是由60根1分钟K线图的K线上下波动综合形成。

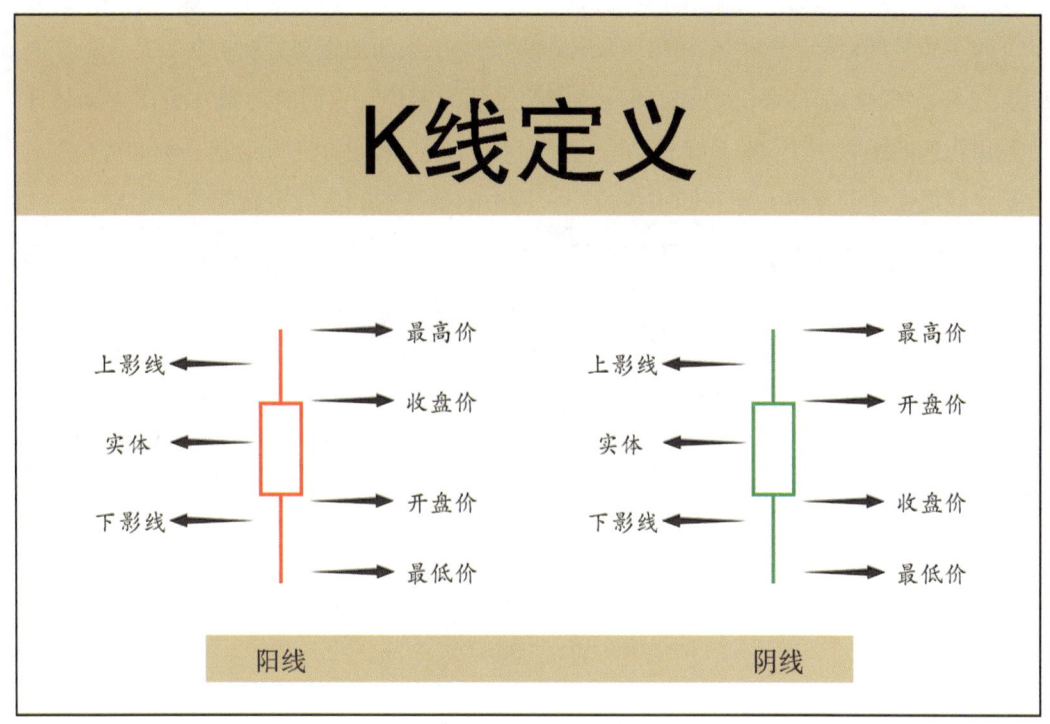

图 2-1

K线的分类

K线从形态上可分为阳线、阴线和同价线3种类型。阳线按其实体大小可以分为大阳线、中阳线和小阳线。阴线按其实体大小可以分为大阴线、中阴线和小阴线。如图2-2~图2-5所示。中阳线四种特征与大阳线类似，但K线的实体较大阳线小；中阴线四种特征与大阴线类似，但K线的实体较大阴线小。同价线是指收盘价等于开盘价，是两者处于同一个价位的一种特殊形式的K线。同价线常表现为"十"字形和"T"字形，故又称为十字线、T字线。同价线按上下影线的长短、有无，又可以分为长十字线、十字线和T字线、倒T字线、一字线等，如图2-6所示。

K线从时间上可以分为年K线、月K线、周K线、日K线以及将一日内交易时间等分成若干份的60分钟K线、30分钟K线、15分钟K线、5分钟K线等。

日K线（即我们经常在证券报纸杂志上看到的一种K线）反映的是股价短期（一

日）的走势；周K线、月K线、年K线反映的是价格中长期的走势；60分钟K线、30分钟K线、15分钟K线、5分钟K线反映的是价格超短期的走势。它们的绘制方法都与绘制日K线相同，即取某一时段的开盘价、收盘价、最高价、最低价进行绘制。例如周K线，只要找到周一的开盘价、周五的收盘价，一周中的最高价和最低价就能绘制出来。

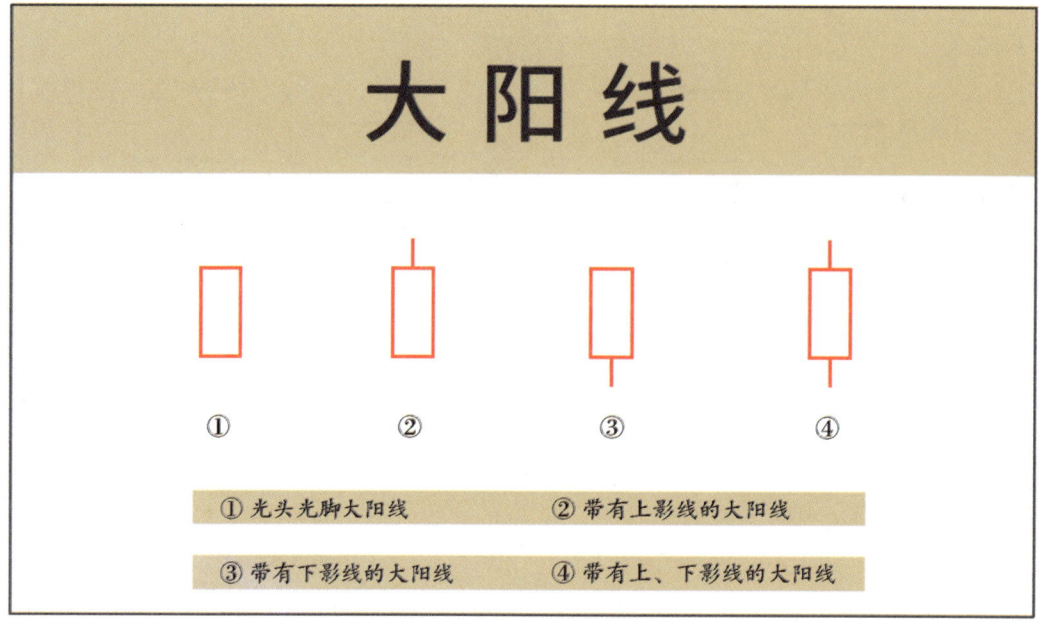

图 2-2

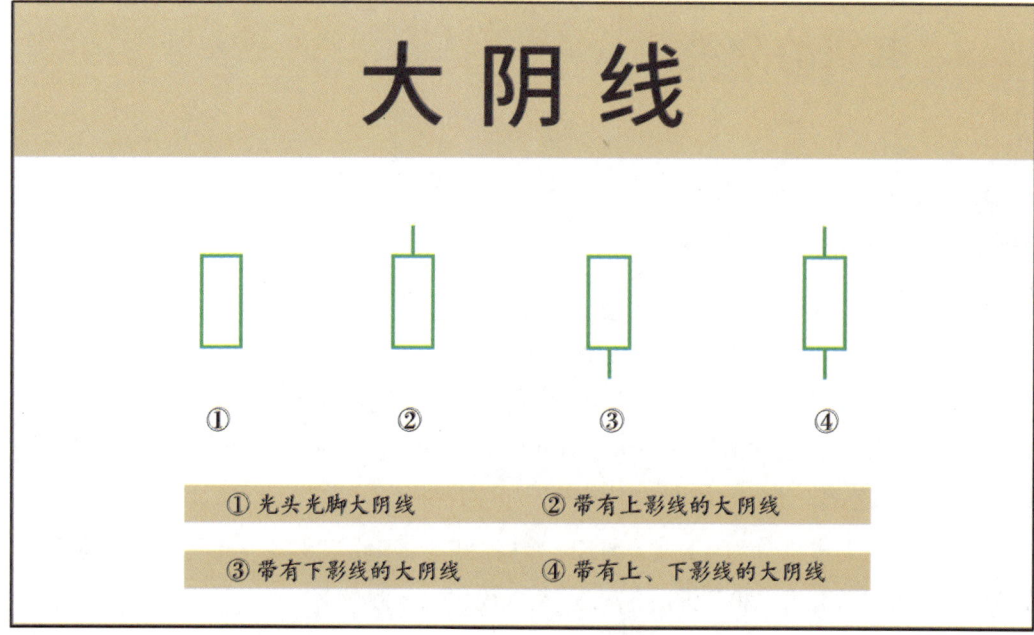

图 2-3

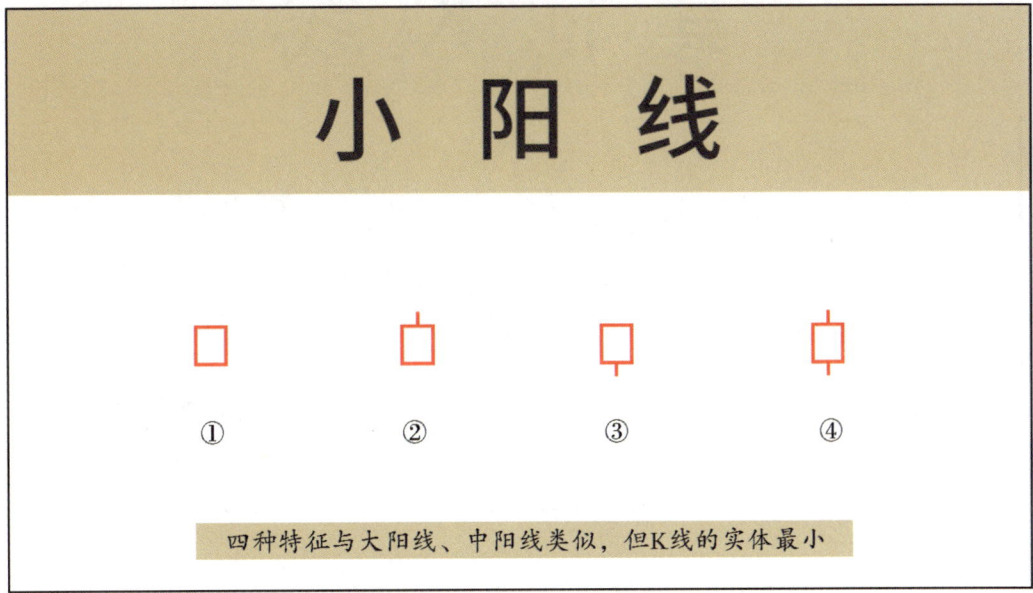

图 2-4

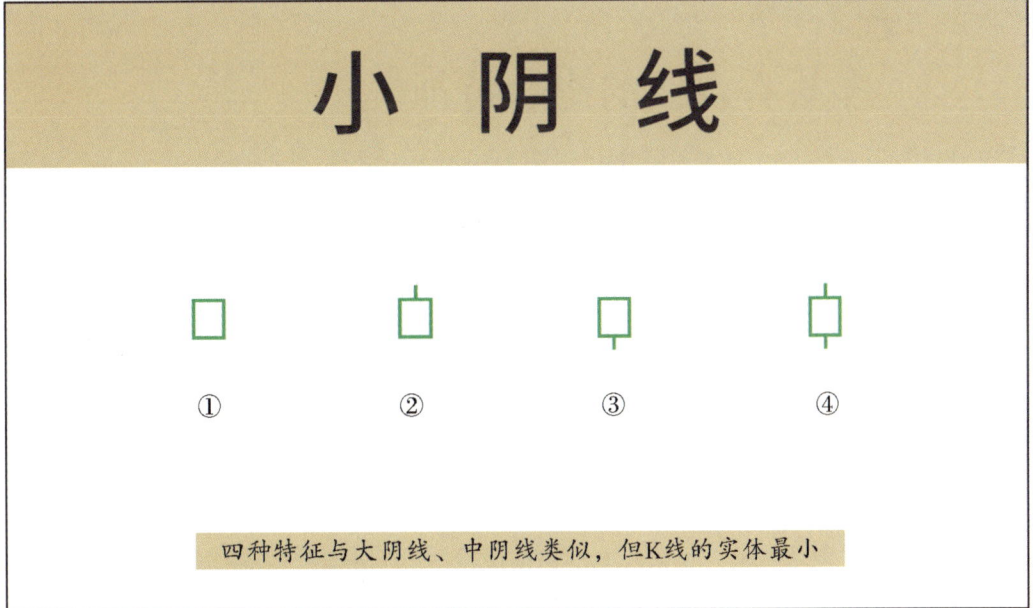

图 2-5

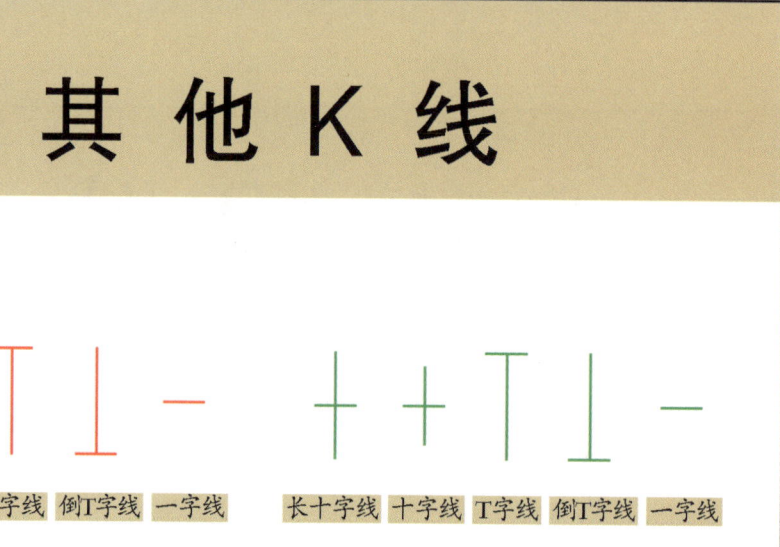

图 2-6

第三节 DISANJIE
多头吞没线的组合特征

世界主流数字货币交易所及数字货币现货交易/数字货币合约交易，通常用绿色代表阳线（上涨），红色代表阴线（下跌），和国内习惯刚好相反，数字货币交易者需3~7天即可习惯，以下K线组合图片均来自比特币实盘图形走势。

【K线说明】

多头吞没线即"阳包阴"，是最常见的K线组合，通常运用在60分钟以上的周期图形中，若周期太短则其交易空间不大。

【K线特征】

前一根K线是阴线，后一根K线是阳线且突破前一根K线的高点，并且收线也在前一根阴线高点之上，甚至单根阳线吞没前几根K线。同时该阳线的上影线要比实体短。

【多单买点信号】

当行情探底或受支撑回升，"阳包阴"收线确定后即可买进多单，或在随后1~2

根K线重心上移阶段买进多单。

【多单止盈信号】

起涨力度决定高度,"阳包阴"所处相对位置越低,阳线越长,吞没前面的K线越多,之后上涨的幅度就越大,因此这种K线组合后的卖出信号要根据实盘状况而定。

【多单止损信号】

当买进多单后,如果没有如期上涨,而是快速回落,当回落跌至前面"阳包阴"的阳线一半之下时为止损信号,或者跌破该阳线的低点时为最后止损防线。

【K线形成】

观察图2-7和图2-8可以看出,在相对较大周期中的阳包阴组合,在相对小周期中其实就是一个V形的反转形态。相对小周期的V形反转力度越大,相对大周期的阳包阴中阳线上涨幅度就会越强;反之,V形反转力度越小,阳包阴组合越可能失败。

【实盘注意要点】

多头吞没线一般出现在下跌后到达大形态的相对支撑位,在低位起涨时出现的意义较重要一些,并且上涨空间会很大,如图2-7和图2-8中位置1处。如果出现在横盘中或者在一轮单边上涨过程中,那么后期涨幅空间可能有限,如图2-7和图2-8中位置2处。如果出现在上涨后的顶部,其意义不大,因为所处相对高处的阻力位说明接下来的行情趋势极有可能是下跌,所以阳线很有可能又被大阴线吞没。

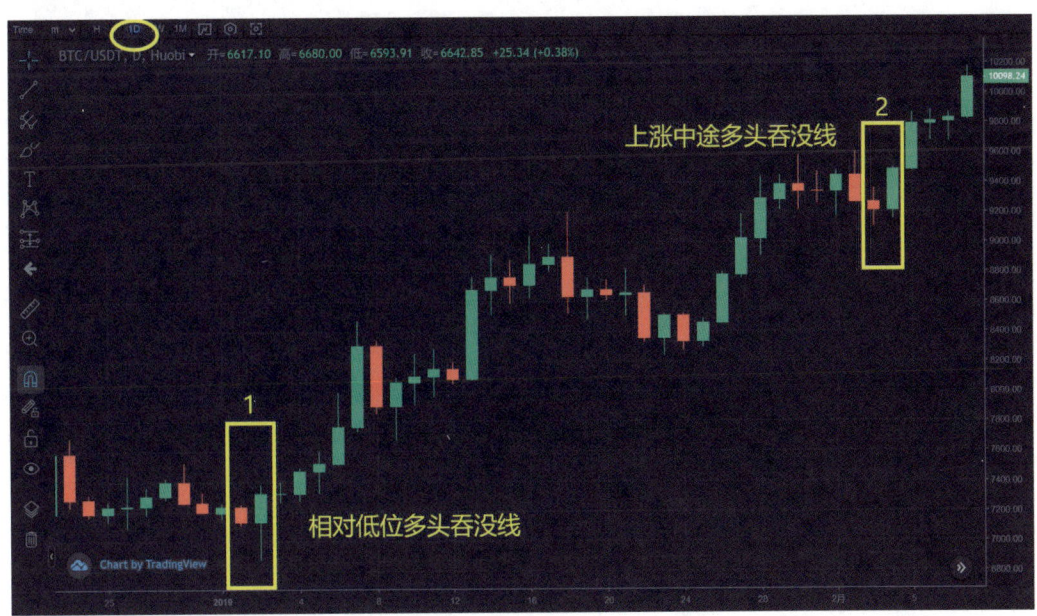

图 2-7

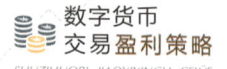

图 2-8

第四节 空头吞没线的组合特征

【K线说明】

空头吞没线即"阴包阳",也是最常见的K线组合,通常运用在60分钟以上的周期图形中,若周期太小则其交易空间不大。

【K线特征】

前一根K线是阳线,后一根K线是阴线且跌破前一根阳线的低点,并且收线也在前一根阳线低点之下,甚至单根阴线吞没前几根K线。同时该阴线的下影线要比实体短。

【空单买点信号】

当行情探顶或受阻回落,"阴包阳"收线确定后即可买进空单,或在随后1~2根K线重心下移阶段买进空单。

【空单止盈信号】

转跌力度决定深度。"阴包阳"所处相对位置越高,阴线越长,吞没前面的K线越多，之后下跌的幅度就越大，因此这种K线组合后的卖出信号要根据实盘状况而定。

【空单止损信号】

当买进空单后，如果没有如期下跌，而是快速回升，当回升至前面"阴包阳"的阴线一半之上时为止损信号，或者突破该阴线的高点时为最后止损防线。

【K线形成】

观察图2-9和图2-10可以看出，在相对较大周期中的阴包阳组合，在相对小周期中其实就是一个倒V形的反转形态。相对小周期的倒V形反转力度越大，相对大周期的阴包阳中阴线下跌幅度就会越强；反之，倒V形反转力度越小，阴包阳组合越可能失败。

【实盘注意要点】

空头吞没线一般是在上涨后到达大形态的相对阻力位，在高位起跌时出现的意义较重要一些，并且下跌空间会很大，如图2-9和图2-10中位置1处。如果出现在横盘中或者在一轮单边下跌过程中，那么后期跌幅空间可能有限，如图2-9和图2-10中位置2处。如果出现在下跌后的底部其意义不大，因为所处相对低处的支撑位说明接下来的行情趋势极有可能是上涨，所以阴线很有可能又会被大阳线吞没。

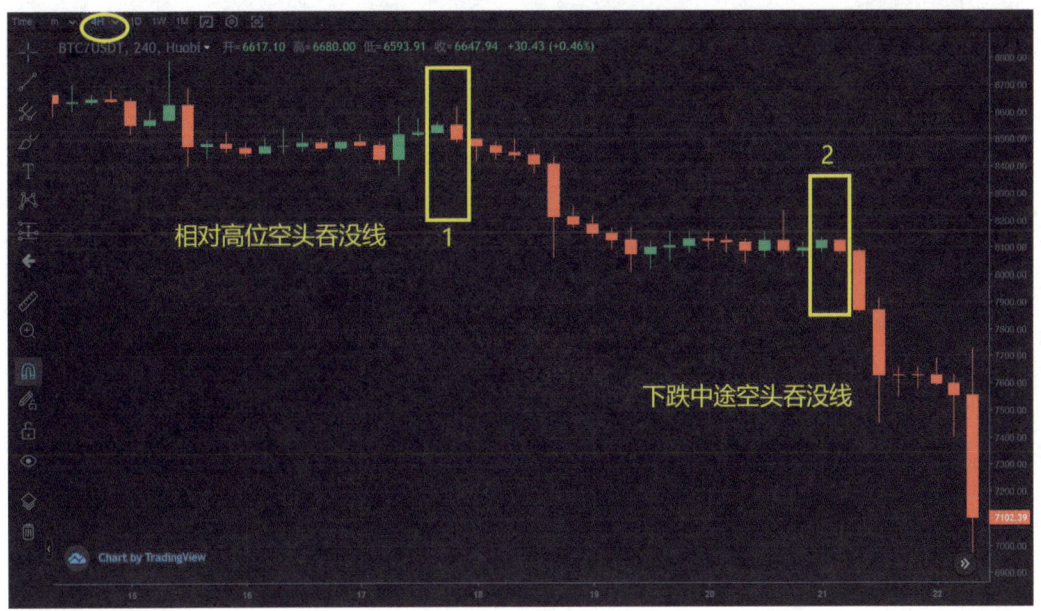

图 2-9

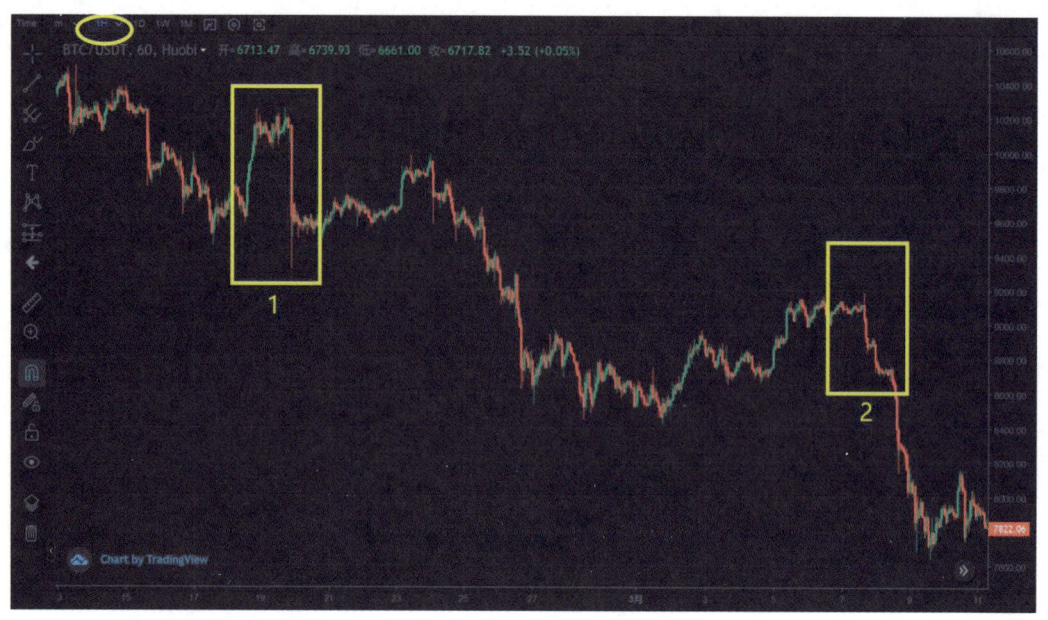

图 2-10

第五节 孕多线的组合特征

【K线说明】

孕多线组合是由两根K线组合成的图形，这种前长后短的组合形态，称为"孕线"。

【K线特征】

孕多线组合中第一根K线是中阳线或大阳线，第二根K线为小K线（无论是阴线还是阳线），第二根K线的最低价不能跌破前一根阳线的中间位置，最好是第二根小K线在前一根阳线上方三分之一以上处。

【多单买点信号】

在前大阳线后无论是十字星线还是小K线，也无论是阴线还是阳线，只要是在前大阳线的一半或三分之一处的上方，都具有多头延续的潜力。在这根小K线收线确定在上方后，当第三根K线重心上移时可立即买进多单。

【多单止盈信号】

1. 在低位起涨大阳线后出现，可持多单至阳线逐根收敛缩短时止盈。

2. 在上涨中途或主升浪中间出现，可在随后的1～3根阳线内止盈。

【多单止损信号】

如果没有如期上涨，而随后又回落至前大阳线的一半之下或跌破前大阳线的低点时，为止损信号。

【K线形成】

观察图2-11~图2-14可以看出，在相对较大周期中的孕多线组合，在相对较小周期中其实就是一轮上涨后形成的一个中继平台，此平台回踩的幅度越小，孕多线的十字星线就越可能在中阳线或大阳线的上方。

【实盘注意要点】

孕多线组合一般运用在60分钟以上的周期图中，如果此K线组合出现在大形态的相对低位或者一轮单边上涨行情的途中，前一根阳线越长，那么在前大阳线后无论是十字星线还是小K线，也无论是阴线还是阳线，在出现孕多线组合后继续上涨的潜力就越大，涨幅也就越高，如图2-11和图2-12中位置1处。如果此形态出现在大形态的相对高位，那么继续上涨的可能性就很低，因为行情可能到达了大形态的相对阻力位，接下来下跌的可能性较大，如图2-13和图2-14中位置1处。

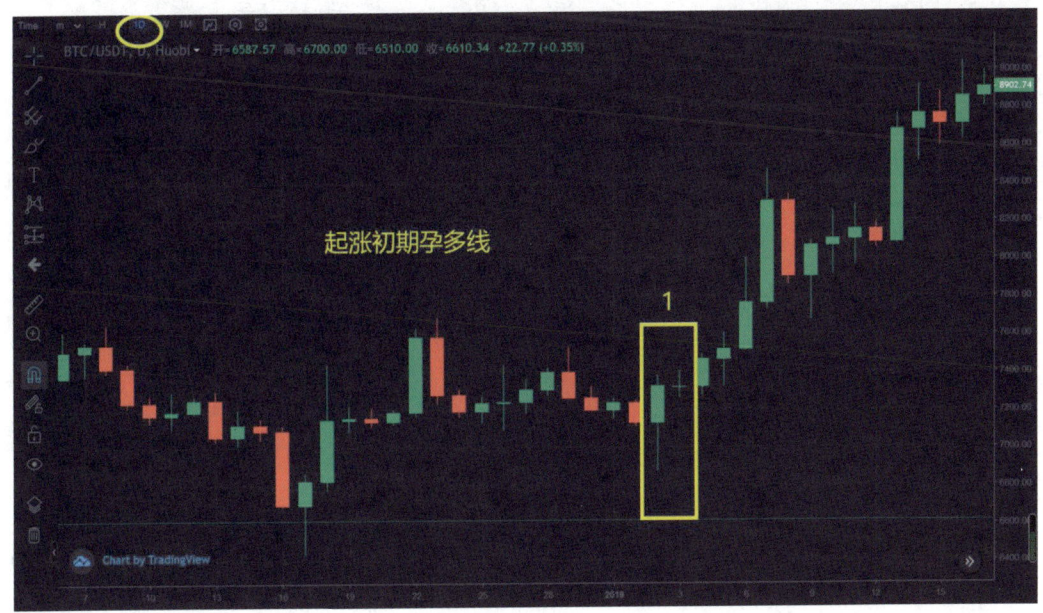

图 2-11

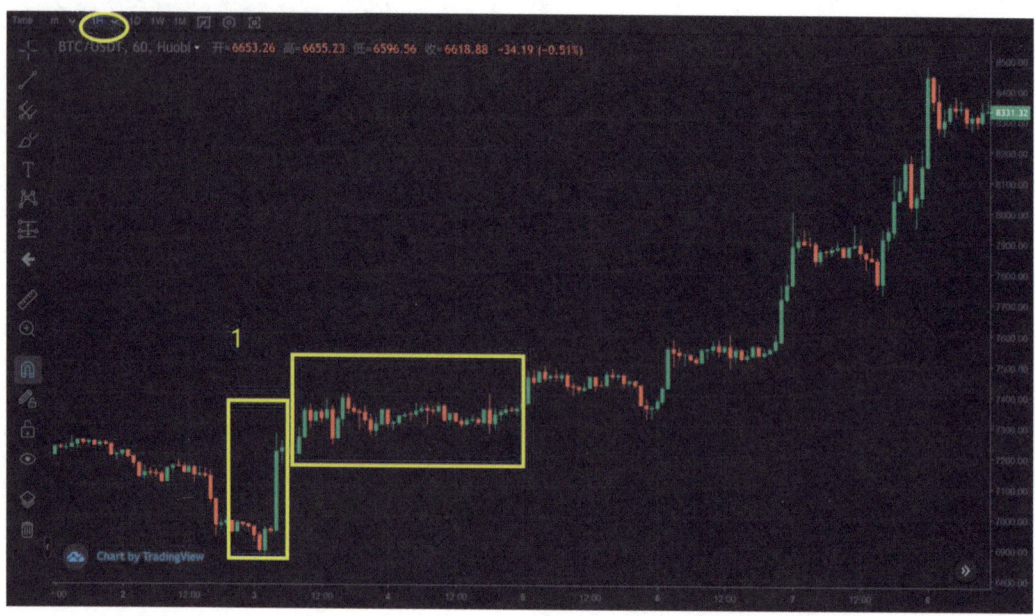

图 2-12

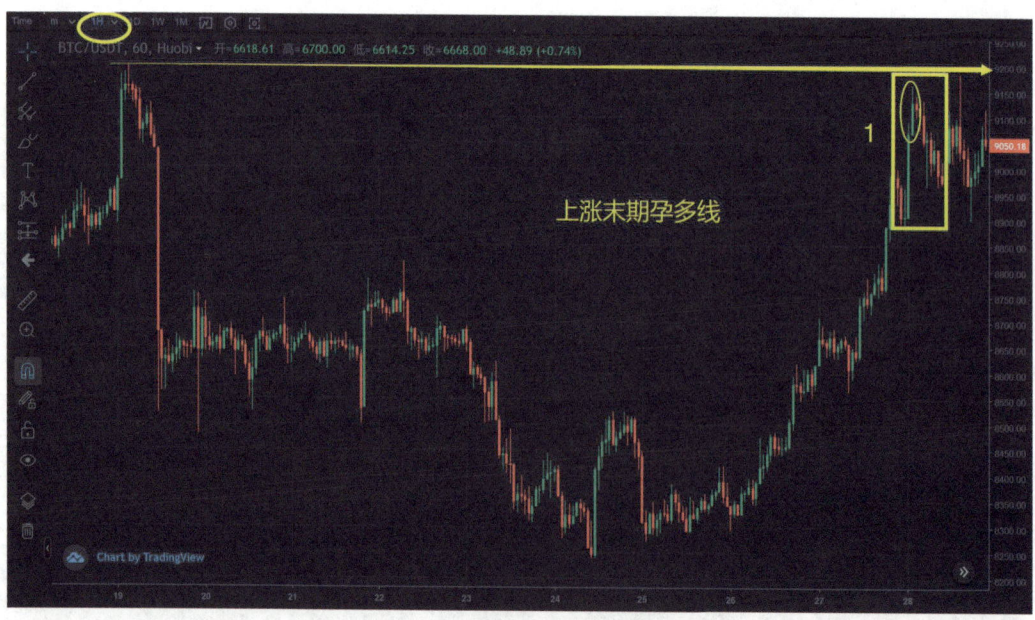

图 2-13

图 2-14

第六节 DILIUJIE
孕空线的组合特征

【K线说明】

孕空线组合是由两根K线组合成的图形。

【K线特征】

孕空线组合中第一根K线是中阴线或大阴线，第二根K线为小K线（无论是阴线还是阳线），第二根K线的最高价不能突破前一根阴线的中间位置，最好是第二根小K线在前一根阴线下方三分之一以下处。

【空单买点信号】

在前大阴线后无论是十字星线还是小K线，也无论是阴线还是阳线，只要是在前大阴线的一半或三分之一处的下方，都具有空头延续的潜力。这根小K线收线确定在下方后，当第三根K线重心下移时可立即买进空单。

【空单止盈信号】

1. 在高位转跌大阴线后出现，可持空单至阴线逐根收敛缩短时止盈。

2. 在下跌中途或主跌浪中间出现，可在随后的1~3根阴线内止盈。

【空单止损信号】

如果没有如期下跌，而随后又反弹至前大阴线的一半之上或突破前大阴线的高点时，为止损信号。

【K线形成】

观察图2-15~图2-18可以看出，在相对较大周期中的孕空线组合，在相对较小周期中其实就是一轮下跌后形成的一个中继平台，此平台反弹的幅度越小，孕空线的十字星线就越可能在中阴线或大阴线的下方。

【实盘注意要点】

孕空线组合一般运用在60分钟以上的周期图中，如果此K线组合出现在大形态的相对高位或者一轮单边下跌行情的途中，前一根阴线越长，那么在前大阴线后无论是十字星线还是小K线，也无论是阴线还是阳线，在出现孕空线组合后继续下跌的潜力就越大，跌幅也就越深，如图2-15和图2-16中位置1处。如果此形态出现在大形态的相对低位，那么继续下跌的可能性就很低，因为行情可能到达了大形态的相对支撑位，接下来上涨的可能性较大，如图2-17和图2-18中位置1处（到达了前方密集区中轴支撑位）。

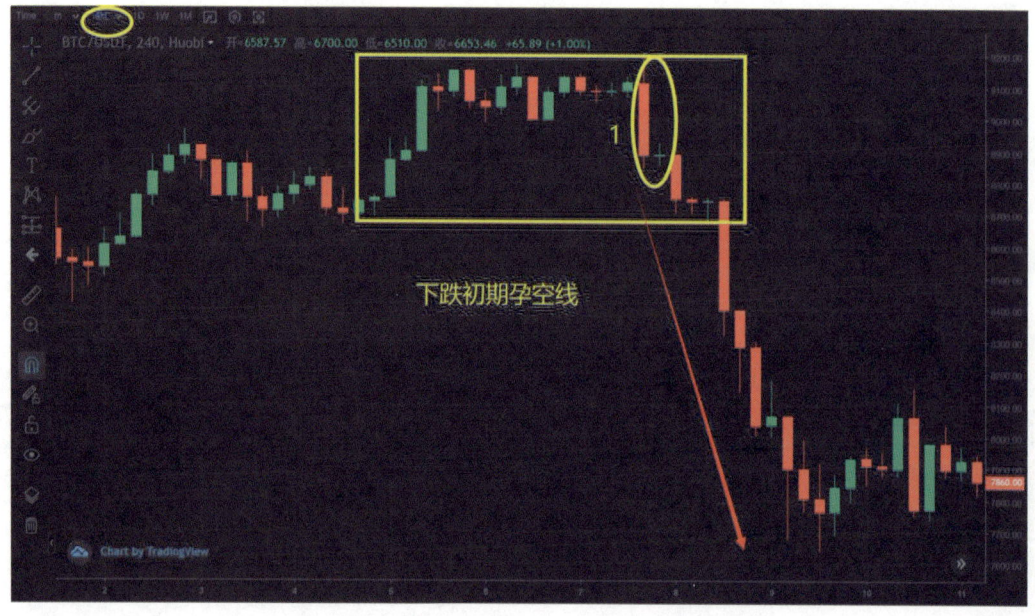

图 2-15

第二章 / 数字货币 K 线组合及形成理论

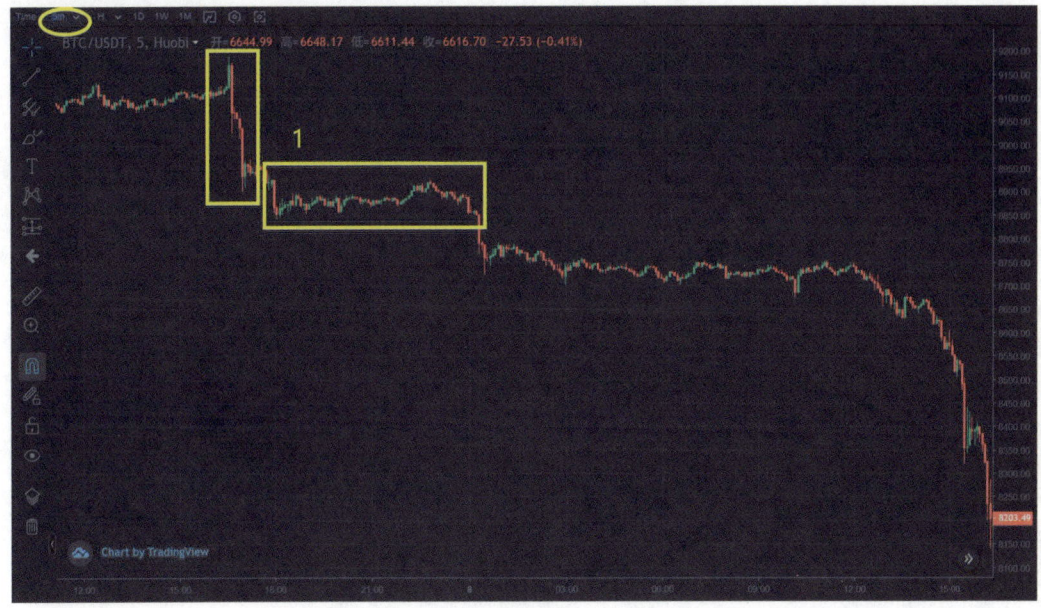

图 2-16

图 2-17

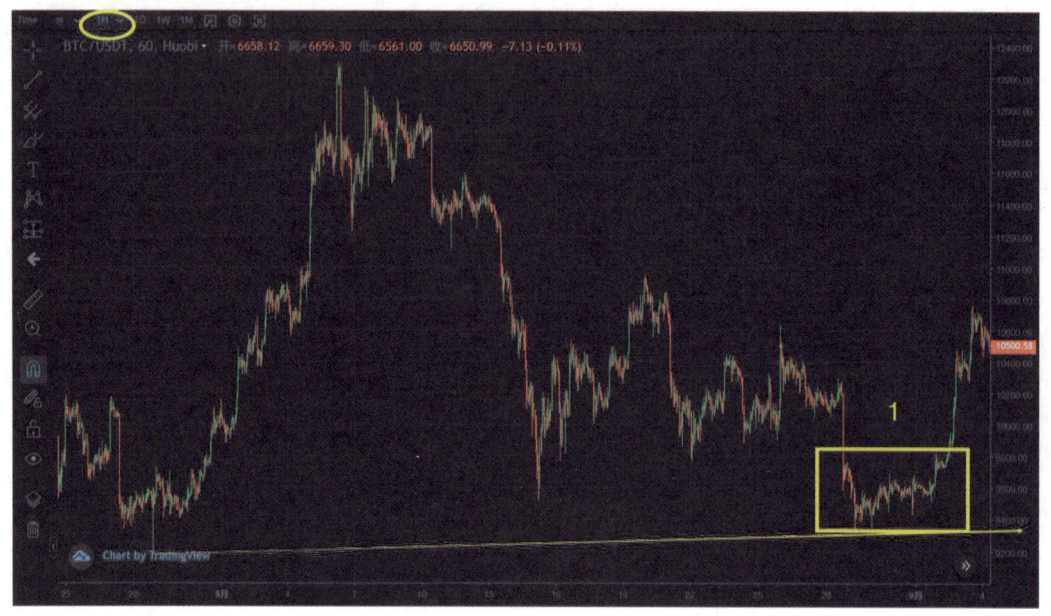

图 2-18

第七节 多方炮的组合特征

【K线说明】

多方炮组合在K线形态中较为常见，通常判断为短线多头信号，但接下来是否延续上涨态势，要根据其所处不同位置而定。

【K线特征】

多方炮由两根阳线中间夹一根小阴线组成，条件是这两根阳线的实体较长，或上影线较短。

【多单买点信号】

多单买点在阳线突破中间阴线高点时，或者收线确认组合形态成立时，再买进短线多单。

【多单止盈信号】

1. 如果多方炮组合在上涨初期出现，可将多单持至大阳线突破拉升时分批止盈。

2. 如果多方炮组合在上涨中途或主升浪中间出现，那么其后还有一半的涨幅，在随后的高点可设保本损位逐步分批平仓。

【多单止损信号】

如果买进多单后并没有如期上涨，而回落下跌，此时只要不跌破前面"两阳夹阴"这三根K线的低点，就仍可持多单待涨，一旦跌破此位就应做出止损的策略。

【K线形成】

观察图2-19和图2-20可以看出，在相对大周期中的多方炮组合，在相对小周期中其实就是一个高点与低点不断抬高的震荡修整形态。修整形态上涨得越快越急，两根阳线就会越大越实。

【实盘注意要点】

多方炮组合通常运用在中大周期图中，例如60分钟以上的周期图，周期越大、阳线实体越长、中间夹的阴线越短，图形就越明显，其后上涨就越可靠。如果此形态出现在大形态的相对低位或者一轮单边上涨行情的中途，那么接下来延续上涨的可能性会很大，如图2-19和图2-20中位置1处。但如果处于大形态的相对高位，那么延续上涨的可能性则很低，因为行情到达了相对高处的阻力位，很可能由涨转跌，如图2-19和图2-20中位置2处。

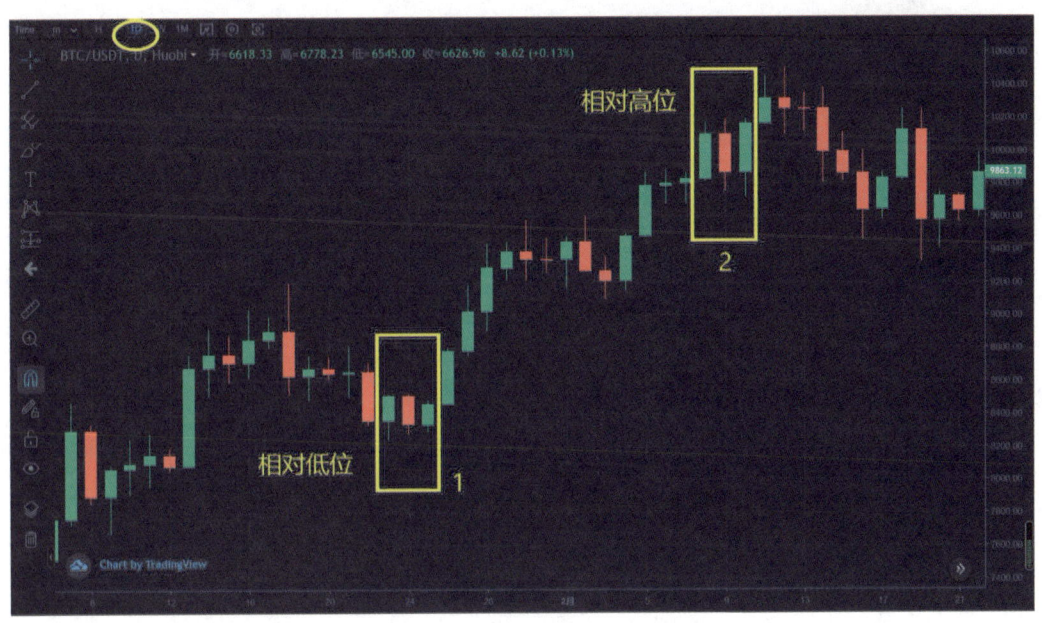

图 2-19

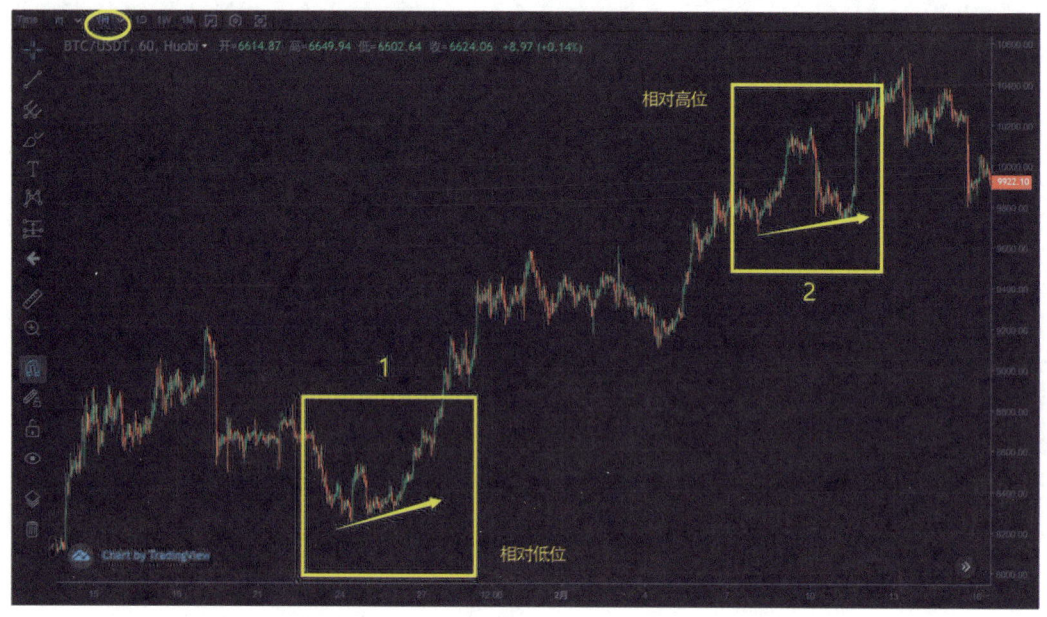

图 2-20

第八节 空方炮的组合特征

【K线说明】

空方炮组合在K线形态中较为常见,通常判断为短线空头信号,但接下来是否延续下跌态势,要根据其所处不同位置而定。

【K线特征】

空方炮由两根阴线中间夹一根小阳线组成,条件是这两根阴线的实体较长,或下影线较短。

【空单买点信号】

空单买点在阴线跌破中间阳线低点时,或者收线确认组合形态成立时,再买进短线空单。

【空单止盈信号】

1. 如果空方炮组合在下跌初期出现,可将空单持至大阴线下挫时逢低分批止盈。

2. 如果空方炮组合在下跌中途或主跌浪中间出现，那么其后还有一半的跌幅，在随后的低点可设保本损位逐步分批平仓。

【空单止损信号】

如果买进空单后并没有如期下跌，而向上回抽，此时只要不突破前面"两阴夹阳"这三根K线的高点，就仍可持空单待跌，一旦突破此位就应做出止损的策略。

【K线形成】

观察图2-21和图2-22可以看出，在相对大周期中的空方炮组合，在相对小周期中其实就是一个高点与低点不断降低的震荡修整形态。修整形态下跌得越快越急，两根阴线就会越大越实。

【实盘注意要点】

空方炮组合通常运用在中大周期图中，例如60分钟以上的周期图，周期越大、阴线实体越长、中间夹的阳线越短，图形就越明显，其后下跌就越可靠。如果此形态出现在大形态的相对高位或者一轮单边下跌行情的中途，那么接下来延续下跌的可能性会很大，如图2-21和图2-22中位置1处。但如果处于大形态的相对低位，那么延续下跌的可能性则很低，因为行情到达了相对低处的支撑位，很可能由跌转涨，如图2-21和图2-22中位置2处。

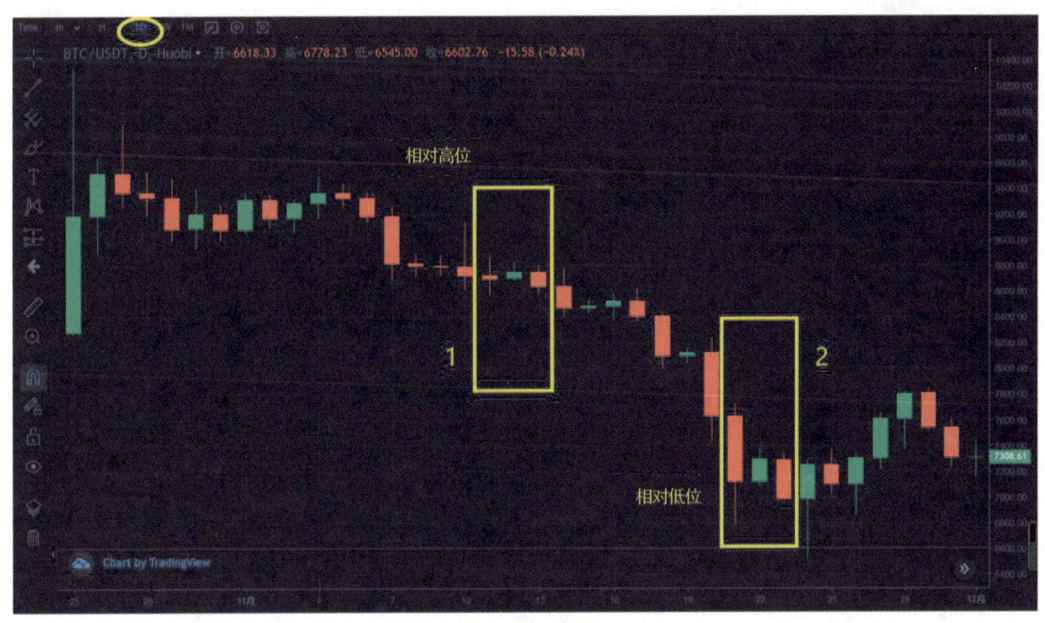

图 2-21

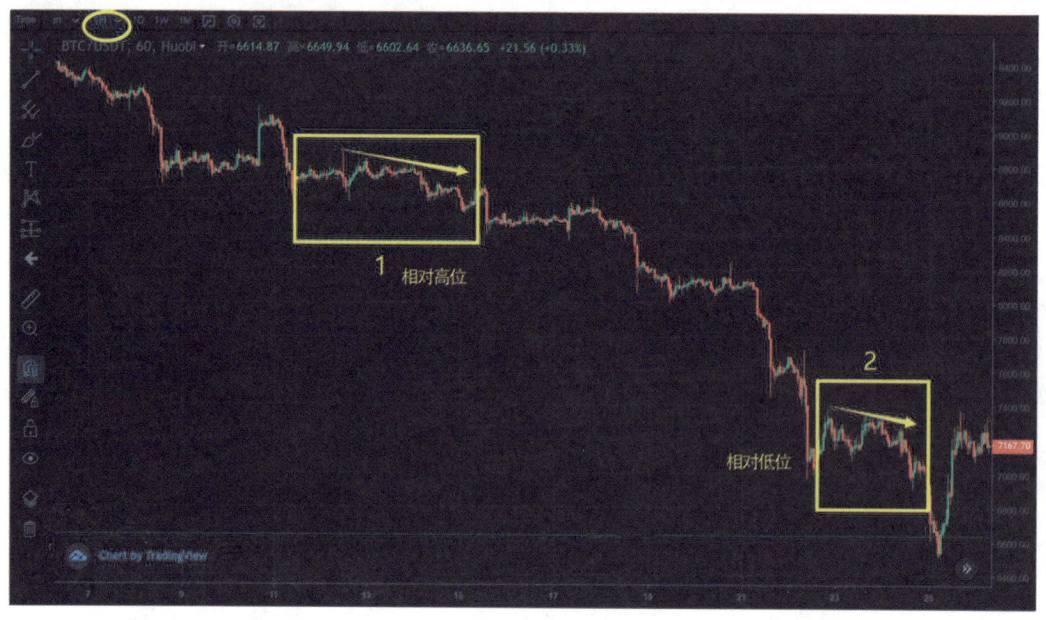

图 2-22

第九节 希望之星的组合特征

【K线说明】

希望之星又称早晨之星,顾名思义就是带给人们希望的形态。该形态由三根K线组成,是见底翻多信号,如果出现在相对低处的支撑位,其可靠性也非常之高。

【K线特征】

希望之星由最左侧的阴线、中间一根实体短小的星形线(也可以是带下影线的小阳线或小阴线)和右侧的一根阳线组合而成。

【多单买点信号】

1. 在右侧阳线突破十字星线高点时。

2. 在右侧阳线突破前一根下跌阴线高点时。

【多单止盈信号】

止盈位置要结合所处不同形态、不同阶段的位置而定,例如出现在急跌后的低位,或者是出现在箱体下轨、上涨冲高回踩支撑时等。同时还要依据右侧阳线起涨的长度决定上涨高度。

【多单止损信号】

当后面再跌破十字星线的低点时为止损信号。

【K线形成】

观察图2-23和图2-24可以看出,在相对大周期中的希望之星组合,在相对小周期中其实就是一个头肩底形态或V形的反转形态,头肩底右颈线或V形上涨力度越强,反映在希望之星中就是阳线会越大越长。

【实盘注意要点】

在盘整过程中,希望之星组合可信度不高,因为在盘整中会频繁出现星形线。当这种形态出现在持续下跌后的低点,或是震荡修整形态或箱体形态下轨位置处,再或者是在上涨冲高回踩反支撑时等,是多方力量快速转强,且上攻意愿强烈的信号。

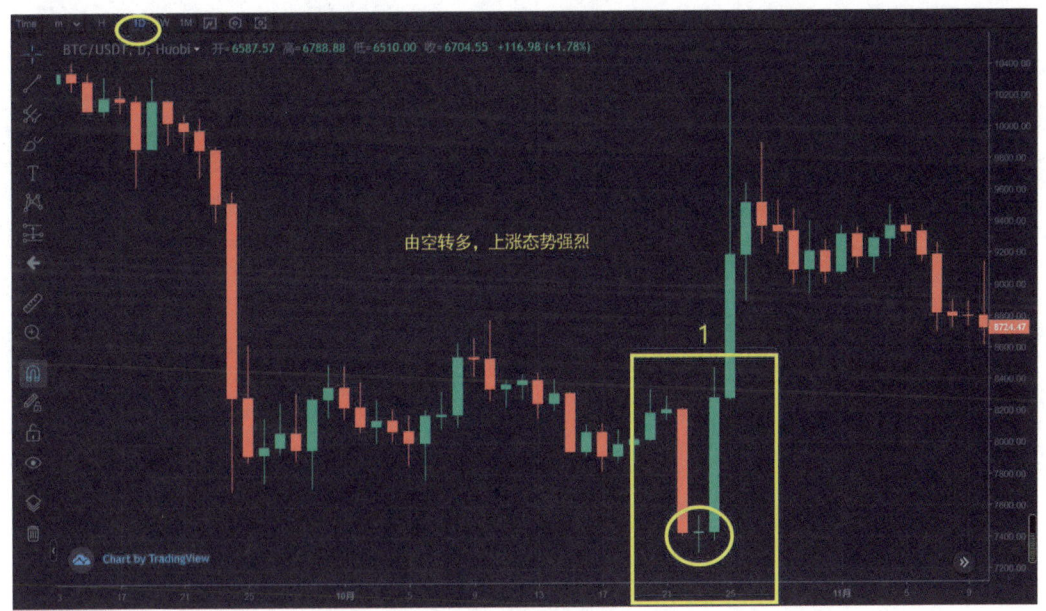

图 2-23

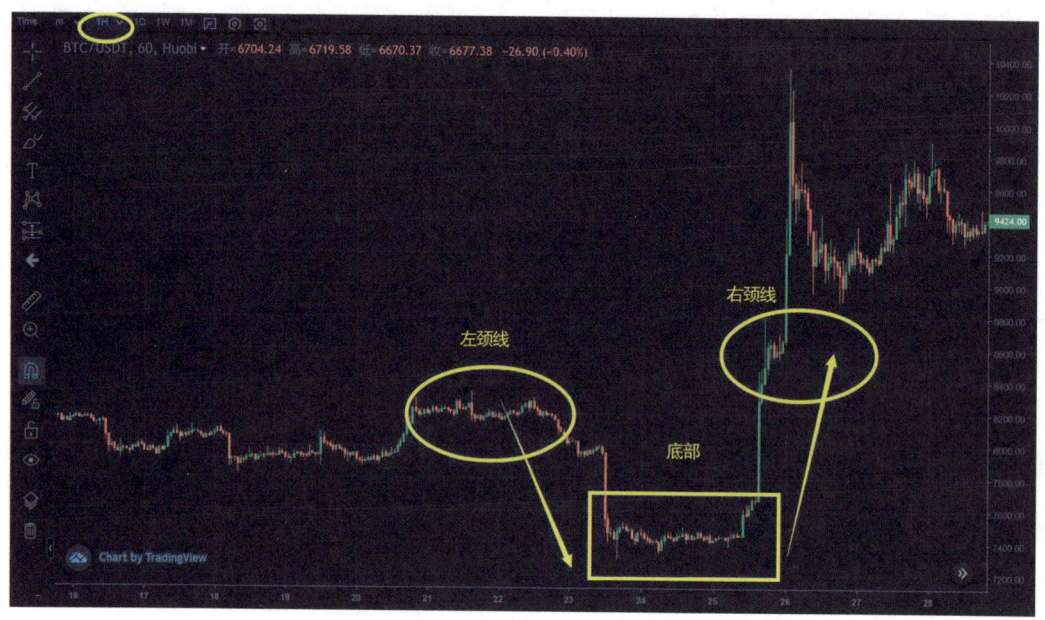

图 2-24

第十节 黄昏之星的组合特征

【K线说明】

黄昏之星又称夜星，顾名思义就是太阳从西山缓缓坠落。该形态由三根K线组成，是见顶翻空信号，如果出现在相对高处的阻力位，其可靠性也非常之高。

【K线特征】

黄昏之星由最左侧的阳线、中间一根实体短小的星形线（也可以是带上影线的小阳线或小阴线）和右侧的一根阴线组合而成。

【空单买点信号】

1. 在右侧阴线跌破十字星线低点时。
2. 在右侧阴线跌破前一根上涨阳线低点时。

【空单止盈信号】

止盈位置要结合所处不同形态、不同阶段的位置而定，例如出现在急涨后的高位，或者是出现在箱体上轨、下跌反弹回升受阻力时等。同时还要依据右侧阴线的长度决定下跌深度。

【空单止损信号】

当后面再突破十字星线的高点时为止损信号。

【K线形成】

观察图2-25和图2-26可以看出，在相对大周期中的黄昏之星组合，在相对小周期中其实就是一个头肩顶形态或倒V形反转形态，头肩顶右颈线或倒V形下跌力度越强，反映在黄昏之星中就是阴线会越大越长。

【实盘注意要点】

在盘整过程中，黄昏之星组合可信度不高，因为在盘整中会频繁出现星形线。当这种形态出现在持续上涨后的高点，或是震荡修整形态或箱体形态上轨位置处，再或者是在下降急跌弱反弹时等，是空方力量快速转强，且下跌意愿强烈的信号。

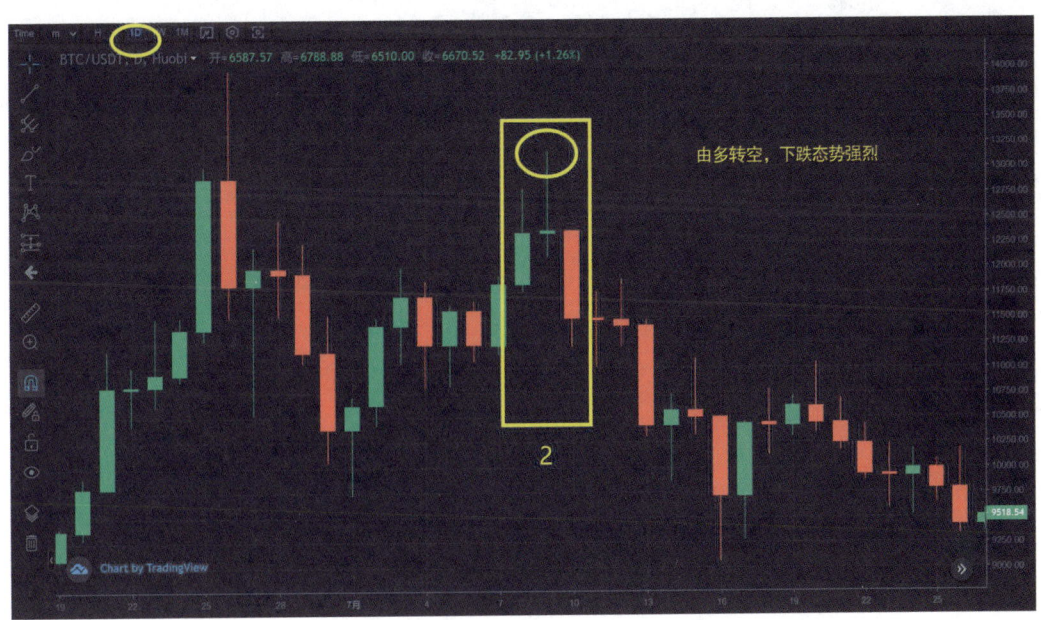

图 2-25

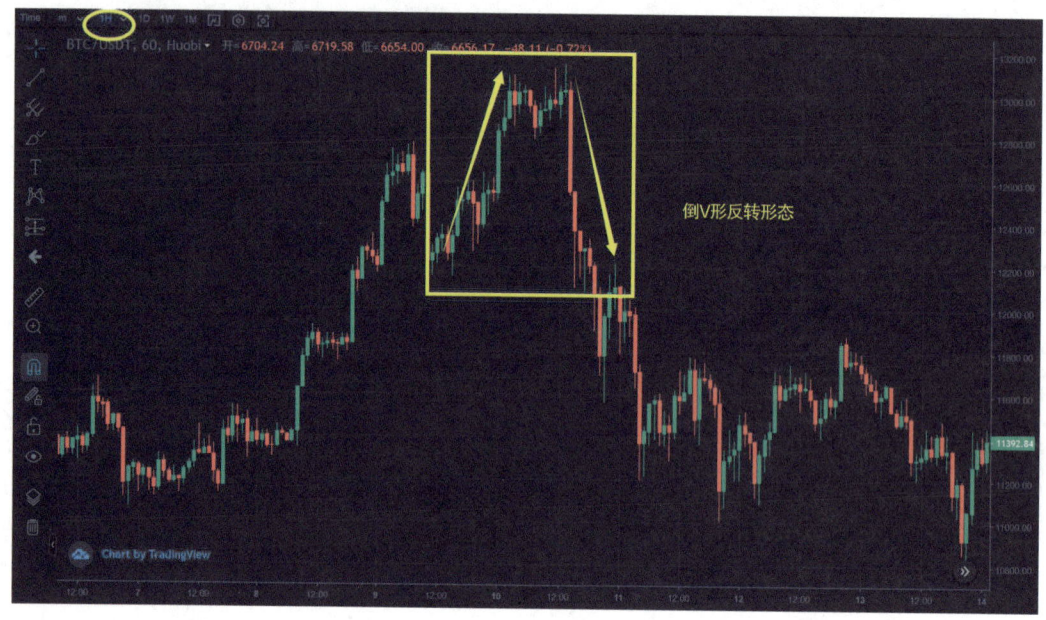

图 2-26

第十一节 金针探底的组合特征

【K线说明】

金针探底组合在支撑位置较为常见,通常判断为多头即将爆发的信号,但接下来是否延续上涨态势,要根据其所处不同位置而定。

【K线特征】

金针探底组合由探底回升过程中三条以上的长下影线组成,下影线越长,越有利于后市的上涨。

【多单买点信号】

多单买点应在第2~3根长下影线之后重心上移收阳线时,最安全的多单买点是在右侧向上抬头或阳线突破时。

【多单止盈信号】

多单止盈信号主要以阶段位置而定,和形态周期大小、构底大小有关。例如前面单轮下跌幅度较深,出现"多针探底"后处于前方支撑位,如果出现在60分钟周期图中,其后的上涨幅度一般至少有300点;如果出现在日线图相对低位,如此大型的构底形态,一般上涨幅度可能有500点左右,甚至更高。

【多单止损信号】

如果在第三次长下影线之后没有如期上涨,而又继续跌至长下影线之下为止损信号。

【K线形成】

观察图2-27和图2-28可以看出,在相对大周期中的金针探底组合,在相对小周期中其实就是探了几次底的小震荡修整形态,每次探底后回升的力度越强,反映在相对大周期中就是长下影线可能越长。

【实盘注意要点】

金针探底组合通常运用在中大周期图中,例如60分钟以上级别的周期图。如果出现在大形态的相对底部或一轮单边上涨行情的途中,那么随后极有可能延续上涨态势;但如果处于大形态的相对高位,则很可能由多转空,也就是说小周期中的震荡修整形态可能面临跌破下轨,向下变盘。

图 2-27

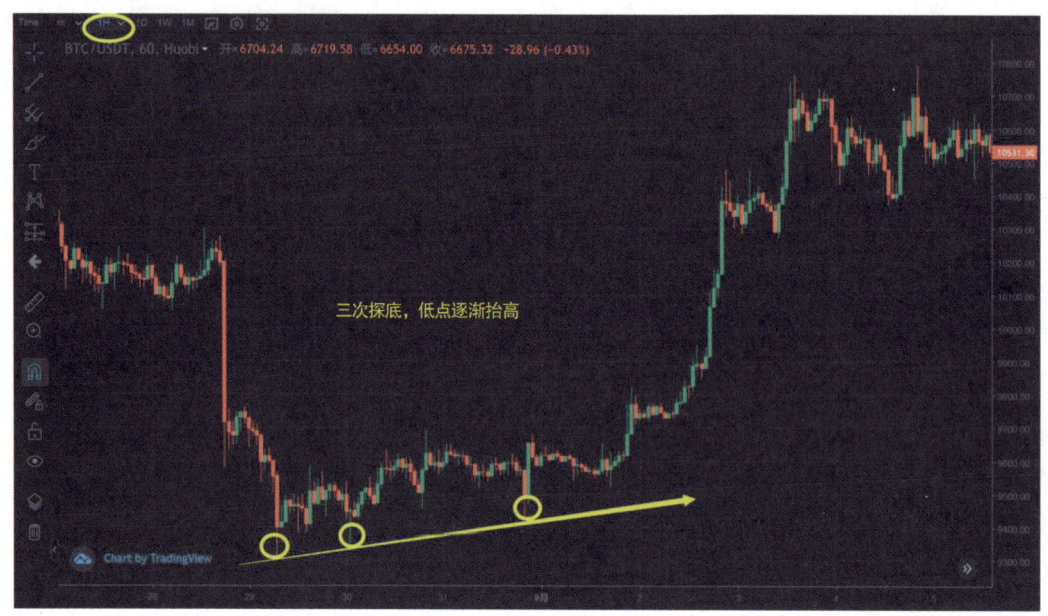

图 2-28

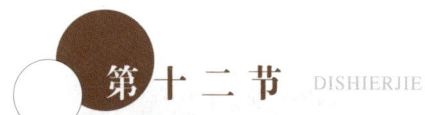

金针探顶的组合特征

【K线说明】

金针探顶组合在阻力位置较为常见,通常判断为空头即将爆发的信号,但接下来是否延续下跌态势,要根据其所处不同位置而定。

【K线特征】

金针探顶组合由探顶下跌过程中三条以上的长上影线组成,上影线越长,越有利于后市的下跌。

【空单买点信号】

1. 多针探顶后的空单买点应在第2~3根长上影线之后重心下移收阴线时,最安全的空单买点是在右侧向下弯头或阴线拐点时。

2. 单针探顶后的空单买点在随后收出实体较大的阴线时,如图2-29中探顶后第一根阴线位置为空单买点信号。

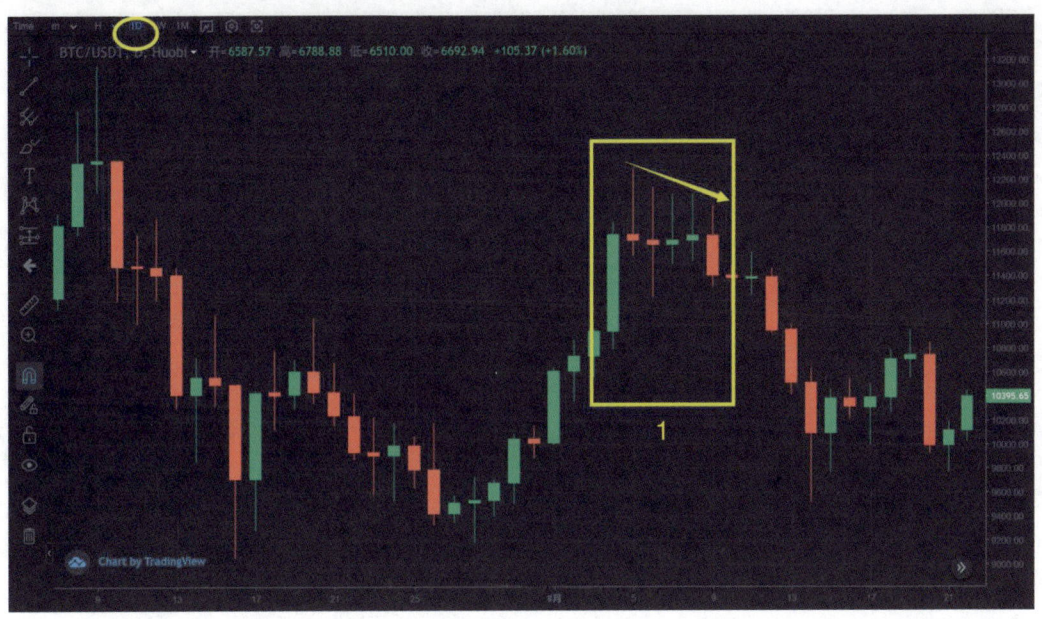

图 2-29

【空单止盈信号】

空单止盈信号主要以阶段位置而定,和形态周期大小、构顶大小有关。例如前面单轮上涨幅度较高,出现"多针探顶"后处于前方阻力位,如果出现在60分钟周期图中,其后的下跌幅度一般至少有300点;如果出现在日线图相对高位,如此大型的构顶形态,一般下跌幅度可能有500点左右,甚至更低。

【空单止损信号】

如果在长上影线之后没有如期下跌,而又继续上涨,突破长上影线之后收出的阴线一半之上为初次止损信号,随后上涨突破长上影线的高点为最后一次止损信号。

【K线形成】

观察图2-29和图2-30可以看出,在相对大周期中的金针探顶组合,在相对小周期中其实就是探了几次顶的小震荡修整形态,每次探顶后下跌的力度越强,反映在相对大周期中就是长上影线可能越长。

【实盘注意要点】

金针探顶组合通常运用在中大周期图中,例如60分钟以上级别的周期图。如果出现在大形态的相对顶部或一轮单边下跌行情的途中,那么随后极有可能延续下跌态势;但如果处于大形态的相对低位,就很可能由空转多,也就是说小周期中的震荡修整形态可能面临突破上轨,向上变盘。

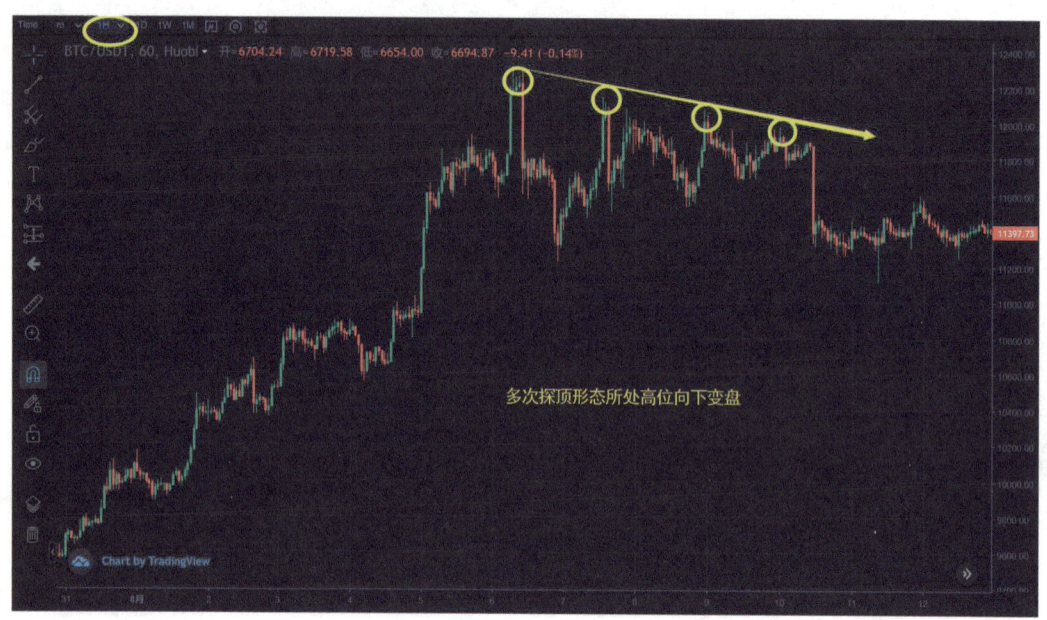

图 2-30

第十三节 DISHISANJIE
绝地反攻的组合特征

【K线说明】

绝地反攻是一种在下跌后的低位非常强悍地由空翻多的现象。

【K线特征】

在一轮急跌后的低位，或者在低位构底之后，突然一根长阳线拔地而起，且这根阳线可能会吞没前5~10根K线。

【多单买点信号】

这种形态一般在5分钟K线图中运用较多，也是一种多单追涨买进式，如果在60分钟K线图中出现可作为趋势性的波段持有多单。买点在大阳拉升中途快速追进多单。

【多单止盈信号】

止盈信号主要取决于此K线组合出现在哪个周期图中，小周期就短线见好就收，大周期就波段持单，总之在后面多头释放到K线缩短，同时阴阳频繁交夹或者又出现中阴线或大阴线吞没阳线时为止盈信号。

【多单止损信号】

当接下来没有继续上涨,而是一种诱多上涨后,又快速回落至大阳线的一半之下时为止损信号。

【K线形成】

观察图2-31和图2-32可以看出,出现在相对大周期中的绝地反攻组合,在相对小周期中其实就是几根阳线持续上涨的状态,上涨的阳线越急越强,反映在相对大周期中就是阳线越长越实。

【实盘注意要点】

绝地反攻通常运用在60分钟K线图形中作为参考依据。之所以出现绝地反攻,可能是因为出现一轮60分钟级别急跌后行情立刻出现V形反转;也有可能是低位构筑震荡修整形态,待蓄势构底成熟后向上变盘大阳突破。需要注意,这种大阳拉升现象也可能发生在消息窗口,在这之前就应做好充分的准备。如果消息面预期利多,同时行情又处于相对低位,那么当消息公布时,更容易出现大阳线。特别是前面蓄势越久,一旦发生爆发式突破,其后上涨都会延续一定的时间。当出现这种情况时,也可以切换至周期更小的1分钟K线图去寻找中继平台多单入场。

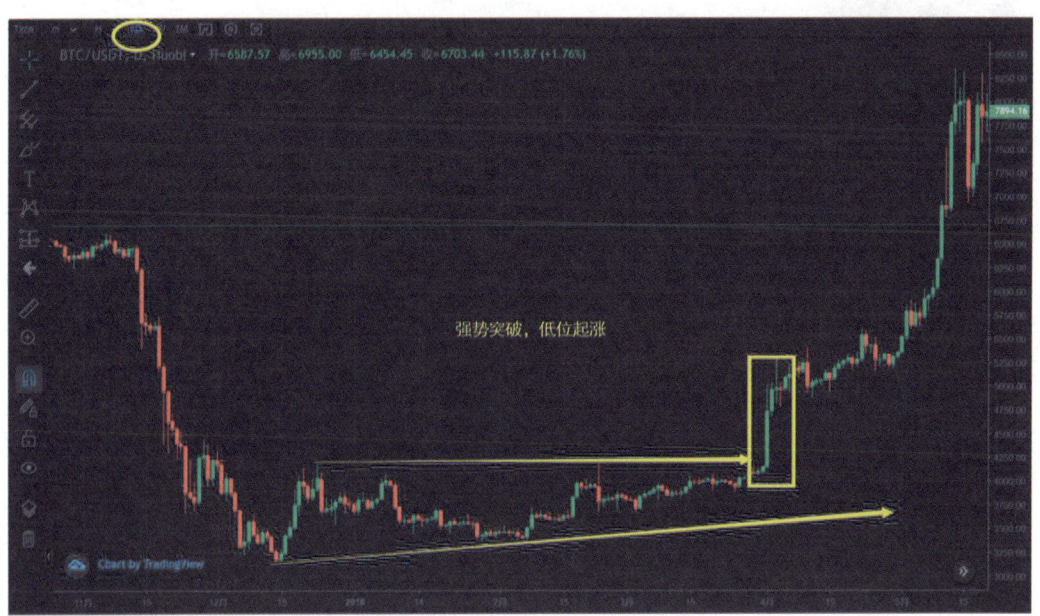

图 2-31

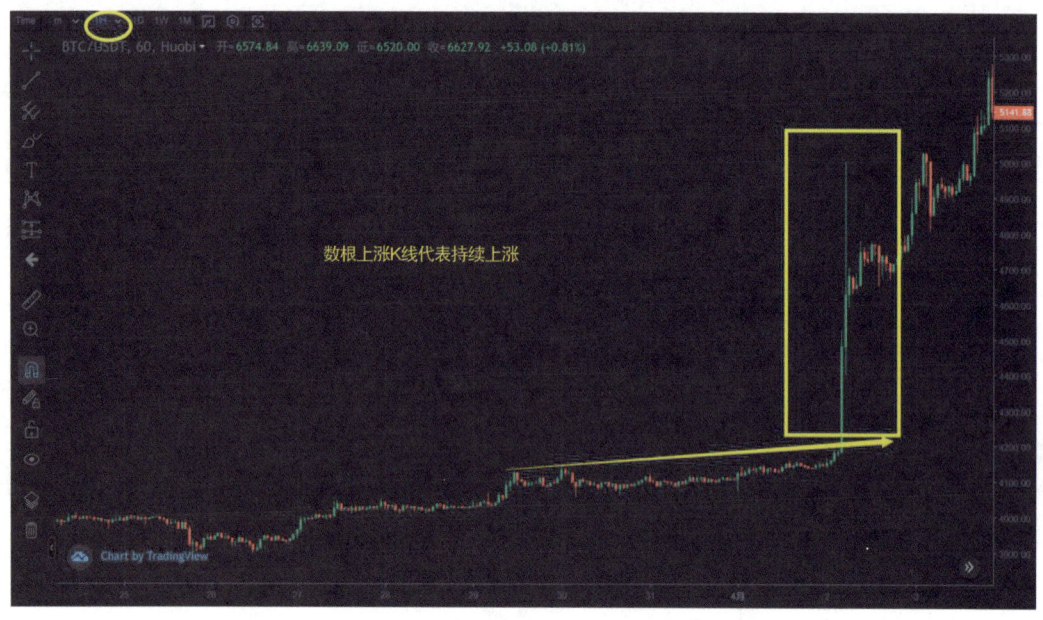

图 2-32

第十四节 一叶知秋的组合特征

【K线说明】

一叶知秋是一种在上涨后的高位非常强悍地由多翻空的现象。

【K线特征】

在一轮上涨后的高位,或者在高位构顶之后,突然一根大阴线从天而降,且这根阴线可能会吞没前5~10根K线。

【空单买点信号】

这种形态一般在5分钟K线图中运用较多,也是一种空单追跌买进式,如果在60分钟K线图中出现可作为趋势性的波段持有空单。买点在大阴下探中途快速追进空单。

【空单止盈信号】

止盈信号主要取决于此K线组合出现在哪个周期图中,小周期就短线见好就收,大周期就波段持单,总之在后面空头释放到K线缩短,同时阴阳频繁交夹或又出现中阳线或大阳线吞没阴线时为止盈信号。

【空单止损信号】

当接下来没有继续下跌，而是一种诱空下探后，又快速回升至大阴线的一半之上时为止损信号。

【K线形成】

观察图2-33和图2-34可以看出，出现在相对大周期中的一叶知秋组合，在相对小周期中其实就是几根阴线持续下跌的状态，下跌的阴线越急越强，反映在相对大周期中就是阴线越长越实。

【实盘注意要点】

一叶知秋通常运用在60分钟K线图形中作为参考依据。之所以出现一叶知秋，可能是因为出现一轮60分钟级别急涨后行情立刻出现倒V形反转；也有可能是高位构筑震荡修整形态，待蓄势构顶成熟后向下变盘大阴突破。需要注意，这种大阴急跌现象也可能发生在消息窗口，在这之前就应做好充分的准备。如果消息面预期利空，同时行情又处于相对高位，那么当消息公布时，更容易出现大阴线。特别是前面蓄势越久，一旦发生爆发式突破，其后下跌都会延续一定的时间。当出现这种情况时，也可以切换至周期更小的1分钟K线图去寻找中继平台空单入场。

图 2-33

图 2-34

第十五节 仙人指多的组合特征

【K线说明】

仙人指多组合由一根长上影线后收一根中阳线向上组成,上影线代表往上指明方向,前提是随后要有中阳线伴随。但接下来能否延续上涨,要根据其所处不同位置而定。

【K线特征】

首先前一根上影线要比实体长,后一根阳线要高于上影线一半,最好是后一根阳线吞没前一根上影线。其次前方K线的上影线不分阴阳。

【多单买点信号】

多单买点一定要在上影线后的阳线收线确认时,并且阳线的上影线最好不要太长,甚至在阳线吞没前上影线的情况下买进多单的胜算要大一些。

【多单止盈信号】

多单止盈信号要根据在不同阶段出现的位置而定。

1. 在相对低位起涨时出现，多单止盈位可定在前高点附近。

2. 在一轮上涨后高位盘整末期出现，可短线操作并见好就收。

3. 在上涨中途出现，那么其后还有一半的涨幅，比如说在出现之前上涨了200点，那么在出现之后就还有200点左右的涨幅。

【多单止损信号】

多单止损位以上影线的低点为依据，一旦破位便立即止损。

【K线形成】

观察图2-35和图2-36可以看出，出现在相对大周期中的仙人指多组合，在相对小周期中其实就是一轮上涨后行情又下跌随后再上涨并突破前高位的一个过程。在相对小周期中，第二次上涨的力度越强，反映到大周期中就是阳线会越大越长。

【实盘注意要点】

仙人指多组合也属于一种V形反转，通常出现在60分钟K线图或日线图中意义较大。出现的阶段位置、相伴的阳线长短和实体长短都有关联意义。如果出现在大形态的相对底部或一轮单边上涨行情的中途，那么随后极有可能延续上涨趋势；但如果处于大形态的相对高位，就很可能由多转空，也就是说小周期中虽然V形反转上涨了，但随后可能一个倒V形反转又下跌了，因为其所处的高位、顶部、上轨、阻力位，除非大形态向上变盘突破上轨，否则高空低多，还是看空。

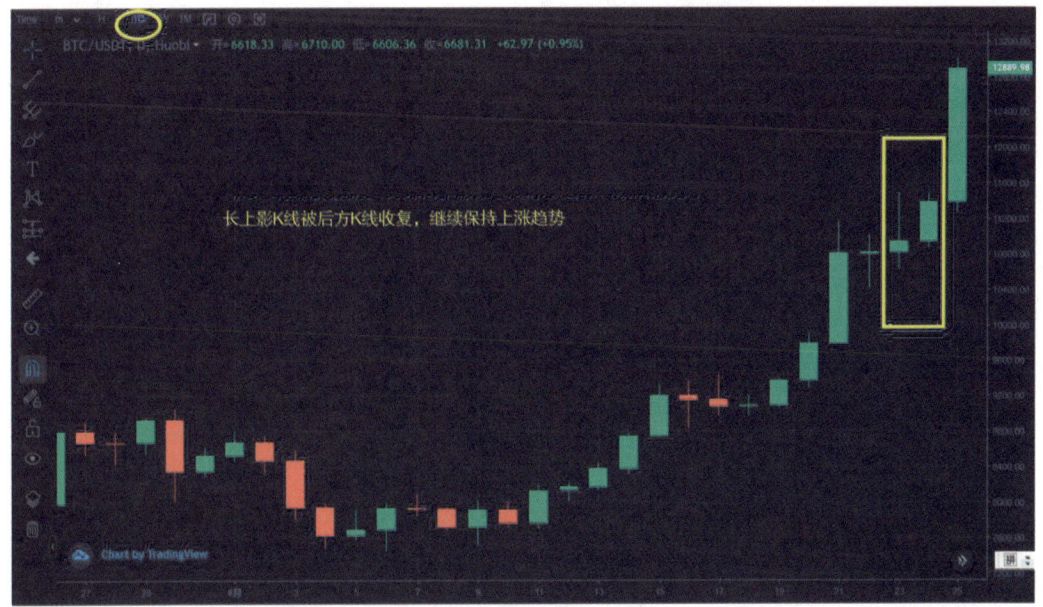

图 2-35

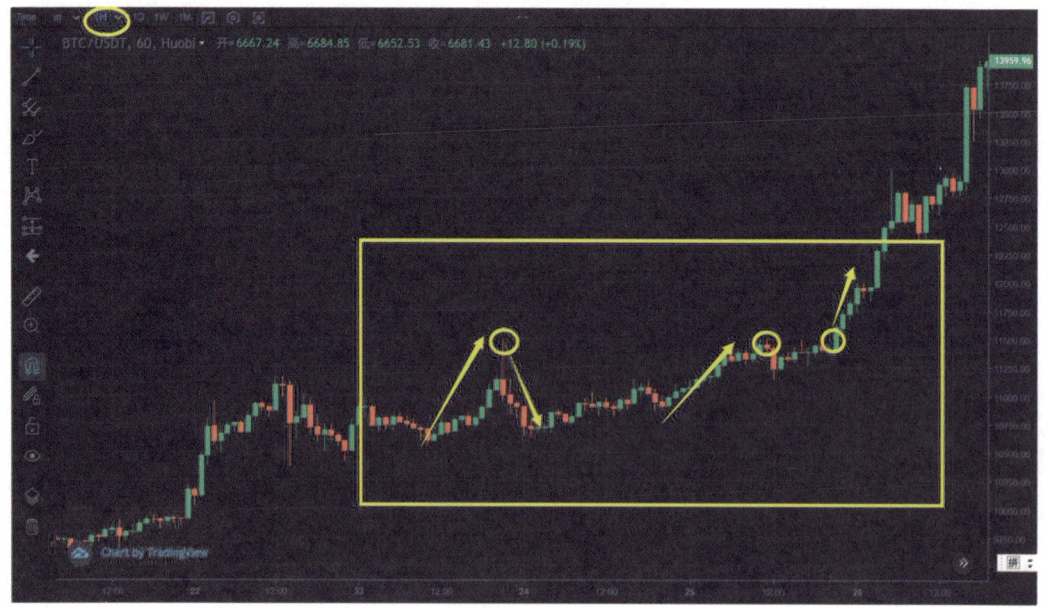

图 2-36

第十六节 仙人指空的组合特征

【K线说明】

仙人指空组合由一根长下影线后收一根中阴线向下构成，下影线代表往下指明方向，前提是随后要有中阴线伴随。但接下来能否延续下跌，要根据其所处不同位置而定。

【K线特征】

首先前一根下影线要比实体长，后一根阴线要低于下影线一半，最好是后一根阴线吞没前一根下影线。其次前方K线的下影线不分阴阳。

【空单买点信号】

空单买点一定要在下影线后的阴线收线确认时，并且阴线的下影线最好不要太长，甚至阴线吞没前下影线的情况下买进空单的胜算要大一些。

【空单止盈信号】

空单止盈信号要根据在不同阶段出现的位置而定。

1. 在相对高位转跌时出现，空单止盈位可定在前低点附近。

2. 在一轮下跌后的低位盘整末期出现，可短线操作且见好就收。

3. 在下跌中途出现，那么其后还有一半的跌幅，比如说在出现之前下跌了200点，那么在出现之后就还有200点左右的跌幅。

【空单止损信号】

空单止损位以下影线的高点为依据，一旦突破便立即止损。

【K线形成】

观察图2-37和图2-38可以看出，出现在相对大周期中的仙人指空组合，在相对小周期中其实就是一轮下跌后行情又上涨随后再下跌并跌破前低位的一个过程。在相对小周期中，第二次下跌的力度越强，那么反映到大周期中就是阴线会越大越长。

【实盘注意要点】

仙人指空组合也属于一种倒V形反转，通常出现在60分钟K线图或日线图中意义较大。出现的阶段位置、相伴的阴线长短和实体长短都有关联意义。如果出现在大形态的相对顶部或一轮单边下跌行情的中途，那么随后极有可能延续下跌趋势；但如果处于大形态的相对低位，就很可能由空转多，也就是说小周期中虽然倒V形反转下跌了，但随后可能一个V形反转又上涨了，因为其所处的低位、底部、下轨、支撑位，除非大形态向下变盘跌破下轨，否则高空低多，还是看多。

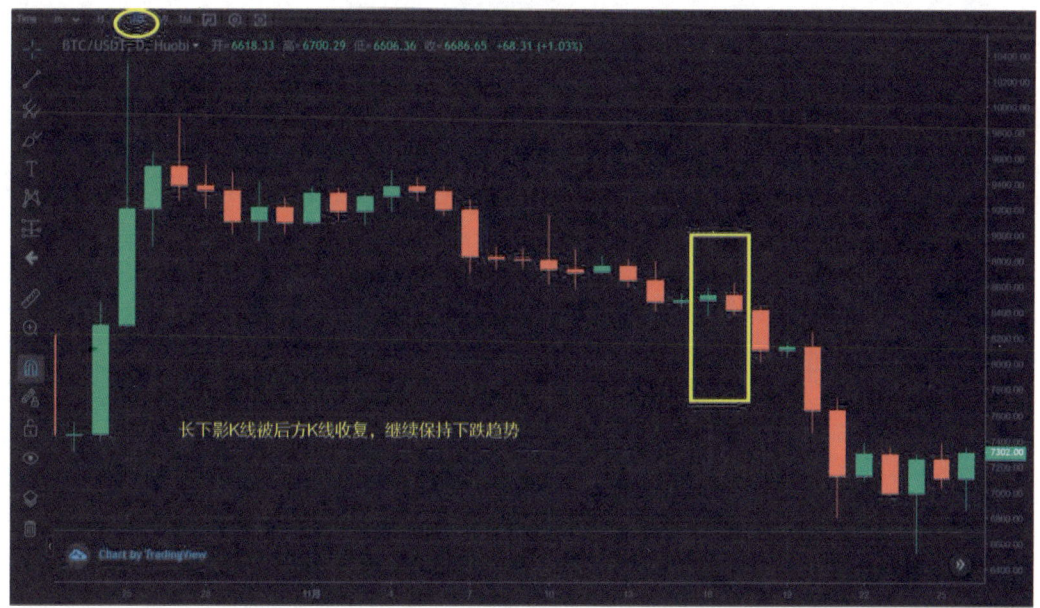

图 2-37

图 2-38

第十七节 串阳组合的组合特征

【K线说明】

串阳组合是一种上涨趋势中的运行节奏,也是一种蓄势待发的状态,通常出现在低位震荡修整形态变盘突破之初。

【K线特征】

先出现中/小串阳稳步攀升,再回踩,后拉升。在上涨趋势中收出4~6根中阳线或小阳线,随后又收出1~3根小阴线回踩,再以3~4根大阳线拉升。

【多单买点信号】

多单买点信号出现在收小阴线回踩后再收阳线吞没前方小阴线高点时,因为此时可以确定"串阳组合"形态正式成立。

【多单止盈信号】

多单止盈信号出现在回踩后拉升第2~3根大阳线的高点,可通过分批止盈去博取收益。

【多单止损信号】

多单止损信号出现在回踩时的阴线明显逐根拉长，或者跌到前串阳涨幅的一半以下时，此时"串阳组合"形态被已破坏。

【K线形成】

观察图2-39和图2-40可以看出，出现在相对大周期中的串阳组合，在相对小周期中其实就是更加清晰、直观的三浪上涨加主升浪形态，在相对小周期中回踩的力度越弱，反映在大周期上阴线就会越小。

【实盘注意要点】

串阳组合一般出现在一轮单边下跌行情后的低位、行情止跌后立即回升时，或者是在低位构底蓄势后形态变盘向上突破时。如果在发生以上两种情况时出现串阳组合，此轮多头行情的释放极可能是由三浪上涨最后加主升浪构成的。止盈位置也可设在大阳主升浪释放完后，如果此时也到达了大形态的相对阻力位，止盈安全性会更高。

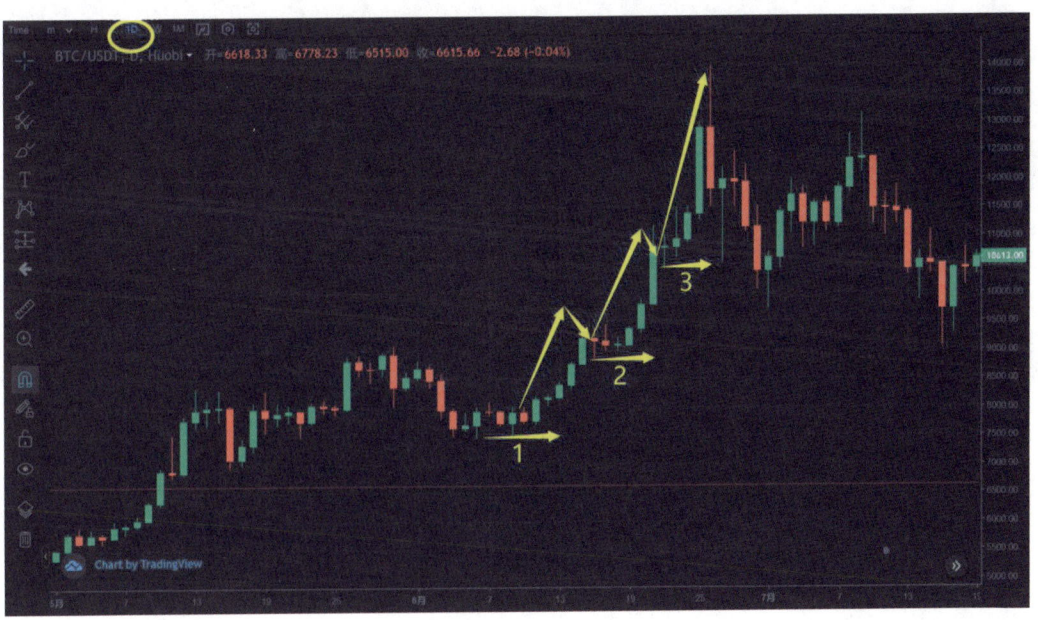

图 2-39

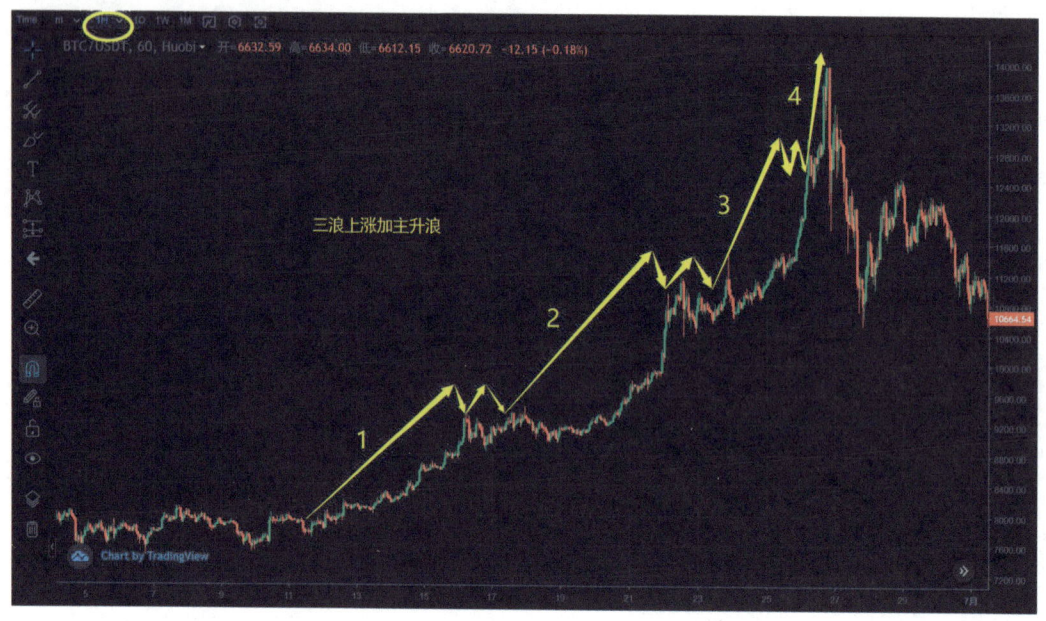

图 2-40

第十八节 DISHIBAJIE
串阴组合的组合特征

【K线说明】

串阴组合是一种下跌趋势中的运行节奏,也是一种蓄势待发的状态,通常出现在高位震荡修整形态变盘跌破之初。

【K线特征】

先出现中/小串阴稳步盘跌,再弱反弹,后下跌。在下跌趋势中收出4～6根中阴线或小阴线,随后又收出1～3根小阳线弱反弹,再以3～4根大阴线急跌。

【空单买点信号】

空单买点信号出现在收小阳线回抽后再收阴线吞没前方小阳线低点时,因为此时可以确定"串阴组合"形态正式成立。

【空单止盈信号】

空单止盈信号出现在反弹后第2～3根大阴线的低点,可通过分批止盈去博取收益。

【空单止损信号】

空单止损信号出现在回抽时的阳线明显逐根拉长，或者涨到前串阴跌幅的一半之上时，此时"串阴组合"形态已被破坏。

【K线形成】

观察图2-41和图2-42可以看出，出现在相对大周期中的串阴组合，在相对小周期中其实就是更加清晰、直观的三浪下跌加主跌浪形态，在相对小周期中反弹的力度越弱，反映在大周期上阳线就会越小。

【实盘注意要点】

串阴组合一般出现在一轮单边上涨行情后的高位、行情止涨后立即下跌时，或者是在高位构顶蓄势后形态变盘向下突破时。如果在发生以上两种情况时出现串阴组合，此轮空头行情的释放极可能是由三浪下跌最后加主跌浪构成的。止盈位置也可设在大阴主跌浪释放完后，如果此时也到达了大形态的相对支撑位，止盈安全性会更高。

图 2-41

图 2-42

第十九节 DISHIJIUJIE

上下影转多的组合特征

【K线说明】

影线就是一根K线中的虚线，它代表了当日最高价格和最低价格与收盘价格的差。"上下影线"是指上影线和下影线，一般上影线长，表示阻力大；下影线长，表示支撑力度大。然而，长上影线并不一定会有多大的阻压，而长下影线也并不一定会有多大的支撑。如果将两根K线组合起来，其意义就不一样了。

【K线特征】

上下影线组合是指先出现长上影线，后出现长下影线，且无论阴阳线。形态特征可分为两种：一种是"试盘"型，上影线测试上方阻力，下影线测试下方支撑力度，往往出现在变盘区域，也是变盘前的异动；另一种是"震仓"型，上影线诱多，下影线诱空，上下来回扫损，往往出现在大行情前夕，也是大行情前的预演。

【多单买点信号】

在出现上下影转多组合之后，价格重心上移，大阳线吞没上下影转多组合为多单买点信号。

【多单止盈信号】

止盈信号根据实盘而定,例如在下跌后的低位出现为转势信号可持波段,在上涨中途出现的可按"上涨中继"判断。

【多单止损信号】

1. 如果随后价格在上下影线实体部分之下运行,需要注意是否会翻空。
2. 当价格跌破实体之下或跌破下影线低点为多单止损信号。

【K线形成】

观察图2-43和图2-44可以看出,在相对大周期中出现的上下影转多组合,在相对小周期中其实就是区间内小的震荡修整形态。小周期中的震荡修整形态振幅越大,震荡时间越久,反映在相对大周期中的上下影线就越长,出现上下影线的次数就越多,如此一旦选择方向向上变盘,上涨力度也就越大,上涨也就越持久。

【实盘注意要点】

上下影转多组合一般出现在震荡修整形态变盘末期,实盘中一定要注意阶段位置的运用。除此之外,在下跌后的低位存在有反转潜力的区域、调整末期面临方向性选择的变盘区域,在行情上涨延伸的中途休整中继时,可作为重点关注。如果在震荡初期,可能会频繁出现多根不同的上影线和下影线,此时判断依据无效。

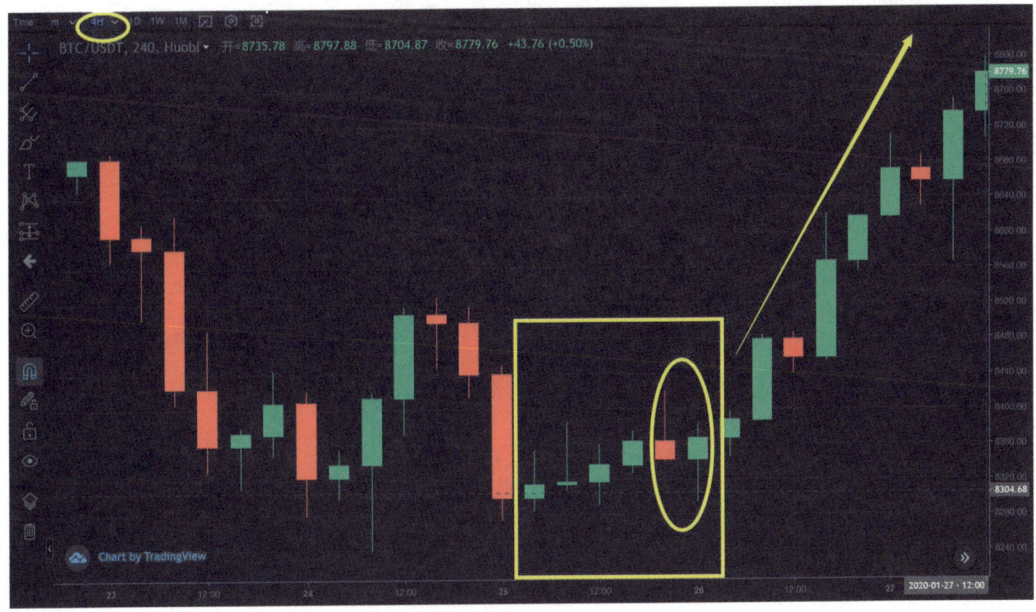

图 2-43

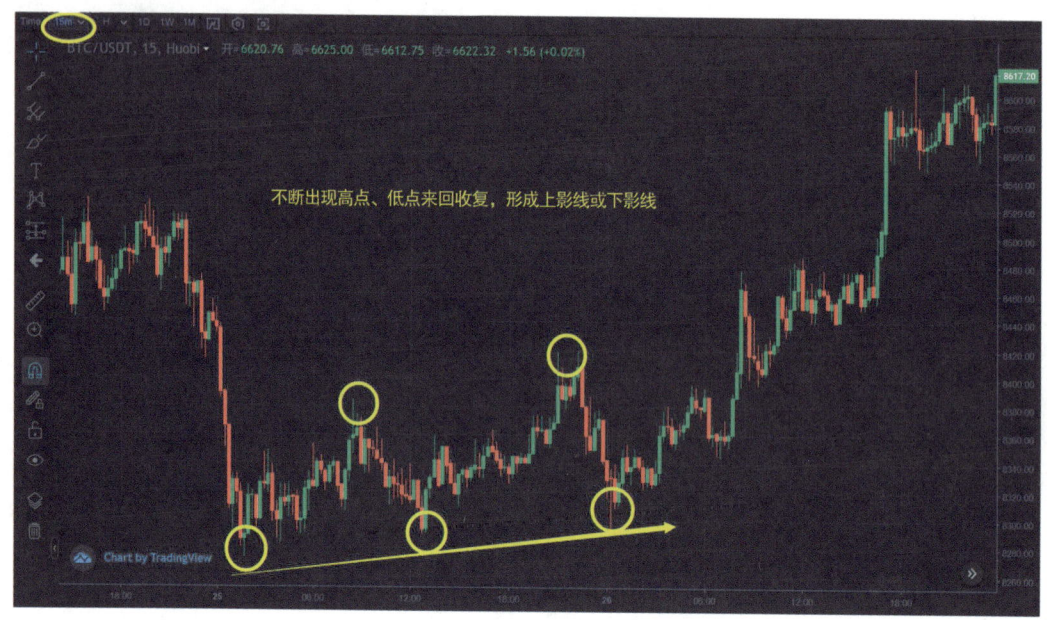

图 2-44

第二十节 上下影转空的组合特征

【K线说明】

"上下影线"又称"搓揉线",顾名思义,价格像衣服在洗衣机中被反复搓揉一样,在K线中由一根T字线和一根倒T字线组成。总之,价格有异动,说明市场有反应,接下来极有可能产生大波动行情。

【K线特征】

上下影线组合一般运用在中大周期图中效果较为明显,其效率也较高,因为小周期图变化较快,所以在小周期图中运用上下影线组合意义不大。

【空单买点信号】

在出现上下影线转空组合之后,价格重心下移,大阴线吞没上下影转空组合为空单买点信号。

【空单止盈信号】

止盈信号根据实盘而定,例如在上涨后的高位出现为转势信号可持波段,在下跌中途出现的可按"下跌中继"判断。

【空单止损信号】

1. 如果随后价格在上下影线实体部分之上运行,需要注意是否会翻多。
2. 当价格突破实体之上或突破上影线高点为空单止损信号。

【K线形成】

观察图2-45和图2-46可以看出,在相对大周期中出现的上下影转空组合,在相对小周期中其实就是区间内小的震荡修整形态。小周期中的震荡修整形态振幅越大,震荡时间越久,那么反映在相对大周期中的上下影线就越长,出现上下影线的次数就越多,如此一旦选择方向向下变盘,下跌力度也就越大,下跌也就越持久。

【实盘注意要点】

上下影转空组合一般出现在震荡修整形态变盘末期,实盘中一定要注意阶段位置的运用。除此之外,在上涨后的高位存在有反转潜力的区域、调整末期面临方向性选择的变盘区域,在行情下跌延伸的中途休整中继时,可作为重点关注。如果在震荡初期,可能会频繁出现多根不同的上影线和下影线,此时判断依据无效。

图 2-45

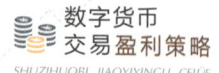

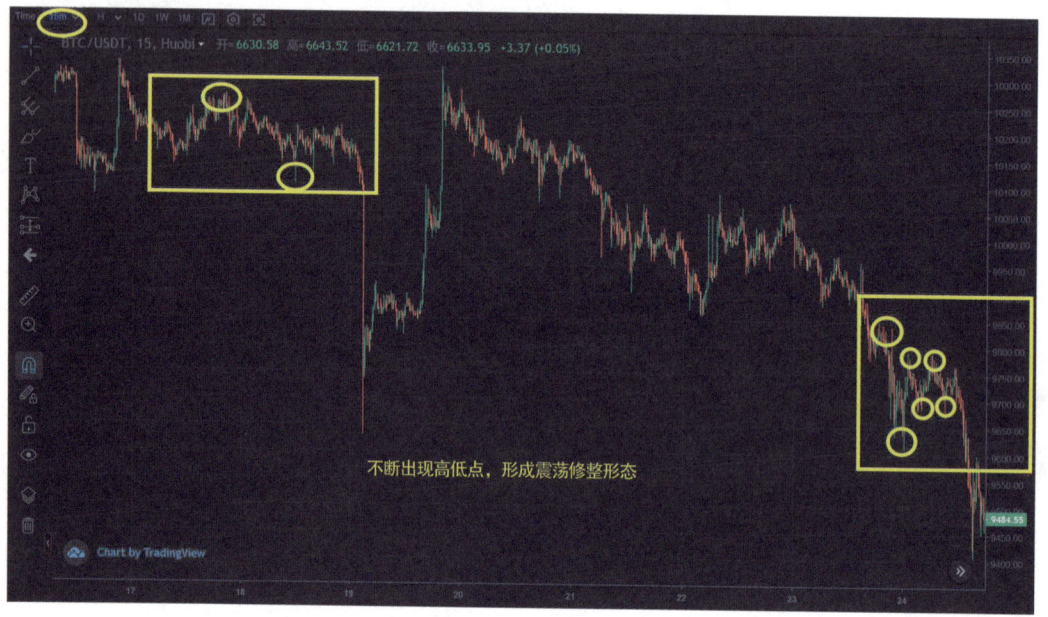

图 2-46

第二十一节 多头/空头加速的组合特征

（一）多头加速的组合特征

【K线说明】

如图2-47位置1所示，多头加速是指在上涨中期进入后期时的最后冲刺阶段，也可简称为"主升浪"阶段。

【K线特征】

1. 在上涨初期为中阳线或大阳线起涨，中期以中阳线或小阳线攀升，末期再以中阳线或大阳线冲刺主升浪。

2. 从上涨初期到中期都是以小阴线或小阳线攀升，然后以大阳线拉升。

【多单买点信号】

多单买点信号出现在低位蓄势后大阳起涨时，或者在大阳起涨后重心上移时，再或者在变盘区域震荡修整后再次出现起涨信号时。

【多单止盈信号】

多单止盈信号出现在主升浪中逐根阳线拉长至第三根K线时，或者在高位收出长上影线时，再或者是明显顶背离时。最后卖出信号出现在回调的中阴包阳时，平仓多单。

图 2-47

【多单止损信号】

在多单买点信号后快速收出长上影线，随后其重心又下移，出现诱多行情，或者出现阴包阳时为止损信号。

【K线形成】

观察图2-47位置1可以看出，多头加速组合其实就是几根不同种类阳线的组合，在相对小周期中由几段上涨浪形组成。

【实盘注意要点】

这种上涨浪尖阶段属于高风险、高收益区域，一定要注意多单止盈，见好就收，不能贪，因为上涨快回落也很快，随时都有可能收出长上影线，准备止盈时，可以切换至5分钟K线图或1分钟K线图以便观察和操作。

（二）空头加速的组合特征

【K线说明】

如图2-47位置2所示，空头加速是指在下跌中期进入后期时的最后冲刺阶段，也可简称为"主跌浪"阶段。

【K线特征】

1. 在下跌初期为中阴线或大阴线起跌，中期以中阴线或小阴线盘跌，末期再以中阴线或大阴线冲刺主跌浪。

2. 从下跌初期到中期都是以小阳线或小阴线盘跌，然后以大阴线急跌。

【空单买点信号】

空单买点信号出现在高位蓄势后转跌，出现大阴线时，或者在转跌出现大阴线后重心下移时，再或者在变盘区域震荡修整后再次出现拐点下跌信号时。

【空单止盈信号】

空单止盈信号出现在主跌浪中逐根阴线拉长至第三根K线时，或者在低位收出长下影线时，再或者是明显底背离时，最后卖出信号是在反弹出现中阳包阴时，平仓空单。

【空单止损信号】

在空单买点信号出现后快速收出长下影线，随后重心又上移，出现诱空行情，或者出现阳包阴时为止损信号。

【K线形成】

观察图2-47位置2可以看出，空头加速组合其实就是几根不同种类阴线的组合，在相对小周期中由几段下跌浪形组成。

【实盘注意要点】

这种下跌浪尖阶段属于高风险、高收益区域，一定要注意空单止盈，见好就收，不能贪，因为下跌快反弹也很快，随时都有可能收出长下影线，准备止盈时，可以切换至5分钟K线图或1分钟K线图以便更清楚的观察和操作。

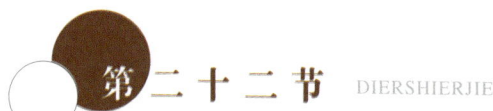

第二十二节 DIERSHIERJIE

多头/空头乏力的组合特征

（一）多头乏力的组合特征

【K线说明】

多头乏力是指在上涨中多头力量释放接近尾声，即将面临转为空头的预判。

【K线特征】

如图2-48所示，形态在上涨初期为长阳线，上涨中期为中阳线，上涨末期为小阳线，阳线由长到短逐根收小，涨势由急转缓，甚至在上涨末期阴线增多、阳线减少。

【空单买点信号】

如果前面持有多单可在阳线收敛缩短时逐步分批止盈，特别是当上涨至重要阻力位并收出长上影线时或随后收阴线时,一定要将前面的多单全部平仓锁定利润。当到达重要阻力位时,也可及时切换至较小周期图,寻找顶部特征,随后买进空单。

【空单止盈信号】

其空单下跌目标分别为前面涨幅的30%、50%、80%、100%,如果在上涨幅度50%上方有支撑现象就仍为强势,返回50%之下才有弱势特征。下跌目标分别为回踩位、中轴处、下方密集区上轨或中轴处、低位开始起涨时的位置。

【空单止损信号】

如果没有出现急速下探,而是高位横向盘整,并且盘整末期重心又上移或向上突破为空单止损信号。

【K线形成】

1. 浪形上涨,例如"波浪理论"中的上行三浪或再加主升浪。
2. 单边直线上涨,阳线由长到短,中途没有出现回调。

【实盘注意要点】

在上涨阳线收敛缩短之后,尤其是到达相对大形态的上轨或阻力位时,不管有没有出现长上影线,都要注意随时切换至相对小周期图,看行情是否出现顶背离;如果小周期顶背离严重,说明回踩的预期极其强烈,要注意开始分批止盈。

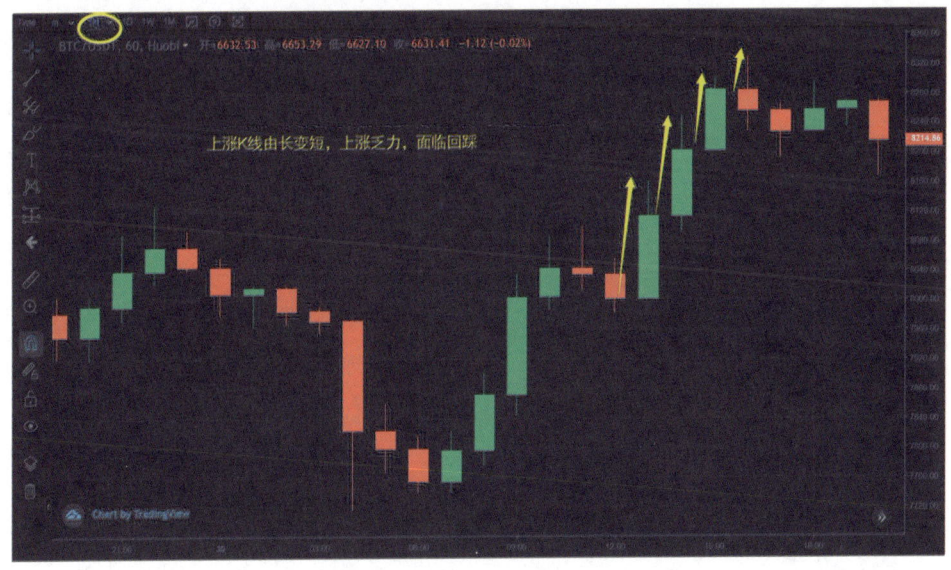

图 2-48

(二)空头乏力的组合特征

【K线说明】

空头乏力是指在下跌中空头力量释放接近尾声,即将面临转为多头的预判。

【K线特征】

如图2-49所示,形态在下跌初期为长阴线,下跌中期为中阴线,下跌末期为小阴线，阴线由长到短逐根收小，跌势由急转缓，甚至在下跌末期阳线增多、阴线减少。

【多单买点信号】

如果前面持有空单可在阴线收敛缩短时逐步分批止盈，特别是在行情下跌至重要支撑位并收出长下影线时或随后又收阳线时，一定要将前面的空单全部平仓锁定利润。当行情到达重要支撑位时，也可及时切换至较小周期图，寻找底部特征，随后买进多单。

【多单止盈信号】

多单上涨目标分别为前面下跌幅度的30%、50%、80%、100%，如果在下跌幅度50%下方上涨停止，行情仍处于弱势，上涨幅度在50%之上才有强势特征。上涨目标分别为反弹位、中轴处、上方密集区下轨或中轴处、高位开始下跌时的位置。

【多单止损信号】

如果没有出现急速上升，而是低位横向盘整，并且盘整末期重心又下移或向下跌破时为多单止损信号。

【K线形成】

1. 浪形下跌，例如"波浪理论"中的下跌三浪或再加主跌浪。
2. 单边直线下跌，阴线由长到短，中途没有出现反弹。

【实盘注意要点】

在下跌阴线收敛缩短之后，尤其是到达相对大形态的下轨或支撑位时，不管有没有出现长下影线，都要注意随时切换至相对小周期图，看行情是否出现底背离；如果小周期底背离严重，说明反弹的预期极其强烈，要注意开始分批止盈。

图 2-49

DISANZHANG
第三章
数字货币交易K线形态

导 读

　　K线形态是体现K线的形成原理、不同特征的一种组合形态，也是学习K线技术的基础。本章主要学习K线形态及其特征。在K线形态方面，不同的形态有着不同的支撑位和阻力位，笔者梳理部分较为常见、也较为实用的图解作为案例，在实盘交易中，可以据此参照。

　　在行情的分析中，应更注重K线形态，单根K线或K线组合分析出的定论太单一，也缺乏可靠性，因此真正有效的技术分析是K线形态。先看懂一个大形态的图形，再明白现在行情所处的阶段位置，当前的价格是在大形态的相对上轨、下轨还是中轴处，还是临近快变盘时，或是单边释放过程中。如此，由大到小，由先到后，环环相扣，井然有序地去分析。

　　总之，看得越全面，分析得越细致，理解得越透彻，才能发掘出越多的规律，也只有从规律中才能踏准节奏去交易。以下K线形态解析，均来自比特币等实盘图形走势。

第一节 支撑与阻力的形态特征

【支撑】

支撑是指当价格跌至前一个低点,或接近前一个低点时,或跌至市场心理底线位置以及多头受保护的位置时,价格会在此位置止跌受到支撑后回升的现象。其回升的力度决定回升的高度,但是,弱反弹受阻力之后不排除继续下跌,一旦跌破支撑位,其价格有可能进一步下跌,或跌破支撑后迅速急跌。如图3-1所示。

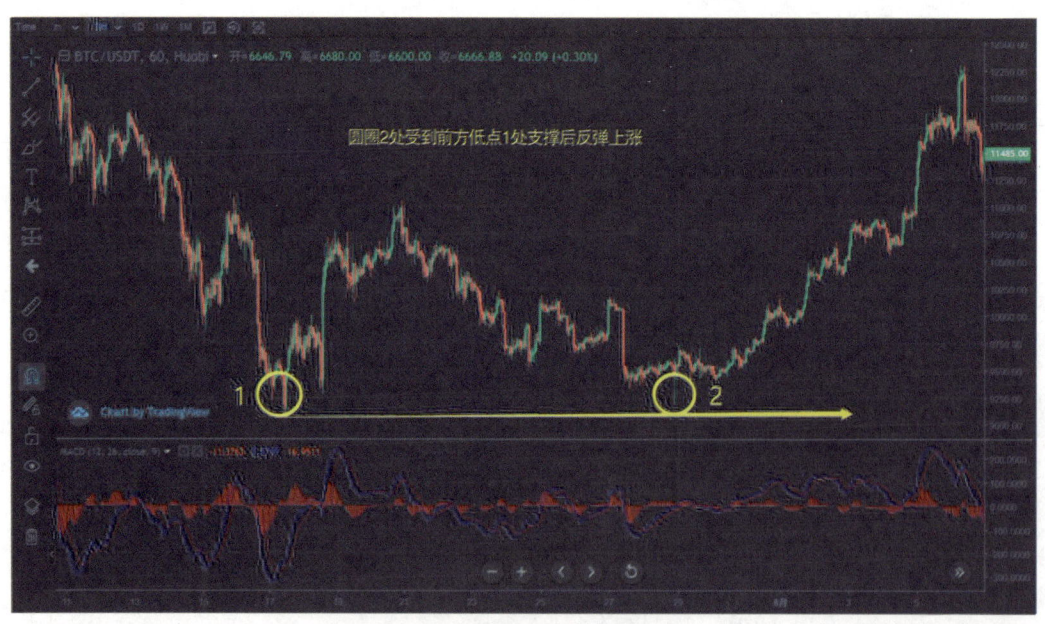

图 3-1

【阻力】

阻力是指当价格涨至前一个高点,或接近前一个高点时,或涨至市场心理上限位置以及受到空头保护的位置时,价格会在此位置停止上涨受阻力回落的现象。其回调的力度决定回调的深度,但是,回踩获支撑之后不排除继续上涨,一旦突破阻力位,其价格有可能进一步上涨，或突破阻力后迅速急涨。如图3-2所示。

图 3-2

第二节 反支撑与反阻力的形态特征

【反支撑】

反支撑是指价格在突破阻力位之后，冲高后又回踩至原来的阻力位时获得反支撑。简而言之，原来的阻力位价格被突破之后将成为未来回调时的支撑位。如图3-3所示。

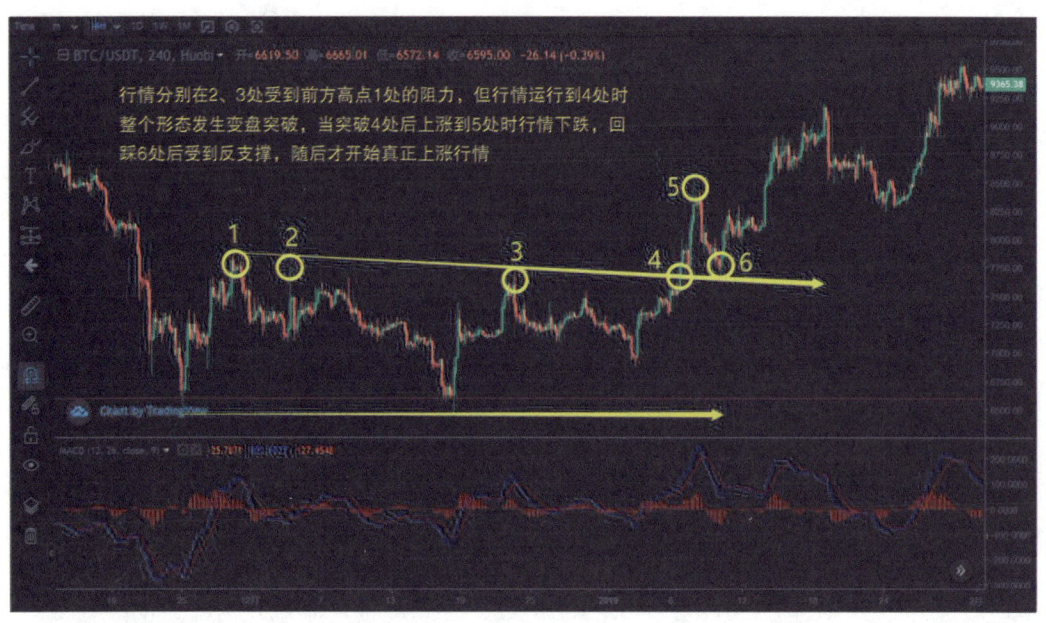

图 3-3

【反阻力】

反阻力是指价格在跌破支撑位之后,下探后又反弹至原来的支撑位时受到反阻力。简而言之,原来的支撑位价格被跌破之后将成为未来回升时的阻力位。如图3-4所示。

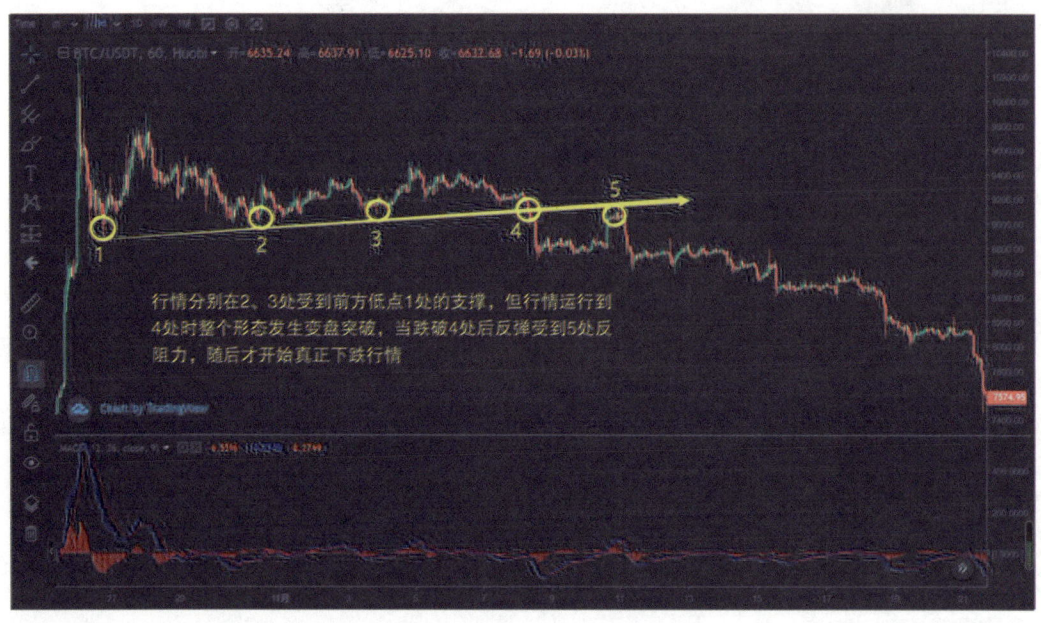

图 3-4

第三节 诱多/诱空形态的形态特征

一、诱多/诱空纯属短期技术范畴

诱多是指以价格上涨的假象诱使投资者追多买入，或者前面持有空单的被迫扫损，而结果价格不涨反跌，将追进做多的投资者套牢，让原先持有空单的投资者被扫损出场的市场行为。诱空是指以价格下跌的假象诱使投资者追空买入，或者前面持有多单的被迫扫损，而结果价格不跌反涨，将追进做空的投资者套牢，让原先持有多单的投资者被扫损出场的市场行为。

二、诱多/诱空常出现的阶段位置

1. 消息发布时期。例如消息好于预期，或者消息差于预期，都容易产生先涨后跌或先跌后涨的宽幅波动行情。

2. 技术变盘区域。经过前面酝酿已久的盘整之后，在即将变盘选择方向时，很容易产生诱多诱空现象。

3. 假突破重要点位。例如在上涨中假突破重要阻力位，但很快又回落；或在下跌中假跌破重要支撑位，但很快又回升，这也属于一种诱多诱空现象。

【假跌破】

假跌破是指当价格跌破前一个低点支撑位后，又迅速收复至前一个低点之上，简称"诱空"，如图3-5所示。如何预判是真下跌还是诱空？主要从两方面分析：一是看整体形态出现的位置，是高位还是低位，向上还是向下变盘运行的可能性更大；二是看在跌破前一个低点后能否迅速收回。

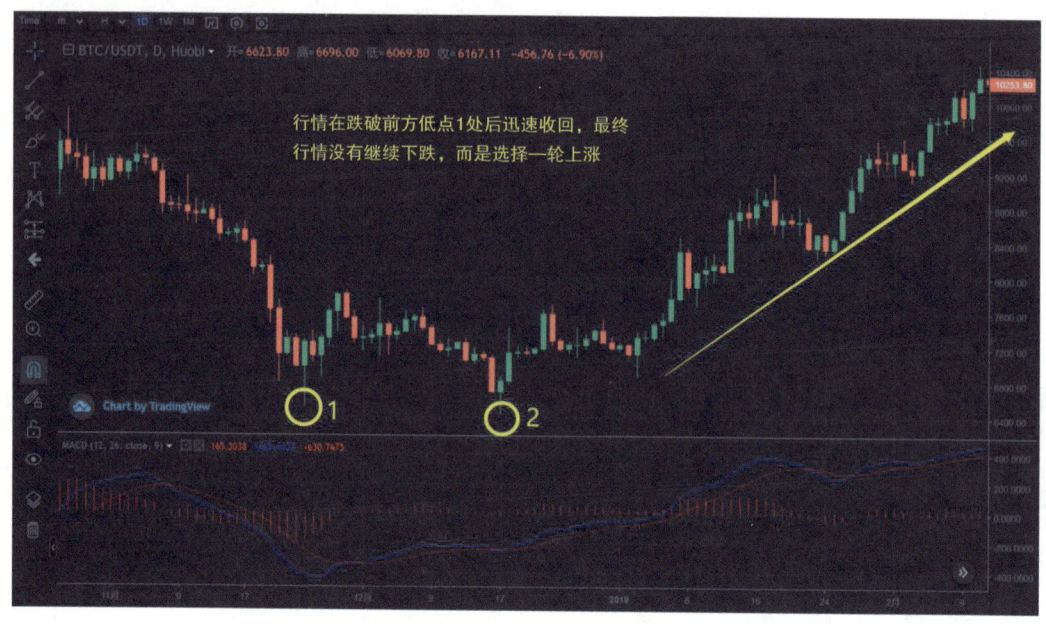

图 3-5

【假突破】

假突破是指当价格突破前一个高点阻力位后,又迅速回吐至前一个高点之下,简称"诱多",如图3-6所示。如何预判是真上涨还是诱多?主要从两方面分析:一是看整体形态出现的位置,是高位还是低位,向上还是向下变盘运行的可能性更大;二是看在突破前一个高点后能否迅速回吐。

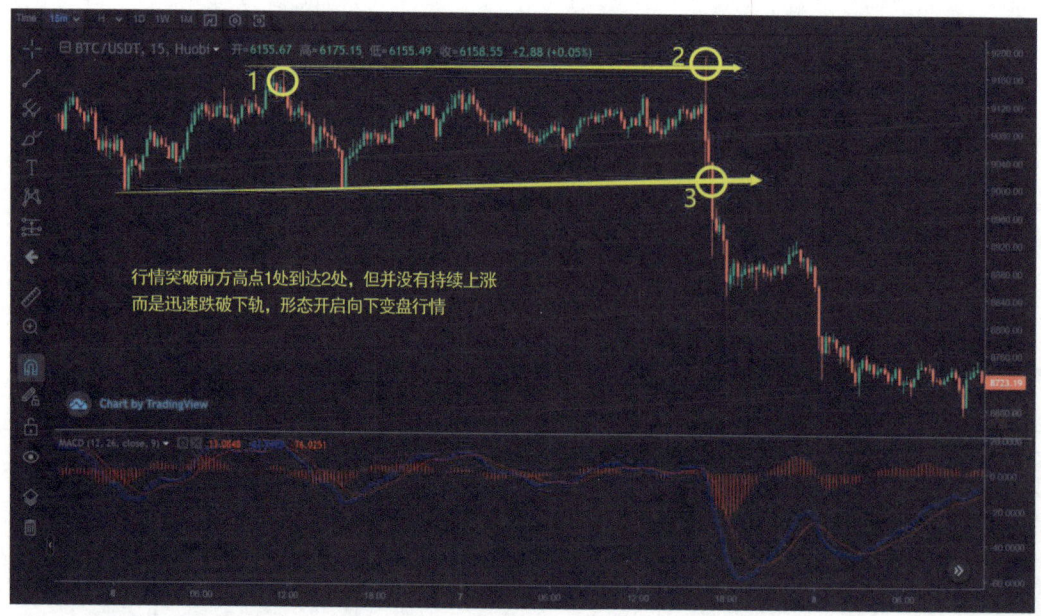

图 3-6

第四节 上涨中继平台的形态特征

【形态说明】

上涨中继平台是指经过一轮上涨后,行情停止顺势上行,形成一种横盘式的修整形态。

【形态特征】

如图3-7所示,一轮上涨行情后,需要进行技术修复,一般是振幅较小的修整形态,随后突破小形态上轨继续上涨,就是中继修整平台的特征。

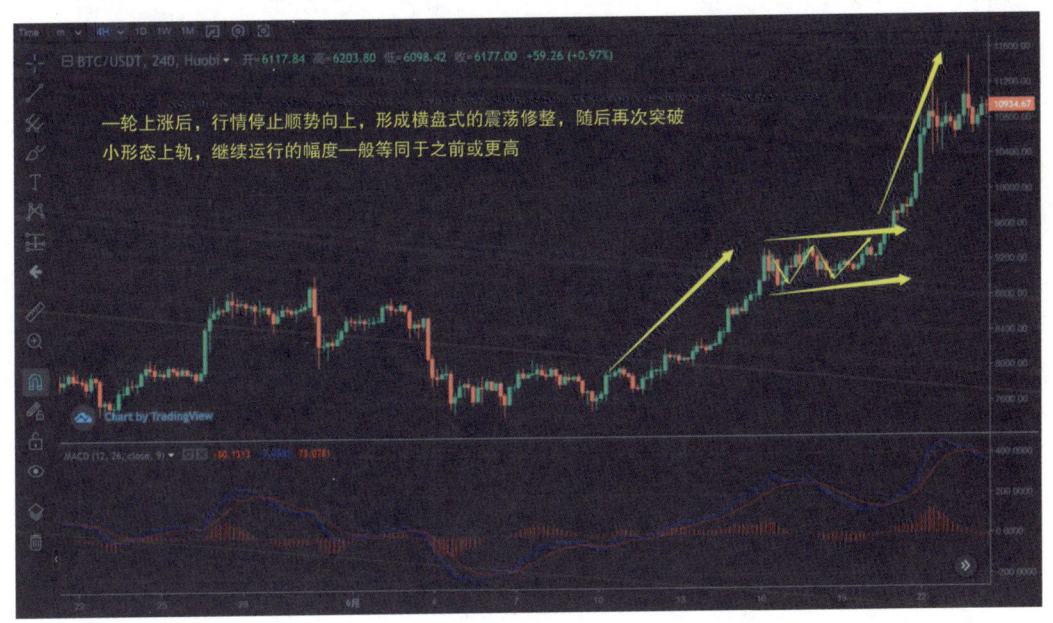

图 3-7

【多单买点位置】

一是当行情每次触及中继平台小形态的下轨时,例如二次探底或三次探底处;二是当突破小形态的上轨时。

【多单止盈位置】

行情突破小形态上轨后,当上涨的幅度等同于前一段行情上涨时,或当第三浪或主升浪产生时，同时注意大形态是否到达了阻力位。指标方面，注意在几段上涨行情后出现顶背离的情况。

【多单止损位置】

当行情跌破小/中继平台下轨时。

【空单短线机会】

上涨中继平台的低点和高点一般逐渐抬高，所以如果在小平台上轨做空单容易被扫损，除非小平台是以振幅逐渐收窄的三角形态进行修整，这样的话可以高空低多，但因大势是多，所以还是尽量以在下轨处做多为主。

【实盘注意要点】

无论到达多单买点位置、止盈位置还是止损位置，都可以切换至5分钟K线图或1分钟K线图去观察，以实现更加精准的介入。一般来讲，一旦成为上涨中继平台，二、三次探底处的低点都不会超过首次回踩低点处，所以可设置首次回踩低点为止损位。

第五节 DIWUJIE
下跌中继平台的形态特征

【形态说明】

下跌中继平台是指经过一轮下跌后，行情停止顺势下行，形成一种横盘式的修整形态。在修整的过程中，会出现二、三次探顶/探底或多次探顶/探底。

【形态特征】

如图3-8所示，一轮下跌行情后，需要进行技术修复，一般是振幅较小的修整形态，随后跌破小形态下轨继续下跌，就是中继修整平台的特征。

【空单买点位置】

一是当行情每次触及中继平台小形态的上轨时，例如二次探顶、三次探顶处；二是当跌破小形态的下轨时。

【空单止盈位置】

跌破小平台下轨后，当下跌的幅度等同于前一段行情下跌时，或当第三浪或主跌浪产生时，同时注意大形态是否到达了支撑位。指标方面，注意在几段下跌行情后出现底背离的情况。

【空单止损位置】

当行情突破小/中继平台上轨时，突破小平台首次探顶处为最后止损防线。

【多单短线机会】

下跌中继平台的低点和高点一般逐渐降低，所以如果在小平台下轨做多单容易被扫损，除非小平台是以振幅逐渐收窄的三角形态进行修整，这样的话可以高空低多，但因大势是空，所以还是尽量以在上轨处做空为主。

【实盘注意要点】

无论到达空单买点位置、止盈位置还是止损位置，都可以切换至5分钟K线图或1分钟K线图去观察，以实现更加精准的介入。一般来讲，一旦成为下跌中继平台，二、三次探顶处的高点都不会超过首次反弹高点处，所以可设置首次反弹高点为止损位。

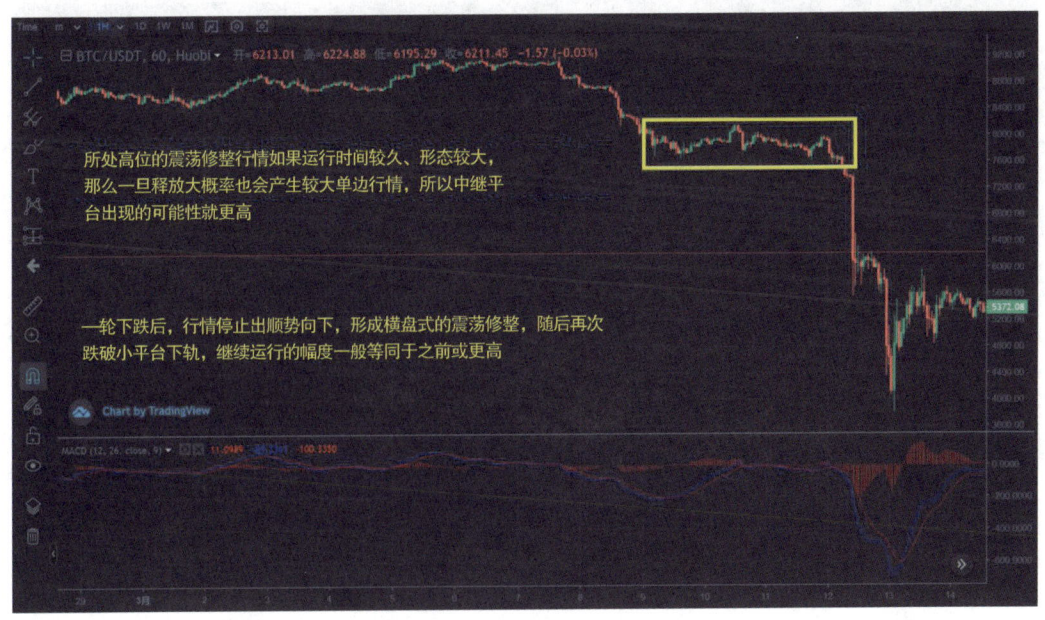

图 3-8

第六节 上涨三浪的形态特征

【形态说明】

上涨三浪形态是指经过几轮上涨后,多头行情释放完全,形成一种多头强力上涨的形态。

【形态特征】

如图3-9所示,一轮上涨后,行情进行小幅度回踩,一般不会超过上涨幅度的三分之一,随后行情突破前高点继续上涨,一般出现三段浪形,少数情况还会出现几根大阳线拉长(主升浪)或几根中/小阳线逐渐缩短(延展浪)继续延伸。

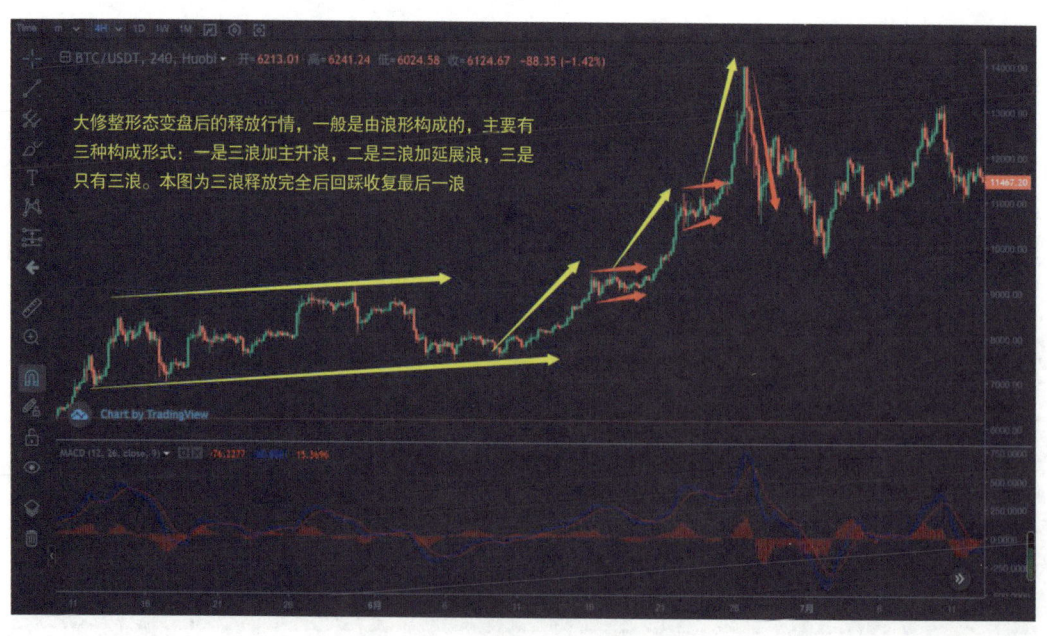

图 3-9

【多单买点位置】

当每浪行情上涨后回踩时,如果回踩过程中出现二次探底或三次探底的小平台且低点不断抬高,那么二次探底和三次探底时是最安全的买入位置。

【多单止盈位置】

这种多头行情的释放，是只出现两浪还是三浪，是否还有主升浪，这些都是难以确定的，只能边走边看，所以最好设好保本损位、移动损位后就一直持有。当然，前期要看好大形态上方的阻力位位置，作为一个止盈位的极限。

【多单止损位置】

如果回踩过程中出现二次探底和三次探底，并且在这些位置买入，那么可设前方首次低点为止损位。

【空单短线机会】

一是在上涨中继平台上轨处设损位做空。二是等待本周期浪形真正释放完全，到达本周期形态上方阻力位，可以在高位震荡修整的过程中逢上轨做空。

【实盘注意要点】

上涨三浪形态一般出现在大形态震荡修整完全、变盘释放突破上轨后，一般三浪形式释放完全后，行情相对来说都到达了大形态的阻力位，指标也会面临顶背离，此时一般也是空单该介入的时刻。同时注意一点，上涨浪形逐渐拉长或缩短都有可能，逐渐拉长有可能伴随主升浪，逐渐缩短有可能伴随延展浪。

第七节 下跌三浪的形态特征

【形态说明】

下跌三浪形态是指经过几轮下跌后，空头行情释放完全，形成一种空头强力下跌的形态。

【形态特征】

如图3-10所示，一轮下跌后，行情进行小幅度反弹，一般不会超过下跌幅度的三分之一，随后行情跌破前低点继续下跌，一般出现三段浪形，少数情况还会出现几根大阴线拉长（主跌浪）或几根中/小阴线逐渐缩短（延展浪）继续延伸。

图 3-10

【空单买点位置】

当每浪行情下跌后反弹时，如果反弹过程中出现二次探顶或三次探顶的小平台且高点不断降低，那么二次探顶和三次探顶时是最安全的买入位置。

【空单止盈位置】

这种空头行情的释放，是只出现两浪还是三浪，或者是否还有主跌浪，这些都是难以确定的，只能边走边看，所以最好设好保本损位、移动损位后就一直持有。当然，前期要看好大形态下方的支撑位位置，作为一个止盈位的极限。

【空单止损位置】

如果反弹过程中出现二次探顶和三次探顶，并且在这些位置买入，那么可设前方首次高点为止损位。

【多单短线机会】

一是在下跌中继平台下轨处设损位做多。二是等待本周期浪形真正释放完全，到达本周期形态下方支撑位，可以在低位震荡修整的过程中逢下轨做多。

【实盘注意要点】

下跌三浪形态一般出现在大形态震荡修整完全、变盘释放跌破下轨后，一般三浪形式释放完全后，行情相对来说都到达了大形态的支撑位，指标也会面临底背离，此时一般也是多单该介入的时刻。同时注意一点，下跌浪形逐渐拉长或缩短都有可能，逐渐拉长有可能伴随主跌浪，逐渐缩短有可能伴随延展浪。

第八节 DIBAJIE
三次探顶的形态特征

【形态说明】

三次探顶形态在小周期图中较为常见,在大周期图中较为少见。它是受阻力度最强的特征之一,俗称"三次见顶不涨必大跌"。

【形态特征】

如图3-11所示,在上涨趋势中先看三次探顶的受阻力度,当第三次探顶回落后,再看三次探底的支撑。整体为箱体形态,后两个高点一般是下移或平行,通常在第三个高点出现后将面临趋势性的选择,在三次高点后是变盘区域,应静待变盘信号出现。

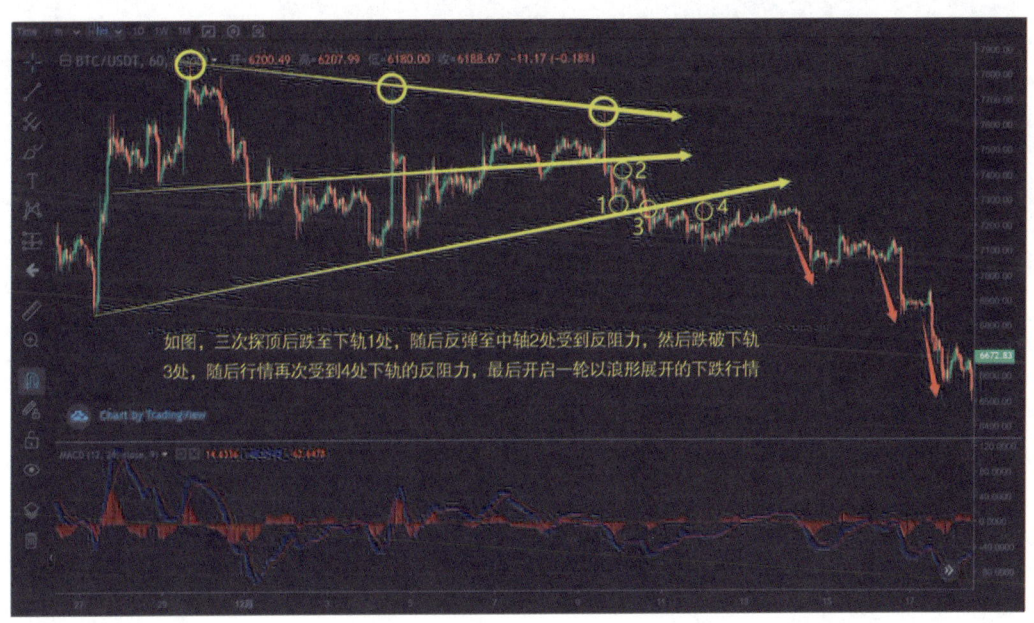

图 3-11

【空单买点位置】

1. 当二次或三次探顶时,高点最好是逐渐降低的。

2. 瞬间跌破下轨时。

3. 跌破下轨反弹原下轨受反阻力时。

【空单止盈位置】

1. 区间内从上轨跌下来到达下轨时,防止行情可能再一次反复又涨上去了。

2. 这种大形态一旦变盘,释放完全的位置一般在下方更大形态的低点支撑位置。

【空单止损位置】

1. 行情瞬间突破上轨时。

2. 行情回踩中轴受到反支撑,随后突破上轨时。

3. 行情突破上轨后,回踩上轨受到反支撑,随后再次突破高点时。

【多单短线机会】

在二次探底、三次探底等位置处,但要注意:一是短线见好就收,最好设置保本损位和移动损位(损位设置至中轴上轨)来分别博取收益;二是在形态修整末期,尤其注意高空低多失效导致的被扫损,并且一旦跌破下轨,绝对不能扛单,因为将会产生较大单边行情,周期越大,形态越大,单边行情释放空间越大。

【实盘注意要点】

1. 如果出现二次探顶或三次探顶时做空单,可以立刻去小周期找最精准的位置进单,此时5分钟K线图或1分钟K线图一般都会出现顶背离。

2. 整体震荡形态的中轴线是指震荡区域中间位置,中轴线是三次探顶之后判断多空的重要分界线。

第九节 三次探底的形态特征

【形态说明】

三次探底形态在小周期图中较为常见,在大周期图中较为少见。它是受支撑力度最强的特征之一,俗称"三次见底不跌必大涨"。

【形态特征】

如图3-12所示,在下跌趋势中先看三次探底的受支撑力度,当第三次探底上涨后,再看三次探顶的阻力。整体为箱体形态,后两个低点一般是上移或平行,通常在第三个低点出现后将面临趋势性的选择，在三次低点后是变盘区域，应静待变盘信号出现。

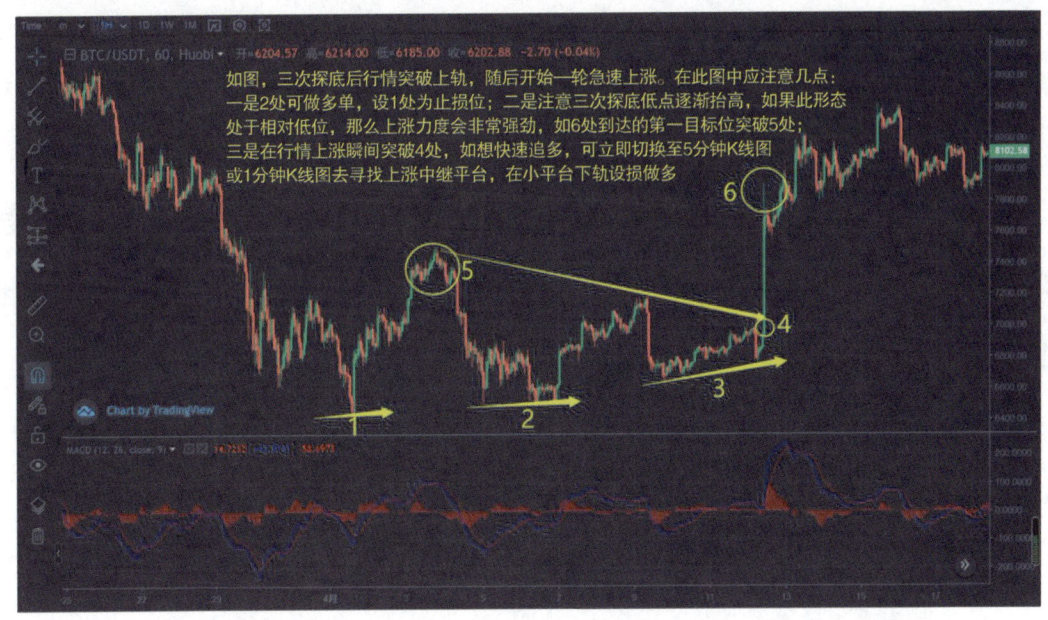

图 3-12

【多单买点位置】

1. 当二次探底或三次探底时，低点最好是逐渐抬高的。

2. 瞬间突破上轨时。

3. 突破上轨回踩原上轨受反支撑时。

【多单止盈位置】

1. 区间内从下轨涨上来到达上轨时，防止行情可能再一次反复又跌下去了。

2. 这种大形态一旦变盘，释放完全的位置一般在上方更大形态的高点阻力位置。

【多单止损位置】

1. 行情瞬间跌破下轨时。

2. 行情反弹中轴受到反阻力，随后跌破下轨时。

3. 行情跌破下轨后，反弹下轨受到反阻力，随后再次跌破低点时。

【空单短线机会】

在二次探顶、三次探顶等位置处，但要注意：一是短线见好就收，最好设置保本损位和移动损位（损位设置至中轴下轨）来分别博取收益；二是在形态修整末期，尤其注意高空低多失效导致的被扫损，并且一旦突破上轨，绝对不能扛单，因为将会产生较大单边行情，周期越大，形态越大，单边行情释放空间越大。

【实盘注意要点】

1. 出现探底的次数越多,后期越收窄,一旦突破,释放力度就越大,尤其是释放前期极有可能是几乎没有回踩或反弹的单边行情。

2. 整体三次探底的修整形态容易出现在相对大高位或相对大低位,或者大消息释放前期,人们的心态上下起伏不定,反映在行情上就是不断在一定区间内上上下下,出现多次探底,当消息真正公布时,也是大形态选择方向变盘的时刻。

第十节 箱体整理的形态特征

(一)出现箱体整理时的多单机会

【形态说明】

箱体修整完全之后都会选择新的方向突破,周期越大,探顶或探底的次数越多,一旦变盘突破,力度就会更强,释放的幅度也就更大。箱体整理形态如图3-13所示。

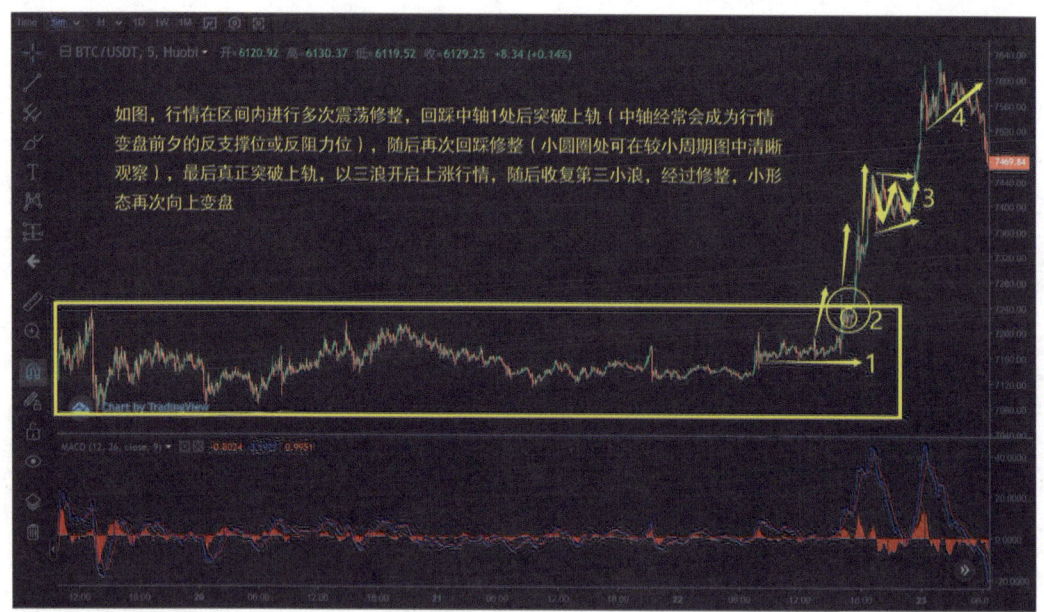

图 3-13

【形态特征】

在高点和低点分别画一条直线即平行箱体，上轨为阻力位，下轨为支撑位。

【多单买点位置】

1. 在箱体下轨处的二次探底或三次探底时。

2. 在箱体末端区域重心上移时，突破上轨后回踩中轴受到中轴反支撑。

3. 在箱体末端区域重心上移时，突破上轨时可立即追进多单或增仓多单。

4. 在突破上轨后回踩时，若以上轨为反支撑时可继续买进多单。

5. 在突破上轨后回踩时，如果出现二次探底或三次探底，可买进多单。

【多单止盈位置】

1. 横有多长竖有多高，一旦向上突破，其上涨的高度同横盘的长度基本相当，据此适度把握止盈位置。

2. 也可以按照上一个重要阻力位在大高点处止盈。

【多单止损位置】

1. 如果是在下轨处二次探底或三次探底时潜伏的多单，跌破前低点或下轨为止损信号。

2. 如果是在中轴时潜伏的多单，行情没有突破上轨，反而跌破中轴为止损信号。

3. 如果是在突破箱体上轨时进的多单，随之没有继续上涨，而是诱多后回落，在跌至箱体中轴之下时止损。

4. 如果是在突破上轨后的反支撑位二次探底或三次探底时潜伏的多单，止损位置为再次跌破前低点或上轨时。

【空单短线机会】

与三次探底形态同理。

【实盘注意要点】

整个箱体形态所处的相对位置很重要，如果出现在大形态的相对高位，那么向下变盘的可能性较大；如果出现在大形态的相对低位，那么向上变盘的可能性较大；如果出现在大形态的相对中轴处，那么变盘方向未知，以实际突破为准。

（二）出现箱体整理时的空单机会

【形态说明】

箱体修整完全之后都会选择新的方向突破，周期越大，探顶或探底的次数越多，一旦变盘突破，力度就会更强，释放的幅度也就更大。箱体整理形态如图3-14所示。

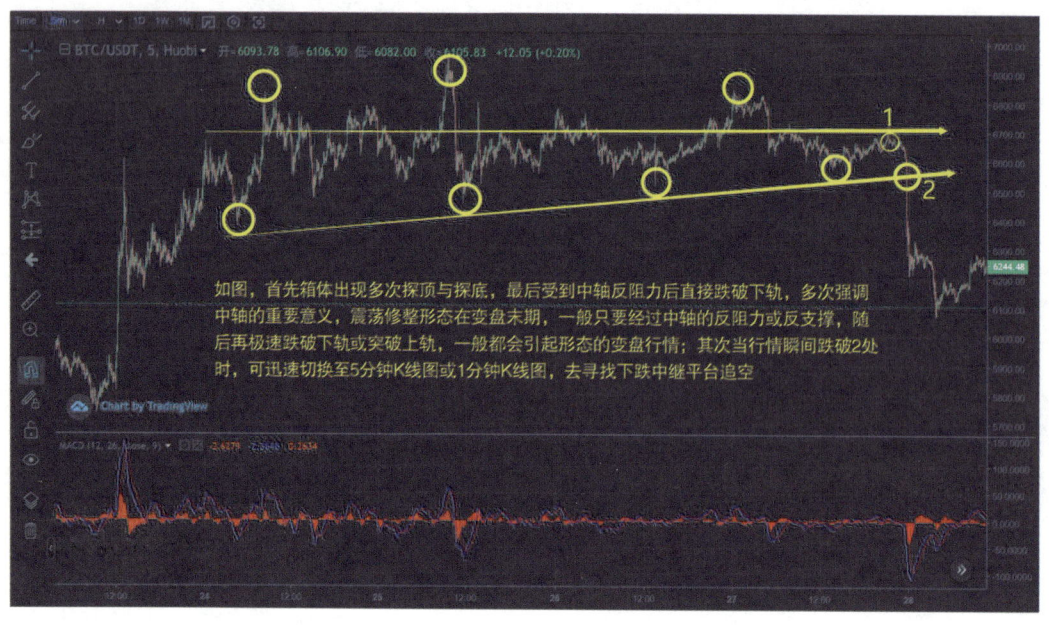

图 3-14

【形态特征】

在高点和低点分别画一条直线即平行箱体，上轨为阻力位，下轨为支撑位。

【空单买点位置】

1. 在箱体上轨处的二次探顶或三次探顶时。

2. 在箱体末端区域重心下移时，跌破下轨后回踩中轴受到中轴反阻力时。

3. 在箱体末端区域重心下移时，跌破下轨时可立即追进空单或增仓空单。

4. 在跌破下轨后反弹时，若以下轨为反阻力时可继续买进空单。

5. 在跌破下轨后反弹时，如果出现二次探顶或三次探顶，可买进空单。

【空单止盈位置】

1. 横有多长竖有多高，一旦向下跌破，其下跌的高度同横盘的长度基本相当，据此适度把握止盈位置。

2. 也可以按照下一个重要支撑位在大低点处止盈。

【空单止损位置】

1. 如果是在上轨处二次探顶或三次探顶时潜伏的空单，突破前高点或上轨为止损信号。

2. 如果是在中轴时潜伏的空单，行情没有跌破下轨，反而突破中轴为止损信号。

3. 如果是在跌破箱体下轨时进的空单，随之没有继续下跌，而是诱空后上涨，在涨至箱体中轴之上时止损。

4. 如果是在跌破下轨后的反阻力位二次探顶或三次探顶时潜伏的空单，止损位置为再次突破前高点或下轨时。

【多单短线机会】

与三次探顶形态同理。

【实盘注意要点】

一般箱体的释放过程，都是以浪形形态展开，例如向下变盘后，注意从上轨到跌破下轨为第一大浪，随后反弹下轨受到反阻力再下跌为第二大浪，再次弱反弹后下跌为第三大浪。还有，买进位置的安全性是有区别的，例如在刚跌破下轨时买进的空单的安全性，会高于释放末期下跌行情时买进的空单。

第十一节　通道上轨的形态特征

【形态说明】

通道上轨是一种行情向上盘旋延续的特征。

【形态特征】

如图3-15所示，形态中的上轨为阻力位，下轨为支撑位。当价格跌破上行通道下轨后行情看空，在接下来反弹时以原下轨为反阻力位。

【空单买点位置】

一是在行情跌破下轨时；二是在跌破下轨受到反阻力时。

【空单止盈位置】

一般在到达通道的起涨点时，也就是前低点处。

【空单止损位置】

再次突破上方高点时。

【多单短线机会】

此种形态一般低点逐渐抬高，并且两低点间的距离较大，不会有近损位导致止损位不好设置，但可以去寻找某次探大底时的交易机会。例如在第三次探下轨时，注意观察此次探底是否也由两三个小底构成。如果本周期观察不清楚，也可切换至较小周期图去观察，还可在二次探底或三次探底时设损位博取多单机会。

【实盘注意要点】

这种形态在跌破下轨后不一定立刻下跌，有可能会不断试探反阻力位，之后才正式开启下跌行情。

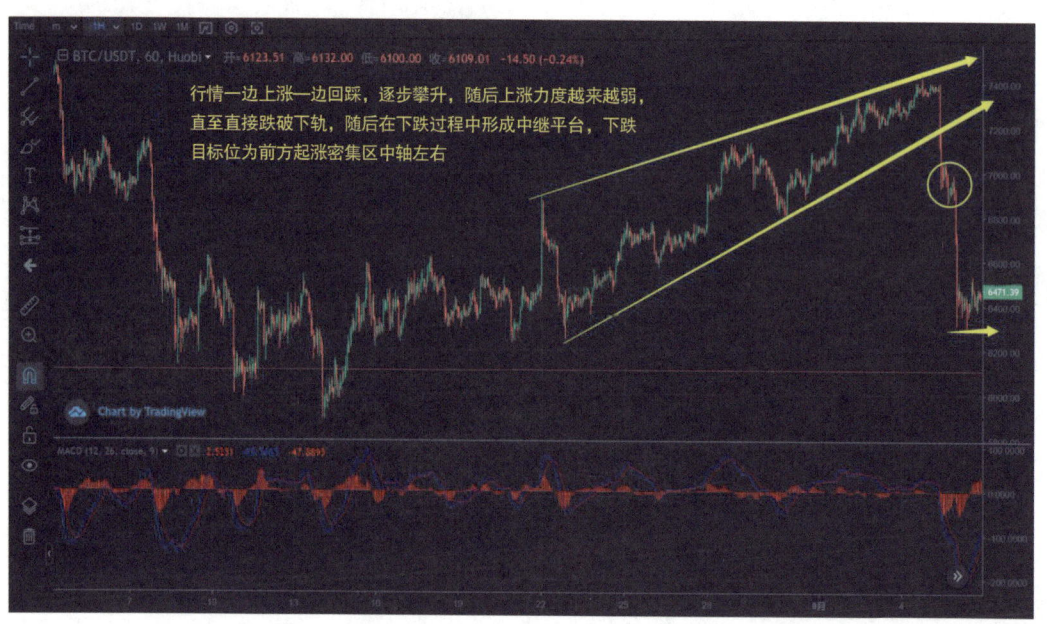

图 3-15

第十二节 通道下轨的形态特征

【形态说明】

通道下轨是一种行情向下盘旋延续的特征。

【形态特征】

如图3-16所示，形态中的上轨为阻力位，下轨为支撑位。当价格突破下行通道上轨后行情看多，在接下来回踩时以原上轨为反支撑位。

【多单买点位置】

一是在行情突破上轨时；二是在突破上轨受到反支撑时。

【多单止盈位置】

一般在到达通道的起跌点时，也就是前高点处。

【多单止损位置】

再次跌破下方低点时。

【空单短线机会】

这种形态一般高点逐渐降低，并且两高点间的距离较大，不会有近损位导致不好设置止损位，但可以去寻找某次探大顶时的交易机会。例如在第二次探上轨时，注意观察此次探顶是否也是由两三个小顶构成。如果本周期观察不清楚，也可切换至较小周期图去观察，也可在二次探顶或三次探顶时设损位博取多单机会。

【实盘注意要点】

这种形态在突破上轨后不一定立刻上涨，有可能会不断试探反支撑位，之后才正式开启上涨行情。

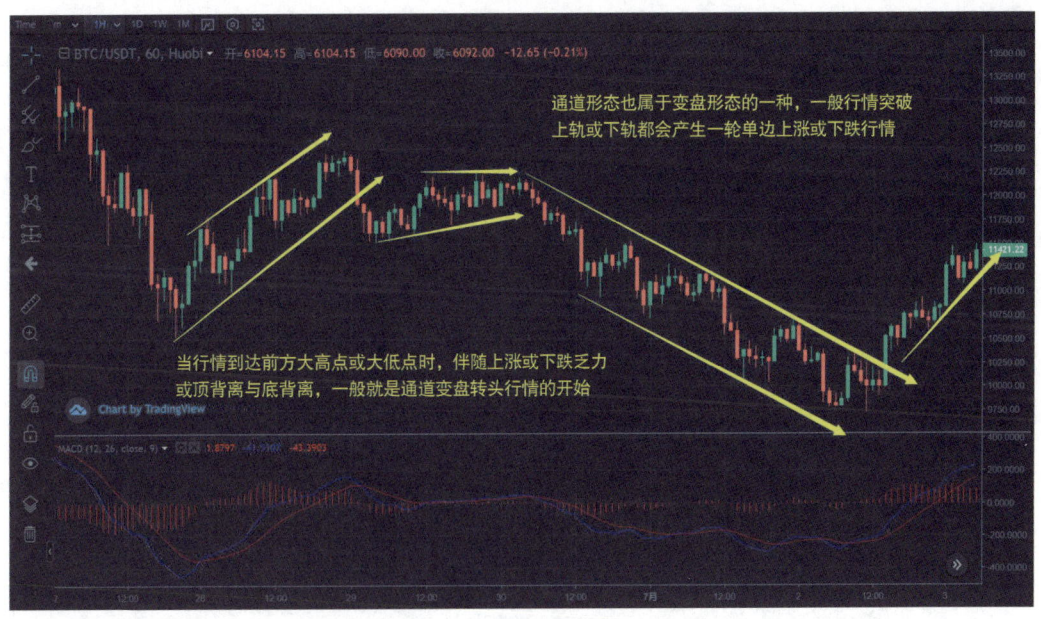

图 3-16

第十三节 DISHISANJIE
三角形形态的形态特征

一、三角形形态的空单机会

【形态说明】

一般情形之下，三角形形态属于整理形态，整体呈一压缩图形，同样会出现几次探顶或探底的情况。在整理末期波幅收窄时，即为变盘区域，再到末端必会重选方向性突破。

【形态特征】

如图3-17所示，对称三角形一般高点逐渐降低，低点逐渐抬高。把短期高点和低点分别以直线连接起来，就可以得到一对称三角形。形态意义是整理接近尾声，即将变盘。

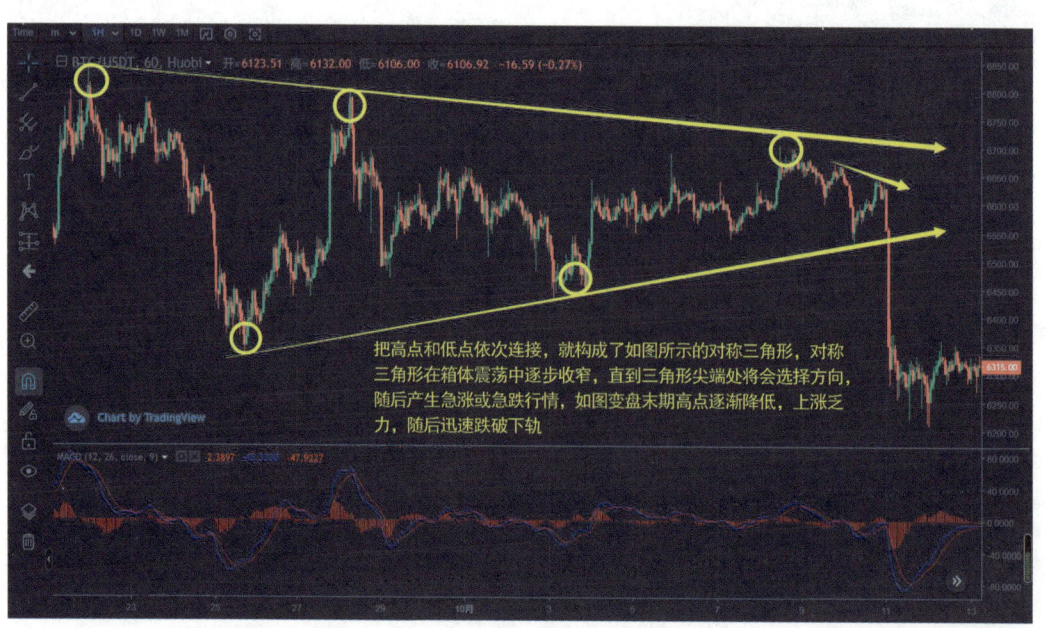

图 3-17

【空单买点位置】

一是在上轨处二次探顶或三次探顶时；二是在跌破下轨时和反弹获反阻力时；三是在三角形形态的末端重心下移时。

【空单止盈位置】

三角形形态变盘后，一般在大前低点支撑位处。

【空单止损位置】

根据买点，一是在二次探顶或三次探顶处买进的空单设置在上轨或前高点处；二是在跌破下轨和反弹获反阻力时买进的空单分别设置在中轴处和下轨处。

【多单短线机会】

与三次探顶形态同理。

【实盘注意要点】

三角形形态除了对称三角形外，还有上涨三角形（高点、低点逐渐抬高）和下跌三角形（高点、低点逐渐降低），但注意并不是上涨三角形向上变盘的可能性就大，或者下跌三角形向下变盘的可能性就大，而是取决于形态出现的阶段位置。如果上涨三角形出现在相对低位或者大形态的相对下轨处，那么一旦爆发，力度就会非常强；反之，如果出现在相对高位，可能不涨反跌。下跌三角形同理。

二、三角形形态的多单机会

【多单买点位置】

一是在下轨处二次探底或三次探底时；二是在突破上轨时和回踩获反支撑时；三是在三角形形态的末端重心上移时。

【多单止盈位置】

三角形形态变盘后，一般在大前高点阻力位处。

【多单止损位置】

根据买点，一是在二次探底或三次探底处买进的多单设置在下轨或前低点处；二是在突破上轨和回踩获反支撑时买进的多单分别设置在中轴处和上轨处。

【空单短线机会】

与三次探底形态同理。

【实盘注意要点】

如图3-18所示，三角形处在高位一轮下跌的中途，所以三角形预期向下变盘可能性较大，因为其处在下跌趋势中。

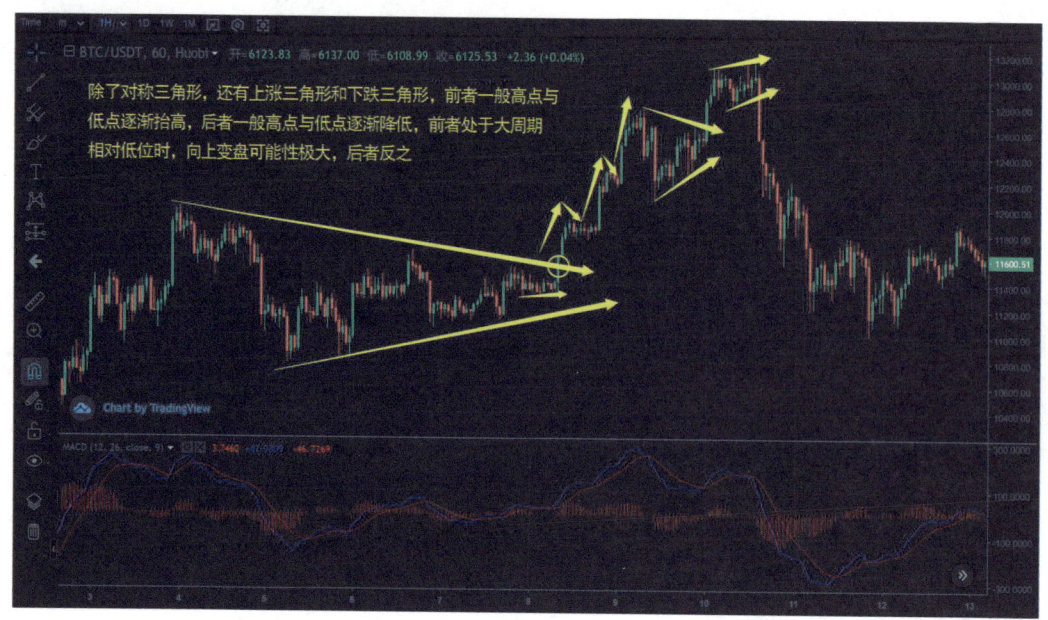

图 3-18

第十四节 DISHISIJIE
V形反转的形态特征

【形态说明】

如图3-19所示，V形反转形态是实盘中比较常见的、力度较强的反转形态，往往出现在市场剧烈波动之时，在价格底部区域只出现一次低点，随后就改变原来的运行趋势，行情呈现出相反方向的剧烈反弹。

【形态特征】

1. 左侧为中/大阴线，一般急跌后收长下影线；右侧为中/大阳线起涨，一般会吞没前阴线。

2. 正V形：指持续下跌到相对低位后，突然急速回升，在图形上出现一个"V"字母。

3. 伸展V形：指正V形走势形成之后，价格回到前面的密集交易区时，再横向盘整波动一段时间，然后继续其V形向上的走势。实战中所指的V形大多是这种。

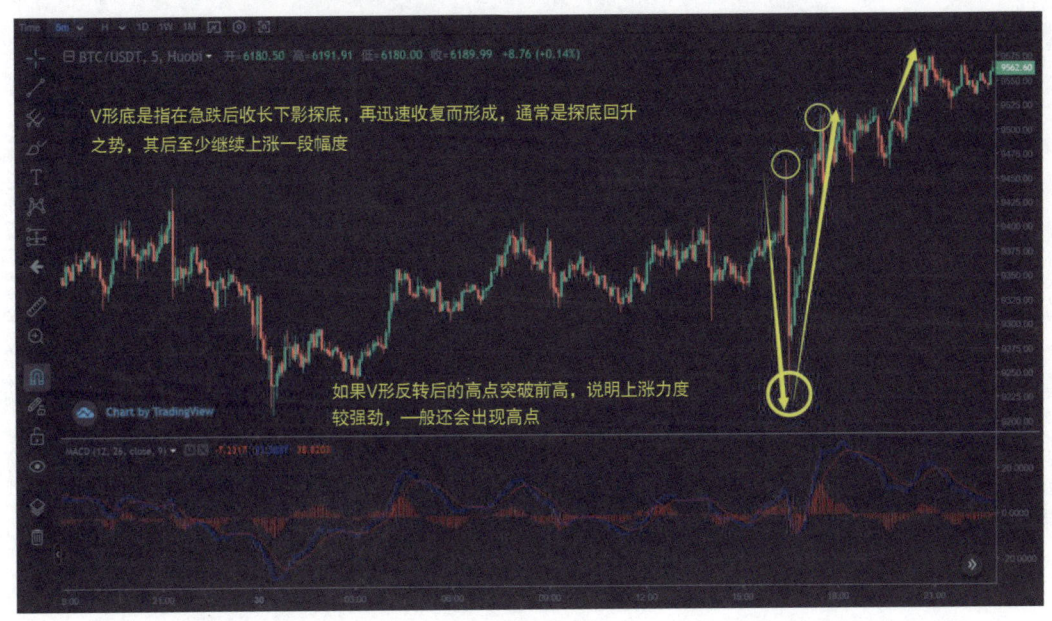

图 3-19

【多单买点位置】

这种情况下一般是先看整体，观察前方大低点处的位置，等行情到达前方低点时，立即切换至5分钟K线图或1分钟K线图，观察是否出现底背离，随后立即轻仓买进多单，也就是在V形反转成型之前买进。

【多单止盈位置】

V形反转后，一般行情上涨到前方小密集区可以平仓1/3，剩下的设置保本位零风险持有。

【多单止损位置】

再次跌破低点时。

【空单短线机会】

V形反转多头力度极为强劲，释放过程中几乎没有短线机会，除非释放完全后到达左颈线位置可轻仓设损位做空，但仅限于整体V形反转处于相对高位；如果处于历史低位，一般右侧反转后都会超过左颈线的高点，此时不能轻易做空。

【实盘注意要点】

这种行情一般出现在重大利多公布后，并且从技术面来说，行情已经急跌至前方支撑位的极限了，此时就比较容易出现V形反转。

第十五节 岛形反转的形态特征

【形态说明】

岛形反转形态也称为倒V形反转形态,是实盘中比较常见的、力度较强的反转形态,往往出现在市场剧烈波动之时,在价格顶部区域只出现一次高点,随后就改变原来的运行趋势,行情呈现出相反方向的剧烈下跌。

【形态特征】

1. 左侧为中/大阳线,一般急涨后收长上影线;右侧为中/大阴线下跌,一般会吞没前阳线。

2. 倒V形:指持续上涨到相对高位后,突然急速下跌,在图形上出现一个倒"V"字母,如图3-20所示。

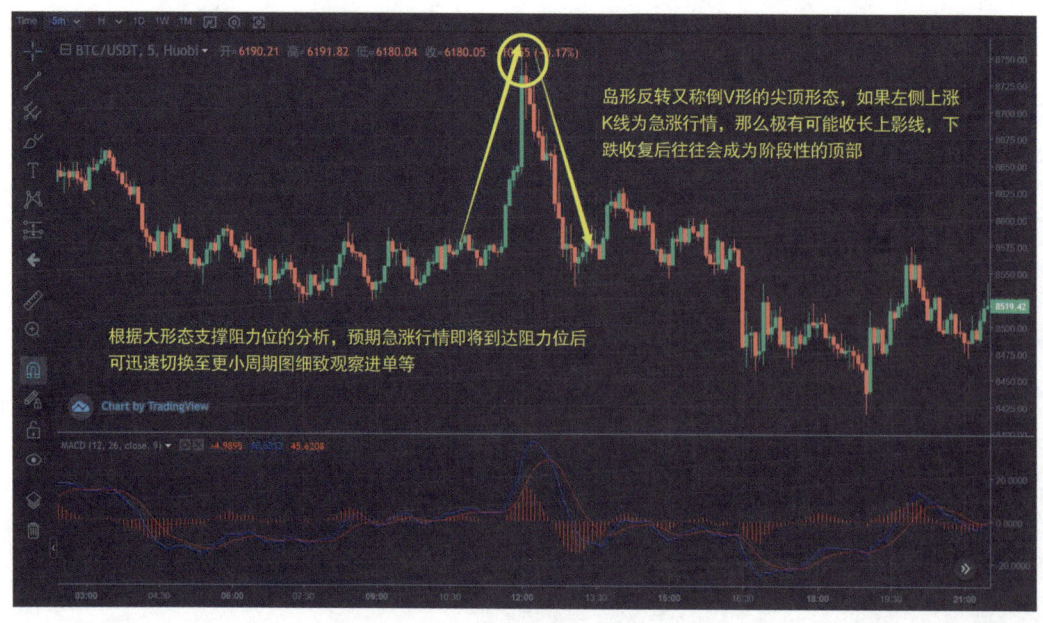

图3-20

3. 伸展V形:指倒V形走势形成之后,价格回到前面的密集交易区时,再横向盘整波动一段时间,然后继续其倒V形向下的走势。实战中所指的倒V形大多是这种。

【空单买点位置】

这种情况下一般是先看整体,观察前方大高点处的位置,等行情到达前方高点时,立即切换至5分钟K线图或1分钟K线图,观察是否出现顶背离,随后立即轻仓买进空单,也就是在倒V形反转成型之前买进。

【空单止盈位置】

出现倒V形反转后,一般行情下跌到前方小密集区可以平仓1/3,剩下的设置保本位零风险持有。

【空单止损位置】

再次突破高点时。

【多单短线机会】

倒V形反转多头力度极为强劲,释放过程中几乎没有短线机会,除非释放完全后到达左颈线位置可轻仓设损位做多,但仅限于整体倒V形反转处于相对低位;如果处于历史高位,一般右侧反转后都会跌破左颈线的低点,此时不能轻易做多。

【实盘注意要点】

这种行情一般出现在有重大利空公布后,并且从技术面上来说,行情已经急涨至前方阻力位的极限了,此时就比较容易出现倒V形反转。

第十六节　头肩顶的形态特征

【形态说明】

头肩顶是顶部形态中较为典型的大顶部特征之一,也是数字货币市场中最为常见的形态之一,特别是在小周期图中几乎每天都有出现。

【形态特征】

如图3-21所示,图形由左肩、顶、右肩及颈线组成。"左肩"是指最左边的高点,"顶"是指最高点,"右肩"是指最右边的高点,"颈线"是指口沿处的密集交易区。标准的头肩顶形态中右肩高点要比左肩高点低一些,才更能体现出空头的力量。在右肩构成之后，价格重心下移，酝酿蓄势待发的状态，直至大阴线跌破后展开一轮跌势。

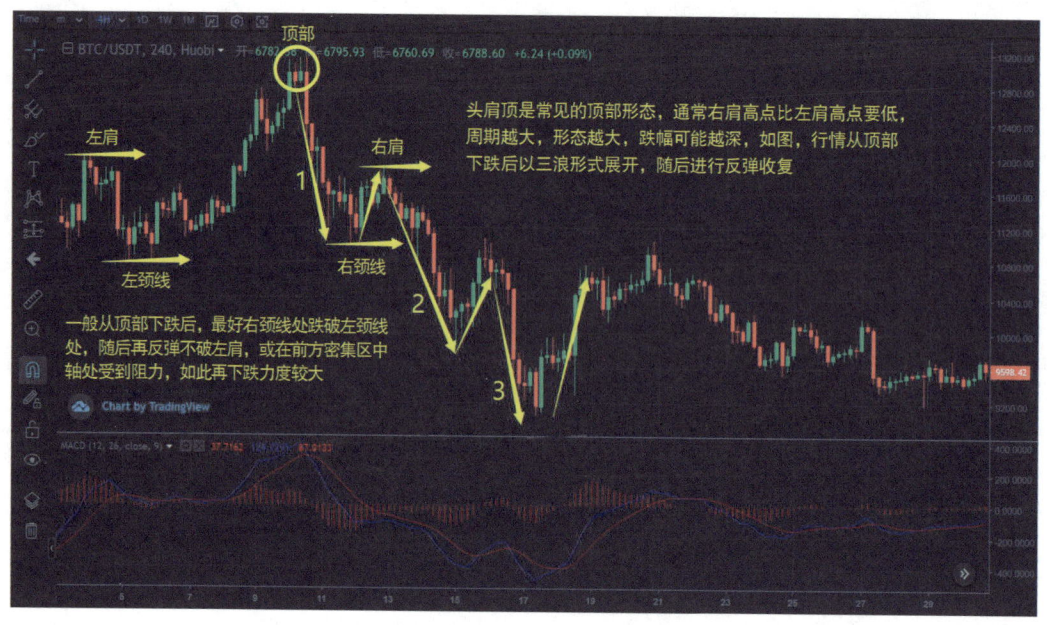

图 3-21

【空单买点位置】

1. 右肩低于左肩部时，在右肩处买入空单。

2. 二次或三次探右肩部高点时，且低于前高点。

【空单止盈位置】

一是在右肩处买进的空单，止盈位置在左颈线位置处；二是止盈位置可在头肩顶形态释放完全时，一般释放幅度等同于从顶部至右颈线处的幅度。

【空单止损位置】

突破左肩，极限止损位为突破顶部。

【多单短线机会】

与岛形反转形态同理。

【实盘注意要点】

头肩顶形态一般出现在相对高位或者一轮单边下跌行情过程中。一是注意如果右颈线处低于左颈线，说明行情上涨乏力，头肩顶形态很有可能释放成功。二是注意在右肩部运行过程中，可能会出现两次或多次右肩，形成密集区形态，随后再变盘。

第十七节 头肩底的形态特征

【形态说明】

头肩底形态是底部形态中较为典型的大底部特征之一,也是数字货币市场中最为常见的形态之一,特别是在小周期图中几乎每天都有出现。

【形态特征】

如图3-22所示,图形由左肩、底、右肩及颈线组成。"左肩"是指最左边的低点,"底"是指最低点,"右肩"是指最右边的低点,"颈线"是指口沿处的密集交易区。标准的头肩底形态中右肩低点要比左肩低点高一些,才更能体现出多头的力量。在右肩构成之后,价格重心上移,酝酿蓄势待发的状态,直至大阳线突破后展开一轮涨势。

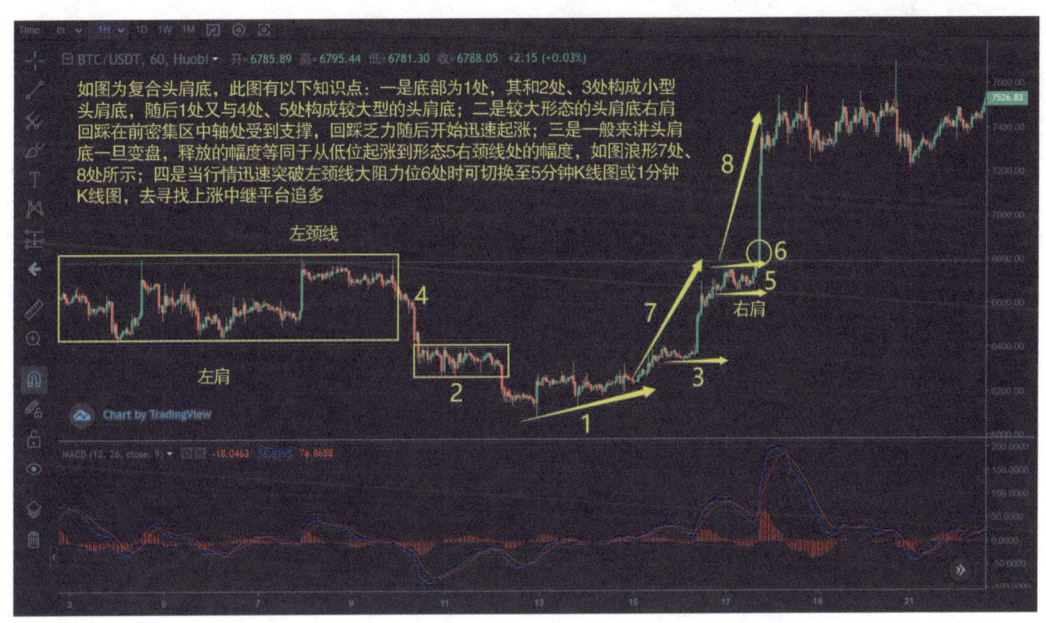

图 3-22

【多单买点位置】

1. 右肩高于左肩部时,在右肩处买入多单。

2. 二次或三次探右肩部低点时,且高于前低点。

【多单止盈位置】

一是在右肩处买进的多单，止盈位置在左颈线位置处；二是止盈位置可在头肩底形态释放完全时，一般释放幅度等同于从底部至右颈线处的幅度。

【多单止损位置】

跌破左肩，极限止损位为跌破底部。

【空单短线机会】

与V形反转形态同理。

【实盘注意要点】

头肩底形态一般出现在相对低位或者一轮单边上涨行情过程中。一是注意如果右颈线处高于左颈线，说明行情下跌乏力，头肩底形态很有可能释放成功。二是注意在右肩部运行过程中，可能会出现两次或多次右肩，形成密集区形态，随后再变盘。

第十八节 头肩顶失败的形态特征

【形态说明】

不是每一次出现头肩顶形态后就会持续下跌，也常有图形被破坏最终失败的，如图3-23所示。

【形态特征】

行情先是突破左肩高点，随后突破顶部直至再创新高。

【空单止损位置】

前面有买进空单的，止损信号在价格突破右肩上轨以及左肩高点时。

【多单买点位置】

多单买点位置在右颈线下轨近损位处，在此处买入多单即使没有大涨也至少会收获一个小反弹。

【多单止盈位置】

右肩部修整形态的上轨，直至右肩处的小形态向上变盘到达顶部区域甚至突破顶部释放后（幅度至少是右肩部小形态下轨处到顶部幅度的两倍）。

第三章 数字货币交易K线形态

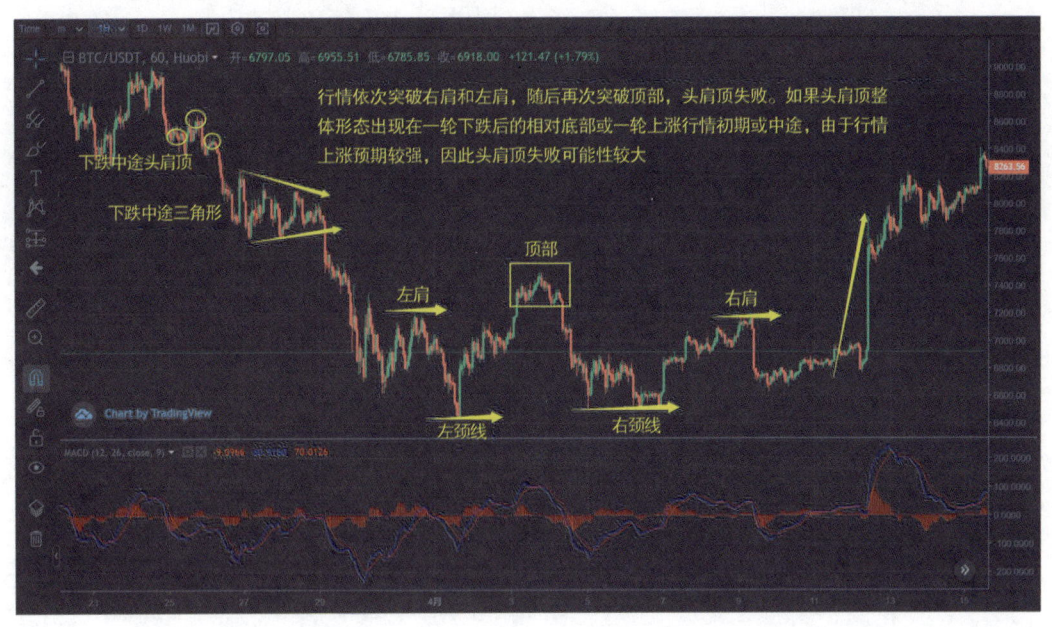

图 3-23

【多单止损位置】

跌破右肩震荡小形态下轨（右颈线）时。

【实盘注意要点】

头肩顶失败最主要的原因一般是此形态出现在相对低位，也就是形态出现在更大形态的相对下轨处，整体行情向上变盘运行的可能性较大，所以头肩顶整体向上变盘的可能性较大。通常主要表现为探顶之后回落时跌幅不大，力度不强，未到前低左颈线处，并且右肩整体一般高于左肩以及右肩部修整小形态向上变盘等。

第十九节 头肩底失败的形态特征

【形态说明】

不是每一次出现头肩底形态后就会持续上涨，也常有图形被破坏最终失败的，如图3-24所示。

115

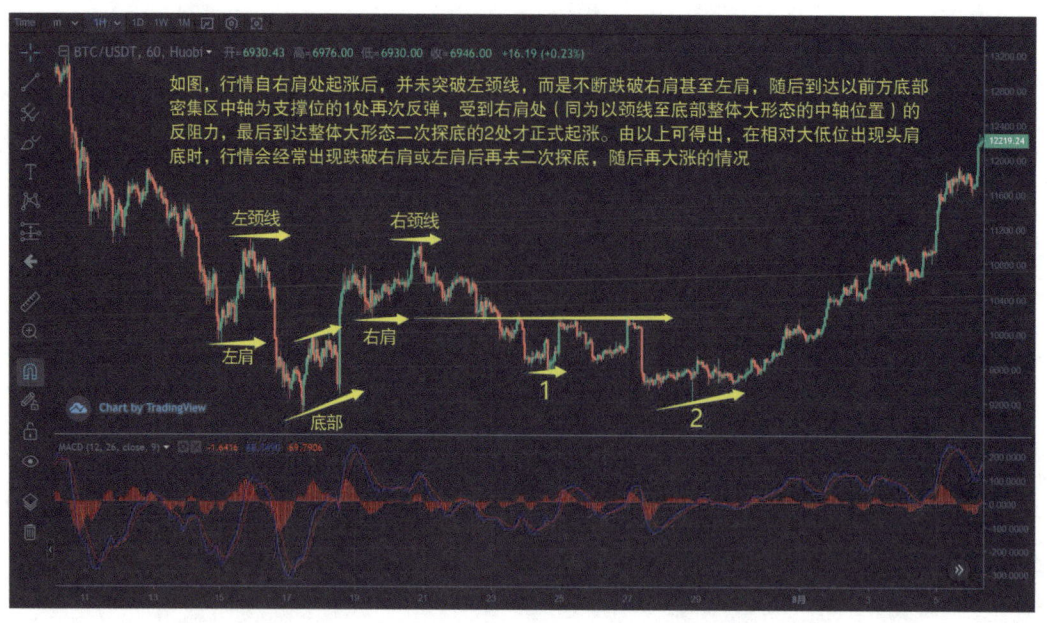

图 3-24

【形态特征】

行情先是跌破左肩低点,随后跌破底部直至再创新低。

【多单止损位置】

前面有买进多单的,止损信号在价格跌破右肩下轨以及左肩低点时。

【空单买点位置】

空单买点位置在右颈线上轨近损位处,在此处买入空单即使没有大跌也至少会收获一个小回踩。

【空单止盈位置】

右肩部修整形态的下轨,直至右肩处的小形态向下变盘到达底部区域甚至跌破底部释放后(幅度至少是右肩部小形态上轨处到底部幅度的两倍)。

【空单止损位置】

突破右肩震荡小形态上轨(右颈线)时。

【实盘注意要点】

头肩底失败最主要的原因一般是此形态出现在相对高位,也就是形态出现在更大形态的相对上轨处,整体行情向下变盘运行的可能性较大,所以头肩底整体向下变盘的可能性较大。通常主要表现为探底之后上涨时涨幅不大,力度不强,未到前高左颈线处,并且右肩整体一般低于左肩以及右肩部修整小形态向下变盘等。

第二十节 DIERSHIJIE
重心上移的形态特征

【形态说明】

如图3-25所示,"重心上移"是一种多头初现优势的表现,也属于一种"变盘区域",在不同阶段位置和不同形态之间产生,对随后行情产生的影响也各不相同。实盘中往往在这种"重心上移"的情况下可作出接下来的预判,尤其整体形态处于相对低位时,成功的概率更大。同时也可做好充分的交易准备以及心理准备,一旦变盘信号出现或者拐点信号出现便可立即下单操作。

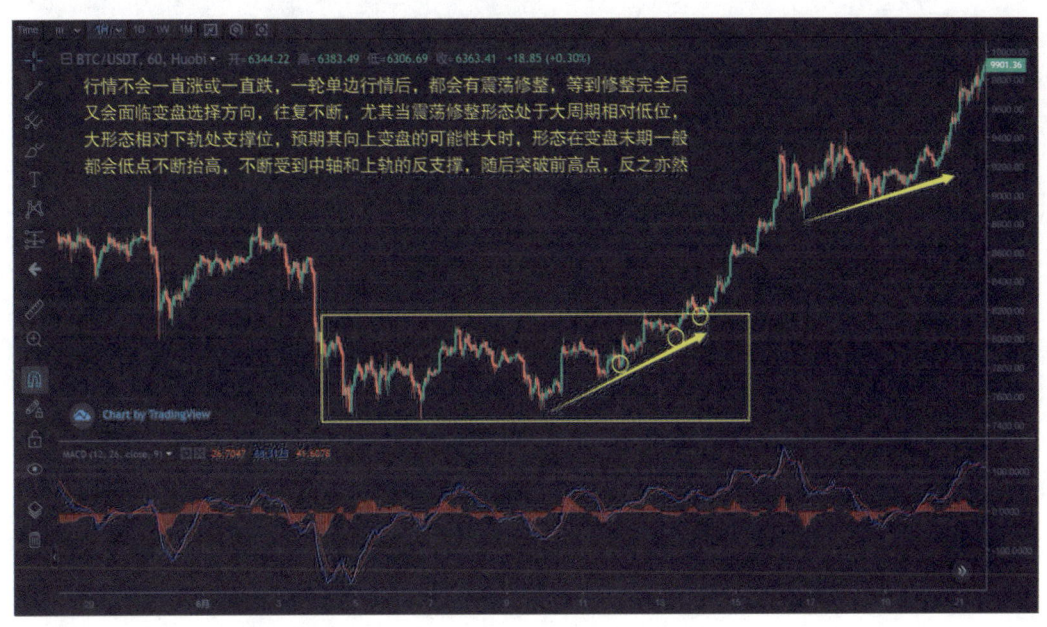

图 3-25

【多单买点信号】

1. 先看"重心上移"出现在什么形态组合里面,或者什么阶段位置,在对既有图形的预判中再结合"重心上移",来进一步确认前面的预判是否具有可行性。如果具有可行性便可提前潜伏多单,如果把握不足,可静待变盘信号和突破信号出现时再买进多单。

2.稳健者也可在突破时或突破后回踩获支撑时买进多单,例如在60分钟K线图突破瞬间可切换至5分钟K线图或1分钟K线图去寻找上涨中继平台。

【多单止盈信号】

多单止盈主要根据形态释放后本周期上方的阻力位所在位置,或通过分批止盈设置移动损位博取收益。

【多单止损信号】

如果在重心上移之后,突破上轨后但诱多后回落,多单止损信号在再次跌破上轨及中轴时。

【空单短线机会】

谨慎做空,以做多为主。

【实盘注意要点】

重心上移是一种通用的技术变盘区域形态,运用时一定要先认识前面的趋势或图形,例如箱体或三角形在即将变盘时都有重心上移的特征标记。还有,不管怎么震荡波动,除了上下轨之外还要学会看中轴位置,因为中轴就是震荡波动中的均价位置,也是强弱分界线。形态在即将变盘时,经常会最后一次回踩中轴,再真正起涨。

第二十一节 DIERSHIYIJIE
重心下移的形态特征

【形态说明】

如图3-26所示,"重心下移"是一种空头初现优势的表现,也属于一种"变盘区域",在不同阶段位置和不同形态之间产生,对随后行情产生的影响也各不相同。实盘中往往在这种"重心下移"的情况下可作出接下来的预判,尤其整体形态处于相对高位时,成功的概率更大。同时也可做好充分的交易准备以及心理准备,一旦变盘信号出现或者拐点信号出现便可立即下单操作。

【空单买点信号】

1.先看"重心下移"出现在什么形态组合里面,或者什么阶段位置,在对既有图形的预判中再结合"重心下移",来进一步确认前面的预判是否具有可行性。如果具

第三章 / 数字货币交易 K 线形态

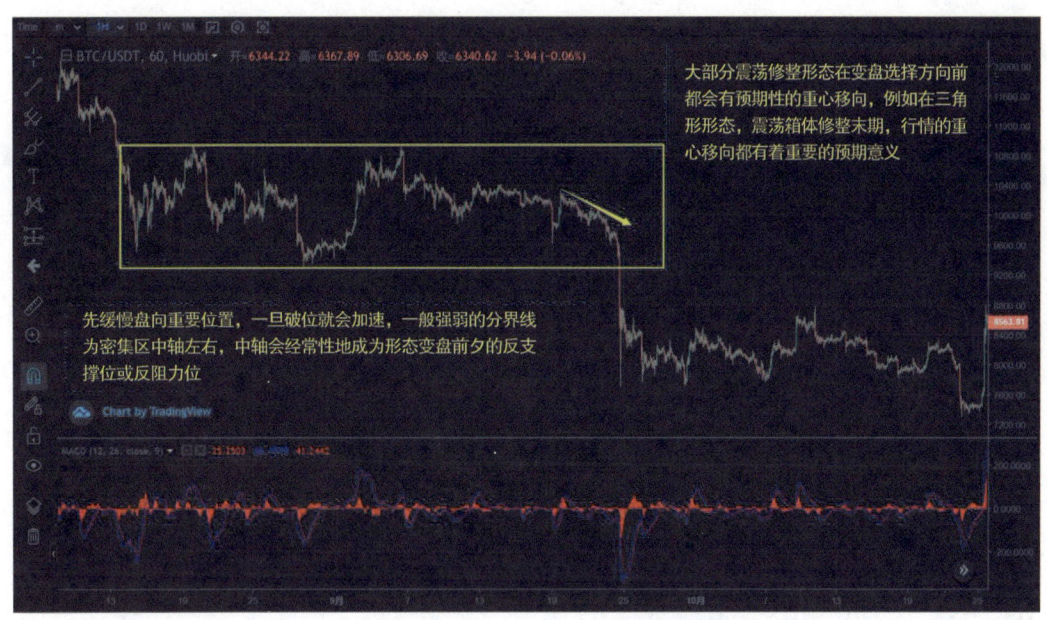

图 3-26

有可行性便可提前潜伏空单,如果把握不足,可静待变盘信号和跌破信号出现时再买进空单。

2. 稳健者也可在跌破时或跌破后反弹获反阻力时买进空单,例如在60分钟K线图跌破瞬间可切换至5分钟K线图或1分钟K线图去寻找下跌中继平台。

【空单止盈信号】

空单止盈主要根据形态释放后本周期下方的支撑位所在位置,或通过分批止盈设置移动损位博取收益。

【空单止损信号】

如果在重心下移之后,跌破下轨后但诱空后反弹,空单止损信号在再次突破下轨及中轴时。

【多单短线机会】

谨慎做多,以做空为主。

【实盘注意要点】

重心下移是一种通用的技术变盘区域形态,运用时一定要先认识前面的趋势或图形,例如箱体或三角形在即将变盘时都有重心下移的特征标记。还有,不管怎么震荡波动,除了上下轨之外还要学会看中轴位置,因为中轴就是震荡波动中的均价位置,也是强弱分界线。形态在即将变盘时,经常会最后一次反弹中轴,再真正下跌。

119

第二十二节 密集交易区的形态特征

【形态说明】

密集交易区是指价格在一个区域内频繁波动,随后无论向哪个方向突破,这个密集区域都会成为后面的支撑位或阻力位。

【形态特征】

在密集交易区中波幅的大小根据周期而定,通常产生在急涨急跌之后,行情需要修整时,具体分析如图3-27所示。

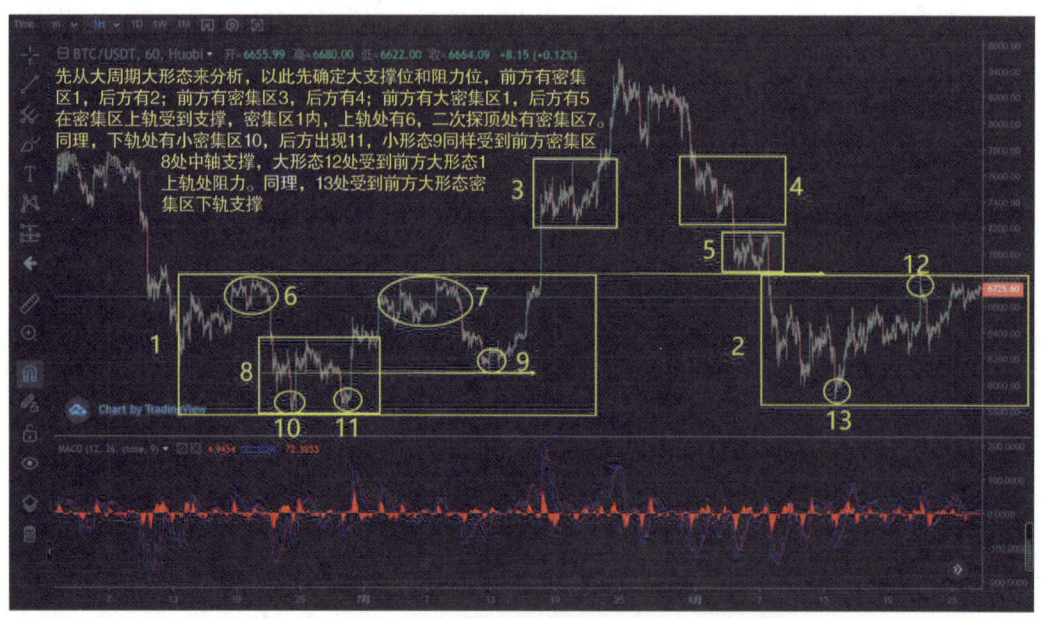

图 3-27

【实盘注意要点】

密集交易区的买点位置、卖点位置以及止盈位置、止损位置,可根据箱体形态的要求去确定。在此区域内若出现任何组合形态,可靠性都不高,一般在这样的震荡环境中应空仓观望,即使是持有单也应退出。

第三章 / 数字货币交易K线形态

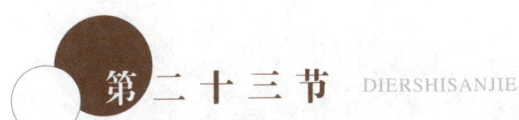

多头强势变盘图形汇总

突破信号尤其重要,当我们在技术分析中确立是否可能变盘之前,首先要确认行情是否处在变盘区域,如果处在变盘区域里面又出现突破信号,那么这种形态变盘成立的可能性就较大,同时也可从变盘区域里面初步分析预判变盘方向。

笔者以其多年经验总结出形态变盘的一个顺序:先有变盘形态,再有变盘区域,最后出现突破信号。也就是说,要想一买入就赚且不等待,那么就要先学会认识变盘形态,再认识形态震荡末期的变盘区域,最后等待起涨或转跌的突破点。

多头强势变盘图形如图3-28~图3-35所示。

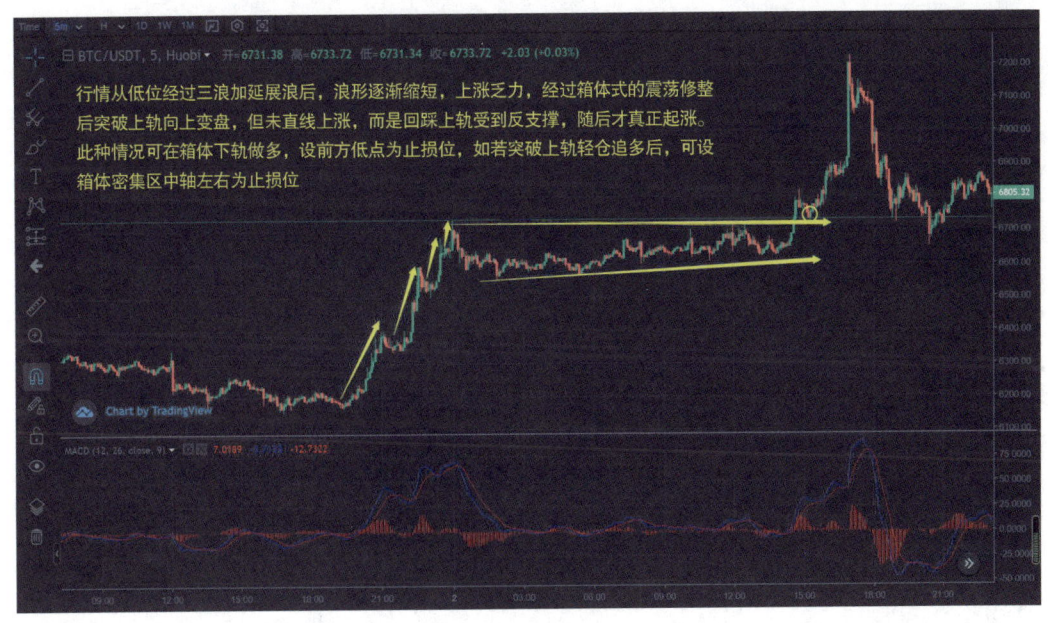

图 3-28

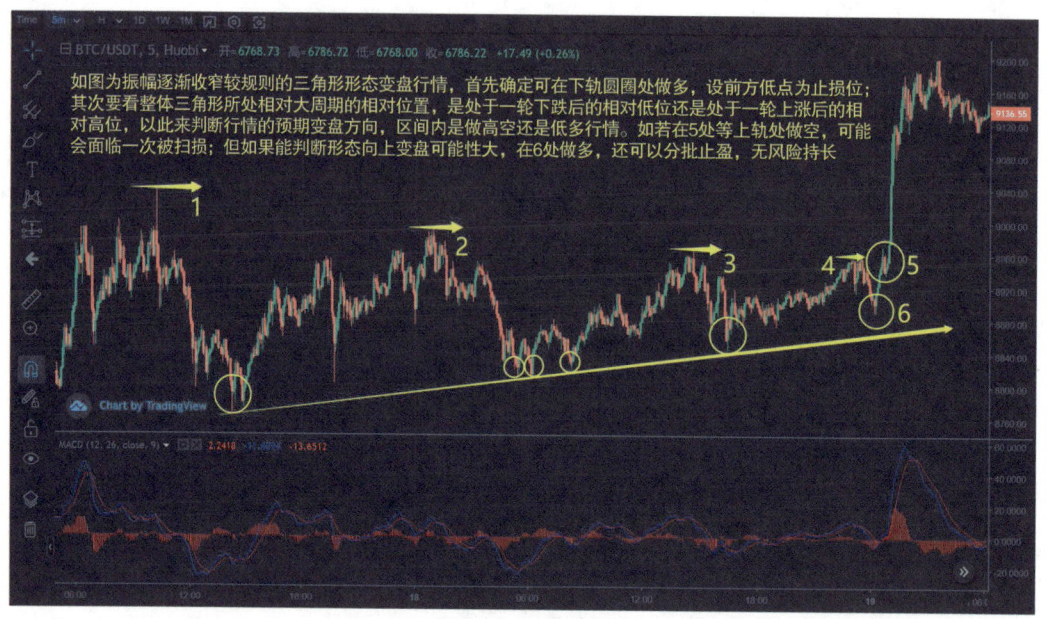

图 3-29

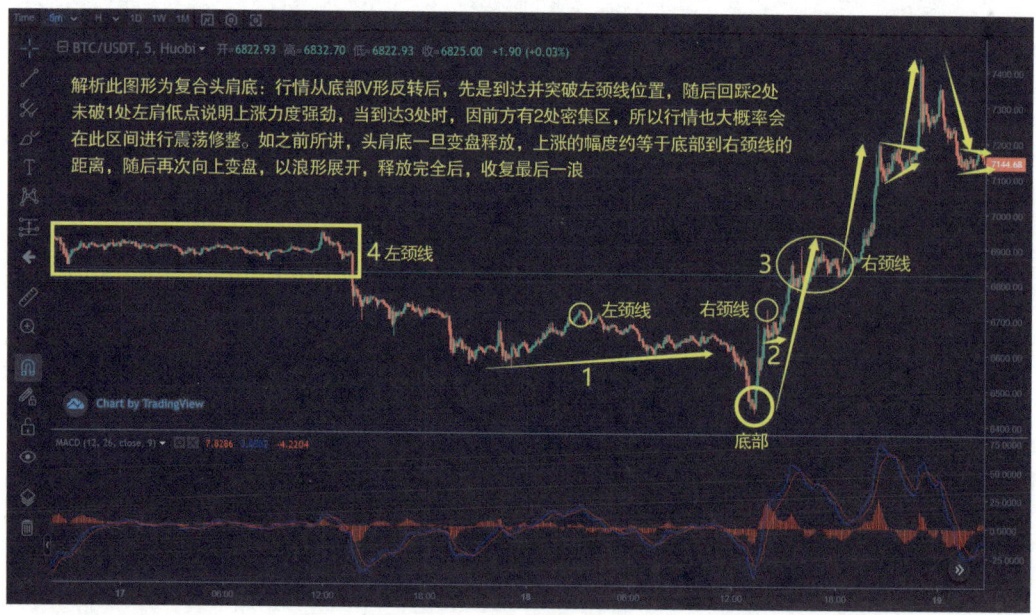

图 3-30

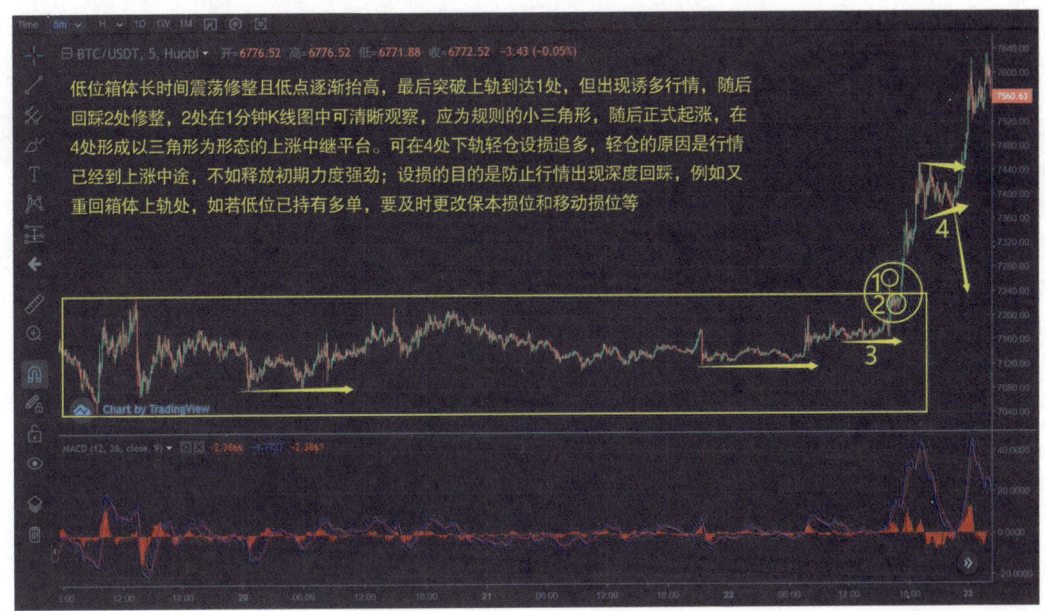

图 3-31

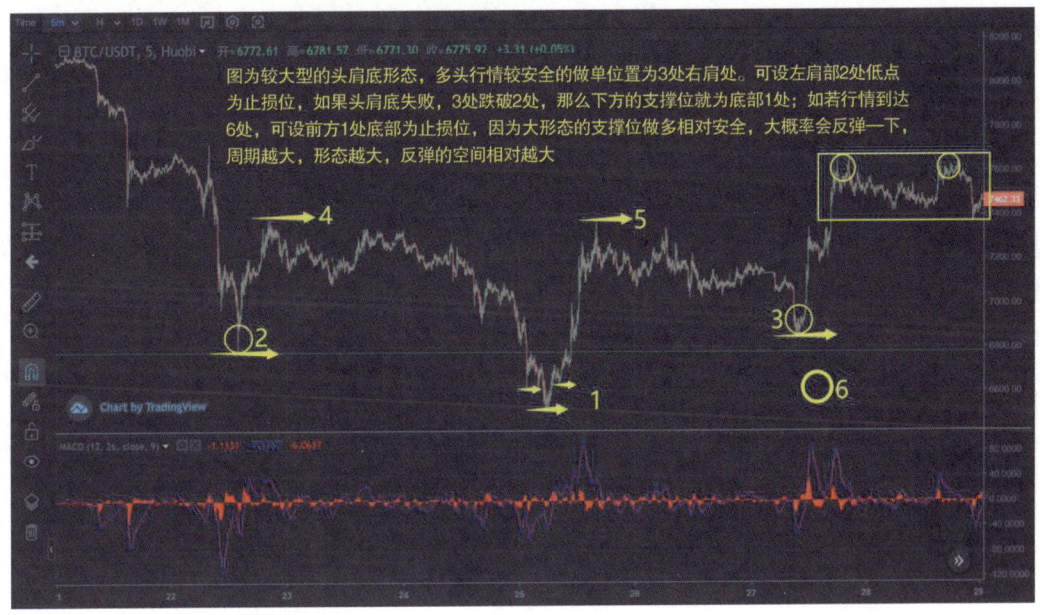

图 3-32

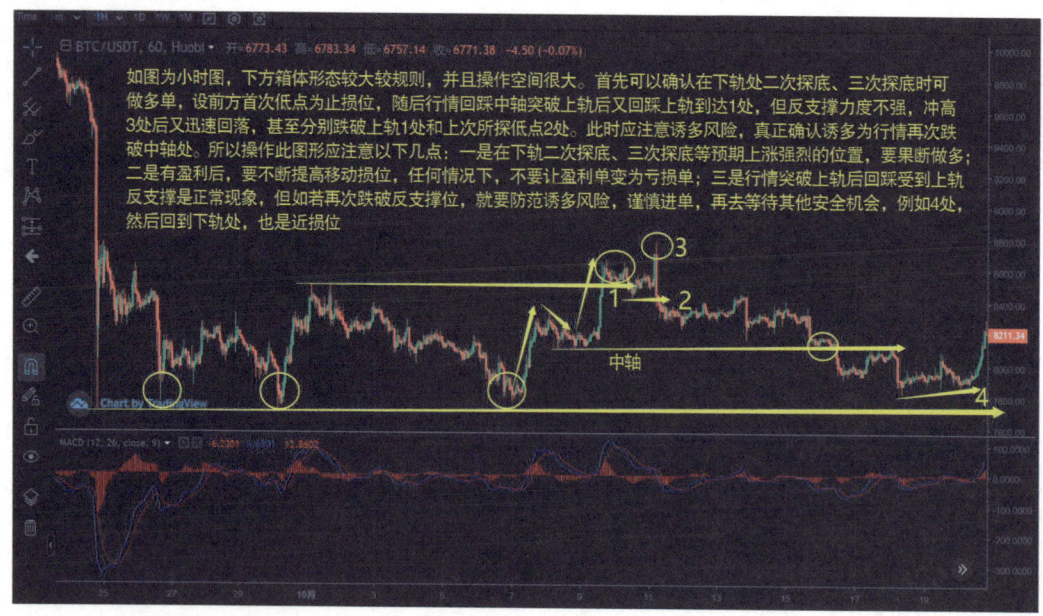

图 3-33

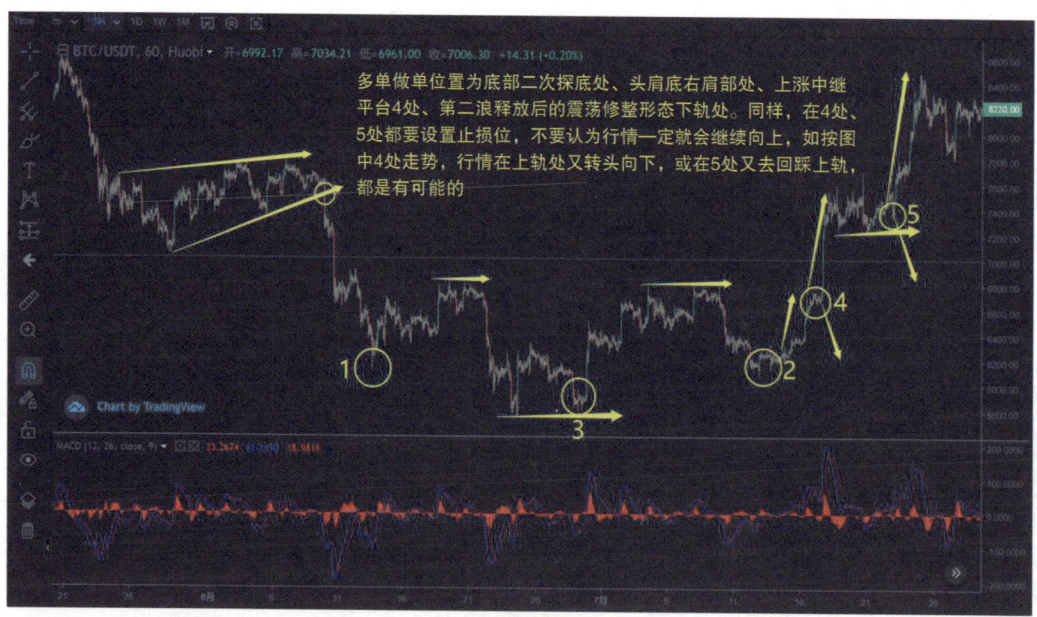

图 3-34

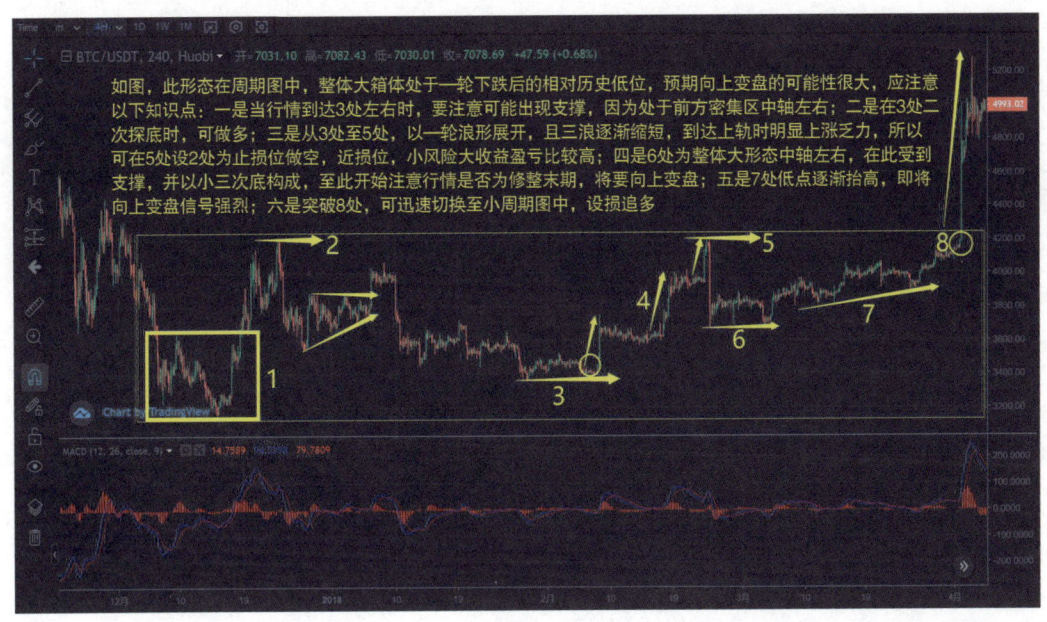

图 3-35

第二十四节 空头强势变盘图形汇总

变盘区域可分为以下几种。

1. 观望区域

观望区域是指行情进入震荡现象，在任何阶段位置都有可能出现。例如，观察数据消息、观察某会议结果、观察市场变化、观察技术图形突破，特别是在每一轮急涨急跌之后，一旦人气消减也会走出冷清的盘面，短则数小时，长则数日。在此期间区域尽量多看少动，更不宜频繁交易，例如为了比特币50点的小利润要冒一定的风险，而为了比特币500点以上的利润买进也冒着一样的风险，你会选择50点还是500点的机会呢？市场有风险，只要下单交易就要承担风险。什么时候观战，什么时候出战，什么时候收战，要心知肚明、知行合一。总之，不能频繁盲战，不然就是对自己的资金不负责任。

2. 蓄势区域

蓄势区域是指在经过一段时间的蓄势整理之后的区域，可分为蓄势后上涨和蓄势后下跌，一般情况下蓄势越久其后爆发力就越大，尤其形态处于历史高位或历史低位时，此时一旦抓住一轮单边行情就可以大赚一笔。

3. 争夺区域

争夺区域是指价格到了重要位置时，或者是在震荡收窄之后、选择方向之前的多空争夺的区域。技术图形上会出现星形线（如十字星线和上下影线），但持续时间不会太长，期间交易密集、上下拉锯频繁，随后可能直接大阳或大阴突破。

4. 中继区域

中继区域是指在上涨趋势和下跌趋势中继暂停阶段，在急拉和急跌之后可让技术面得到修正的表象，然后继续顺原方向延续。此区域可按照本书的图解分析去判断和把握。

5. 顶底区域

顶底区域是指行情在一轮单边行情释放完全后，又会回到本周期的前方密集区震荡修整，或者到达前方的阻力位或支撑位震荡修整，再次形成一个相对顶部或相对底部，随后震荡修整，再次变盘。

空头强势变盘图形如图3-36~图3-43所示。

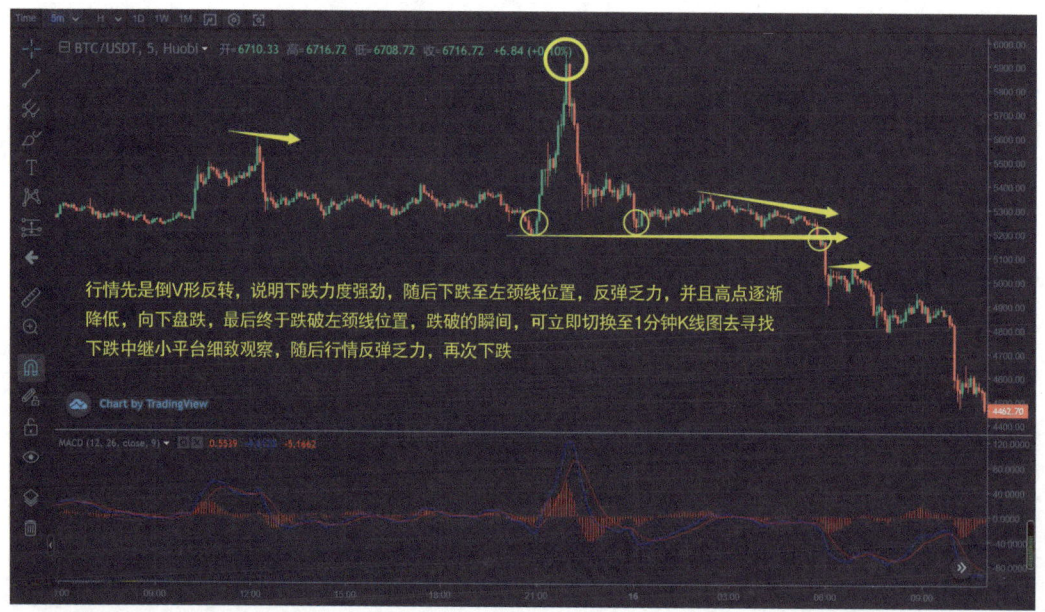

图3-36

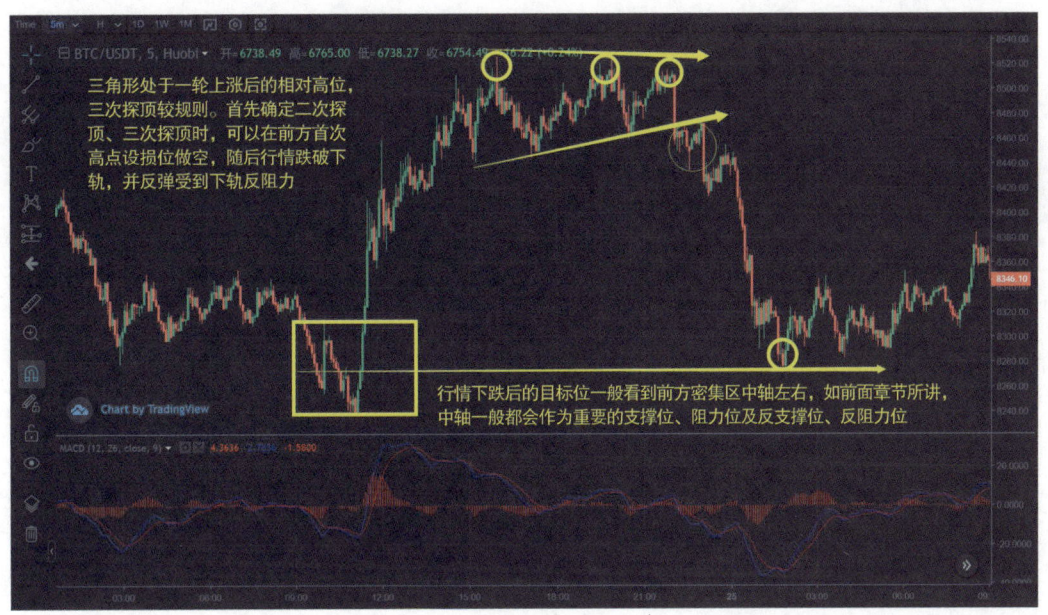

图 3-37

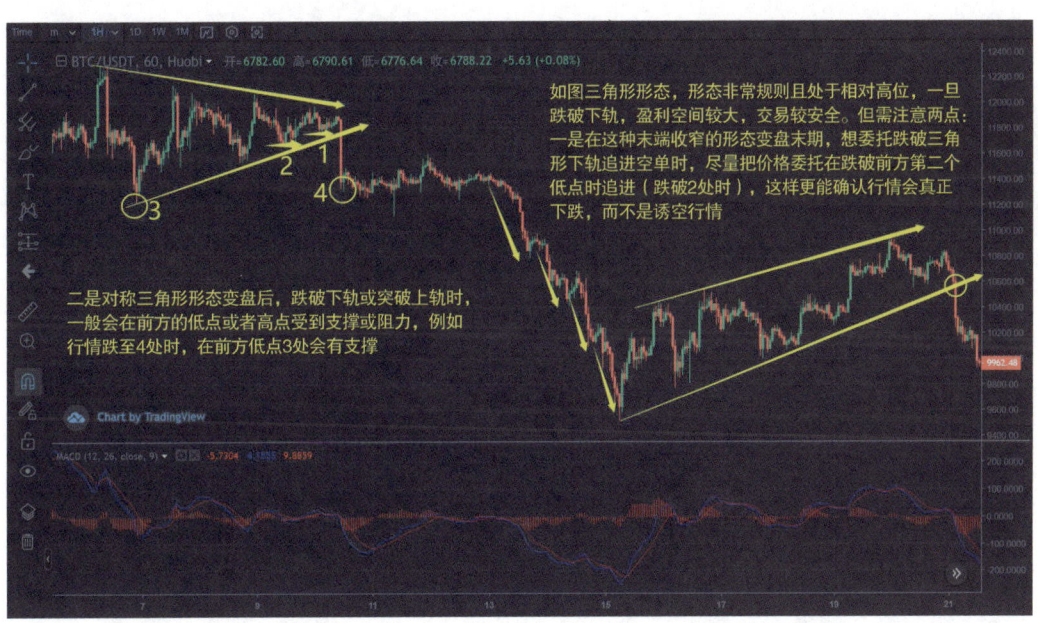

图 3-38

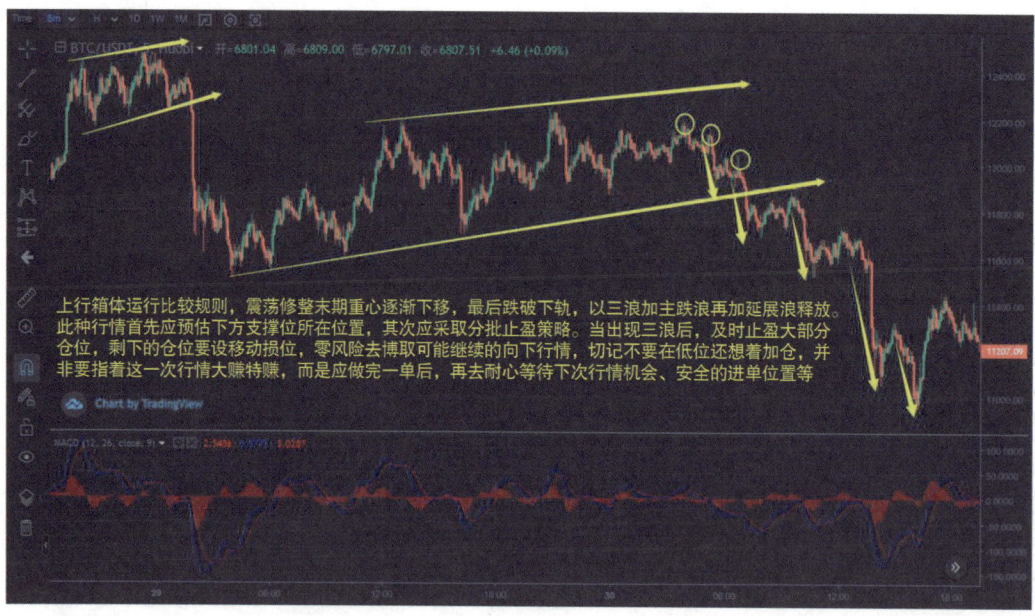

图 3-39

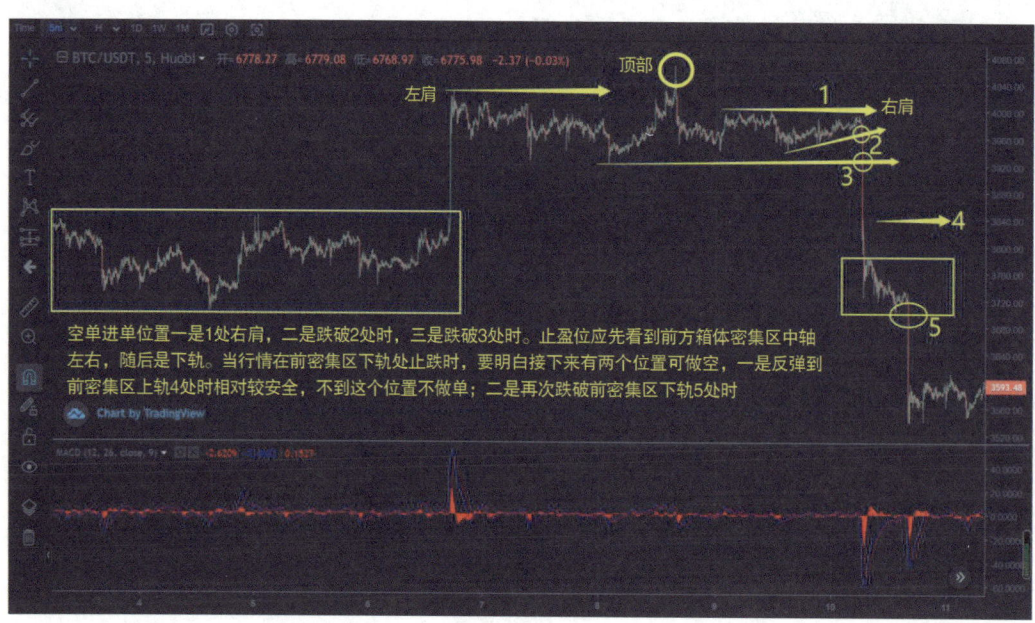

图 3-40

第三章 / 数字货币交易K线形态

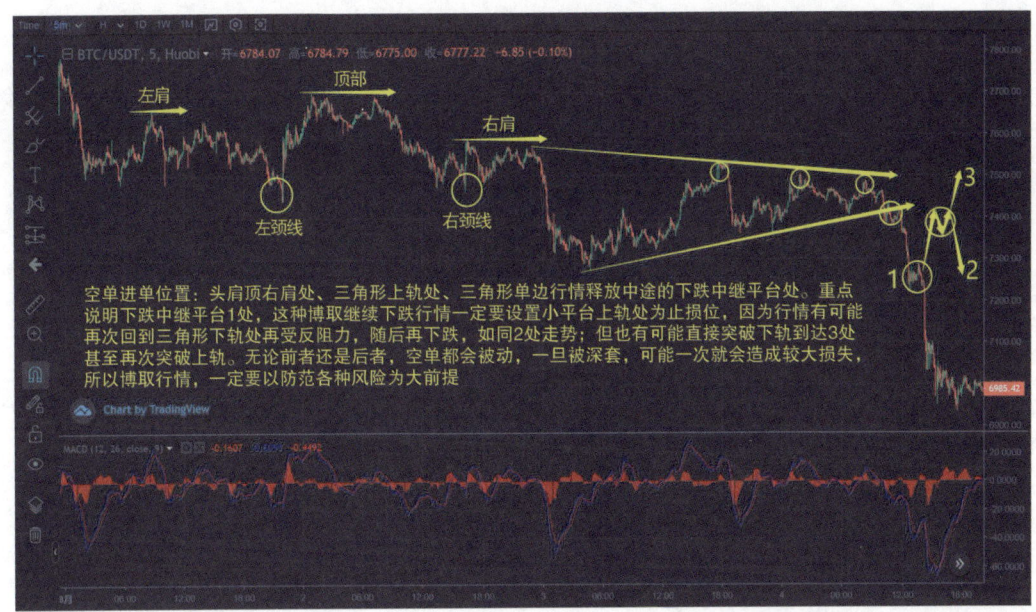

图 3-41

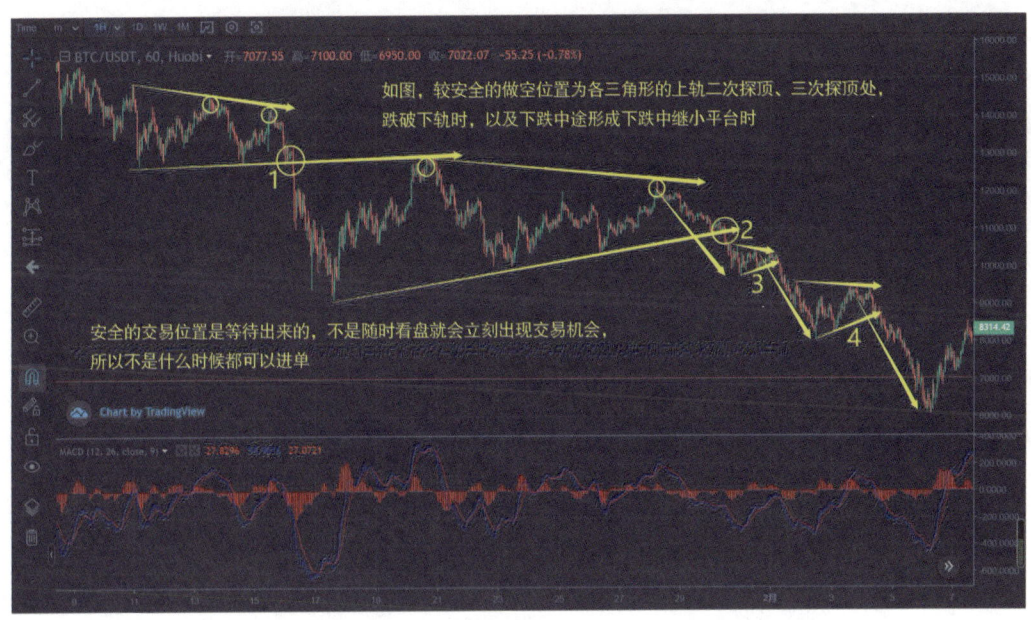

图 3-42

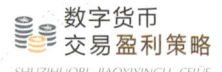

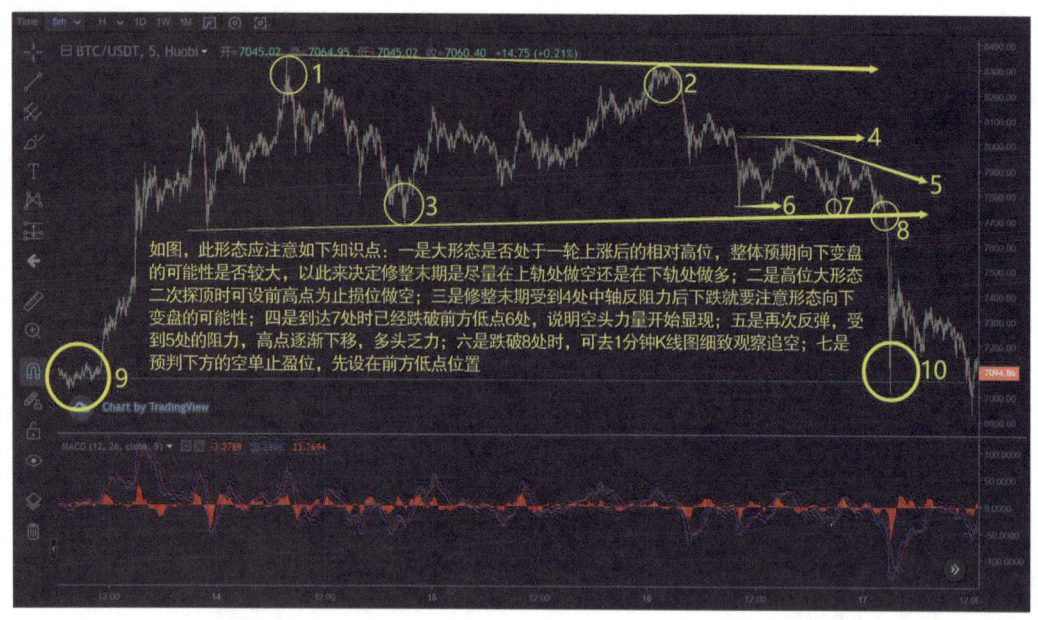

图 3-43

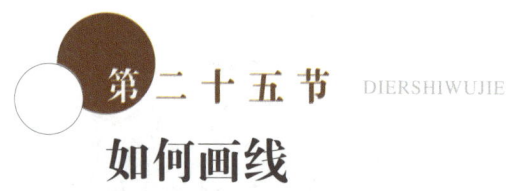

如何画线

在实盘当中，人们根据不同理论画出不同的线条，有简单的也有繁杂的，主要根据各自爱好。但笔者认为，画线越简单、越实用越好，任何市场中的K线图都一样。画线目的只有两个：一是画出接下来的支撑位和阻力位（图3-44），二是画出当前和接下来可能延伸的趋势。其中趋势性要比支撑和阻力更重要，一旦大势所趋，任何支撑和阻力都会被击破。所以笔者建议站在趋势角度思考，先画出大趋势再画出小趋势；先画出大形态组合，后画出小形态组合。同时在不影响大趋势判断的情况下，可以忽略一些过小的波动和画线，例如有的人为每一个微小的波动都去画一条线、一个浪形，笔者认为这是"画蛇添足"，反而弄复杂了。总之，在学会画线之前一定要先认识和学会各个形态，因为在此基础之上画出来的线才能一目了然，并能知悉其中的意义。

第三章 / 数字货币交易 K 线形态

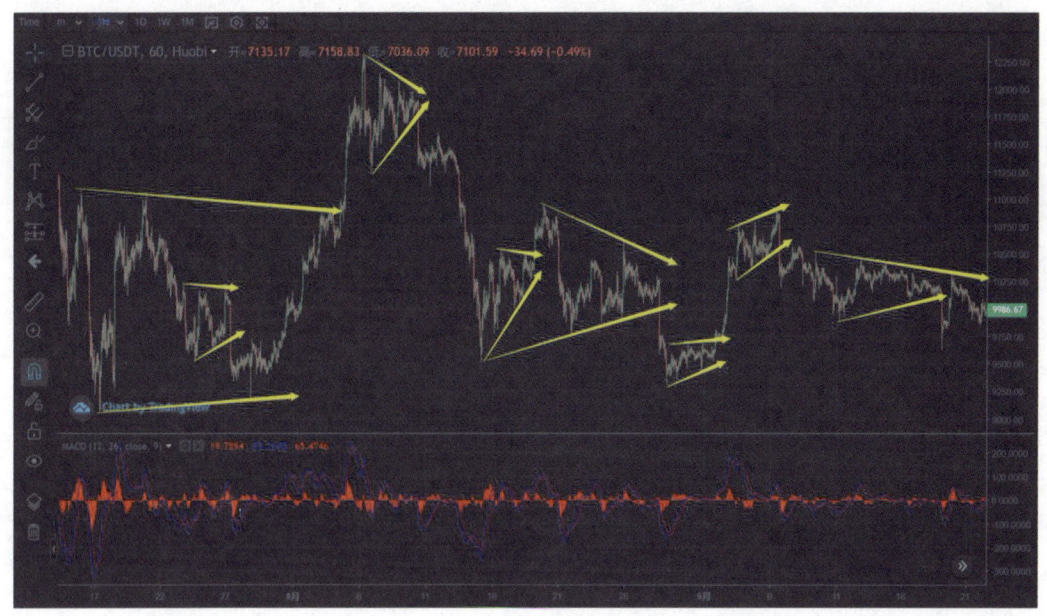

图 3-44

DISIZHANG 第四章
MACD 指标与 BOLL 指标的应用

导 读

MACD 指标为指数平滑异同移动平均线，是从双移动平均线发展而来的，由快的移动平均线减去慢的移动平均线就能得到 MACD 指标，属于一种"人气型""强弱型"指标。MACD 在应用中计算出的参数：快速 12 日移动平均数值与慢速 26 日移动平均数值、差离值 9 日移动平均值。

BOLL 指标又叫"布林线"指标，是研判市场运行趋势的一种中长期技术分析工具。它可反映出一种"价格通道"，通道的宽窄随着价格波动幅度的大小而变化，而且价格通道又具有变异性，会随着市场价格的变化而自动调整。正是由于它具有灵活性、直观性和趋势性的特点，BOLL 指标渐渐成为投资者广泛运用的市场热门指标。

BOLL 指标一共由三条线组成：上轨线、中轨线、下轨线。中轨之上为强势区域，中轨之下为弱势区域。通常上轨有阻力，下轨有支撑。一般而言，市场的运行总是围绕某一价值中枢（如均线、成本线等）在一定的范围内变动，因此 BOLL 指标是一种价格通道型指标。

在大多数技术分析软件中，柱状线是有颜色的，0 轴以下部分是绿色，0 轴以上部分是红色，前者代表趋势较弱，后者代表趋势较强。柱状线会收缩转弱和放大转强，形态上也会产生背离现象，但在震荡行情中指标会失真。

第一节 MACD的顶背离特征

【MACD顶背离的意义】

在一轮上涨后的末期,在到达阻力位或者区间上轨时,多头行情释放完全,MACD就会走出顶背离的现象。

【指标特征的具体显示】

如图4-1所示,价格高点逐步抬高,MACD的高点却逐渐降低,由此产生顶背离现象。

【空单买点信号】

最好在出现三次顶背离后又出现明确的顶部特征时买进空单,例如三次探顶。

【空单止盈信号】

空单止盈位置主要根据阶段位置而定,根据形态的释放空间设保本损位和移动损位或分批止盈等。当然,有一轮日线图的背离就要有日线图的下跌级别行情,当价格到达支撑位,出现止盈信号时,也最好出现日线图级别的底背离,这样才算真正下跌到位。

【空单止损信号】

在MACD最后一次顶背离之后,市场又出现多头行情,使价格又突破前一个高点时为空单止损信号。这种行情一般发生在极为强势单边上涨行情中,可能价格回调的幅度极度微小,或行情没有到达真正阻力位,导致做空单的空间不足。

【顶背离可能产生的影响】

一般在持续出现两次或三次顶背离后,行情显示的多头力度会逐渐变弱,有可能出现回踩现象。还有一种情况,就是虽然价格高点没有逐步抬高,但价格高点有两次或三次持平时,而且MACD仍有高点逐渐下跌之势,那么也可以认为是顶背离现象,如图4-2所示。

第四章 / MACD 指标与 BOLL 指标的应用

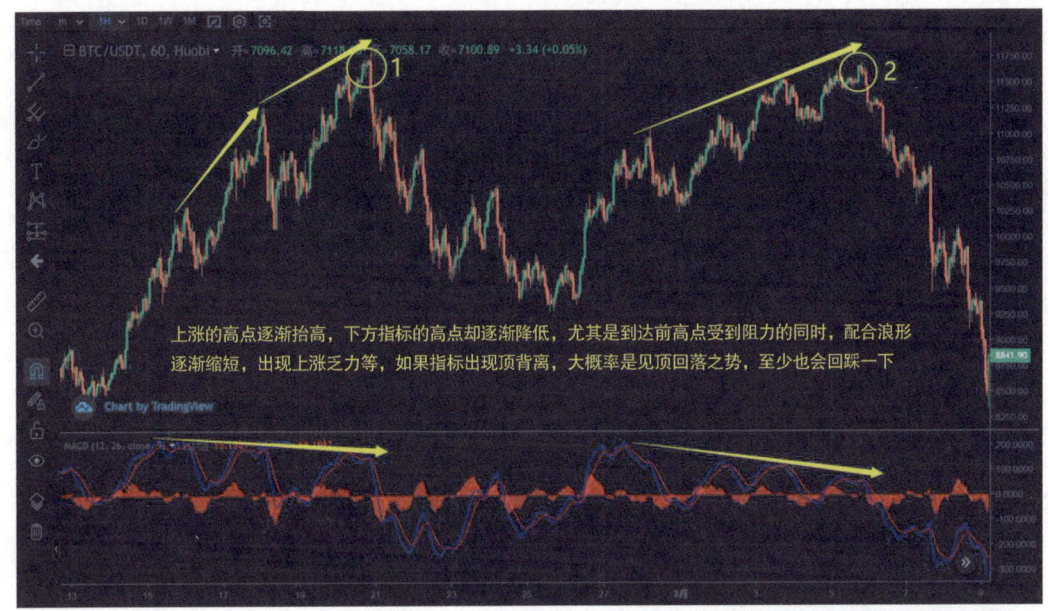

图 4-1

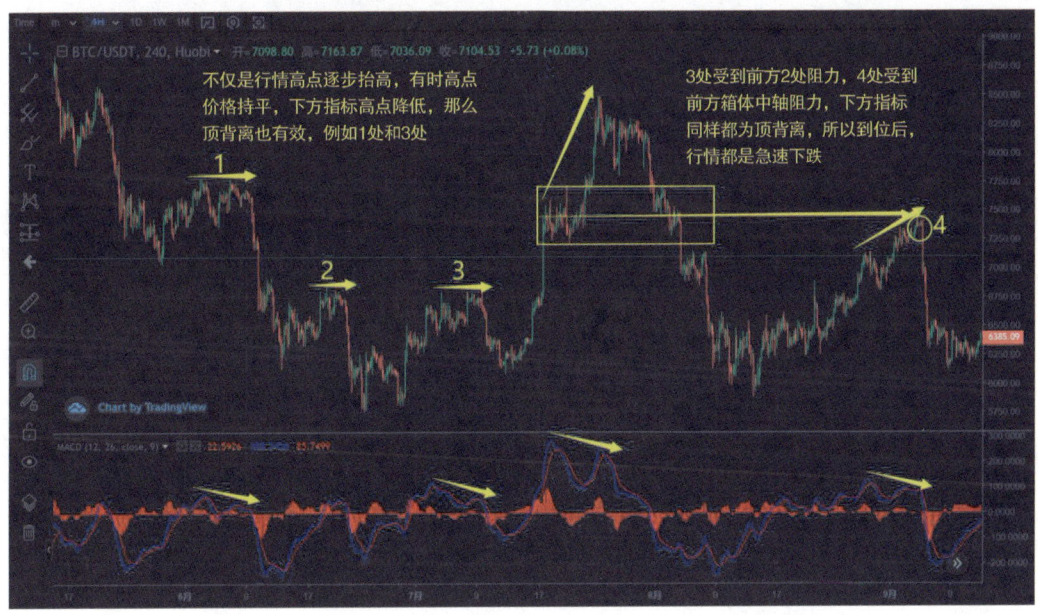

图 4-2

第二节

MACD的底背离特征

【MACD底背离的意义】

在一轮下跌后的末期，在到达支撑位或者区间下轨时，空头行情释放完全，MACD就会走出底背离的现象。

【指标特征的具体显示】

如图4-3所示，价格低点逐步降低，MACD的低点却逐渐抬高，由此产生底背离现象。

【多单买点信号】

最好在出现三次底背离后又出现明确的底部特征时买进多单，例如三次探底。

【多单止盈信号】

多单止盈位置主要根据阶段位置而定，根据形态的释放空间设保本损位和移动损位或分批止盈等。当然，有一轮日线图的背离就要有日线图的上涨级别行情，当价格到达阻力位，出现止盈信号时，也最好出现日线图级别的顶背离，这样才是真正上涨到位。

【多单止损信号】

在MACD最后一次底背离之后，市场又出现空头行情，使价格又跌破前一个低点时为多单止损信号。这种行情一般发生在极为强势单边下跌行情中，可能价格反弹的幅度极度微小，或行情没有到达真正支撑位，导致做多单的空间不足。

【底背离可能产生的影响】

一般在持续出现两次或三次底背离后，行情显示的空头力度会逐渐变弱，有可能出现反弹现象。还有一种情况，就是虽然价格低点没有逐步降低，但行情有两次或三次低点持平时，而且MACD仍有低点逐渐上涨之势，那么也可以认为是底背离现象，如图4-4所示。

第四章 / MACD 指标与 BOLL 指标的应用

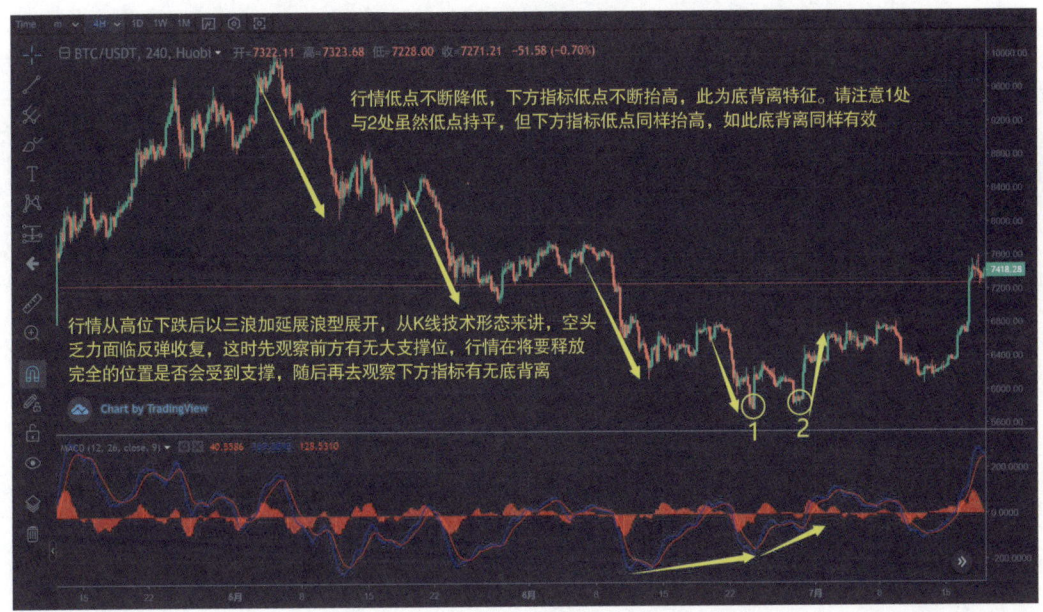

图 4-3

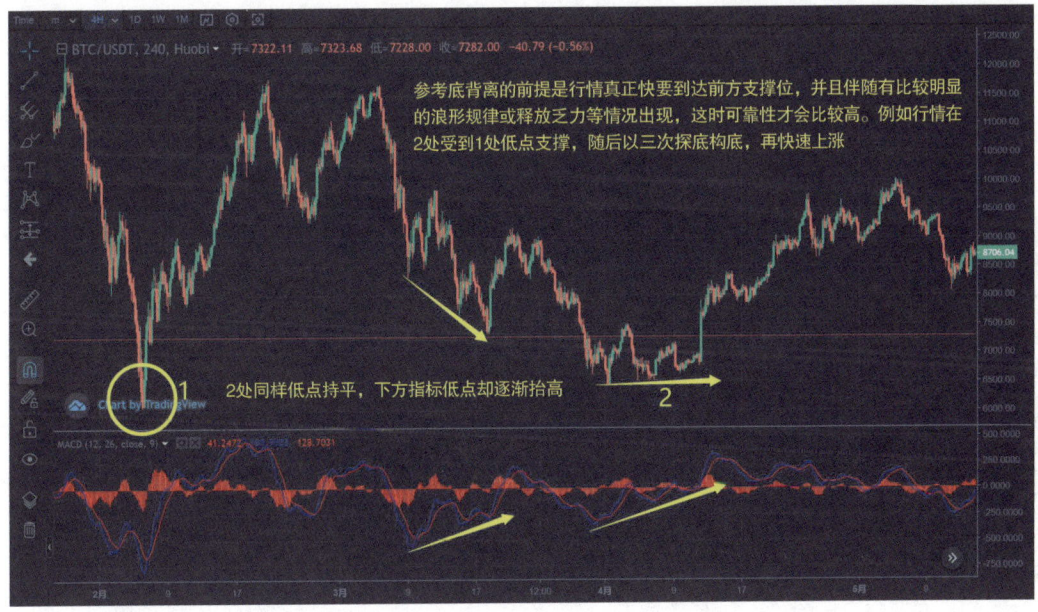

图 4-4

第三节 MACD的顶背离失败

【图形说明】

顶背离一般在行情真的到达阻力位时，成功的概率才大。例如在震荡区间内，行情到达上轨受到阻力时。

但是处于相对低位的形态在向上变盘后的释放初期，或者单边释放过程途中，出现顶背离是很容易失败的，因为行情的趋势为涨，逆趋势而为的行情一般都会被层层突破。

如图4-5和图4-6所示，结合以上所讲情况，在极为强势上涨行情中出现类似顶背离后，可能价格下跌的幅度较小，基本上只会有一个回踩空间，随后又会延续涨势，如果周期大于60分钟，回踩至少还是有些利润空间的，若周期太小则意义不大。

当行情真正到达阻力位或者区间上轨时，顶背离才可以作为进行空单买入的参考依据。

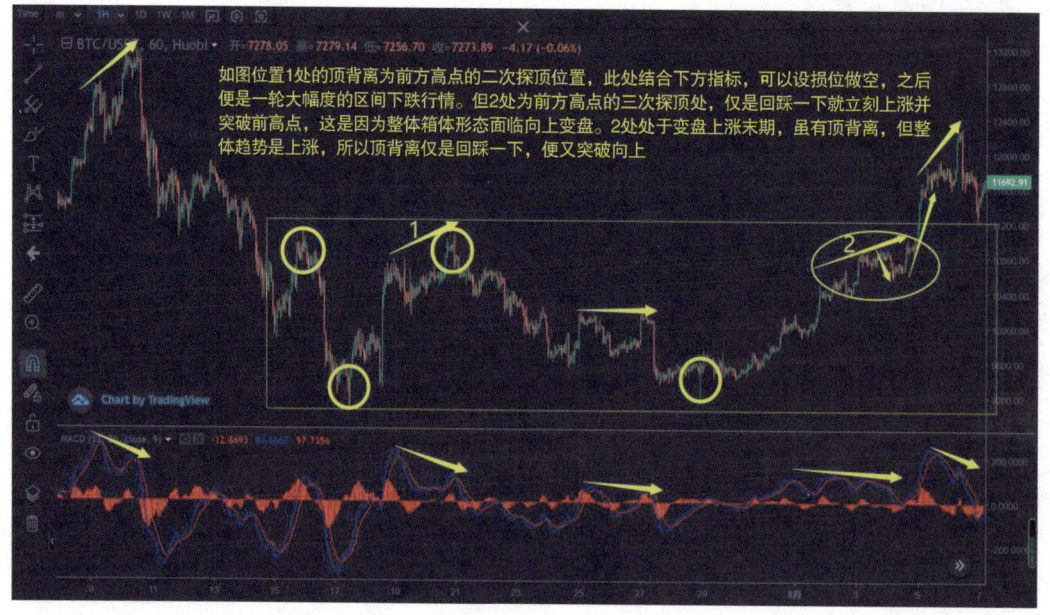

图 4-5

第四章 / MACD 指标与 BOLL 指标的应用

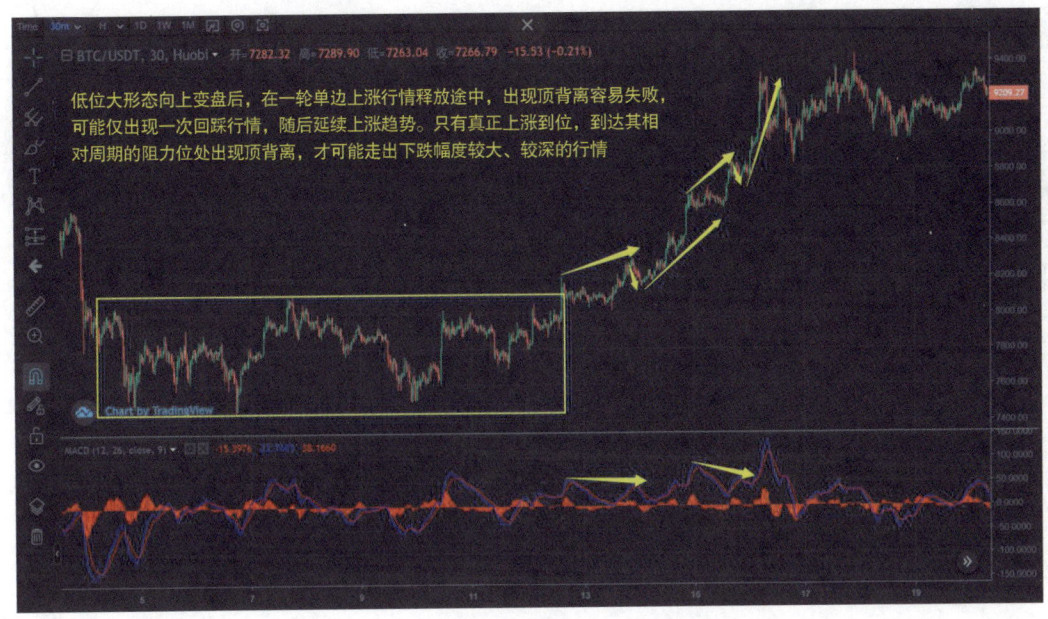

图 4-6

MACD的底背离失败

【图形说明】

底背离一般在行情真的到达支撑位时，成功的概率才大。例如在震荡区间内，行情到达下轨受到支撑时。

但是处于相对高位的形态在向下变盘后的释放初期，或者单边释放过程途中，出现底背离是很容易失败的，因为行情的趋势为跌，逆趋势而为的行情一般都会被层层跌破。

如图4-7和图4-8所示，结合以上所讲情况，在极为强势下跌行情中出现类似底背离后，可能价格上涨的幅度较小，基本上只会有一个反弹空间，随后又会延续跌势，如果周期大于60分钟，反弹至少还是有些利润空间的，若周期太小则意义不大。

当行情真正到达支撑位或者区间下轨时，底背离才可以作为进行多单买入的参考依据。

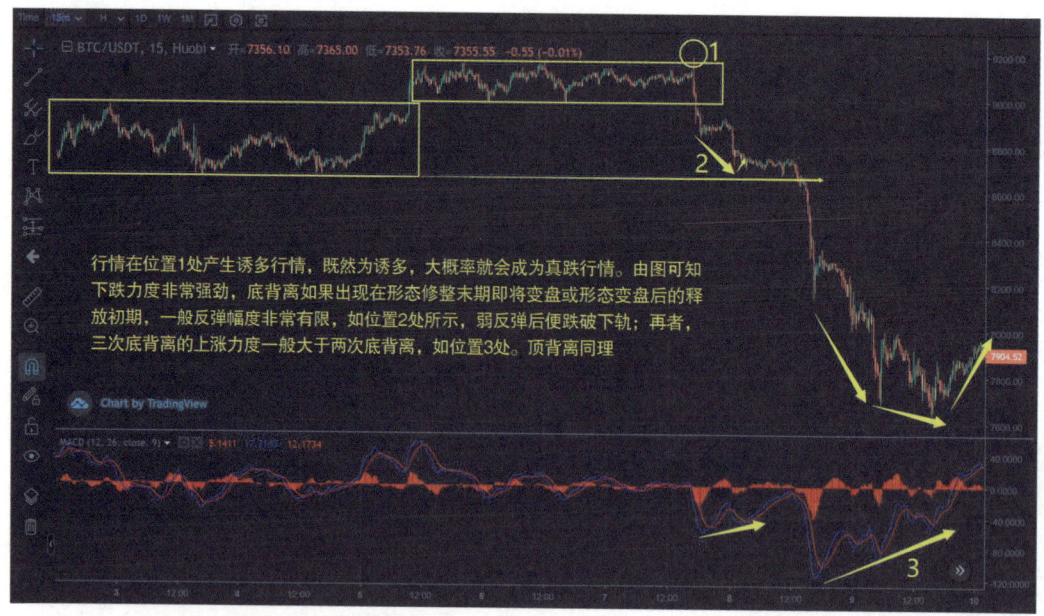

图 4-7

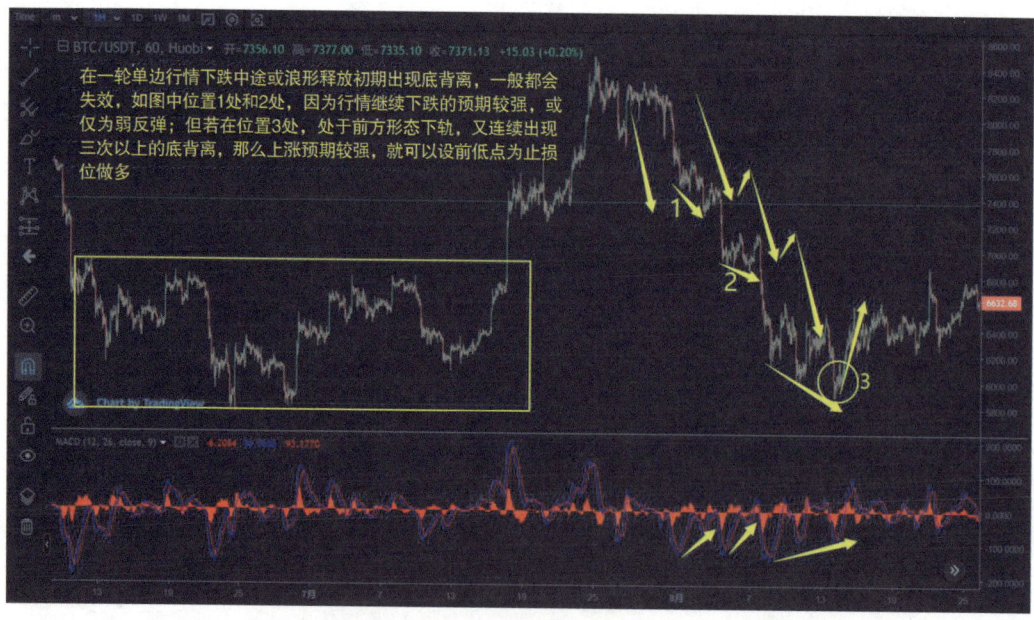

图 4-8

第五节 MACD区间顶底背离失败

【图形说明】

顶背离一般在行情真的到达阻力位，而底背离一般在行情真的到达支撑位时，成功的概率才大。如图4-9所示，在震荡区内，行情到达上轨受到阻力。并且一旦开始下跌行情，就不会只有一个回踩。如图4-9中的1处，行情真正到达了大形态的上轨处，产生了顶背离，一旦下跌，就又回到了大形态的前低点位置处。同理，3处、4处、6处，都是空单买点位置，行情目标都是跌至下轨大支撑位，随后底部产生了底背离，一旦上涨，也不只是一个反弹，最终都又上涨至大上轨附近，如图4-9中的2处和5处的底背离。当然，这是区间内上下运行的行情，但是在日线图整体大形态震荡末期快要变盘时，就算在大上轨处或者大下轨处产生了背离，可能仅仅一个回踩就上涨突破前高上轨或是仅仅一个反弹就跌破前低下轨，所有的背离都会失效（如图4-9中大形态变盘直接跌破下轨，包括在7处所处的大形态变盘末期，也是底背离失效）。为什么失效？因为K线形态向下变盘突破了，形态改变了。所以指标也好，指标的各种运用也好，包括背离等，都是辅助工具，真正的核心，还是K线形态本身的运行。

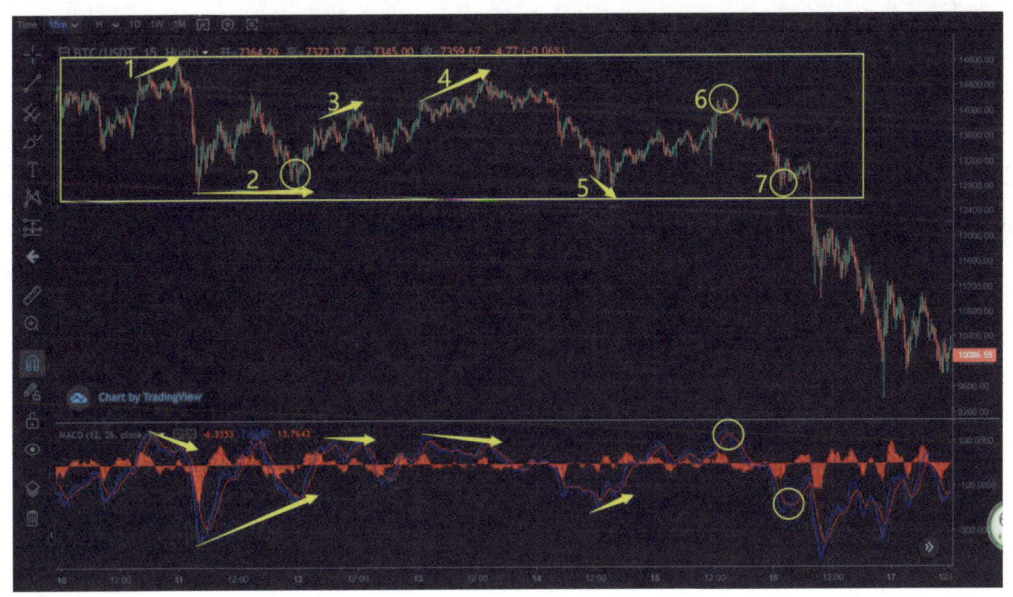

图 4-9

第六节 BOLL支撑位

【图形说明】

BOLL支撑是指在下跌至中轨和下轨时获得的支撑效应。这种方式判断较为简单易懂，特别是对于新手投资者而言比较容易适应。

【指标特征】

1. 价格处在横盘或震荡当中，BOLL的下轨线将是价格的支撑区域，支撑力度和随后的反弹力度要根据实盘而定。

2. 在上行通道中，价格在回踩至中轨时，往往会有支撑的效应，一旦出现有效支撑，随之将继续沿上行通道上行。

【多单买点信号】

当价格跌至下轨或中轨处时收出阳线为多单买点信号。

【多单止盈信号】

多单止盈信号需顺势而为和结合K线图形而定，有盈利时可以逐步设置移动止损位。

【多单止损信号】

出现反弹或回升无力的现象，随之又重心下移为多单止损信号。

【实盘注意要点】

指标只是作为参考，受到下轨或中轴的支撑或者变盘等，其实都是因为形态发生了改变，例如箱体或三角形等形态发生了变盘，导致指标产生异动。运用上述技巧时，一定要先看透当前市场运行的节奏，例如图4-10中，每当价格触及下轨后，都会止跌回升，随后回踩至中轨后便开始起涨，这些现象都属于运行中的一种规律，掌握这种规律对随后的操作有极大的帮助。

第四章 / MACD 指标与 BOLL 指标的应用

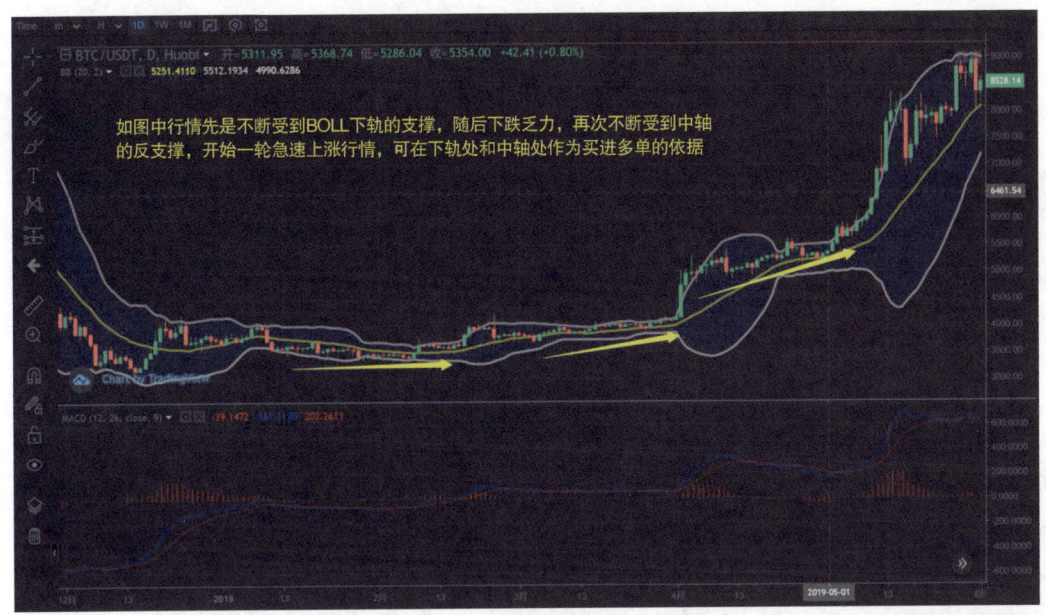

图 4-10

BOLL阻力位

【图形说明】

BOLL阻力是指在上涨至中轨和上轨时受到阻力效应。这种方式判断较为简单易懂，也比较常见，特别是对于新手投资者而言比较容易适应。

【指标特征】

1. 价格处在横盘或震荡当中，BOLL的上轨线将是价格的阻力区域，受阻力度和随后的回落力度要根据实盘而定。

2. 在下行通道中，当价格回抽至中轨时，往往会产生阻力的效应，一旦出现有效阻力，随之将继续沿下行通道下行。

【空单买点信号】

当价格涨至上轨或中轨处时收出阴线为空单买点信号。

【空单止盈信号】

空单止盈信号需顺势而为和结合K线图形而定，有盈利时可以逐步设置移动止损位。

143

【空单止损信号】

出现回落或下跌疲弱的现象，随之又重心上移为空单止损信号。

【实盘注意要点】

指标只是作为参考，受到上轨或中轴的阻力或者变盘等，其实都是因为形态发生了改变，例如箱体或三角形等形态发生了变盘，导致指标产生异动。运用上述技巧时，一定要先看透当前市场运行的节奏，例如图4-11中，每当价格触及上轨后，都会止涨下跌，随后反弹至中轨后便开始下跌，这些现象都属于运行中的一种规律，掌握这种规律对随后的操作有极大的帮助。

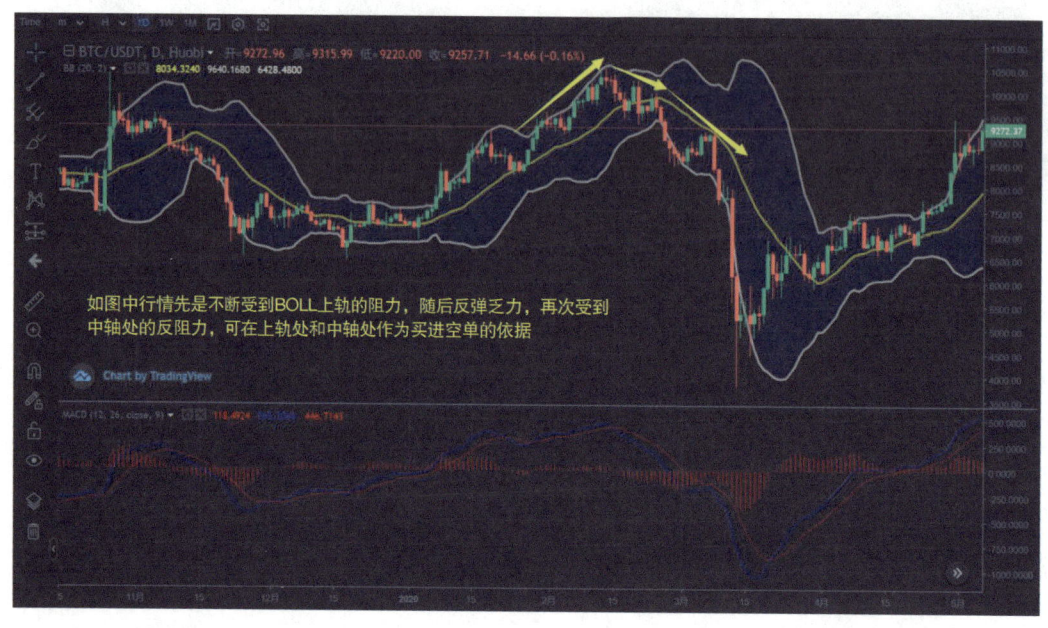

图 4-11

第八节 BOLL上开口

【图形说明】

如图4-12所示，BOLL上开口是指行情整理充分之后，在价格向上运行时使BOLL指标向上张口，意味着行情正在向多头趋势发展。

【指标特征】

在扭转趋势向上运行时,K线会紧贴着上轨线攀升,并以中轨为第一支撑位,同时3根均线在向上开口后逐步上移。

【多单买点信号】

BOLL从收口到开口时,一般都会有中/大阳线突破起涨,才能使BOLL上轨线率先开口上移,这正是多单买点信号。尤其当回踩至中轨受支撑回升时,是最佳的多单买点信号。

【多单止盈信号】

一轮上涨后,持续1~5根K线突破上轨,或者随之收出阴包阳为多单止盈信号。

【多单止损信号】

价格跌回至中轨无支撑力度,并且跌破中轨之下为多单止损信号。

【实盘注意要点】

BOLL向上开口,往往在买入卖出操作方面具有滞后性,因此还需结合前面的K线形态和重心移向以及背离与否来进行预判。

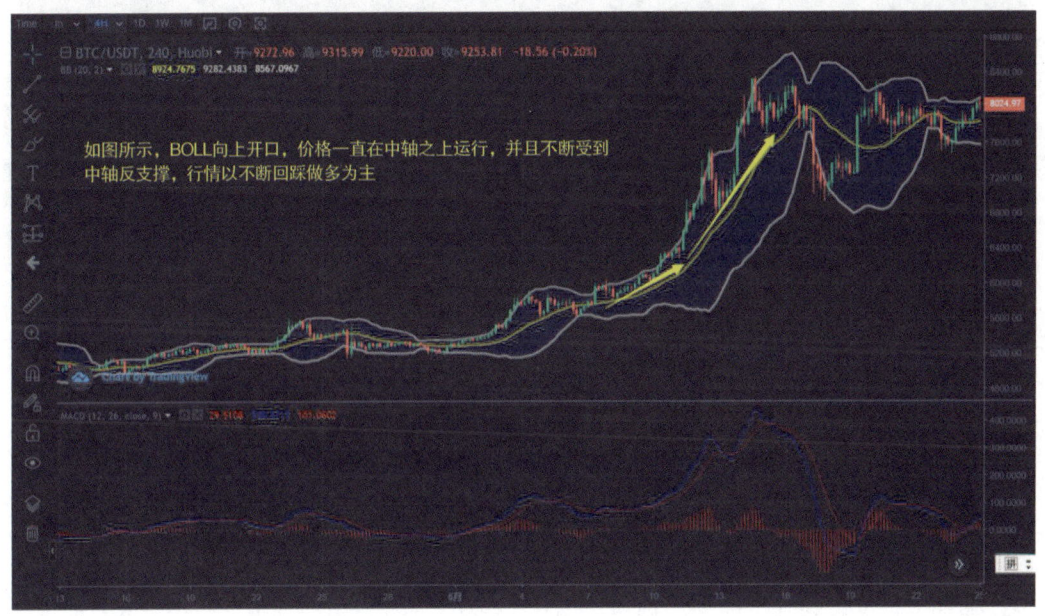

图 4-12

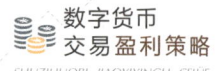

第九节 DIJIUJIE
BOLL下开口

【图形说明】

如图4-13所示,BOLL下开口是指行情整理充分之后,在价格向下运行时使BOLL指标向下张口,意味着行情正在向空头趋势发展。

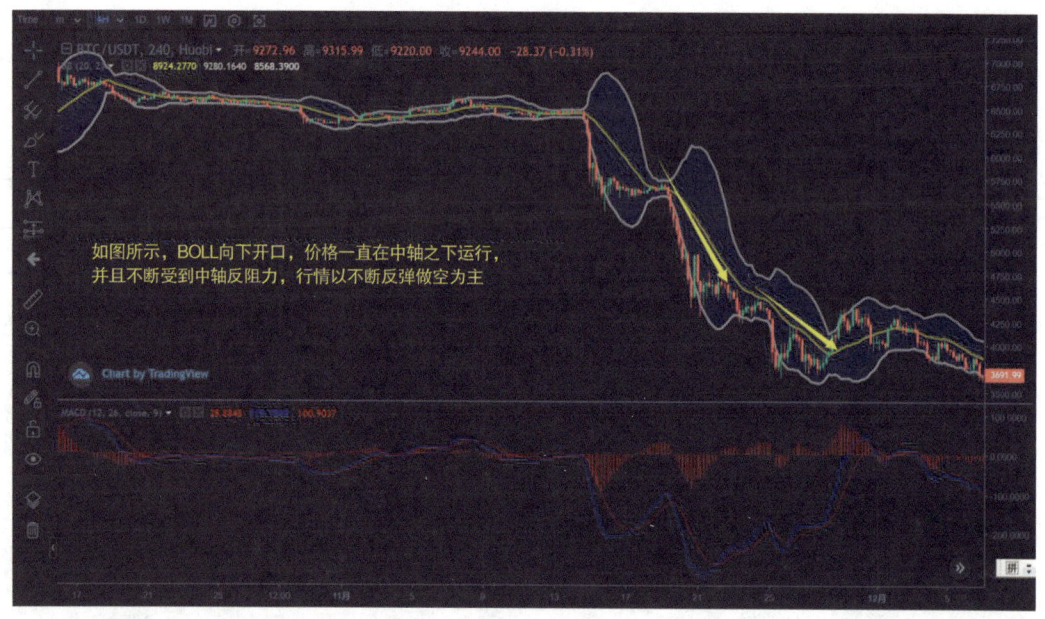

图 4-13

【指标特征】

在扭转趋势向下运行时,K线会紧贴着下轨线盘跌,并以中轨为第一阻力位,同时3根均线在向下开口后逐步下移。

【空单买点信号】

BOLL从收口到开口时,一般都会有中/大阴线突破转跌,才能使BOLL下轨线率先开口下移,这正是空单买点信号。尤其当回抽至中轨受阻回落时,是最佳的空单买点信号。

【空单止盈信号】

一轮下跌后,持续1～5根K线跌破下轨,或者随之收出阳包阴为空单止盈信号。

【空单止损信号】

价格回抽至中轨未受阻力，并且站稳中轨之上为空单止损信号。

【实盘注意要点】

实盘中，不要只顾着指标线条而偏离了技术的本质，例如图4-13所示的形态在下跌中显然是三浪下探，并且一浪要比一浪长，直到行情超跌后收长下影线，说明有扭转趋势的可能。

第十节 DISHIJIE

BOLL收口

【图形说明】

如图4-14所示，BOLL收口往往出现在一轮上涨后或一轮下跌后的修复行情中。BOLL指标收窄靠拢，说明行情已进入横盘状态。在此情况之下，可以进行轻仓短线的高空低多交易。

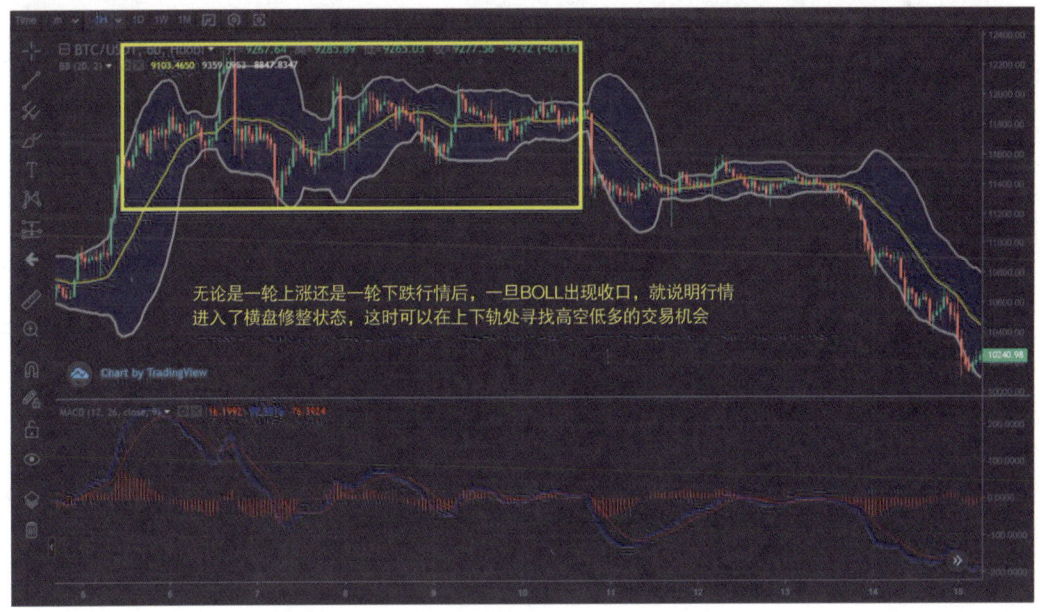

图 4-14

DIWUZHANG
第五章
数字货币交易系统的构成

导 读

本章是笔者多年来总结K线运行规律的核心内容——开始正式系统性分析行情，包括面对一个交易品种时，应该怎样由大周期到小周期去分析现在的行情，在什么位置下单最安全，如何分批止盈，如何控制仓位，如何设置止损位，如何在短线与波段中线行情之间做相互转换，以及如何预计行情的变盘方向等。其实技术的东西就这么多，在撰写这本书时，笔者的想法就是运用最简单的东西，达到直击核心的效果。希望大家放平心态，重要的内容多看几遍，直至心中有了大概的分析逻辑，才可将其综合运用到实际行情中去，切勿心急，磨刀不误砍柴工。只要掌握了这些行情的运行规律，然后反作用于市场去分析行情、预计行情进而领先于行情，我们就可以做到知己知彼，之后大概率能百战不殆。

第一节 关于交易系统看盘的周期转换

很多投资者每天都在等待行情波动情况的出现,当行情出现波动时却又不知所措,因为不知道第一个信号或最早能发出信号的是哪个周期图,甚至不知道以哪个周期图作为操作依据。所以要想做好交易,就要先学会看盘方式,要由大周期到小周期依次观察(图5-1),一般都是分别观察月线图、周线图、日线图、60分钟K线图、5分钟K线图。例如先观察日线图中有无较规则的箱体或三角形形态,如果有,就要先想到,要操作这个大形态,因为只有做大形态大行情,盈亏比才高。盈利的核心就是小亏损大收益,盈利率不重要,最重要的是亏损的时候小亏,而盈利的时候要多赚,所以只有把握大行情大机会,才可能大赚。但不少投资者只看到小周期小形态,短线交易,最终错失大行情挣大钱的机会。再举例,如果现在日线图出现二次探顶/探底或三次探顶/底等关键阻力位、支撑位,那么在行情触及关键位置的一瞬间,就要细致观察60分钟K线图或者5分钟K线图,这样才能确保进单位置或者止盈价位比较精准。因此笔者时隔几天就会看一下周线图,每天看一两次日线图,做一个短期的趋势判断。看日线图是处在大形态的二次探顶/探底或三次探顶/探底,还是处在修整末期快要变盘了,再或者是已经变盘正在运行单边行情,这样就会对60分钟K线图接下来的操作方向、持单空间等有一个趋势性的了解。笔者平时无事时会将60分钟K线图一直展示在软件界面上。当大形态已处在立刻变盘区域或变盘窗口时,或遇到突发行情时,则需要不断看5分钟K线图,目的是更加细致地观察突破点。但看到变盘瞬间急涨或急跌时也不要心急,因为大形态的完全释放一般都要一周左右甚至更长的时间,只有在突破时可能会比较急速一些,这时可以等待小周期中出现上涨或下跌中继平台再设损位进入。

第五章 / 数字货币交易系统的构成

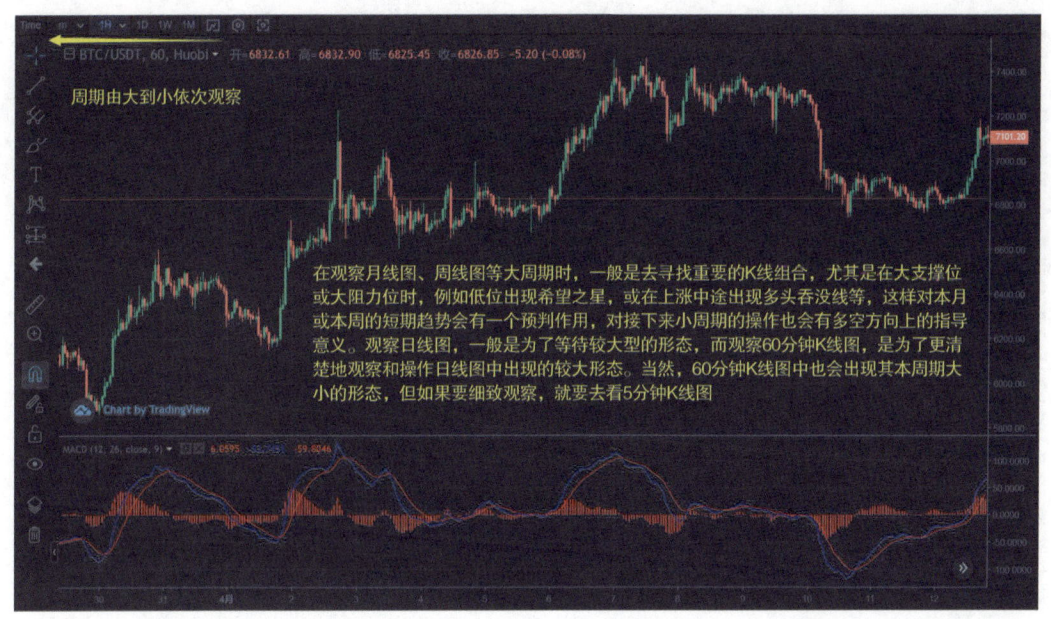

图 5-1

关于震荡行情与单边行情的转换关系

行情不会一直在一个区间内震荡修整，无论形态大小，一般振幅都会不断蓄势收窄，最后选择方向，突破上轨或者跌破下轨变盘释放，构成单边行情（图5-2）。当单边行情运行至一定空间幅度后，到达本周期的支撑位或阻力位时，或前方有密集区时，会进行震荡修整，周而复始。只不过行情有时会出现一次探顶/探底就跌破前低点或突破前高点，有时则需要二次探顶/探底或三次探顶/探底甚至多次探顶/探底才跌破或突破。但相对各个周期来说，震荡修整和单边行情的级别是有大有小的，也正因为如此，才有了大小趋势之分。

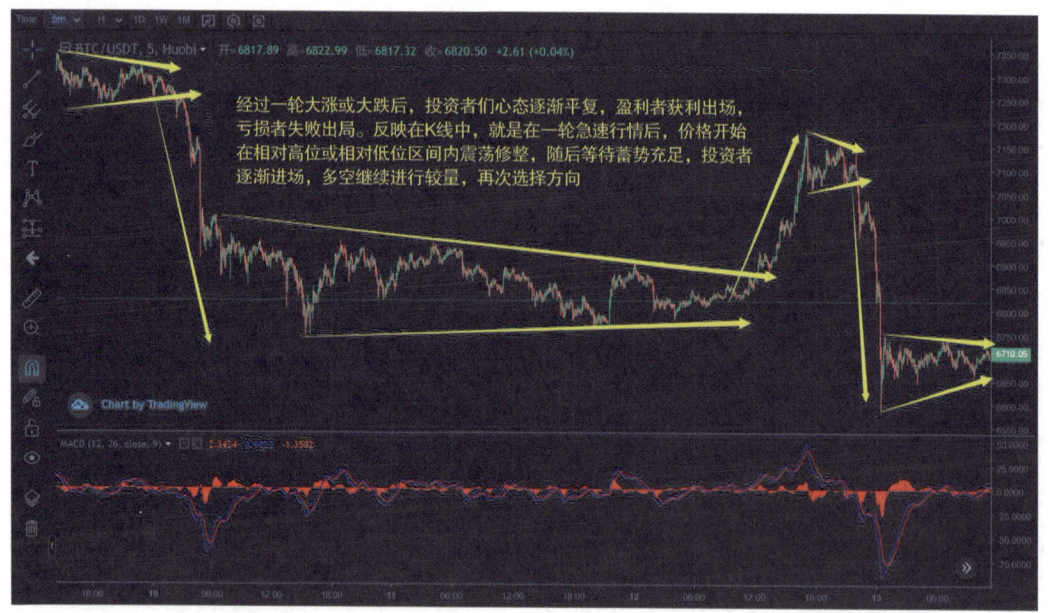

图 5-2

第三节 关于同级别震荡修整与单边释放的含义

一轮多大级别的震荡修整形态就会引起一轮多大级别的单边释放行情。例如日线图的箱体一旦向下变盘，一般就会"横有多长竖就有多长"，跌至日线图前方下部支撑位。随后，当单边行情再次运行至一定空间幅度后，到达前方的支撑位或阻力位时，或者支撑位或阻力位处有密集区时，在此位置又会构成本周期级别的震荡修整形态（图5-3）。

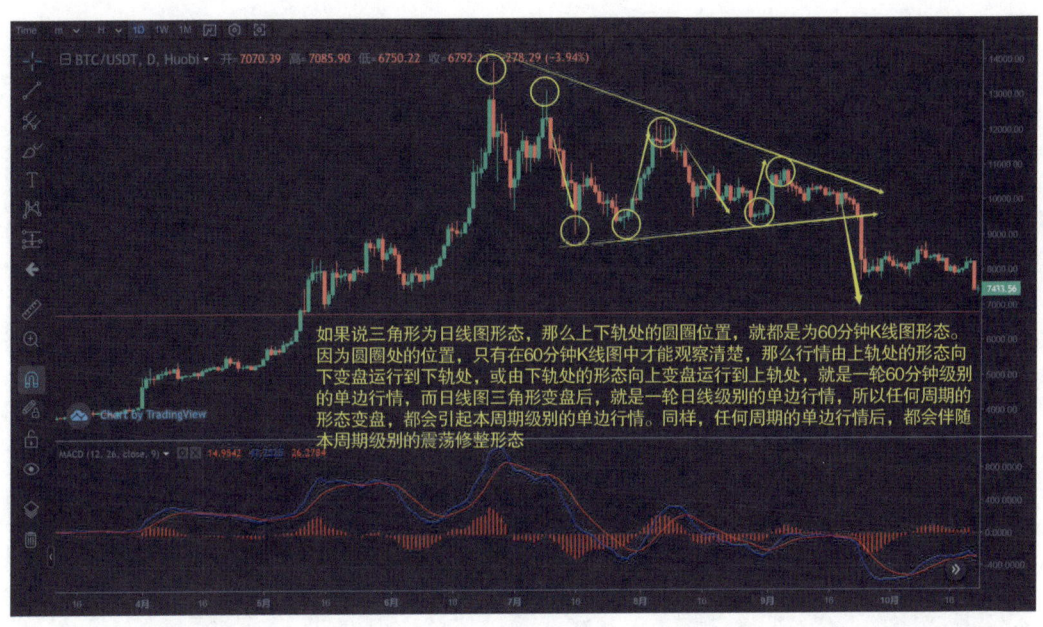

图 5-3

第四节 关于顺势而为的具体含义

顺势而为是市场上最常见的一个词语，但绝大部分人不明白其内涵，有的交易者花了几年甚至十几年的时间，还是没能参透所谓的"势"到底是什么。

因为学习了之前的章节，所以只用一句话讲解就够了，所谓的顺势，就是顺相对大周期大形态变盘释放后的单边行情。例如，一轮周线级形态向下变盘释放，就会有一轮周线级的大单边下跌行情，那么此时做日线级别或60分钟级别的行情，尤其是在释放初期，就该以做空为主，这就是所谓的顺大势。

所以，如图5-4和图5-5这样的周线图、日线图形态变盘后，释放初期的小形态都要以顺势做空为主。并且做小形态时还要尽量在上轨做空，而不是在下轨做多，为什么？因为预期小形态向下变盘，这将是一轮周线级的下跌单边行情，而它们身在其中。

当然这些都是相对的，总不能说周线级的一轮下跌行情也要时时刻刻在5分钟K线

153

图、1分钟K线图中以做空为主，周线图对应日线图、日线图对应60分钟K线图、60分钟K线图对应5分钟K线图，不能越级而论，否则没有意义。

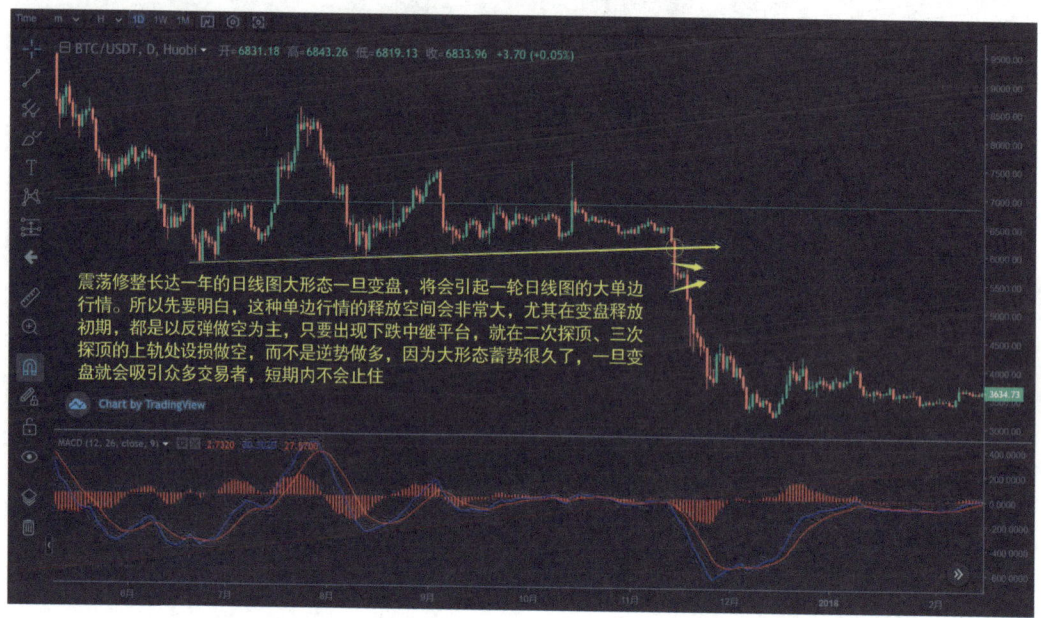

图 5-4

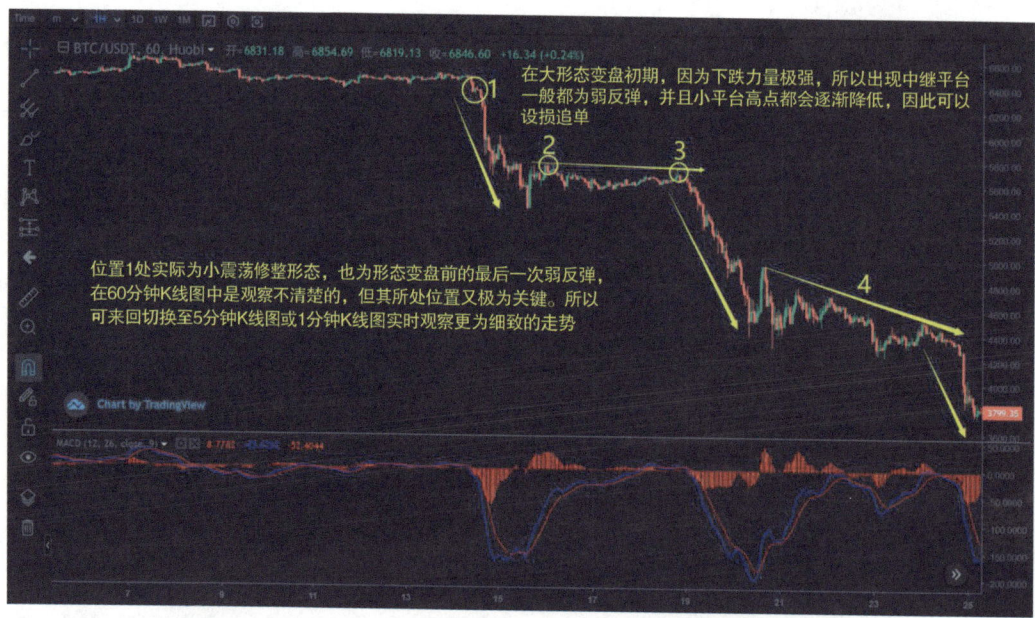

图 5-5

第五节 DIWUJIE
关于追涨杀跌的具体解析

追涨杀跌一定错误吗？答案是否定的。追涨杀跌通俗来讲就是看见涨了就赶紧买涨，看见跌了就赶紧卖出或做空。很多投资者被套或者亏损就是因为分不清何时为震荡行情，何时为单边行情。例如，在形态内本该高空低多（在上轨绝对损位做空，在下轨绝对损位做多），但却追涨杀跌，并且追的位置都是在相对高位上轨处做多或者在相对低位下轨处做空，那么肯定被套或亏损。万一形态的变盘方向还与做单方向相反，如果还不设损位，就会被深套，也许一次就亏损极大。

然而，在周线级或日线级等大形态变盘释放后的单边行情中找形态的绝对损位轻仓设损位，追进一些单子，却是说得过去的。因为那是一轮周/日线级的震荡行情，变盘后就会有一轮周/日线级行情的释放，空间幅度还很大。如果是在大形态的变盘释放初期或中期，恰恰就应该去找位置追单，这时追涨杀跌就是一种正确的做单方式。所以，如果懂得了前文所讲的K线运行规律，对于这些就会一通百通。

追涨杀跌在不同行情下的运用解析见图5-6。

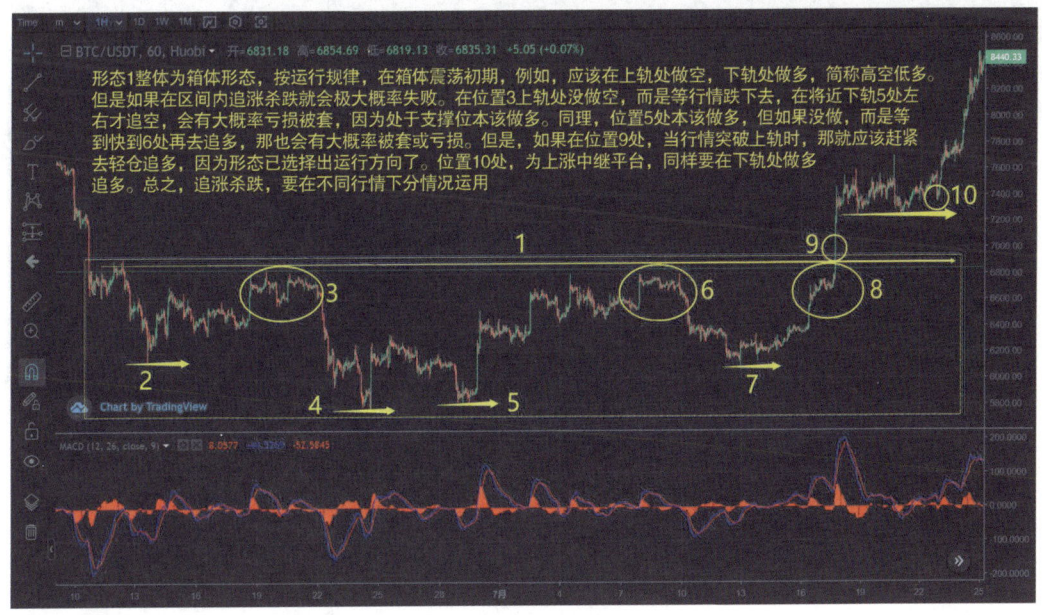

图 5-6

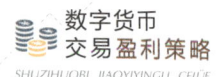

第六节 DILIUJIE
关于行情预期变盘方向的预判

懂得预判变盘方向的意义在于,尽量沿着形态预期变盘的方向做单,会大概率避免形态末期变盘时,高空低多失效被扫损,并且能零风险长期持有单子。在看盘的过程中,有一种思维是顺势而为,例如先看周线图,再看日线图或60分钟K线图。还有一种看盘思维是逆向思维,例如,可以把当下这个形态放到相对大周期中去看其相对所处的位置,是处在大周期大形态的上轨二次、三次探顶处,还是二次、三次探底处,或是单边行情释放初期、中期、末期,以此来判断接下来该形态的变盘方向。关于行情预期变盘方向预判的分析思路见图5-7。

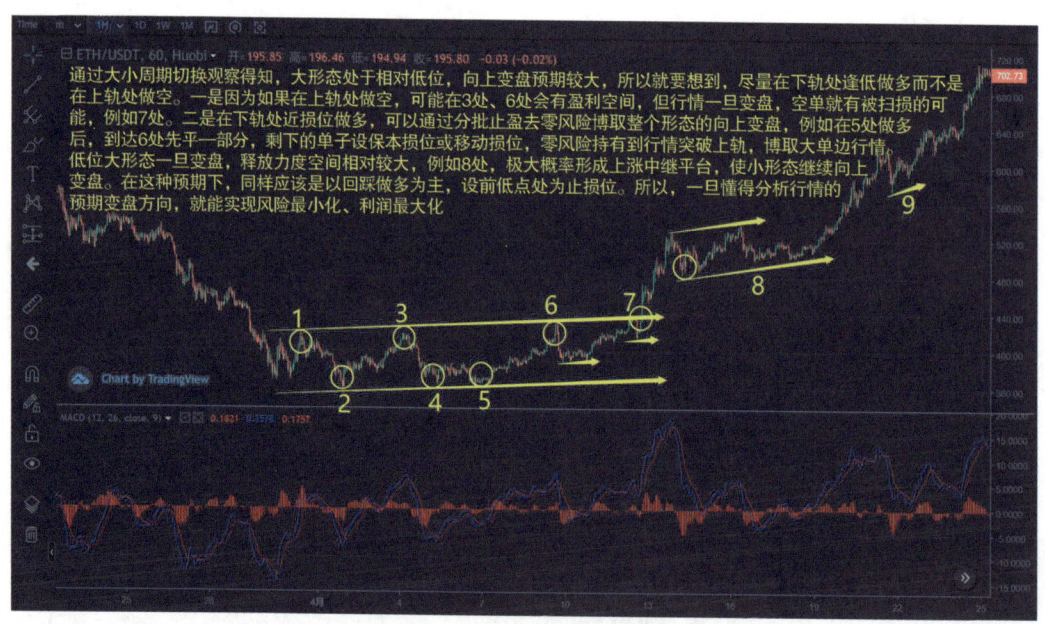

图 5-7

第五章 / 数字货币交易系统的构成

第七节 关于进单设置移动止损位的问题

止盈位置的分批性，离不开移动损位的保驾护航。移动损位分为两个方面：一是有微薄盈利后的保本损位，二是有了较大盈利空间后的移动止盈损位。前者以保护本金为第一原则，但希望大家能够有这个意识：首先，每次入单后，初始设置的止损位是很客观的，是依据技术分析设置的。当有些许盈利后就移损位至成本位，这种做法就带有主观色彩，毕竟这种做法没有依据技术分析，而是依据心理影响。也就是保本损位的设定不是依据技术分析，只是对内心的一个安慰。其次，尽快移至成本位并不是指刚有了几点利润就可以移损了，否则大都会被来回扫掉。还有，虽然移损位至成本位很主观，但下单初始时正常设置的止损位是很客观的，如果担心行情的上下波动导致保本损被扫，随后行情又继续按预期运行，从而不会再有较好买点的话，那么也可以放置正常止损位不动，不用再去设置保本损位，等有了较大盈利后，再去考虑设置移动损位的问题。

举个简单的例子，如果你认为这个行情是周线级或日线级的较大行情，不管是区间行情还是单边行情，都有大空间赚钱的机会，那么就要注意，在尽量博取利润的同时也要防止已有的利润再次回吐。

例如，在比特币10000点时进多单，设止损位为9900点，现在行情已经到10500点了。接下来笔者预计行情可以到达11000点，那么在这个位置笔者就肯定要设移动损位了，最差的也要把损位移到10000点成本位，而不是还设在9900点。因为行情如果真的都降到那么低了，那么极大概率不是回踩而是真跌，也许后续还会有大低点。其实最合适的做法是把移动损位设到10300点。有的朋友会说把移动损位设得再近一些的话岂不是更好？也不是的，因为如果设得过于近，例如设到10400点，就相当于不给行情一个正常回踩的空间，就会非常容易被扫。一旦被扫，行情有可能再次上冲到一个很高的价格，再追进就不安全了，不追进也许就失去了赚大钱的机会。如果你觉得10500点是第一目标位，11000点是第二目标位，那么也可以在10500点时分批止盈一部分，剩下的设移动损位零风险持有。

关于移动止损位的设置分析见图5-8。

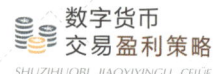

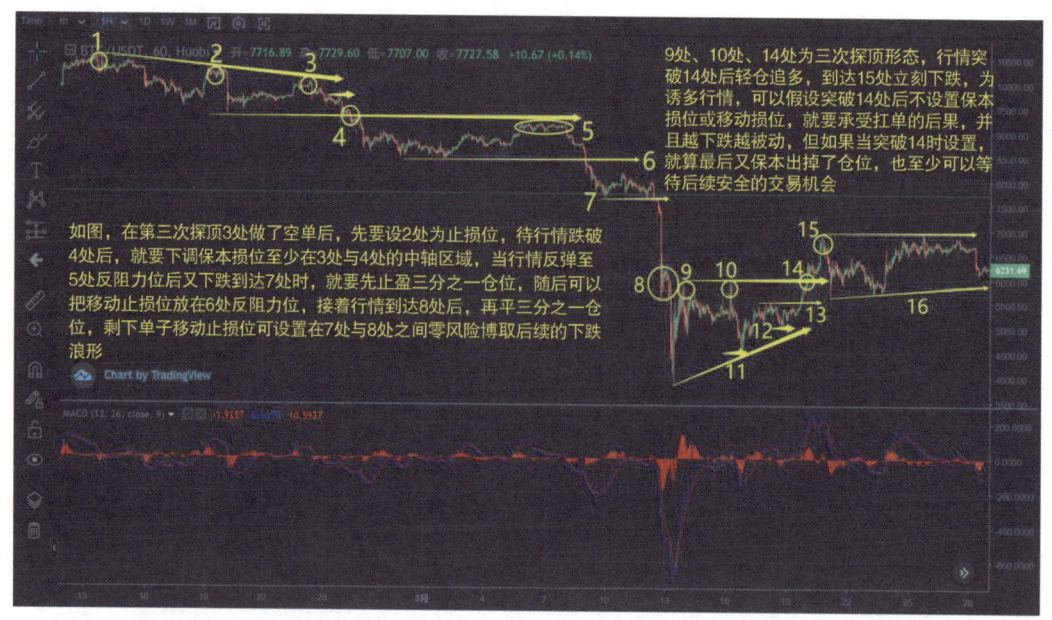

图 5-8

第八节 DIBAJIE
关于实盘仓位的轻重分配问题

其实行情就只有这几个位置,震荡初期有了第一个首次转头(图5-9中1处)和第二个首次转头(图5-9中2处),随后可能出现二次探顶/探底、三次探顶/探底等,就形成了区间形态的上轨和下轨,之后是中轴附近,再就是形态震荡修整末期将要变盘突破(图5-9上轨9处和下轨10处),随后就是形态突破后的单边释放过程中,单边释放大致分为运行初期(图5-9中11处)、中期(图5-9中12处)、末期(图5-9中13处)。之后一轮大行情释放完了,又要震荡修整,接着又会出现第一个首次转头、第二个首次转头、二次探顶/探底、三次探顶/探底等,周而复始。

如图5-9所示,如果笔者做单,会在1处、2处、3处、4处、6处、13处轻仓做单,在5处、7处、8处、9处、10处、11处、12处正常仓位做单。

笔者认为仓位的分配一是和形态的大小级别有关系,二是和形态的规则与否有关系,三是和现在的行情所处相对大形态的位置有关系(因为这会导致形态的预期变盘方向不同)。

第五章 / 数字货币交易系统的构成

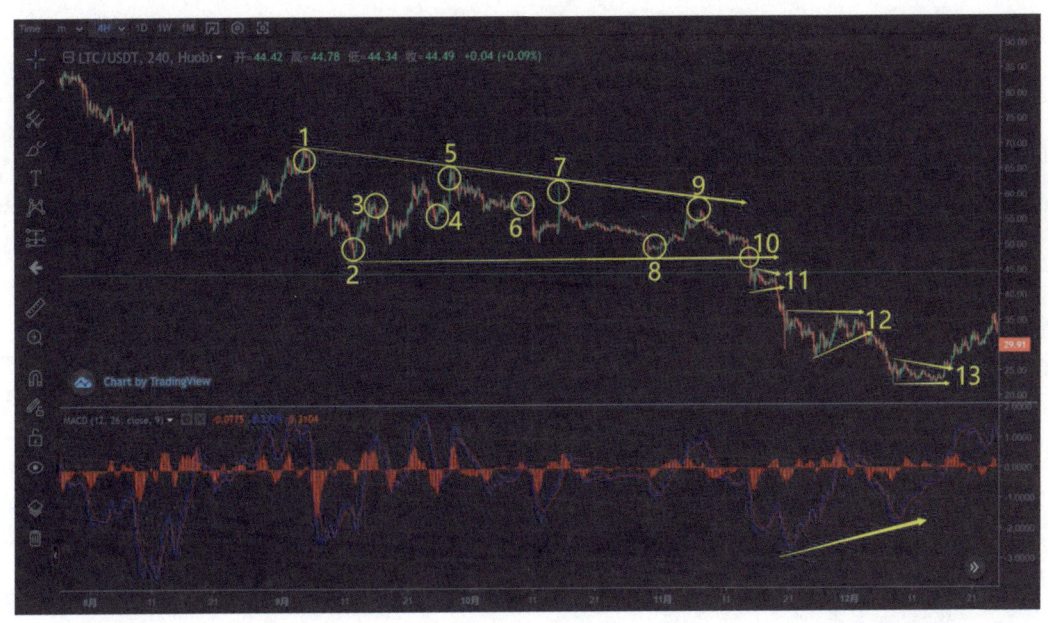

图 5-9

那么通常所说的级别大小是什么意思呢？举个极端例子，就说日线图形态和1分钟K线图形态，当然是操作前者更具有优势。一是盈亏比的问题。虽然承担着同样的止损风险，但是如果行情方向做对，所产生的盈利空间是极不同的。二是形态过小，行情容易上下乱震，易被扫损。三是大形态进出更有余地。较大的形态，大概率到达上轨不回调也会回踩一下再上涨，到达下轨不回调也会反弹一下再下跌，那么就算是被扫损，也是保本损或者盈利损被扫，不会有太大亏损。但是相对小形态就容易急涨、急跌，急涨突破上轨或者急跌跌破下轨，造成高空低多失效，没有进出的余地。

所谓的形态规则，是指顶点间与底点间趋势线是否能顺畅连接。如果能，那么所说的绝对损位等会更加具体，避免诱多、诱空行情，并且变盘释放时行情容易一鼓作气。

预期变盘方向前文也讲解过，具体的含义就是预测这个形态是向上还是向下变盘。例如，根据图5-9形态处于大周期的相对位置，预测向下变盘的可能性较大，根据大形态内的高空低多原则，就应该尽量在5处、7处、9处去做空，而不是在下轨8处、10处做多，尤其不应在10处做多。如果没有掌握预测变盘方向的知识点，那么就会因高空低多失效被扫损。还有就是在大形态变盘后，如果做单的方向是顺大单边行情的趋势方向，尤其是在变盘释放初期，也可以多做一些。例如在11处、12处做空，可以顺势沿趋势方向找下跌中继平台的上轨处设损位进单。

这里再分析一个知识点，即如何运用加仓策略。

159

做单加仓分为区间内的加仓和震荡修整形态变盘后单边释放过程中的加仓。前者的操作方式为，到达上轨或者下轨附近时，先轻仓潜伏一些，然后等到了绝对损的位置再加仓。后者在形态突破后，手中轻仓的单子已经有盈利了，由于形态一旦释放，会释放很久，有很大的空间，所以在单边行情的释放过程中，应按照进单原则，去寻找60分钟K线图及5分钟K线图规则小形态的二次探顶/探底或三次探顶/探底的绝对损位再加仓，然后设置移动止损位，但注意加仓不要加太多，避免万一被扫损而造成亏损。

所以，无论做什么交易品种，无论是做周线级形态还是做日线级形态，都是在行情到达形态区间上下轨附近时先轻仓做一些，如果再出现绝对损的位置再加一些。但是谨记，万一行情突破上轨或下轨，也就是高空低多失效，那就必须全部严格执行止损。你也可以只在绝对损的位置做单，其他只要没到绝对损的位置，和预期变盘方向的做单位置不同，就一概不进单，哪怕极轻的仓位也不行；或者只要形态不规则不够大就不做。这样虽然会失去很多操作机会，但是却确保了做的每一手单子，都能达到各种条件的几近完美，因此每笔单子盈利的概率就能提至最高。

仓位的轻重会影响交易心态，尤其是在交易初期。举个例子，大家都知道抛硬币出现正面和反面的机会各是50%，即有一半的概率出现正面，一半的概率出现反面。假如你今天和一位朋友玩赌钱游戏，抛硬币定胜负。出现正面你赢1元，出现反面你输1元。你们各拿1000元的本金来赌，这场游戏的结果很清楚，赌久了谁也赢不了，谁都不会输。这是一场公平的游戏，突然你朋友说从下一盘开始如果出现正面你赢0.95元，出现反面你还是给他1元，你还继续吗？你肯定不愿意。因为你知道输光是迟早的事情。反过来，你朋友建议说出现正面你赢1元，出现反面你赔0.95元，你会怎么想？你肯定会大声说好，因为你知道他输光是迟早的事情。但是现在假设这位朋友要提高赌注，每注500元，出现正面你赢500元，出现反面你输475元。概率没有变，还是1：1，但赌注变了，从1/1000提高到1/2，这时你会有什么感觉？你开始紧张了，你知道还是有赢的机会，但是你不会觉得自己赢定了，因为你的本金只够赌两次。如果这1000元是你下个月的生活费，你还敢赌吗？

上面的例子说明你输赢的概率没有变化，但随着下注的数额发生变化，整个游戏的性质便发生了变化，你从觉得自己赢定了变成没有稳赢的把握。大家做了一段时间交易，自己也许有些经验了，但要明白经验是干什么用的——积累经验的目的是提高每次进场赢钱的概率。通过你自己的观察和研究，不断累积经验，将自己每次入场获胜的概率从50%提高到60%甚至80%，这个肯定是正确的。但最要紧的是，每次进场不要下注太大，只取少部分本金，原因之前也说了，就是防止一次性亏损过大。如果你想一次就下个大注，万一被扫损，就是大损失，这对于本金的保护是极为不利的。上面的例子其实说明了两个问题，一是重仓会让自己的情绪波动过大，就算在保证自己进场成功概率高的情况下，心里也是没底的，这样肯定不利于操作。二是如果你重仓，就算高概率从一开始就是向你倾斜的，最后的结局也不见得是你稳赢。所以，你就别想着进单就重仓那回事。如果能做到以上两点（高概率，小损失），再加上大赚小亏（在近损位进单，长期持有盈利），你就能够久做必赢。

第九节 关于中线与波段行情中包含短线机会问题

趋势是相对的，例如周线图对日线图，日线图对60分钟K线图，60分钟K线图对5分钟K线图，而如果要拿日线图对5分钟K线图，是没有参考意义的。每当一个较大形态变盘后，几乎都会产生一轮单边行情，那么相对小周期中，就会有逆势的短线机会。例如，日线图中的低位箱体向上变盘后，可能在释放初期构成上涨中继平台。那么在60分钟K线图中，可能就会出现二次探底机会，甚至出现三次探底机会，所以也就出现了二次探顶或三次探顶等。此时做上涨中继平台内小形态的上轨空单，就一定要设置止损位，因为现在日线图的大趋势是向上，蓄势了那么久还没释放完，如果不设置止损位，那么扛单的幅度和空间就会非常大，容易导致一次性损失过大。

笔者建议，如果60分钟K线图中的形态相对较大，可以轻仓操作，快进快出；但如果形态较小，就不要冒这种不值得的风险。总之，每次进的单，务必符合进单位置的各种原则，不要着急，市场最大的仁慈就是会提供源源不断的安全交易机会。

关于中线与波段行情中包含短线机会的分析思路，如图5-10所示。

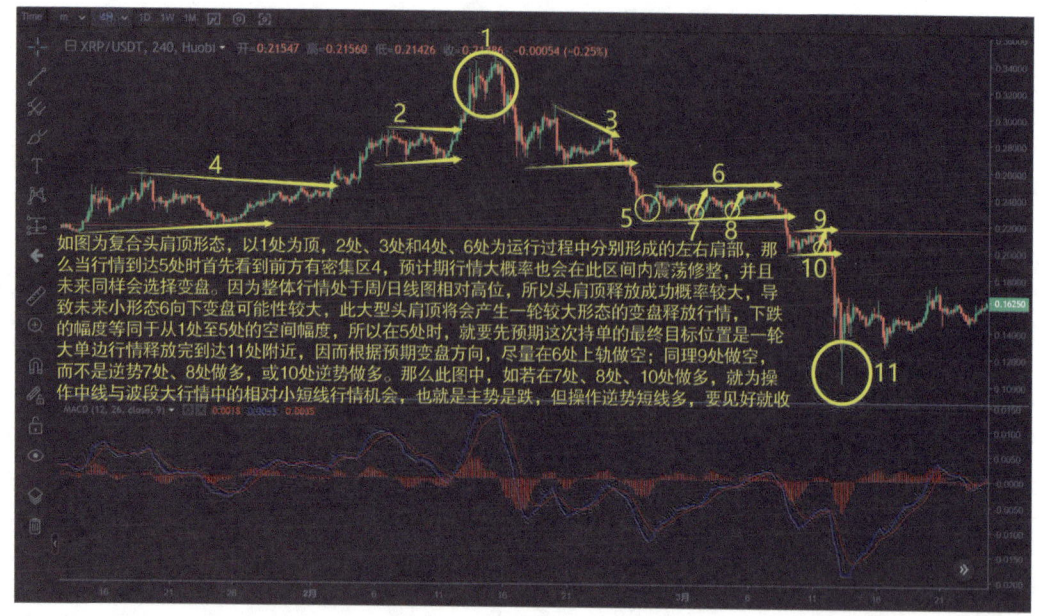

图 5-10

第十节 DISHIJIE
关于持单的问题

在平时看盘做单过程中，不可能每次一看盘就正好遇到那些很安全的做单位置（交易机会），绝大部分时间都是等待那些位置出现，只不过分为接下来最近的交易机会、等待日线图的操作机会、等待60分钟K线图的操作机会和等待5分钟K线图的操作机会（肯定是周期越小，交易的机会越多，但止盈空间是有区别的）。除去这些安全的交易机会，其他行情不管怎么运行，大部分时间都是没有意义的。所以要明白一点，大形态、大机会可遇不可求，遇到时一定要珍惜。

在看盘做单的过程中，无论是对于日线图的交易机会，还是对于60分钟K线图或5分钟K线图的交易机会，不仅需要耐心等待，还需要耐心持有。所以要先预判行情，随后等待行情，到达位置后进入行情，进入后再分批止盈。

再谨记一点，一轮波段或中线单边行情释放得差不多了，全部平仓后，不要再想着继续去追赶还剩下的一点点末期行情，紧接着看行情涨了或者跌了，心里又痒了，就又去追高或者追空了，这样大概率会一追就被套或一追就被损。因为行情也许快到头了，要耐心等待再次符合做单位置的机会；同样不要随便去做转头的行情，也就是抄底摸顶（其实这种情况就是做第一个首次转头和做第二个首次转头，尤其是60分钟级别以下周期的）。关于预判行情、等待行情再到进入行情的分析思路如图5-11所示。

本章讲到这里，希望大家也能领悟到以不变应万变的具体方式所指，那就是看盘由大到小，只做形态较大的、规则的，预期变盘方向强的，形态区间内尽量只在相对上轨处或者下轨处近损位做单（分为大形态的上下轨处和大形态区间内的小形态上下轨处）。至于大小形态变盘后，只做释放初期和中期，同样以较规则的形态上轨做空或下轨做多设损位作为安全进单的依据。

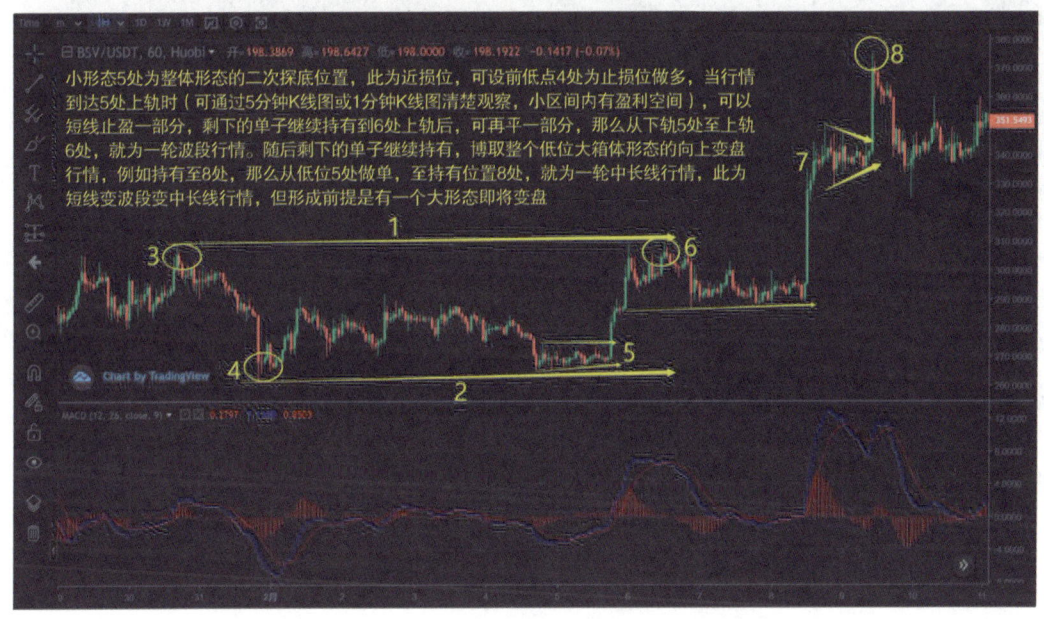

图 5-11

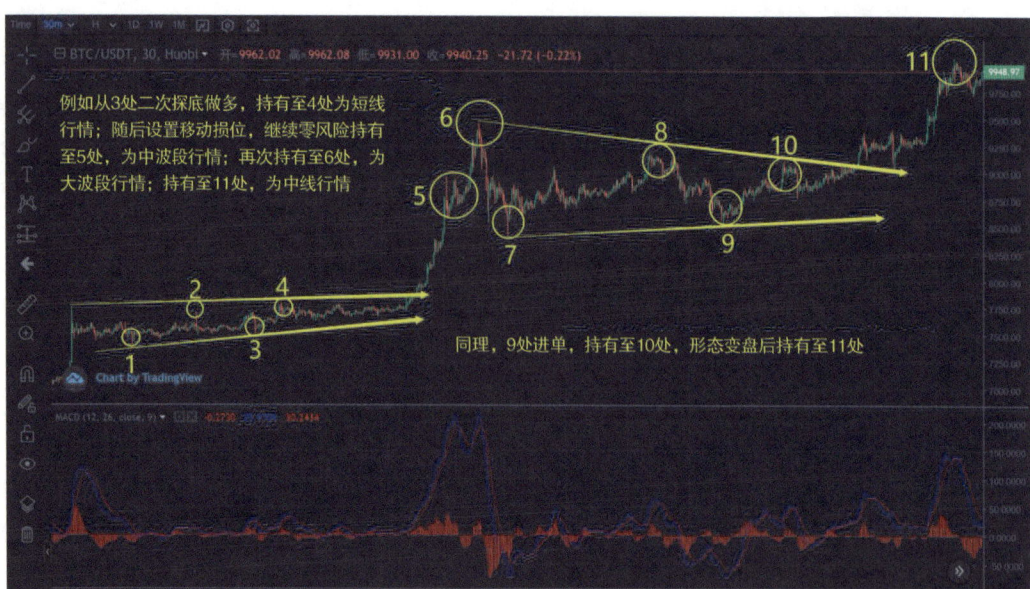

图 5-12

DILIUZHANG 第六章
比特币历史行情全面解析

导读

  学习K线技术本身就是一个发现规律、总结规律随后再运用规律的过程。在学习的过程中,对于各个技术要点的掌握,就像补一张渔网一样。一张渔网有很多漏洞,需要不断修补,最后才可以有收获。交易系统也是一样,例如"设置止损位"是一个漏洞,"进单位置"是一个漏洞,"止盈"是一个漏洞,"仓位控制"是一个漏洞,"交易心态"又是一个漏洞,可能每个漏洞都需要数天或数月去修补。所以,只有不断去试错、不断经历各种行情,才能总结出规律。最后才会明白,为什么在这个位置进单是相对安全的,为什么在那个位置进单是不安全的,有了盈利之后怎么办,有了亏损之后怎么办,为什么要止损……包括有些时候会觉得,当我们找到一个阻力位时,如果不平仓,有可能它就跌下来了,什么都得不到;如果全平仓,它又可能创新高了,随后在高位去追、去进,就又不安全了。所以这是一个不断总结规律的过程,需要不断去经历交易中出现的各种行情。交易的智慧是不可赐的,唯有通过自己不断去经历、去交易,最后才有可能到达成功的彼岸。笔者在本章把近一年的行情预判、分析经验等全部呈现出来,真实反映笔者在遇到各种各样的行情时是如何分析、如何预判、如何进单的,以及当时的心理状态等,目的就是带着大家重新经历一遍以前的行情。因为以下分析都是在行情未走出来时进行的,所以不是马后炮,并且各种预判分析都较为全面。同时,大家可以结合本书所学各个知识点配合以下行情分析,这将能大大增强各位的自主分析能力,达到事半功倍的效果,提高交易成功概率。

第一节 2019年7月27日行情分析

【行情所处位置】

首先，观察60分钟K线图（图6-1）可知，行情现在处于整体震荡修整形态中轴位置3处。可以缩放60分钟K线图，根据三角形、箱体等形态，连接大高点和低点。

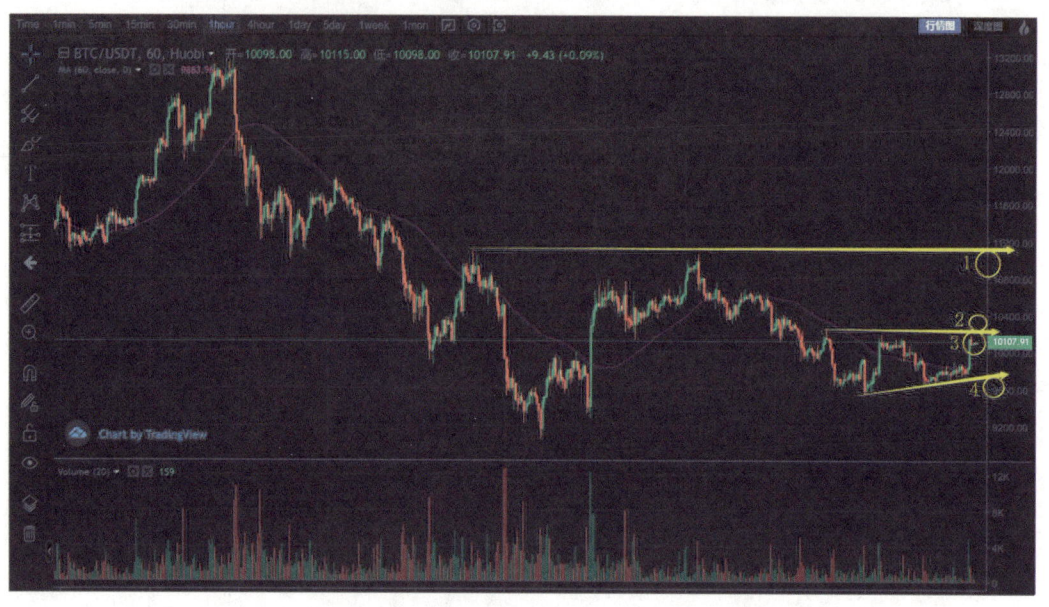

图 6-1

【行情分析逻辑】

从大周期依次分析，首先用日线图图6-2和4小时K线图图6-3进行整体观察，这样会较清晰明朗，对未来走势可以先有个预判。除了形态区间内的操作机会外，未来此形态修整完全后会进行变盘突破，再次选择方向，将再产生一轮大单边行情，上至12400点附近，下至8000点附近。切换至图6-4和图6-5，分别清楚地观察较大支撑位和阻力位以及现在行情所处位置。如图6-6～图6-8所示，行情将有这几种预期走势。

第六章 / 比特币历史行情全面解析

图 6-2

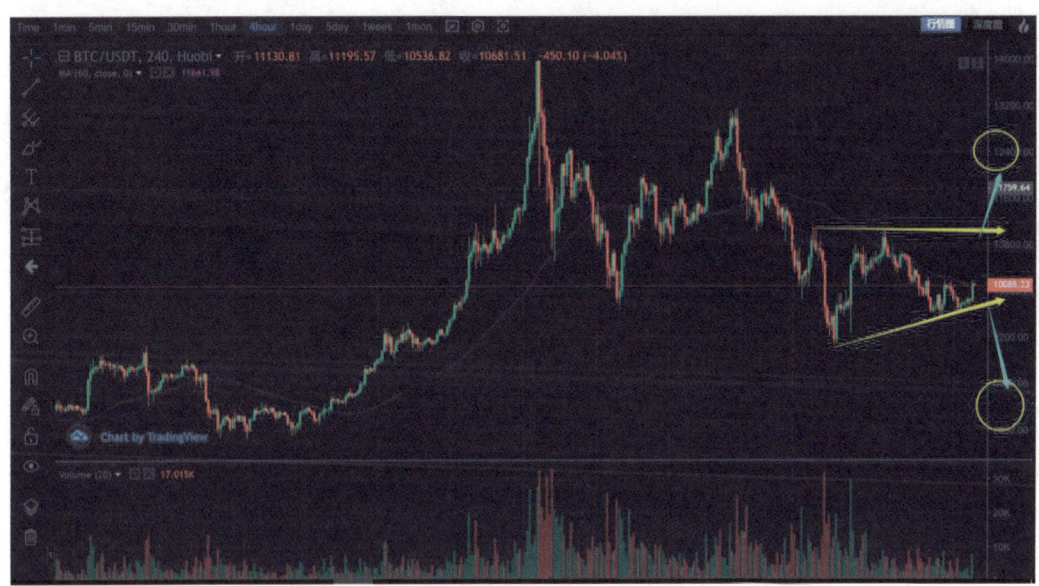

图 6-3

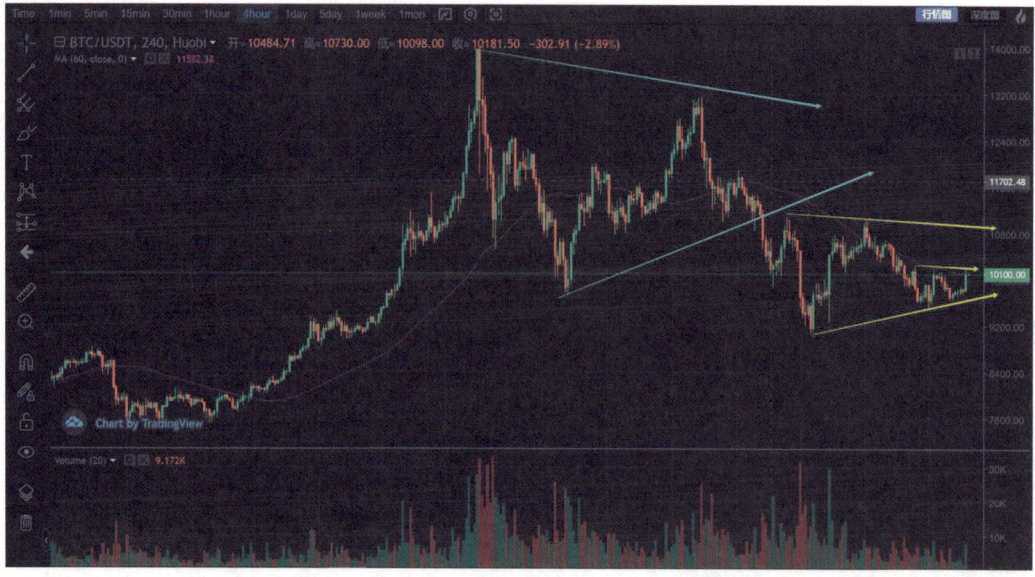

图 6-4

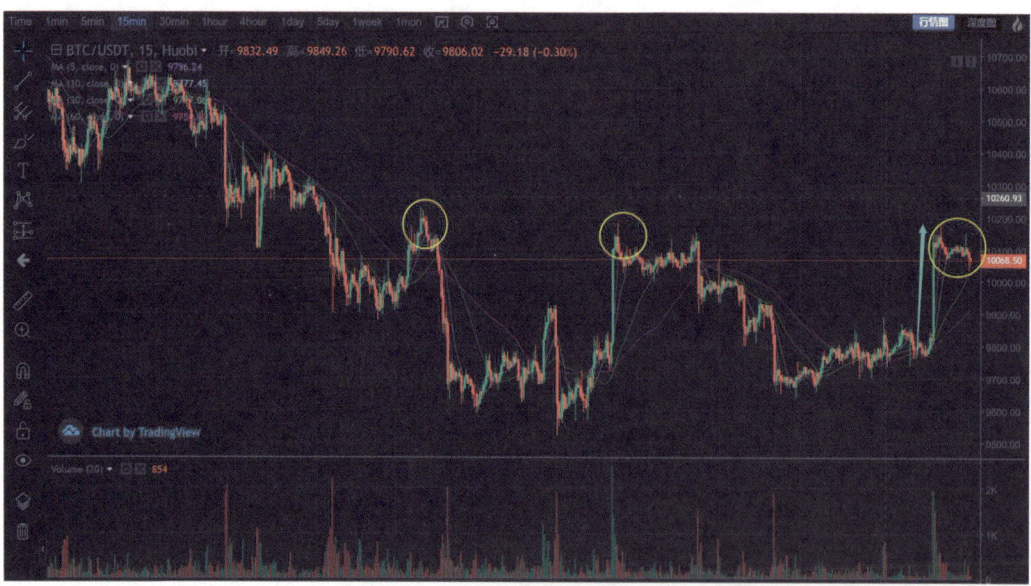

图 6-5

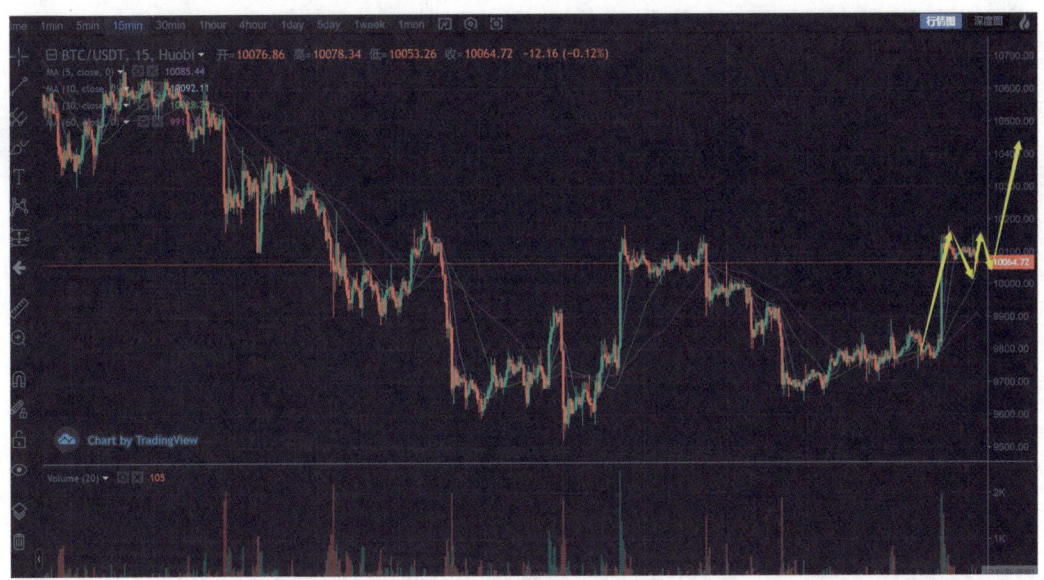

图 6-6

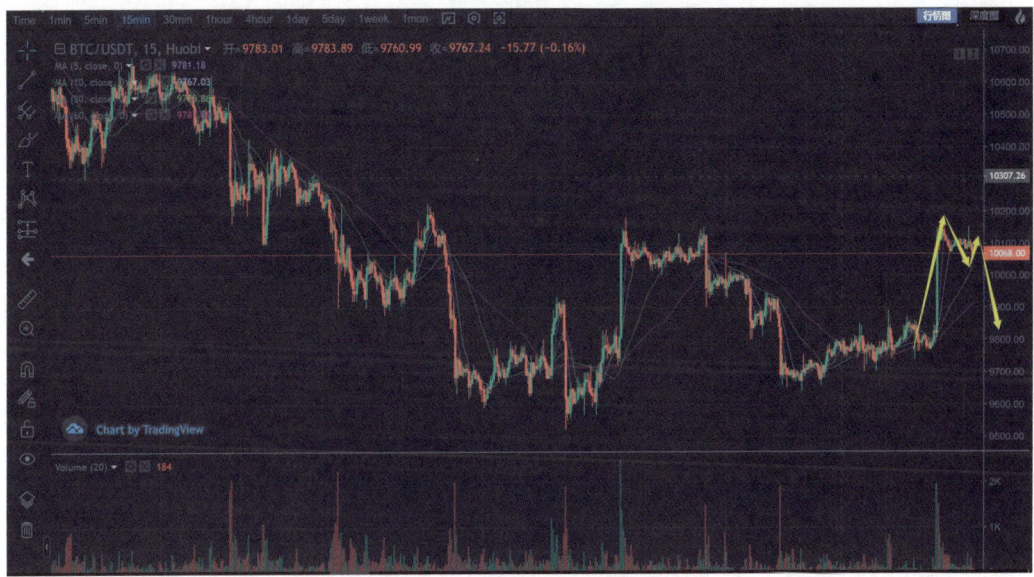

图 6-7

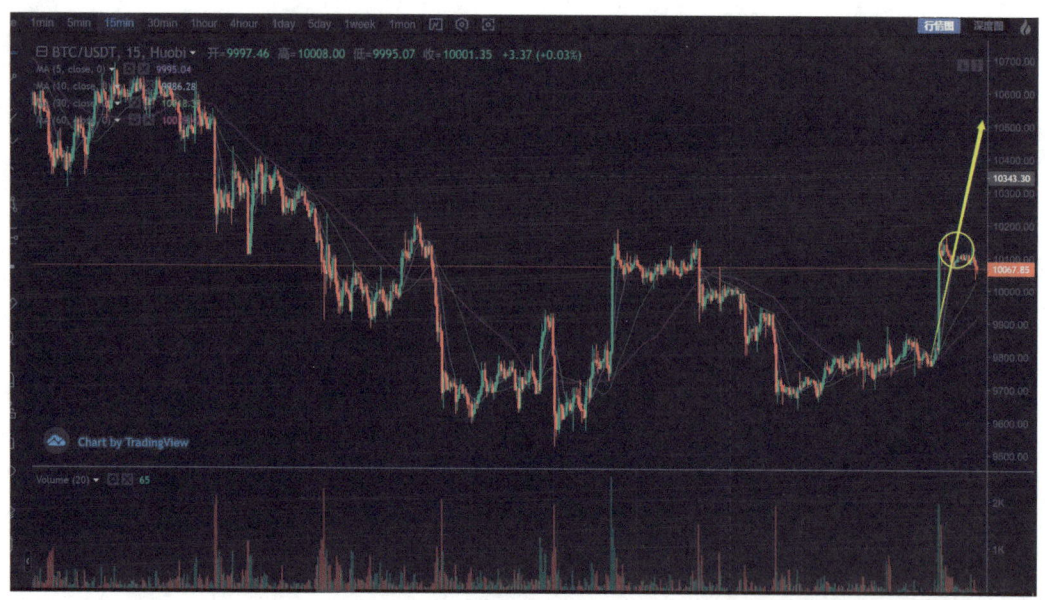

图 6-8

【实盘进单位置】

如图6-9所示,1处为上方三次探顶构成的阻力位,行情到达本位置后可做空单,较安全;2处为行情接下来突破小三次探顶,可以轻仓追多,目标位设置在1处上轨附近;3处为之前提及可以轻仓设损位的位置,将做空的位置轻仓设置成止损位;4处为震荡修整形态下轨,跌破后可以顺势轻仓追空。

图 6-9

【实盘重点知识总结】

在实盘中,当天笔者在图6-9中位置3处做了空单。有人问,为什么你觉得这个位置可以做空单?这就涉及K线的运行规律了。这里是三次探顶形态,是阻力位,在这个位置,就算行情接下来的趋势还是涨,也会先回踩一下,而这个回踩空间,就是做空的安全空间。一买即盈利是交易的最高境界。不管后续是哪种走势,几乎都会回踩一下(观察5分钟K线图),这是K线的运行规律。这个回踩空间,就是做空的原因。笔者在图6-9中位置3处附近做了空单,如果行情一直跌,那更好。持有空单,但就算跌了之后又涨或者突破前高点也不怕,因为当时进的空单位置比较高,也有盈利空间,可以设置一个移动损位,行情上涨至少也能保本或者小赚出局。还有人问会不会出现图6-8的情况,行情不回踩,直接上涨?会出现的。如果这个形态出现在相对低位,上涨的预期非常强,就会直接突破三次探顶构成的阻力位。尤其是形态越小越容易突破,这也是笔者尽量做大形态的原因;形态越大,回踩的空间越大、越安全,就像图6-9中位置1处一样。

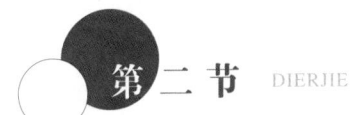

第二节　2019年7月28日行情分析

【行情所处位置】

如图6-10所示,行情在三次探顶后下跌至3处。

【行情分析逻辑】

切换至60分钟K线图细致观察整体震荡区间,如图6-10所示,前一日行情没有到达上方1处三次探顶构成的大阻力位处,而是仅到达2处的次阻力位就开启一轮急跌行情,说明上涨乏力。

【实盘进单位置】

如图6-10所示,跌破3处下轨后,在近损位进单,设4处为止损位。

【实盘重点知识总结】

如图6-10所示,现在行情处在3处,须注意两点:一是现在行情虽然处在前方4处的支撑位，但可能为弱反弹，随后就下跌，所以在3处下轨做的多单尽可能采取分批止盈策略；二是如果跌破前低点4处，不要做多，而是要顺势在小周期设止损位追空，一旦破位，行情重回8000点的可能性极大。

图 6-10

第三节 2019年7月29日行情分析

【行情所处位置】

如图6-11所示，行情处在日线图的相对低位下轨处，60分钟K线图反弹阶段。

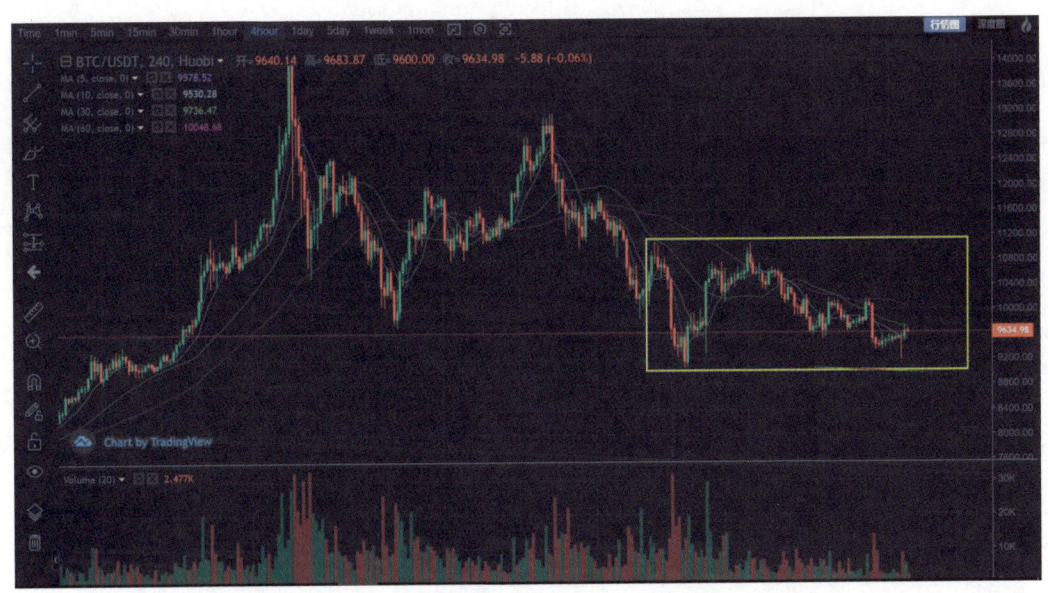

图 6-11

【行情分析逻辑】

如图6-12~图6-14所示，接下来行情有以下几种走势：第一种走势，行情弱反弹，随后直接向下变盘跌破前低下轨，直达8000点附近。第二种走势，行情反弹到中轴附近，随后再跌至下轨直至跌破下轨。第三种走势，行情突破中轴后继续上行，到达上轨后震荡修整，随后极可能突破大形态上轨三次探顶位。

图 6-12

图 6-13

图 6-14

【实盘进单位置】

如图6-15所示,综合以上分析,接下来较大行情,中短期做单位置为:

第一,当行情突破1处上轨三次探顶位时可选择追多,大形态向上变盘可能性极大。

第二,当行情到达大形态上轨时,在三次探顶的位置1处可选择做空,设前方高点11055点为止损位。

第三，当行情再次跌破下轨9000点附近（2处）时，可以顺势轻仓追空（以实时行情为准）。

第四，当行情再次到达形态中轴3处附近时做空，不回调也会回踩一下（用5分钟K线图观察），设前高点前方二次探顶处附近为止损位。

图 6-15

【实盘重点知识总结】

在图6-15中位置3处，如果用4小时K线图观察，可能会出现回踩空间不明显的问题，所以在到达重要阻力位或支撑位时，我们要及时切换到5分钟K线图或者1分钟K线图进行观察，在较小周期图中，就会发现这是个空间幅度较大的行情。

第四节 2019年7月30日行情分析

【行情所处位置】

如图6-16所示，行情继续在低位小区间震荡修整，现行情处于位置1处，此小形态的变盘方向尤其重要，决定了短期的走势。

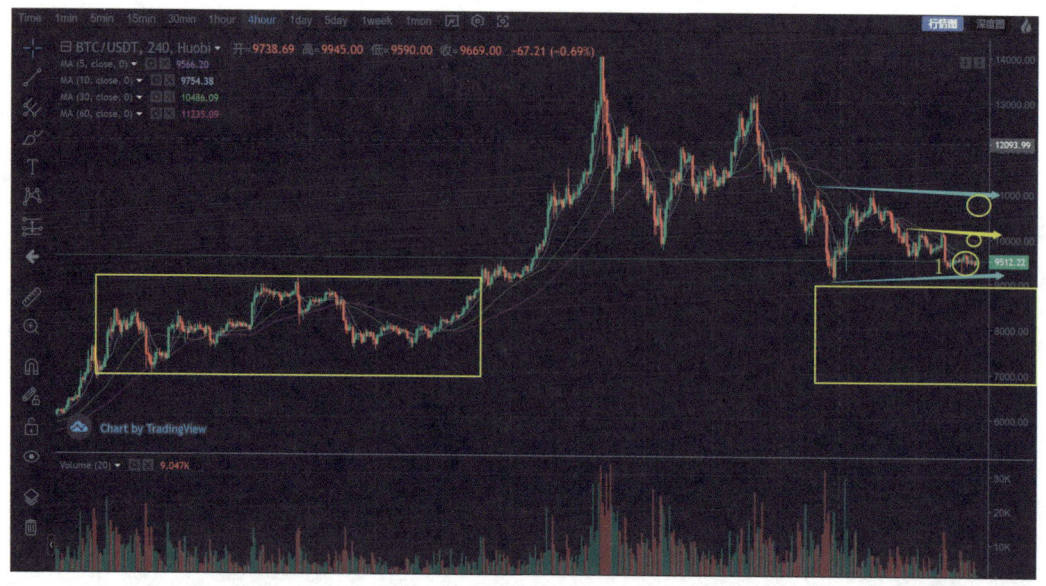

图 6-16

【行情分析逻辑】

如前文分析所讲，行情向上变盘则可能短期到达10000点附近（图6-17中位置4处）甚至到达11000点附近（突破4处上轨，四次探顶后变盘，到达图6-16上方黄色圆圈处）；向下则可能低破前低点（日线图前方历史低位），引起一轮日线级别的下跌变盘，到达8000点附近的前密集区间中轴。接下来注意三个点位，一是图6-17中位置1处，为头肩底左肩。二是图6-17中头肩底底部2处。如果行情依次跌破这两个点位，则看空，行情跌破前低点9050点直达8000点的可能性极大。三是注意图6-17上方上轨3处，如果上轨3被突破，行情短期将到达图6-17中位置4处10000点附近。

【实盘进单位置】

如图6-17所示，手中持有多单者，根据仓位不同，可设置9330点（1处）为第一支撑位或9170点（2处）为第二支撑位（止损位），防止因一轮周日线级别的下跌行情而产生亏损，切勿扛单。多单第一目标位为10000点附近（4处）。如果到达4处位置，可止盈大部分仓位，剩下的单子零风险持有至突破4处，到达11000点上方大形态阻力位。手中无单者，接下来较安全的入单点：一是突破3处可轻仓追多，目标位为4处至更高。二是突破4处可轻仓追多，目标位为11000点至更高。三是等待行情到达10100点阻力位逢高做空，博取一个短线回踩行情。四是等待真正确认行情跌破前低点9050点后顺势追空。

第六章 比特币历史行情全面解析

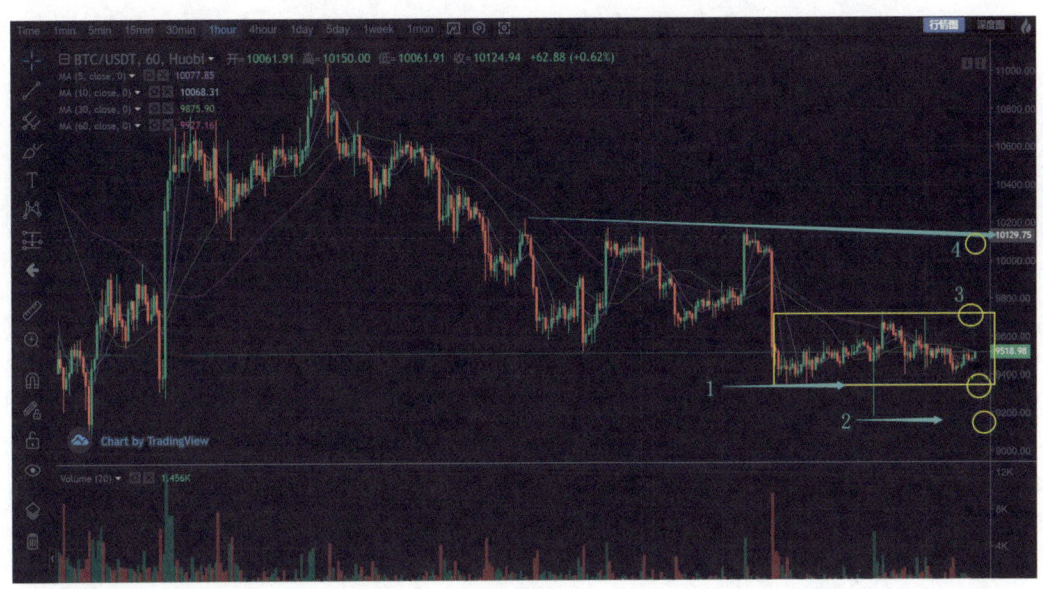

图 6-17

【实盘重点知识总结】

图6-17展示了四次探顶及形态规则，这种顶部一旦被突破，产生诱多可能性很小，大概率真正上涨，并且形态较大、空间较大，所以可在顶部被突破时大胆追多。如果怕被来回波动扫损，就轻仓，把止损空间稍微调大，给行情正常运行的空间。

第五节 DIWUJIE
2019年8月1日行情分析

【行情所处位置】

如图6-18所示，行情低位上涨，到达四次探顶的位置1处，同为密集区中轴附近。

177

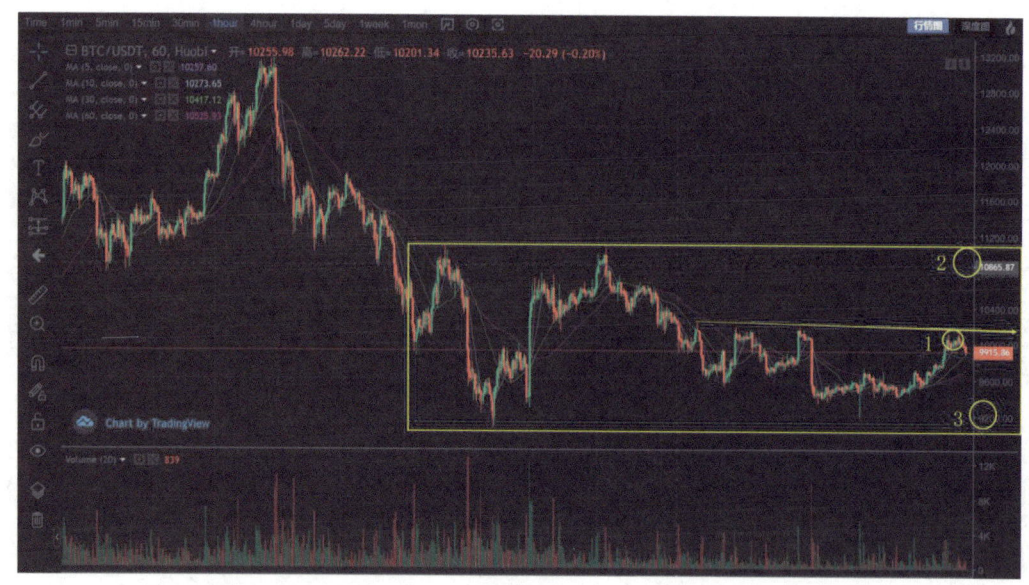

图 6-18

【行情分析逻辑】

按照预期，行情到达10100点附近的阻力位，随后开始出现回踩行情，现处于图6-18中位置1处。通过较小周期图图6-19更能细致地观察。现在行情由图6-19上轨3处开始下跌，已经触碰前密集区中轴附近支撑位。短期内有两种运行走势：一是如图6-20所示，行情跌破中轴，继续下跌至9600点附近，再真正受到支撑。二是如图6-21所示，行情在前密集区中轴附近受到支撑后没有下跌，反而再次上行到达小高点10150点附近，随后窄幅震荡一下，小形态突破前高向上变盘，目标位在11000点附近。

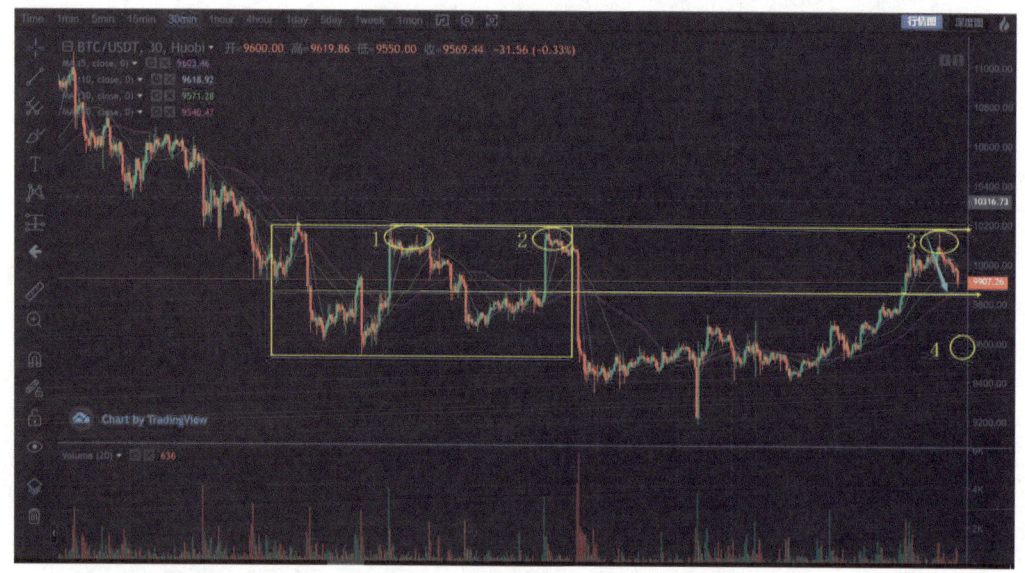

图 6-19

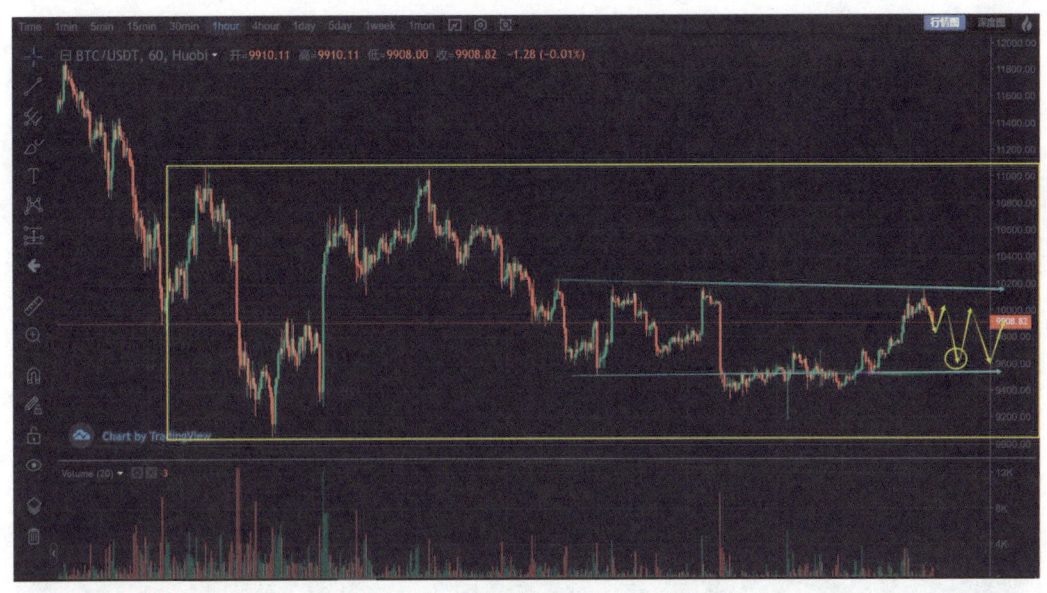

图 6-20

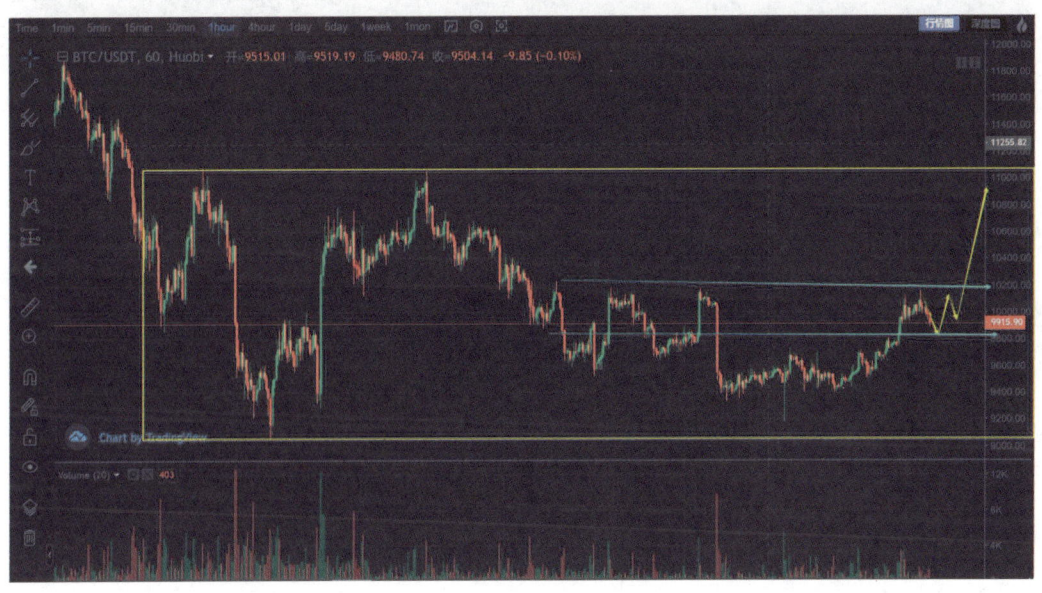

图 6-21

【实盘进单位置】

综上所述，如图6-22所示，接下来行情有两种修整情况：一是在形态1内（前密集区上轨到中轴处）修整，二是在形态2内（前密集区上轨到下轨）修整。至此，最安全的交易点位为5处，也就是笔者一直等待的10900点附近，可在此处做空；次安全的做多位置为4处9600点附近。当行情突破3处时可轻仓做多，目标位为5处。

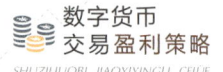

【实盘重点知识总结】

如果行情再回到9200点（6处），虽然更低了，但其实此时做多反而不太安全。因为行情又下跌了，可能真的是很乏力了。此时就算在下轨做多，也容易高空低多失效，也就是说行情可能直接下跌，在下轨做多可能也会直接被扫损。

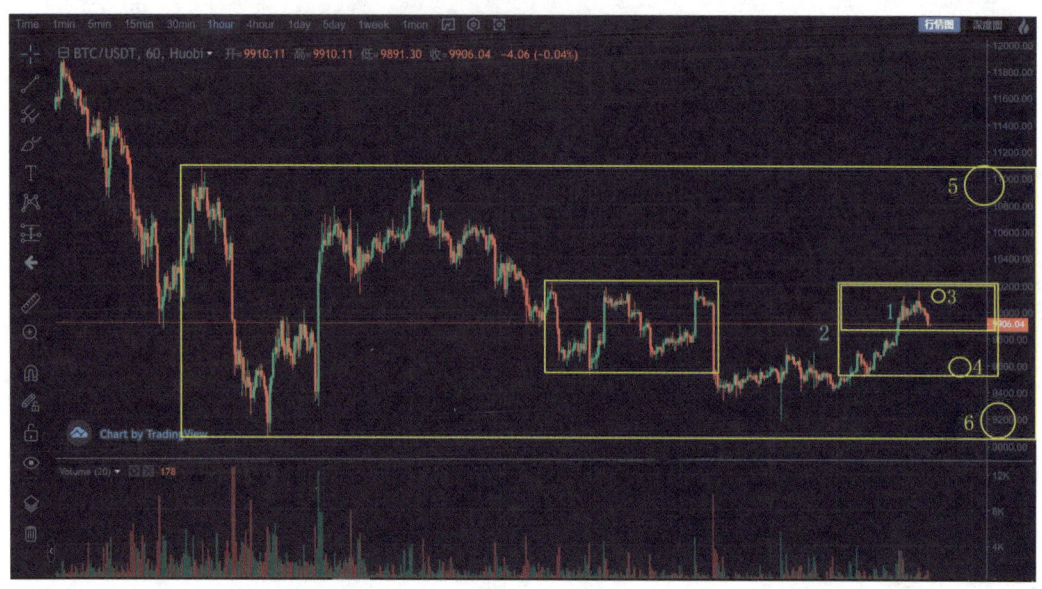

图 6-22

第六节 2019年8月2日行情分析

【行情所处位置】

图6-23为1小时K线图，如图6-23所示，行情四次探顶后向上运行。

【行情分析逻辑】

想做盈亏比高、小风险大收益的行情，就要在大位置处做，如图6-23中1处、2处、3处、4处的上下轨处。我们选择等待3处行情出现后做多以及在2处做空。之所以在行情突破6处后做多，是因为当时行情处在相对下轨，相对低位，一旦变盘向上突破，上涨概率大。之所以选择在行情突破8处时轻仓追多，是因为此处的形态较规则。

但行情不可能一直在一个区间内运行，要么到达2处要么到达4处，最后进行变盘突破上下轨。总之，接下来至少有两次较大机会，一是在2处做空或在4处做多，二是做整体大形态的变盘行情。

【实盘进单位置】

如图6-23所示，行情突破6处或8处后可轻仓做多，7处为反支撑位，不好设止损位，所以放弃。较安全的进单方式为在2处三次探顶处做空，不回调也回踩，包括后期突破2处大三次探顶时也可追多，目标为12000点附近。

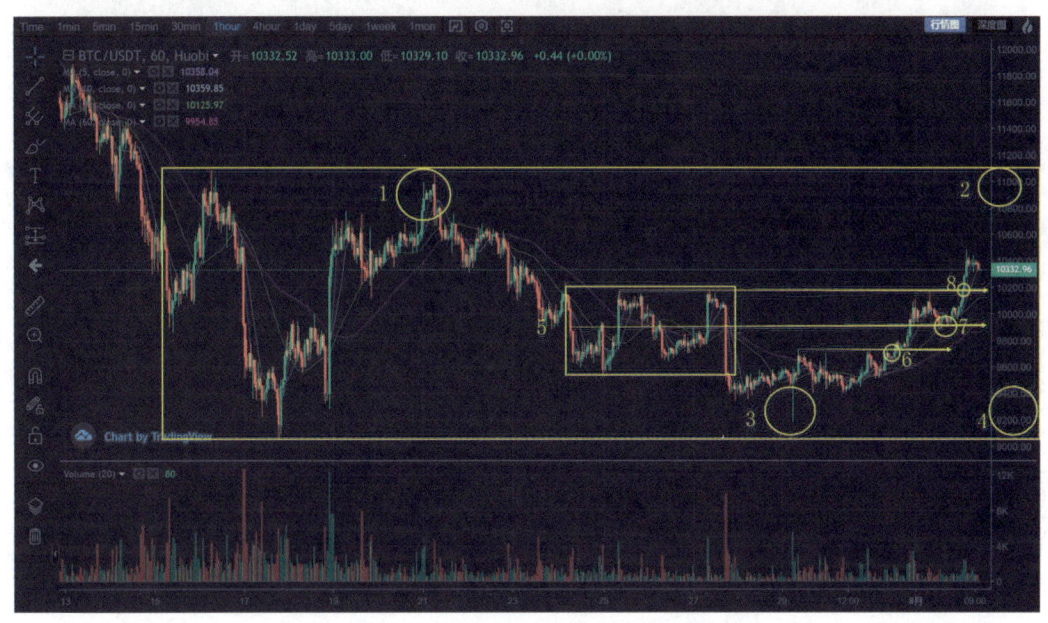

图 6-23

【实盘重点知识总结】

如图6-24所示，行情走势越发明朗，行情在9000点至11000点区间内震荡修整，构成大周期的震荡修整形态且越来越规则，并且形态内震荡的时间越久，一旦变盘，力度空间就会越大，将会是一轮大级别的单边行情，向下至7000点附近，向上变盘又将重新回到12000点之上。可以说，这轮行情是一定会出现的。如若在控制风险的同时，抓住这次行情，短期内可能可以实现自己的一个小目标。

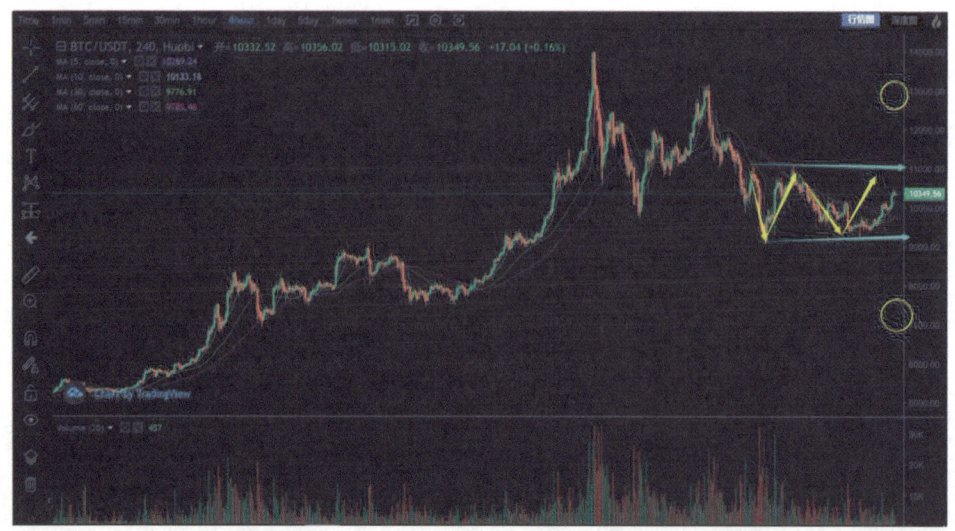

图 6-24

第七节 2019年8月10日行情分析

【行情所处位置】

如图6-25所示，行情处于三角形震荡修整末期，大形态即将变盘。

图 6-25

【行情分析逻辑】

通过图6-26和图6-27大周期图分别观察，行情如之前预期，在11000点附近回踩向下，随后突破大形态上轨，直接到达12400点附近。现在处于高位震荡修整，即将变盘。这种高位三次探顶大形态具有两个特点，一是形态大，二是预期变盘方向强，一旦突破这种大形态，将会是至少1500点到2000点的行情，如果运用50倍杠杆，可能整体仓位将盈利10倍附近。因此，遇到这种大机会一定要珍惜，这种大机会一年内一般只会出现3~5次。

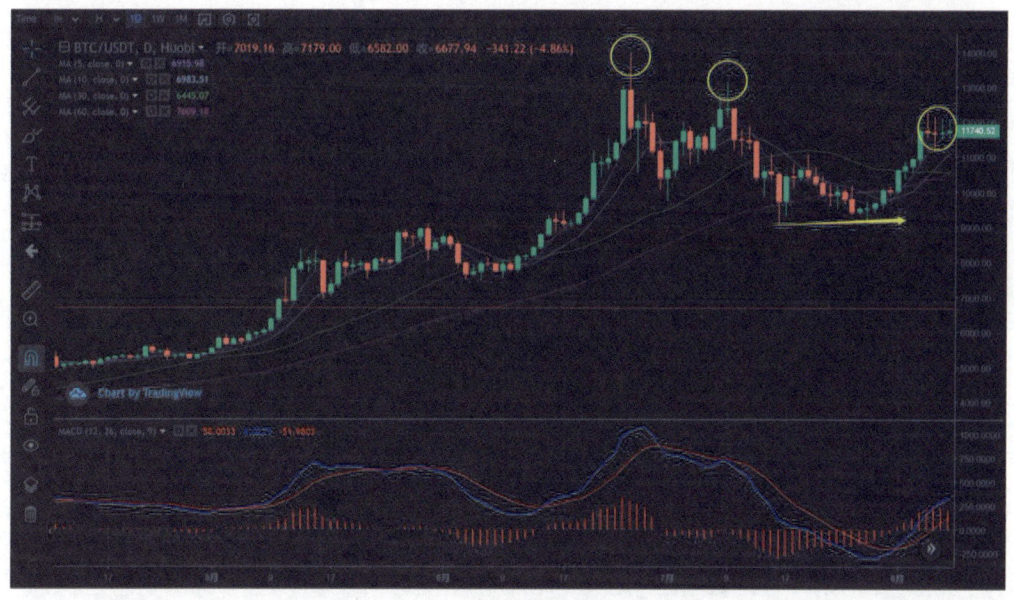

图 6-26

图 6-27

【实盘进单位置】

在行情跌破下轨瞬间,从5分钟K线图或1分钟K线图中寻找下跌中继平台。如果行情处在下跌中期,可在60分钟K线图中寻找下跌中继平台。如果突破三角形上轨则追多,建议轻仓,谨防诱多行情。

【实盘重点知识总结】

须注意以下几点:一是一轮日线图的震荡修整形态,将会产生一轮日线图的单边释放行情,所以不要破位后有一点盈利空间就走。二是尽量在三角形上轨做空而不是在下轨做多,尤其是在震荡修整末期。因为预计形态向下变盘,在下轨做多容易高空低多失效,多单被扫损;而做空单能够顺大势,分批止盈,零风险持有。三是若行情向下变盘,尤其是在释放初期,行情一反弹就做空,顺势而为。

第八节 2019年8月12日行情分析

【行情所处位置】

如图6-28所示,行情处在跌破三角形下轨后的趋势中,因前方有密集区,所以受到密集区上轨的反支撑,正在震荡修整,随后再选择方向。

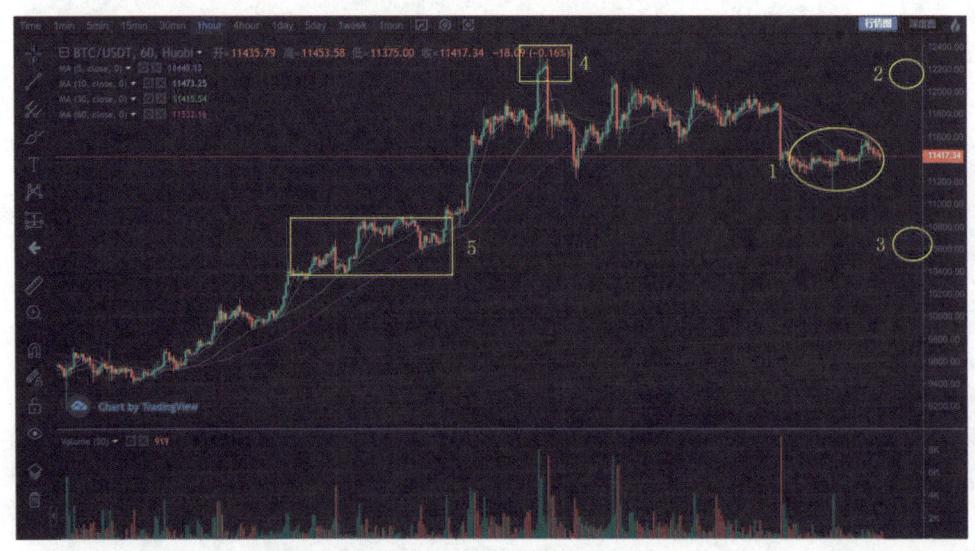

图 6-28

【行情分析逻辑】

首先观察日线图6-29和图6-30以及接下来行情有两种走势（哪怕预期行情没错，也必须每次做好向上或向下两种可能情况的应对措施），下到9500点附近（历史低位三次探底），上到前高点12000点附近（日线图二次探顶，概率较小）。

图 6-29

图 6-30

分析1小时K线图图6-31和图6-32，如图6-32所示，现在的行情经过一轮下跌后，跌破前低点1处到达2处，随后又反弹至3处，受到反阻力再次下跌。所以在这种高位大形态跌破位后反弹受到反阻力又下跌的综合预期判断下，还是按照行情偏空对待。

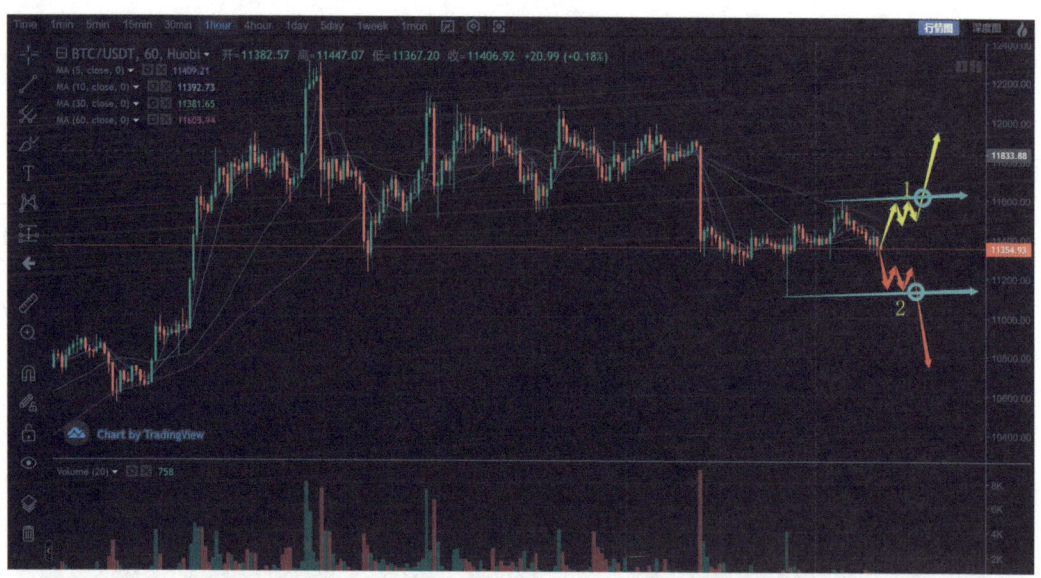

图 6-31

图 6-32

【实盘进单位置】

一是现价做空，设图6-32首次反弹的高点3处为止损位（一般首次反弹高点最高，随后高点会降低，这是大形态破位后释放初期下跌中继平台大概率的运行规律。低位大形态变盘释放上涨中继平台同理）。二是在行情跌破图6-32中位置2处时轻仓追空。

【实盘重点知识总结】

图6-28中位置1处的行情处于日线图的反阻力位，多空争夺会很激烈。其反映在K线形态上就是容易出现诱多、诱空行情，也就是先涨一下就跌或者先跌一下就涨；体现在日线图上就是容易接连出现长上下影线。这种行情一般突破前高点就有新高点，跌破前低点就有新低点（图6-31中蓝色小圆圈）。稳妥点的话，在行情突破图6-31中位置1处时轻仓做多，跌破图6-31中位置2处时轻仓追空。最好在上轨处有小震荡修整再突破，或者在下轨处有小震荡修整再跌破，没有经过修整就直接突破或跌破，容易出现诱多或者诱空行情。

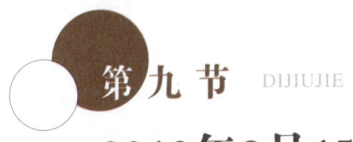

第九节　2019年8月15日行情分析

【行情所处位置】

如图6-33所示，一轮日线图单边行情下跌后，跌至历史三次探底支撑位。

图 6-33

【行情分析逻辑】

行情在整体大形态的上轨处向下变盘,现在运行到形态下轨附近。可以确定的是,这个大形态会如之前所讲,面临大变盘(注意,这种大机遇一年可能只有一两次,这种是实现财富自由的行情,应好好把握),上到18000点附近,下到7000点附近。接下来行情有如下四种走势:一是行情在下轨处修整,随后直接向下变盘跌破下轨,从而导致整个周线级的大形态向下变盘;二是行情继续在区间内运行,继续上涨至上轨,随后突破上轨,导致整个大形态向上变盘;三是行情上涨至上轨后上涨乏力,再次跌至下轨,随后弱反弹跌破下轨,导致整体行情向下变盘;四是行情在下轨处修整,随后反弹至大形态中轴附近,再次受到反阻力,随后跌破下轨向下变盘。

【实盘进单位置】

综上所述,进单策略:一是跌破前低点9200点附近(历史低位二次探底)时果断进空单,中长线持有到7000点至8000点;二是在低点9600点(三次探底下轨)附近进的多单继续持有,现价9700点也可进多单,在9500点附近(三次探底低点之下)设置止损位,设置目标位分别为10000点附近(短线)、10500点附近(波段)、11000点附近(大形态区间中轴),有盈利后设移动损位分批止盈,毕竟行情具体会运行到哪里是未知的。只能根据概率去预测,博取行情运行至整个大形态中轴的多单行情。

【实盘重点知识总结】

现在行情在整个大形态区间内已经构成三次探顶/探底,一般三次探顶/探底后将面临大变盘。而且,行情出现的探顶/探底次数越多,运行得越规则,一旦变盘,力度、空间就越大,持续力就越足,产生诱多诱空行情的可能性就越小,如图6-34~图6-37所示。

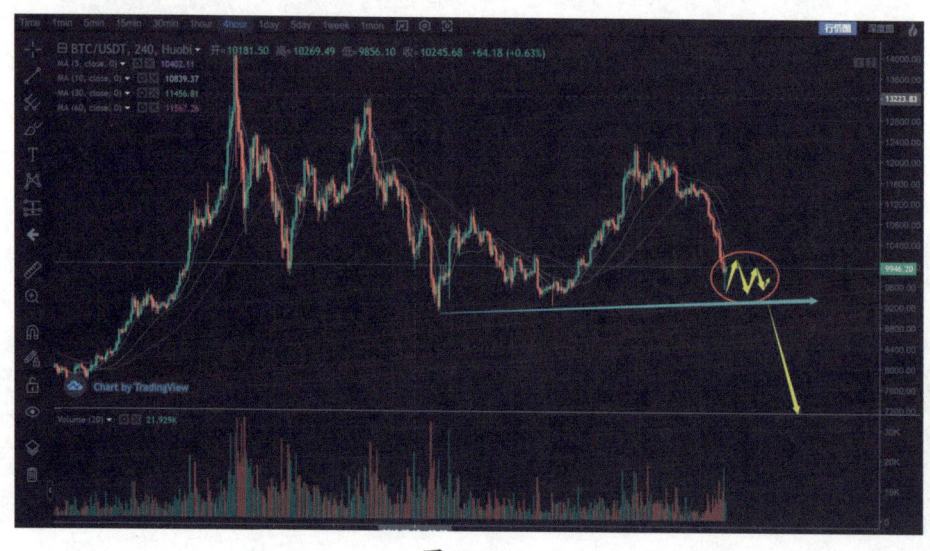

图 6-34

第六章 / 比特币历史行情全面解析

图 6-35

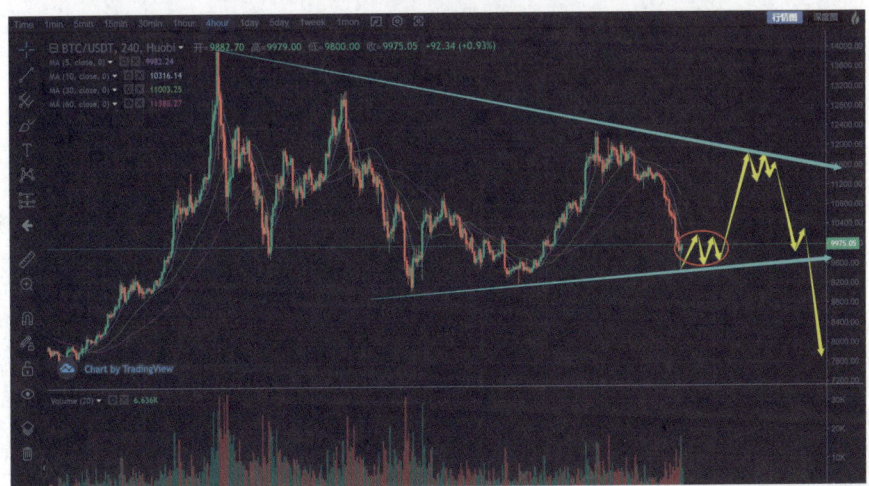

图 6-36

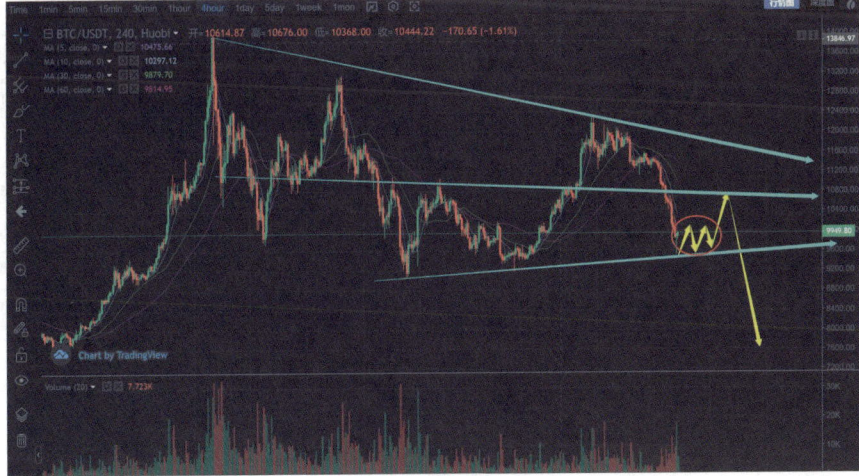

图 6-37

第十节 2019年8月29日行情分析

【行情所处位置】

如图6-38所示,行情处于前方大低位三次探底处支撑位。

【行情分析逻辑】

如图6-38所示,行情已跌至日线图大形态相对历史低位,接下来会在位置1处进行震荡修整,修整出一个小形态,再面临变盘选择方向。现在行情相对明朗,位置1处小形态的变盘方向尤其重要。向上变盘,行情会至少达到大形态中轴10500点附近或到达上轨11000点附近,那么行情就会在整个大区间内继续震荡修整,再大变盘。如果位置1处小形态选择向下变盘,那么意味着整个日线图大形态向下变盘,下方目标位到达7500点附近。

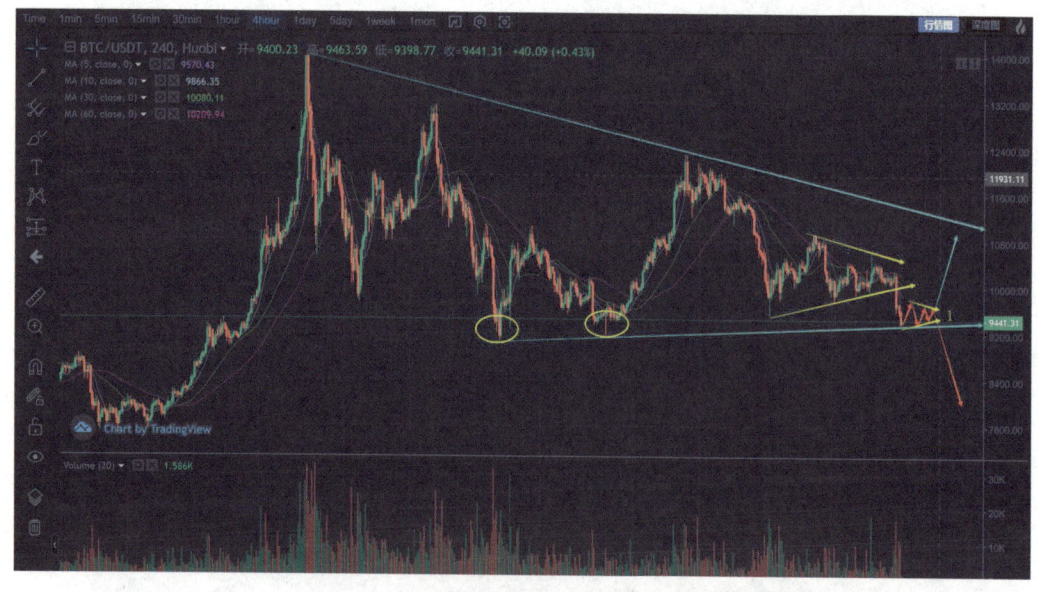

图 6-38

【实盘进单位置】

综上分析,如图6-38所示,空单做单位置:一是等待1处修整出规则的小形态,待跌破小形态下轨后追空；二是跌破历史前低点9200点（二次大底）附近时可以轻仓追空。多单做单位置：在1处小形态下轨近损位处做多，设置止损位在9200点之下。目标位为前密集区中轴10200点附近至前高点阻力位10800点附近。

【实盘重点知识总结】

图6-38中的三角形形态较规则，但处在低位下轨处。所以注意在这种情况下，就算这种三角形形态变盘，可能也是诱空行情，跌至前低点受支撑后就会立刻反弹上涨。

第十一节 2019年9月3日行情分析

【行情所处位置】

如图6-39所示，如前文所讲，低位小三角形形态开始向上变盘，行情正在上涨释放中。

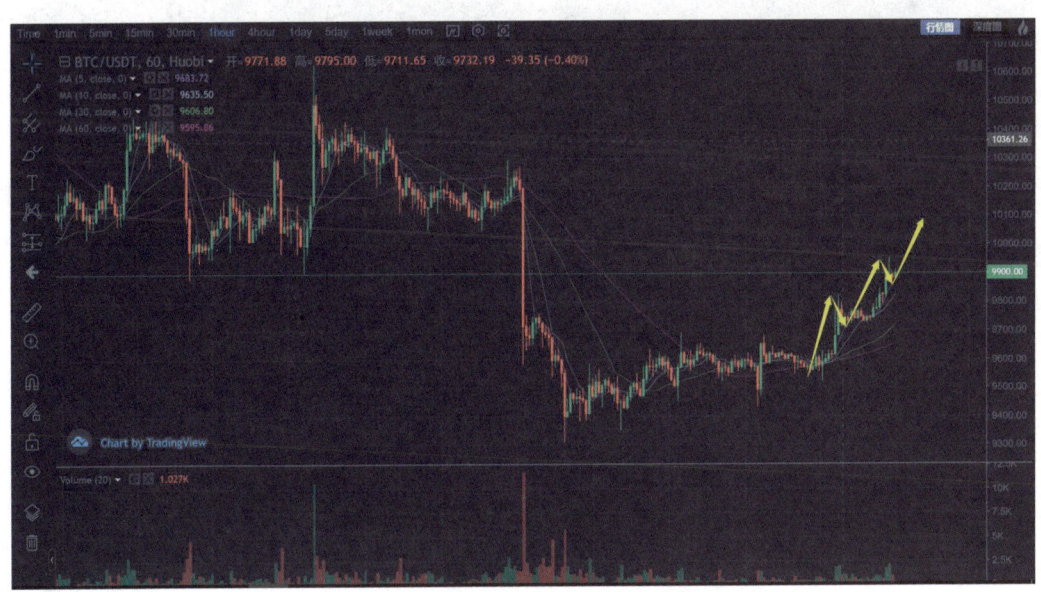

图 6-39

【行情分析逻辑】

按昨日日线收线，今日应继续以收上涨K线为主。

【实盘进单位置】

在60分钟K线图中发现回踩机会就做多，如果行情在60分钟K线图中上涨得较顺畅，可在5分钟K线图或1分钟K线图中去找上涨中继平台的下轨设止损位做多。目标位如前文所讲，为10200点至10800点。

【实盘重点知识总结】

如图6-40所示，行情在低位先是形成了三根小K线，随后收希望之星组合，一般这种低位起涨行情，还会继续收上涨K线。这就是在相对大周期中重要位置时观察K线组合的好处，会对相对小周期起到趋势指引的作用。那么反映在60分钟K线图中，就为低位震荡修整形态，向上变盘突破。

图 6-40

第十二节 2019年9月7日行情分析

【行情所处位置】

在图6-41中位置1处,行情可能受中轴支撑上涨,也可能跌到前面箱体下轨再涨。如果行情在中轴处受到支撑,就以中轴到顶部为区间进行修整;如果跌至下轨,就以下轨到顶部为区间进行修整。

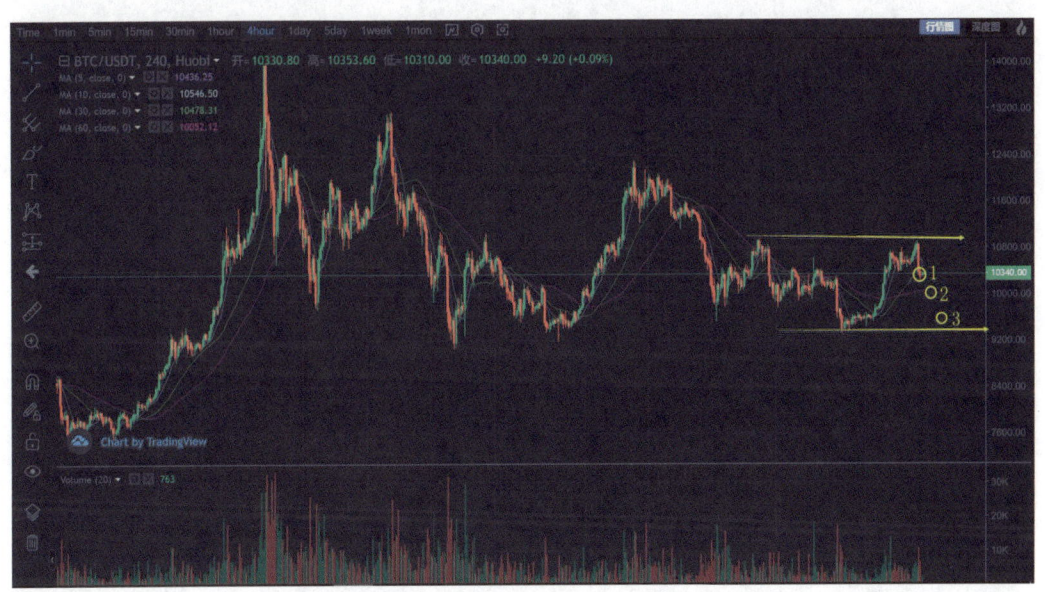

图 6-41

【行情分析逻辑】

如图6-42所示,左侧有密集区,右侧大概率也会形成密集区,随后行情变盘选择方向。图6-43和图6-44分别为行情向上和向下运行的两种情况。

【实盘进单位置】

较安全的做单位置:行情突破图6-43上轨处黄色圆圈后追多,跌破图6-44下轨处黄色圆圈后大胆追空。

【实盘重点知识总结】

图6-44已经出现四次探底了,并且第四次低点低于第三次低点,这种情况说明上涨乏力,下跌态势非常强。所以,一旦行情再次跌破下轨前低点,有极大概率会真正开启一轮急跌行情,此时一定要勇于追空。

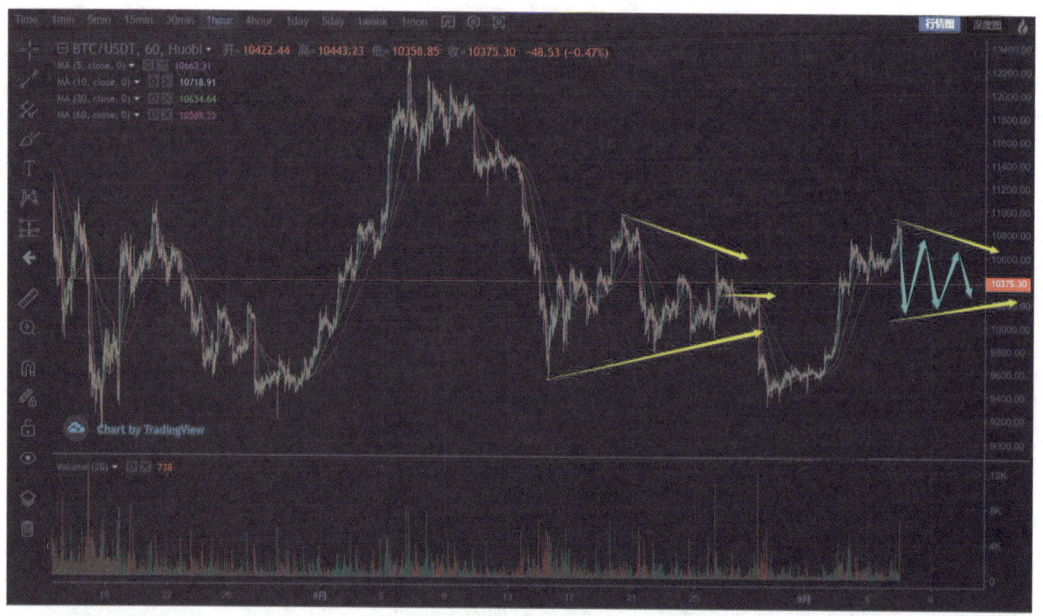

图 6-42

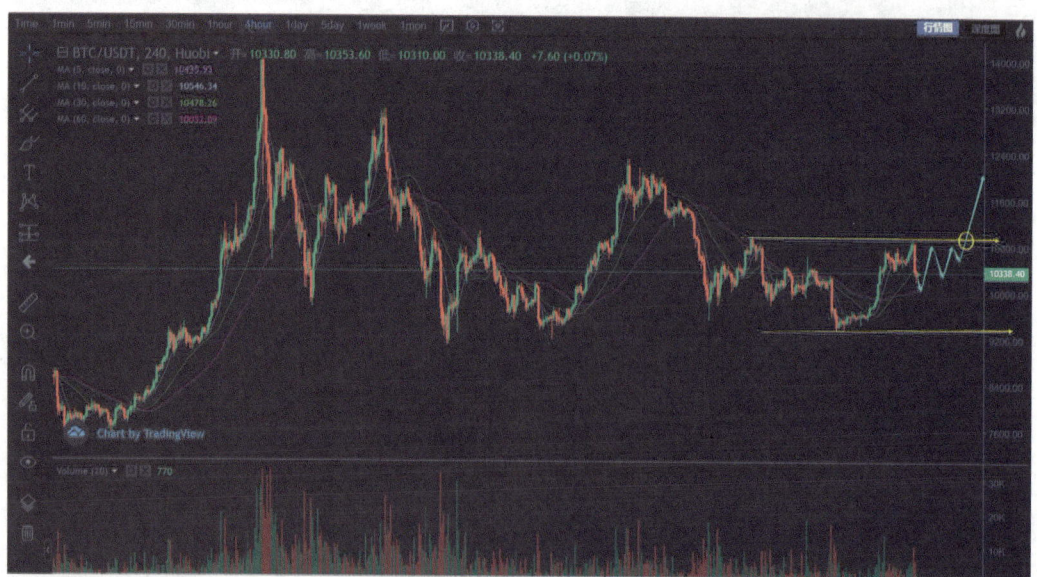

图 6-43

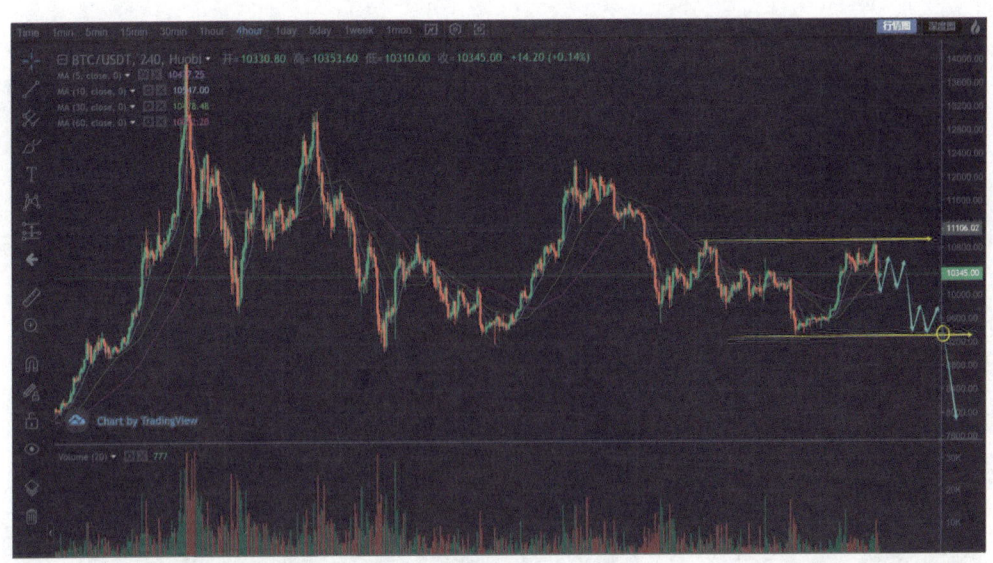

图 6-44

第十三节 2019年9月9日行情分析

【行情所处位置】

如图6-45所示,大形态即将变盘。

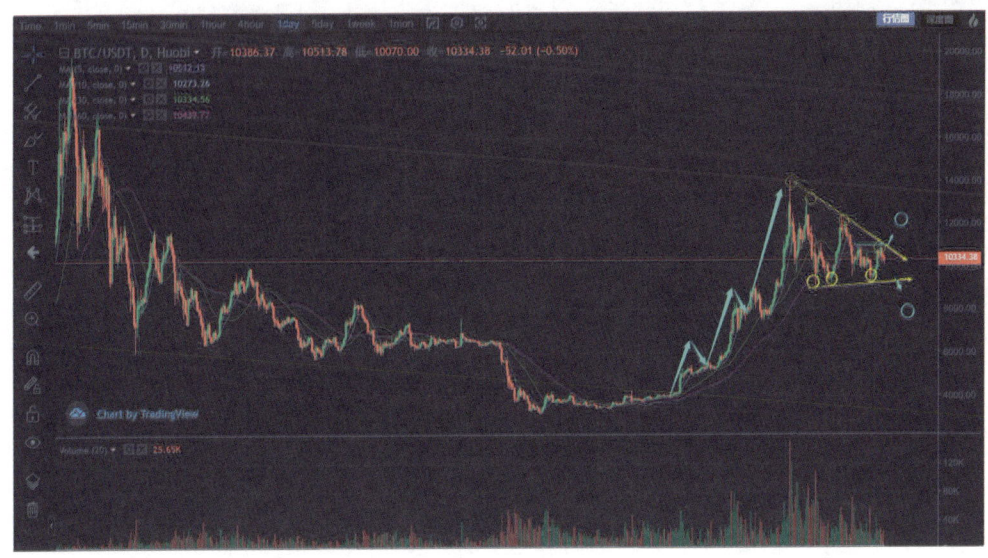

图 6-45

【行情分析逻辑】

不做其他技术分析，想抓住一个年线级别的大行情，无论是新手还是有一定经验的投资者，接下来只需要切记一点——在行情突破上轨时敢于追多，有盈利时设移动损位，至少设在12000点，至于14000点可通过分批止盈或顺势而为进单实现；跌破9300点（图6-46中位置2处）后勇于追空，有盈利后设移动损位，至少设在8000点，至于7000点或之下，可通过分批止盈或者顺势而为进单实现。

【实盘进单位置】

近期做单位置，安全性由大到小如图6-46所示。

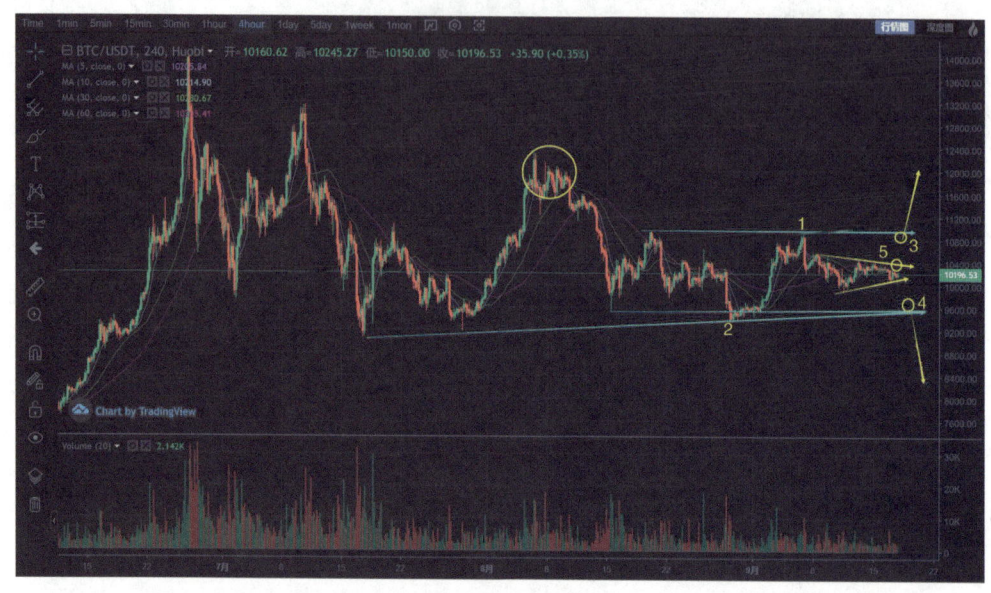

图 6-46

一是可以委托多单，突破上轨前高点1处时果断追多。

二是可以委托空单，跌破下轨前低点2处时果断追空。

三是等待行情到达前高点3处时轻仓追空，做一个可能的回踩行情，但注意在3处震荡修整时间较久，随后行情在3处变盘急速突破上轨。

四是等待到达前低点4处轻仓做多，做一个可能的反弹行情，但注意在4处震荡修整时间较久，随后行情在4处变盘急速跌破下轨，导致整个大形态变盘，所以此位置谨慎做多。

【实盘重点知识总结】

须注意一点，尤其是在突破追单时，如跌破大形态下轨时，设损空间大一点，不要被轻易扫损，因为有的突破行情是急跌，但有的行情会在跌破之时来回震荡诱多、诱空。并且综合来说，大形态变盘末期，可以明显感觉到投资者人心不稳，观望气息浓厚，反映到K线上就是急涨急跌。

第十四节 2019年9月25日行情分析

【行情所处位置】

如图6-47所示，行情跌破大形态下轨，正在释放途中。

【行情分析逻辑】

行情接下来会在9000点至7500点之间震荡修整（右侧区间），跌破9300点及在9000点做空后，短线止盈位可以设在8000点及之下分批止盈。接下来整体行情为周线级右侧区间内震荡修整行情，随后会与前方一样，形成某个形态后再变盘。随后向下到达6000点附近形成第三浪，或向上达到10200点附近，当然这是长期的行情打算。现在先做好周线区间内的震荡行情。等待清仓空单后，可以在7900点附近或之下轻仓短线做多（右侧小区间下轨），将止损位设在前低点7700点附近。

【实盘进单位置】

行情跌破9300点（大形态下轨）后已进空单，跌至8000点以下时在7700点（前密集区中轴至下轨）附近分批止盈。因为前方有密集区，所以在一轮大跌后，可在60分钟K线图震荡修整的过程中，做右侧区间内的高空低多行情。

【实盘重点知识总结】

在交易的过程中，要学会打组合拳。例如，在9400点附近的大形态下轨做了多单，但大形态向下变盘，会引起高空低多失效被扫损。此时，一是要明白，不能扛多单，因为如果行情跌破下轨，这将是一轮周/日线级别的大跌行情，扛不住。二是要明白，多单止损没关系，但要在跌破下轨的瞬间，立即反手做空，就算不是在60分钟K线图最好的点位进的单也没关系。这是因为行情不可能只释放一点点就停止，下方还有极大空间，只要在这时追进，之前被扫损的都会回来并且会盈利。这就是交易要打组合拳的原因，不要因为一点小损失就没了信心，错失一轮大机会。

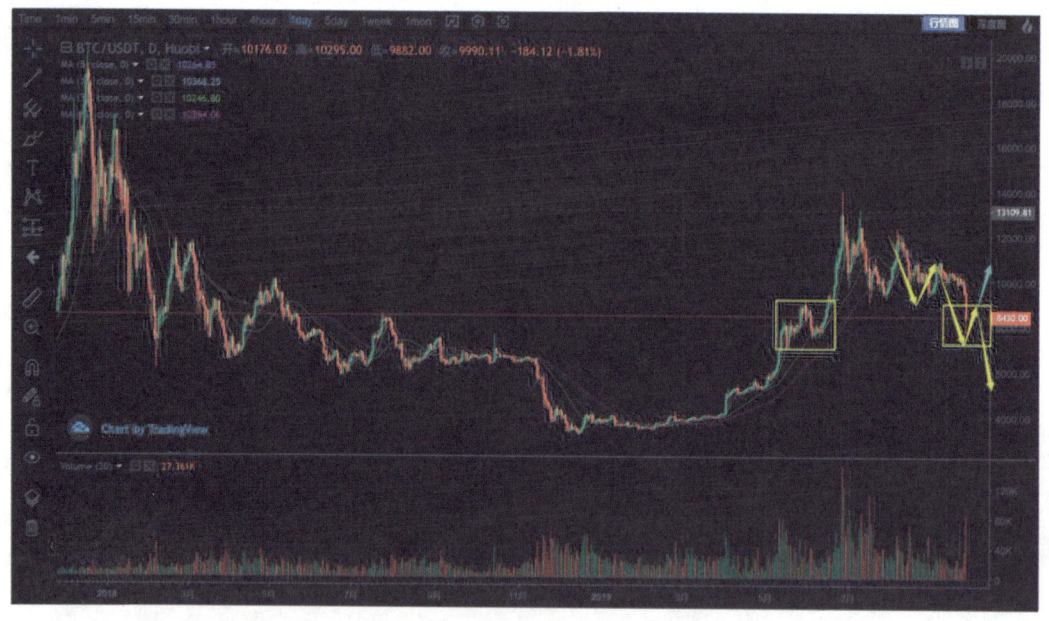

图 6-47

第十五节 DISHIWUJIE

2019年10月26日行情分析

【行情所处位置】

行情在右侧密集区震荡修整。

【行情分析逻辑】

如图6-48所示,等待行情在2处修整蓄势规则后,做它的变盘突破行情,应该还会有1500点至2000点以上的操作空间。

【实盘进单位置】

如图6-48所示,在行情跌破右侧2处的下轨追空,突破2处的上轨追多。

【实盘重点知识总结】

如图6-48所示,之所以说行情在2处释放后还会有大的盈利空间,是因为其要么形成日线图的下跌中继平台,要么就会转头向上去探10000点以上(上方密集区中轴)。

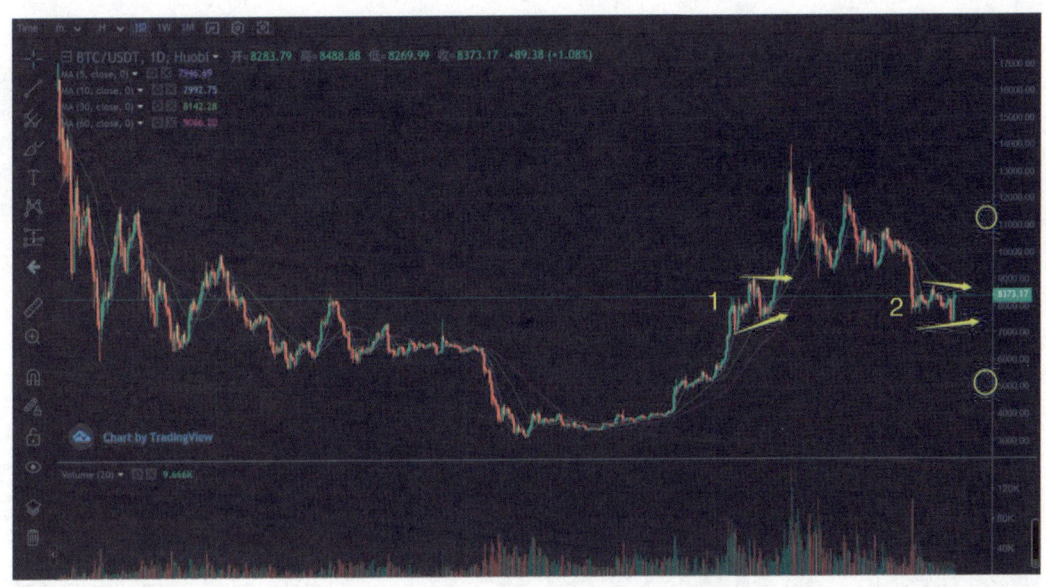

图 6-48

第十六节 2019年11月1日行情分析

【行情所处位置】

如图6-49所示,行情处于一轮强劲反弹后的高位震荡修整过程中。

【行情分析逻辑】

由图6-49可知,行情现在处于位置1处,接下来该位置的小形态有两种可能,一是直接跌破小下轨到达2处,二是先到达前方小高点3处。由图6-50可知,如果行情接下来先到达图6-49中的3处,可能会以图6-50的三角形形态进行修整,再选择变盘方向。如果行情如图6-49所示直接先到达2处,那么可能会在图6-51中的较大三角形区间进行震荡修整。

【实盘进单位置】

综上所述,短期内跌破8900点(图6-49中位置1处下轨)向下继续运行的可能性较大,做单位置:一是可委托跌破8900点的空单;二是行情如果到达7500点附近(图6-49中位置2处),反弹的可能性较大,可在7500点附近止损位委托下多单;三是如果接下来行情上涨,较安全的做空位置为10250点附近(60分钟K线图二次探顶,图6-49

中位置3处），同时继续注意分批止盈，有盈利时设置保本损位、移动损位等。

【实盘重点知识总结】

当出现图6-51所示的急速上涨行情时，大概率是受到了外部利好影响（当天是受到了政府利好政策影响），这时可立刻切换至1分钟K线图寻找上涨中继平台。笔者当天就是通过1分钟K线图中的上涨中继平台在7700点进入，最后行情上涨到10300点附近，共获得27倍收益。

图 6-49

图 6-50

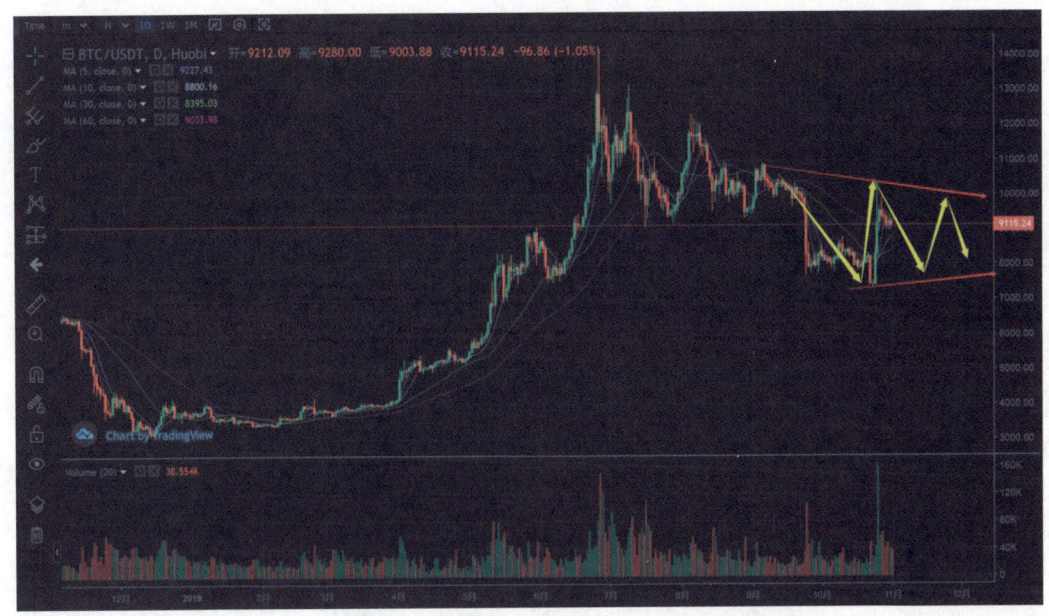

图 6-51

第十七节 DISHIQIJIE
2019年11月22日行情分析

【行情所处位置】

如图6-52所示，行情下跌至前低点处支撑位。

【行情分析逻辑】

如图6-52所示，1处为日线图大支撑位，可以在此处做一个日线图形态的多单，在近止损位处做单，昨日已按预期到达。这种位置是一买即赚的位置，相对安全，能获得小风险大收益。前文多次讲到，做这种日线级形态或者60分钟K线图形态，止损位务必设在前低点附近，也就是7300点附近（1处前低点）。

【实盘进单位置】

行情到达7500点附近（图6-52中位置1处），在近止损位处做多。通过60分钟K线图（图6-53）或5分钟K线图观察可知，至少会有200点以上操作空间。

【实盘重点知识总结】

做大形态有大收益也要有较大的止损区间,因为就算是在大形态的近损位做单,由于周期大形态大,止损区间也是相对大的,只有这样才能保证不被随便扫损,很少出现用5分钟K线图的近损位来博取日线图的大行情。所以不在近损位做单时仓位一定要轻;如果不在近损位进单,仓位还重,那么资金可能不足以支持在前低点设置止损位。

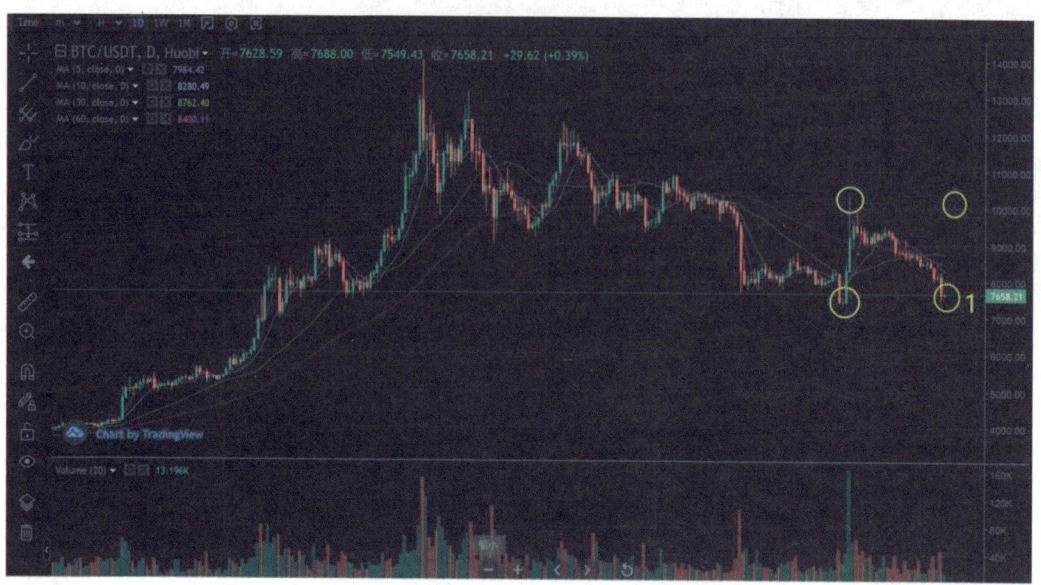

图 6-52

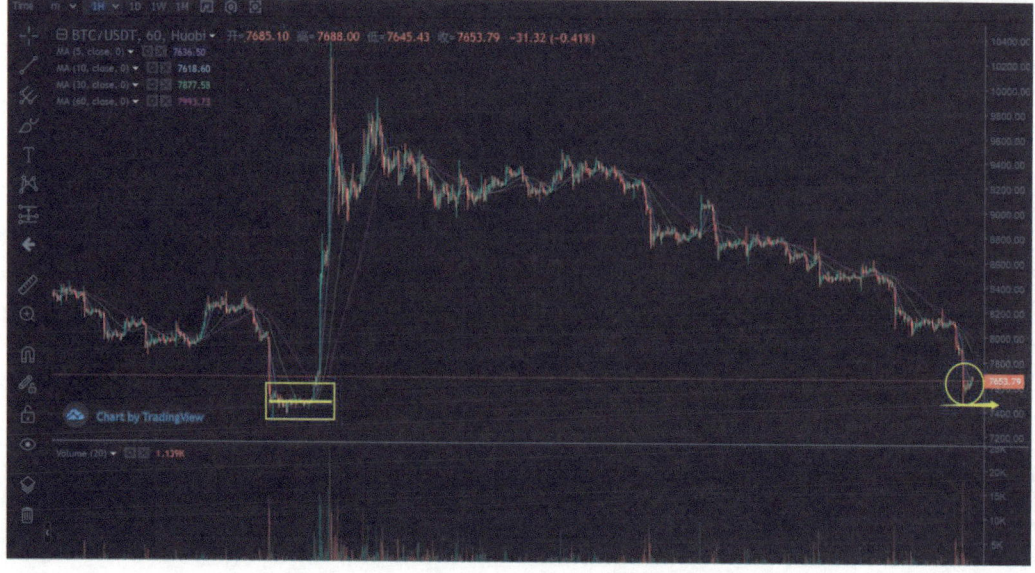

图 6-53

第十八节 2019年12月19日行情分析

【行情所处位置】

如图6-54所示,行情处在日线图一轮下跌后的低位震荡修整过程中。

图 6-54

【行情分析逻辑】

图6-55为周线图,行情现在在整个头肩底右侧下轨,处在支撑位,笔者认为向上反弹的可能性极大。切换至4小时K线图仔细观察,可以发现这个较规则的形态迟早会变盘。接下来形态可能的走势如图6-56和图6-57所示:一是在上轨修整一下就突破上轨;二是在上轨修整后再回到下轨,随后再决定行情是先到达上轨,或是直接跌破下轨导致整个形态向下变盘,或是再继续区间内的修整行情。综上所述,行情接下来具体的操作方式为上轨做空下轨做多,然后做此规则形态蓄势修整后的大变盘行情。

【实盘进单位置】

形态内三次探底时做多,设前低点为止损位。

【实盘重点知识总结】

图6-56的形态为下降箱体,具体表现为高点和低点逐渐降低。但如果行情整体处于相对大形态的支撑位(图6-55中间圆圈处),那么可能最后一次探下轨时的低点会高于前低点(图6-56三次探底低点高于二次探底低点),一旦支撑有效果,极可能整个下降箱体形态向上变盘。

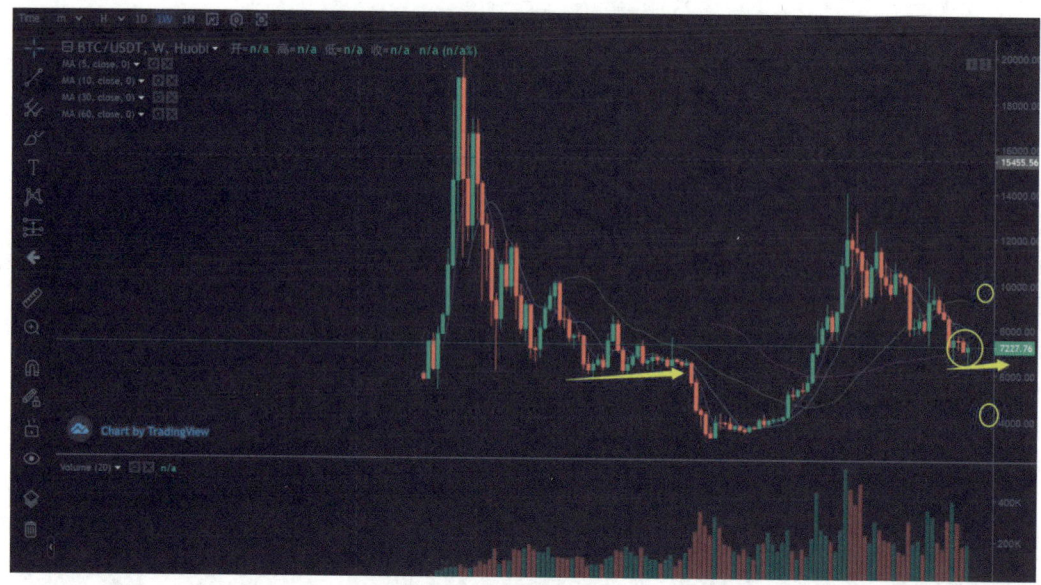

图 6-55

图 6-56

图 6-57

第十九节 DISHIJIUJIE
2019年12月25日行情分析

【行情所处位置】

如图6-58所示，行情处在区间中轴附近，形成震荡修整小形态，可通过1小时K线图或5分钟K线图细致观察。

【行情分析逻辑】

如图6-59所示，先观察日线图，行情在箱体内震荡修整，形态较规则，修整完全后行情会选择变盘方向。因箱体既处在6000点附近的强支撑位又处在反阻力位，没有预期变盘方向，故向上到达10000点附近，向下到达4000点附近，这是大周期大形态的做单大机会。细致观察切换至4小时K线图（图6-58），箱体大形态更加明朗，上轨处为阻力位，下轨处为支撑位，在上下轨处按交易规则可以高空低多设损位。现在行情处在中轴附近，没有选择变盘方向，但可以肯定未来必会触及上轨或下轨一方。切换至60分钟K线图（图6-60），可清楚观察图6-58的箱体1处，接下来头肩顶右侧小形态也将选择方向。

图 6-58

【实盘进单位置】

综上所述,一是行情到达6700点下轨附近(图6-58的三次探底)时可轻仓做多,也就是做大形态内的区间高空低多行情。二是如果行情再次到达上轨7800点附近(图6-58上轨)时,再次突破大形态上轨7800点时可追多,这意味着整个箱体向上变盘,目标位设在10000点附近。

【实盘重点知识总结】

看盘先看日线图,先观察出日线图大形态的上方阻力位和下方支撑位位置,尤其是形态规则的,确定形态较大、相对安全的进单位置,再向中间的小形态靠拢去分析。例如,去找60分钟K线图中次安全的做多/做空位置,随后才是5分钟K线图的机会。

第六章 / 比特币历史行情全面解析

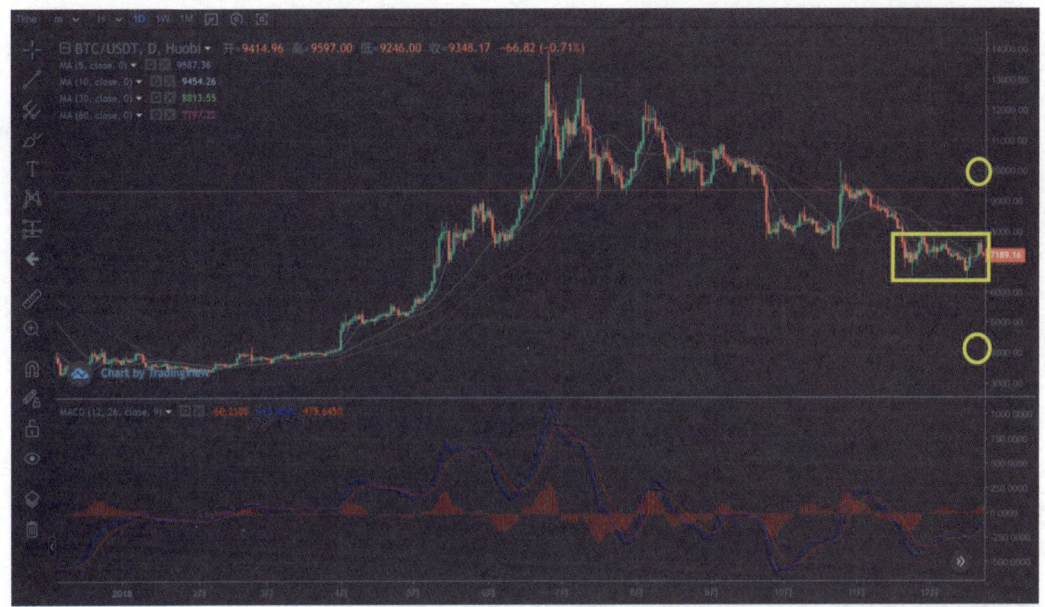

图 6-59

图 6-60

207

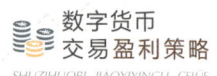

第二十节 2019年12月31日行情分析

【行情所处位置】

如图6-61所示,行情继续在区间内震荡运行。

图 6-61

【行情分析逻辑】

图6-62为月线图,如果本月K线收成这个样子,又处在大形态支撑位,那么下个月行情逢低做多,以上涨为主。图6-63周线图内长上下影线不断出现,是震荡修整的K线组合。图6-61为日线图,根据该图能清晰地看见区间内的形态在进行修整。这种日线图的形态一旦变盘释放,将会产生较大行情,突破后的追单也很有操作空间。预期不变,向上的阻力位在10000点附近,向下到达4000点附近及以下。

【实盘进单位置】

切换至60分钟K线图观察更加方便,如图6-64所示。综上所述,再次跌破中轴1处可轻仓做空,有盈利则设移动损位、保本损位,目标位为2处。在2处附近可做多;突破4处上轨附近可轻仓做多；如果突破5处7900点附近，意味着大形态向上变盘的可能性较大，可在小周期中寻找上涨中继平台设损位做多；同理，行情处在3处时可在小周期中找下跌中继平台设损位做空。

【实盘重点知识总结】

月线图中重要支撑位置出现多头K线组合，具有趋势性的指引意义。

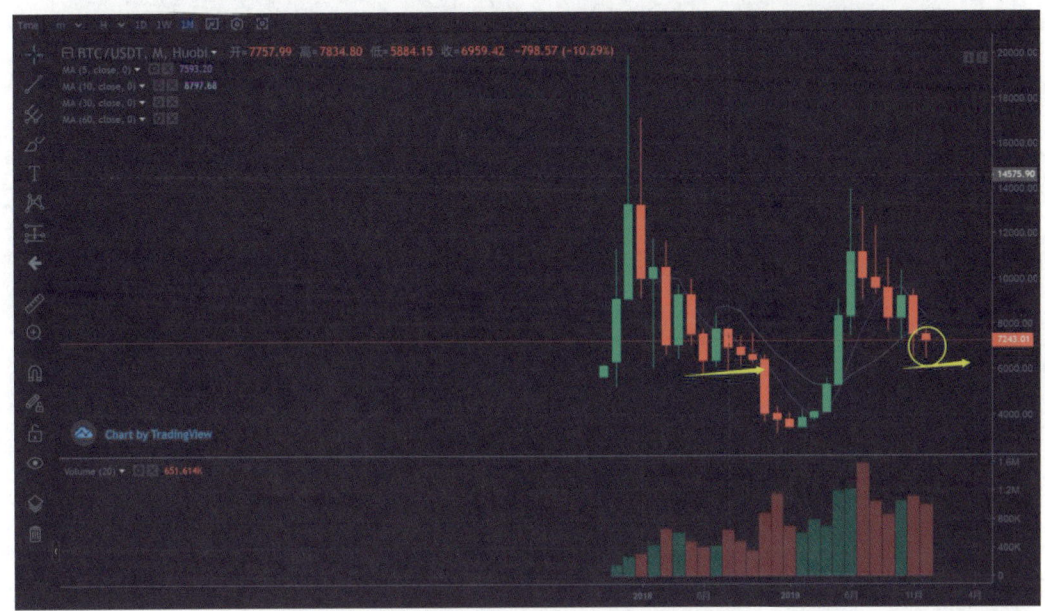

图 6-62

图 6-63

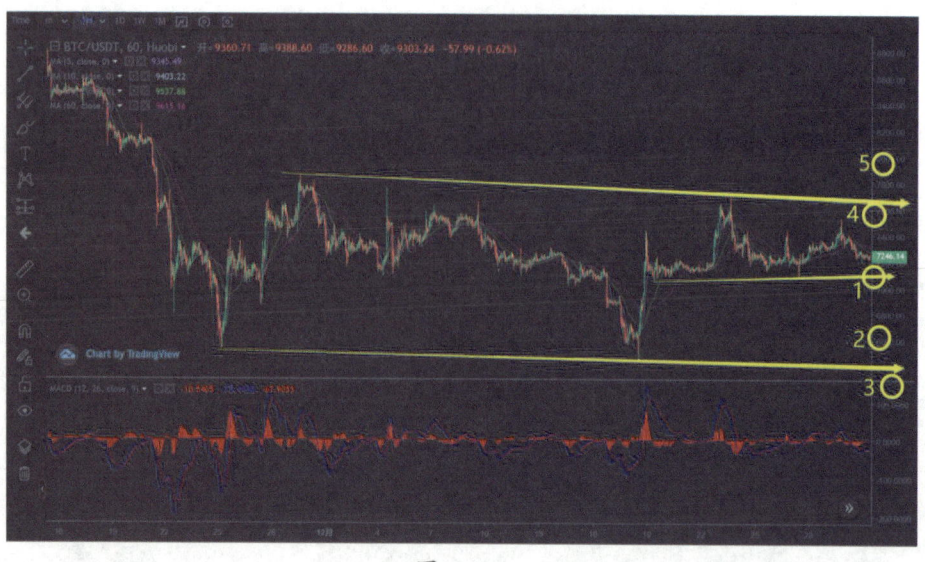

图 6-64

第二十一节 2020年1月5日行情分析

【行情所处位置】

如图6-65所示,虽然行情仍在区间内震荡修整,但多头趋势较强,形态向上变盘概率极大。

图 6-65

第六章 / 比特币历史行情全面解析

【行情分析逻辑】

如图6-66所示,如前文所讲,如果上个月收下影线又恰逢处在大形态支撑位,接下来开启月线级别的上涨行情的可能性极大。切换至周线图(图6-67)仔细观察,现在行情在形态1处震荡修整,可以肯定的是,形态1迟早会变盘。按照一轮周线级的震荡修整就会有一轮周线级的释放幅度来讲,如果向上变盘后行情会到达10000点附近,向下会到达4000点附近,所以可做突破后的顺势追单行情,突破上轨或下轨后可在相对小周期的上涨中继平台或下跌中继平台中寻找买点。如图6-68所示,现在行情处在

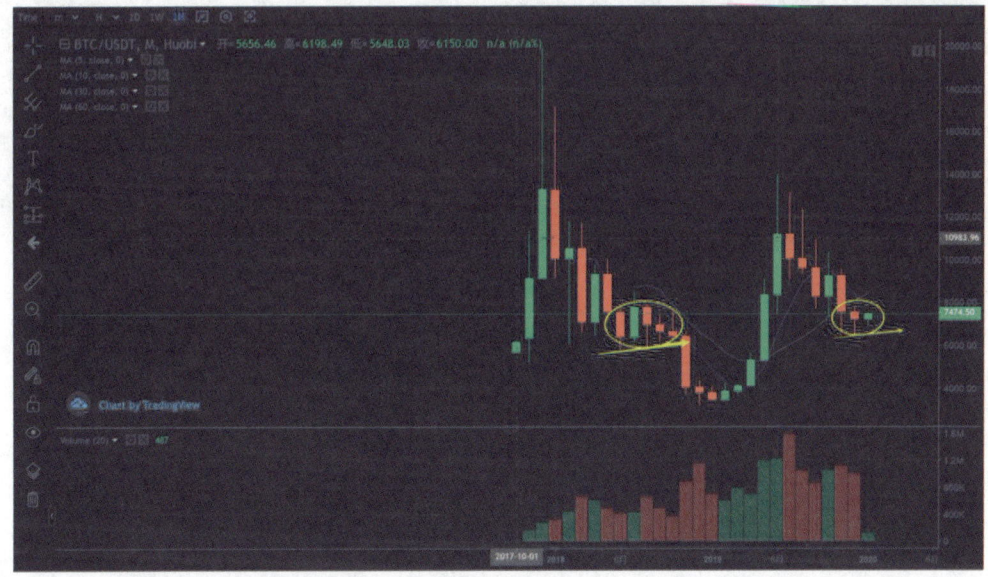

图 6-66

图 6-67

211

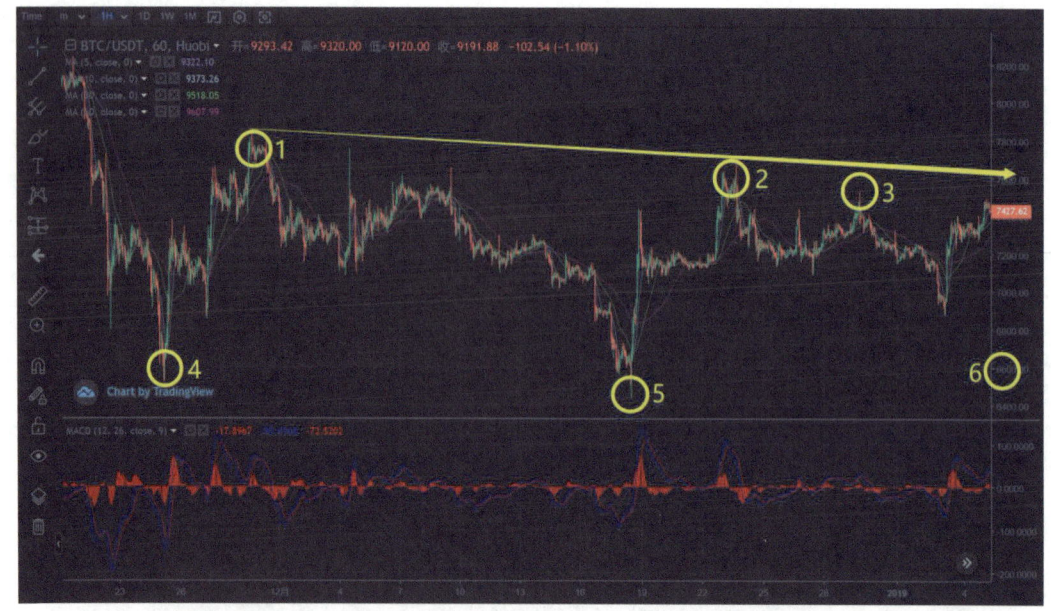

图 6-68

相对上轨处，已出现三次探顶/探底，形态随时面临变盘，按照形态间的操作原则，可在上轨近损位做空，在下轨近损位做多。但注意如果行情震荡蓄势特别久，突破后，高空低多失效，例如在上轨做空，但形态最后向上变盘，导致空单被扫损。

【实盘进单位置】

综上所述，行情突破图6-68中位置2处7700点附近可轻仓追多。轻仓是因为还没有突破最高点7860点（1处）附近，突破7860点附近后可以正常做多（在60分钟K线图或5分钟K线图中去找上涨中继平台小形态设损位并追损位）。如想做空，可在现价或等待行情到达7600点附近（形态上轨处）时轻仓做空，但不建议这么做，因为如果预期整个大形态向上变盘，空单有可能被扫损。

【实盘重点知识总结】

以上所讲的都是趋势性的波段行情机会，因为只有出现大行情、大形态才会有大收益。交易赚钱的核心就是小亏损大盈利，如何实现小亏损？潜伏在最安全的位置进单。这是因为不是任何位置都适合交易，不同位置进单的安全性是分为三六九等的；至于如何实现大盈利，答案是长期持有，做大行情、大形态，并且，盈利率不重要，重要的是盈亏比。

第二十二节 DIERSHIERJIE

2020年1月16日行情分析

【行情所处位置】

如图6-69所示，行情处在一轮日线图的单边上涨行情途中。

图 6-69

【行情分析逻辑】

观察月线图图6-70和周线图图6-71，预计后期继续上涨的可能性较大，就算最后收线是长上影线，大概率也会冲高到达上方阻力位置再下来。如图6-69所示，现在的位置1处是行情的重要选择位置，向上意味着到达10000点的可能性大，向下意味着重回8000点及以下的可能性大。通过图6-72的4小时K线图可知，整体的形态其实是一个三次顶底大形态的震荡修整，随后形态变盘突破1处回踩至2处上轨然后起涨，再到达3处。当形态突破7700点（图6-72中圆圈1处）或突破7860点附近时都可以做单，就是因为这是一轮日线图的变盘，会产生一轮日线图级别的单边行情，且至少1000点以上，随后如有盈利则分批止盈，设移动损位、保本损位即可。如刚才所讲，接下来在图6-72中位置3处小形态的变盘方向很重要，可通过1小时K线图图6-73细致观察这个小形态，其中3处、4处为突破轻仓追多追空的位置。

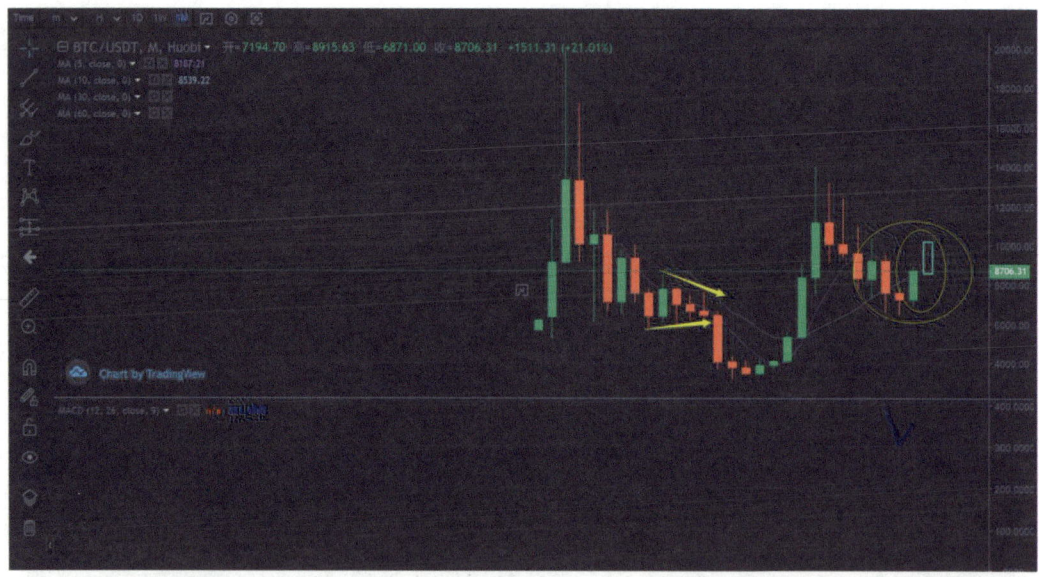

图 6-70

图 6-71

图 6-72

图 6-73

【实盘进单位置】

综上所述,行情突破小形态前高点8930点附近时可轻仓追多(图6-73中上轨3处),轻仓是因为现在的行情处在一轮上涨行情的中期而不是初期,上涨中期容易出现回踩行情,所以轻仓试探。

【实盘重点知识总结】

观察图6-72的反支撑位2处,像这样首次回踩上轨时不建议做多,因为不好设置止损位,并且如果行情再次跌破下轨到达中轴甚至下轨处就更不好应对了。所以,一般反支撑位处出现第二次探底并低点抬高时,才是轻仓做多的机会,止损位应设置在前低点首次反支撑位处。反阻力位同理。

第二十三节 2020年3月21日行情分析

【行情所处位置】

如图6-74所示,行情处在一轮急跌后的反弹高位,同时也是前方密集区下轨反阻力位。

图 6-74

【行情分析逻辑】

图6-75为日线图,按交易系统分析,基于前方有月线级别的支撑位,算是月线级别的近损位,所以在2处3900点附近做了多单。现在行情处在3处,接下来行情有两种走势。一是可能出现二次探底。如果出现二次探底,就又回到4500点,这是日线图大形态给的二次探底机会,应该珍惜。二是行情上涨力度较强。日线图显示行情直接上涨,就要判断上方的阻力位位置,根据形态阻力位、释放空间等分析,上方第一阻力位是在10000点附近。图6-76为60分钟K线图,如果继续向上走,势必先到达6800点附近。接下来行情将在小高位震荡修整,可能会修整出一个三角形或箱体,当出现几次探顶或几次探底时再突破做多,就相对安全了。

第六章 / 比特币历史行情全面解析

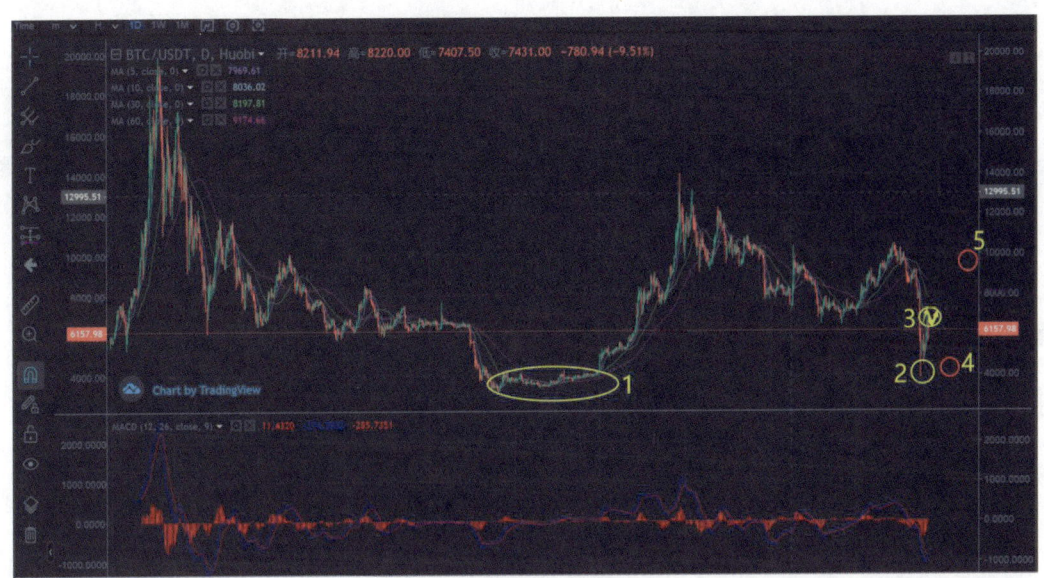

图 6-75

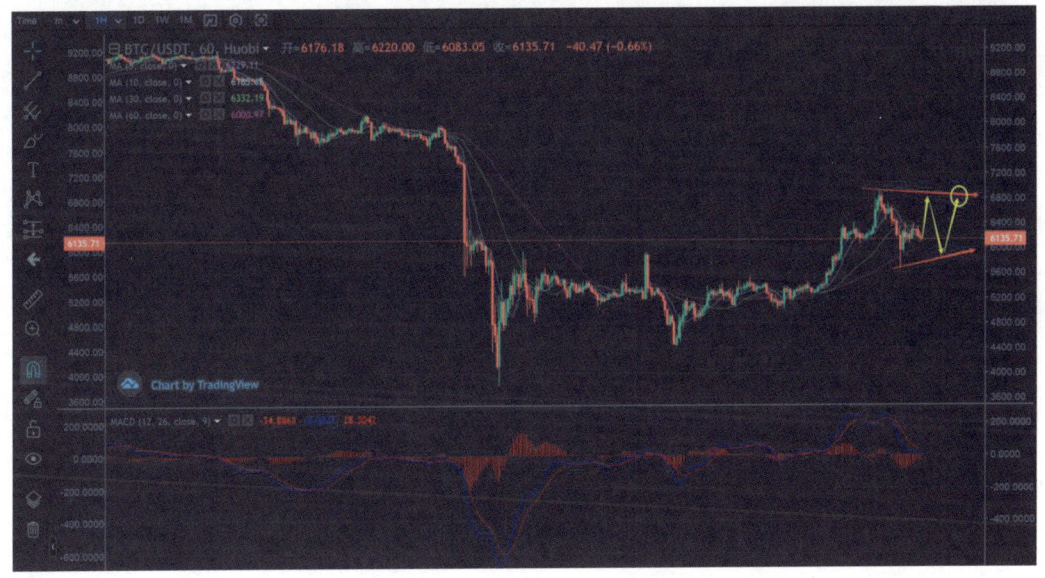

图 6-76

【实盘进单位置】

小形态内出现二次或三次探顶/探底时高空低多，突破小形态上轨可追多，跌破小形态下轨可追空。

【实盘重点知识总结】

图6-75中位置3处，不仅处在反阻力位，并且处于一轮下跌后反弹的中间位置附

217

近。当60分钟K线图行情首次到达此位置时是不好做单的,最好等待此位置形成一个较规则的60分钟K线图形态再进入。如果想在60分钟K线图形态首次出现时进单,就要切换至5分钟K线图甚至1分钟K线图去寻找规则的小形态入场。

DIQIZHANG
第七章
世界主流币种K线行情分析

导读

从2013年开始进入国际黄金白银外汇市场，到2015年进入国内商品期货市场，再到2017年进入数字货币交易行业，笔者一直告诉自己，一定要多观察和交易不同的交易标的物。因为只有多看多总结，只有阅无数行情，最后才能达到行云流水的境界。所以在交易数字货币的过程中，虽然每种主流数字货币大方向的走势都与比特币相似，但还是存在形态不同、上涨空间不同、回踩或反弹幅度不同等问题，从而形成不同的操作机会。笔者在本章中从大周期到小周期，从简单到复杂，从抽象到具体，详细解析目前其他主流数字货币，希望大家多思考、多总结，最后达到举一反三、发散思维、融会贯通。

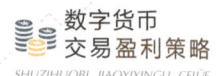

第一节 以太坊（ETH）的行情分析

一、周线图整体形态解析

【图形说明】

图7-1为以太坊周线图，时间跨度为2018年2月—2020年4月，图中出现希望之星、黄昏之星、多头吞没线等K线组合，以及三角形、浪形等K线形态，对中期趋势的判断有指导意义。

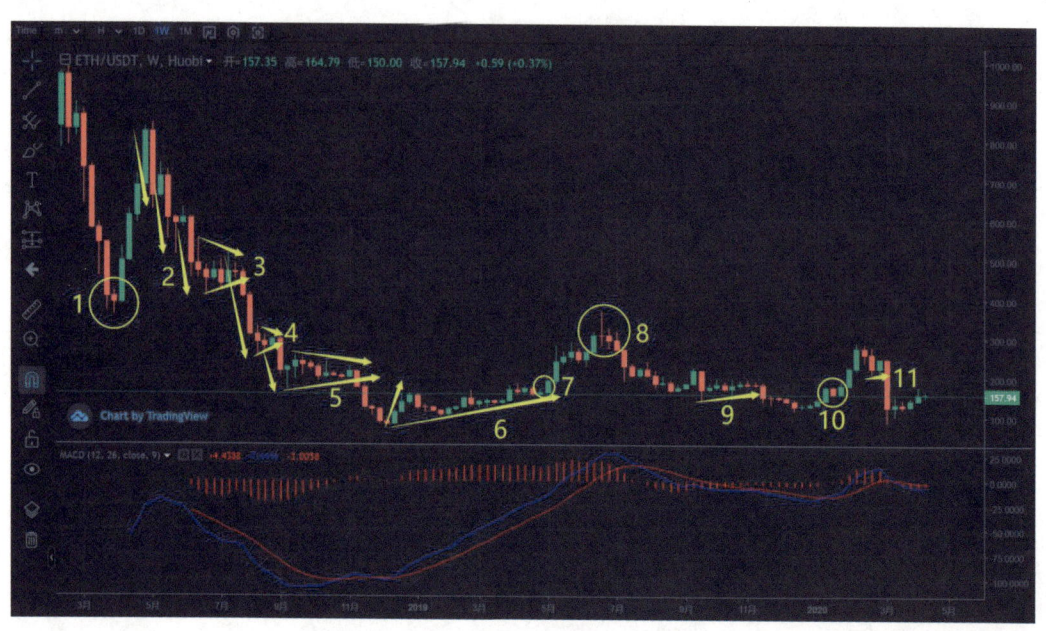

图 7-1

二、日线图形态清晰分解

【图形说明】

经过等待，形态变盘，在形态突破上/下轨处进单操作较安全。行情极大概率一买即赚的位置（见图7-2~图7-4）：位置5、位置6、位置7、位置9、位置11、位置16、位置18、位置21、位置27、位置29、位置30、位置33、位置37、位置39。平时可将操作界面停留在60分钟K线图中,一天偶尔看几次日线图,目的是掌握大局、加深印象。如果形态即将变盘突破,可及时切换成5分钟K线图,方便更加细致地观察,寻找上涨或下跌小中继平台,顺势而为。结合日线图与60分钟K线图观察,日线图更明朗,60分钟K线图更清晰,5分钟K线图更准确。

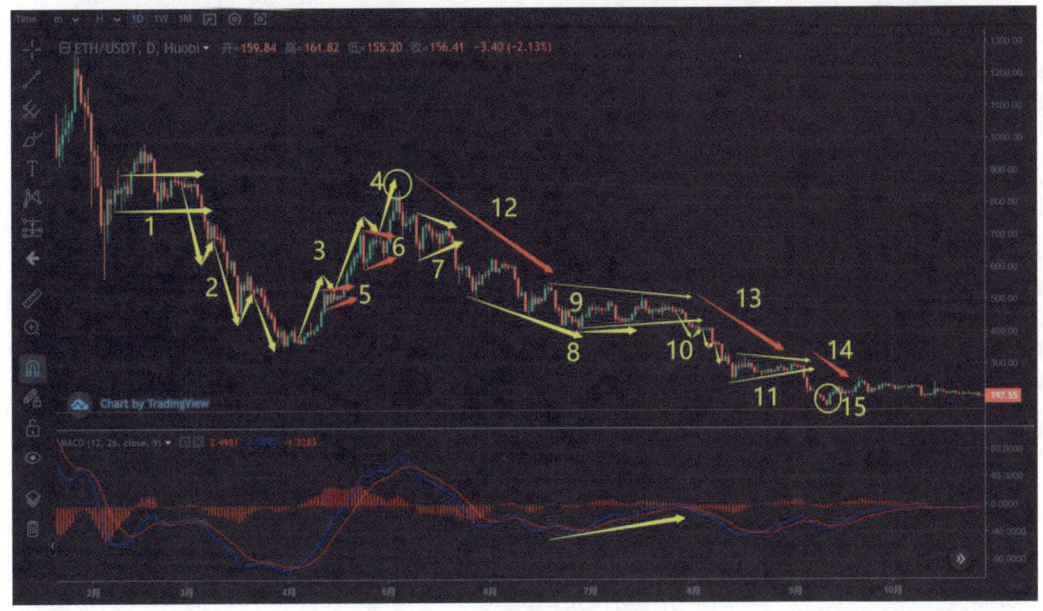

图 7-2

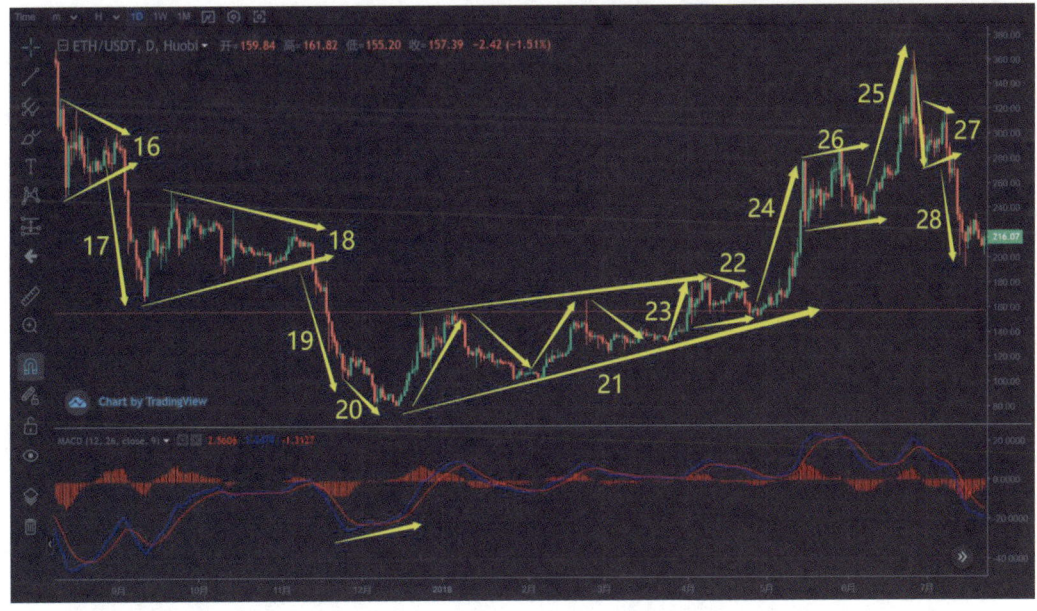

图 7-3

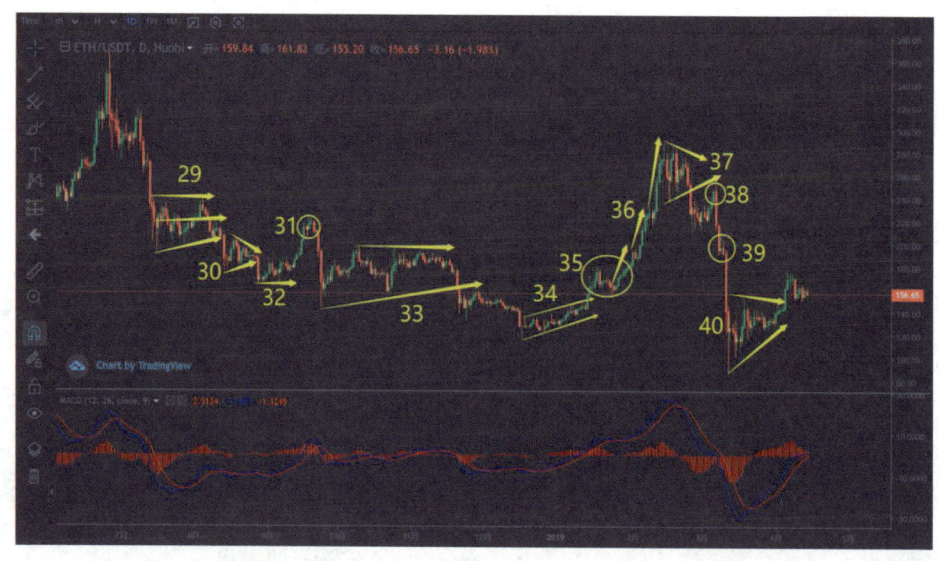

图 7-4

三、小时图形态细致讲解

【图形说明】

图7-5对应日线图图7-2位置1处及位置2处。行情从高位经过一轮下跌，先后以三浪加延展浪的形态展开。在第一浪、第二浪下跌后分别构成震荡修整小平台1和2，可在上轨处二次/三次探顶时做空，也可在跌破下轨时轻仓追空。一轮行情释放完全后开始在3处震荡修整，可在二次/三次探底时做多，设前低点为止损位，随后向上收复最后一浪，形成4处形态。如切换至5分钟K线图等小周期图清晰观察，会发现行情同样由三小浪构成，高位会出现顶背离现象。

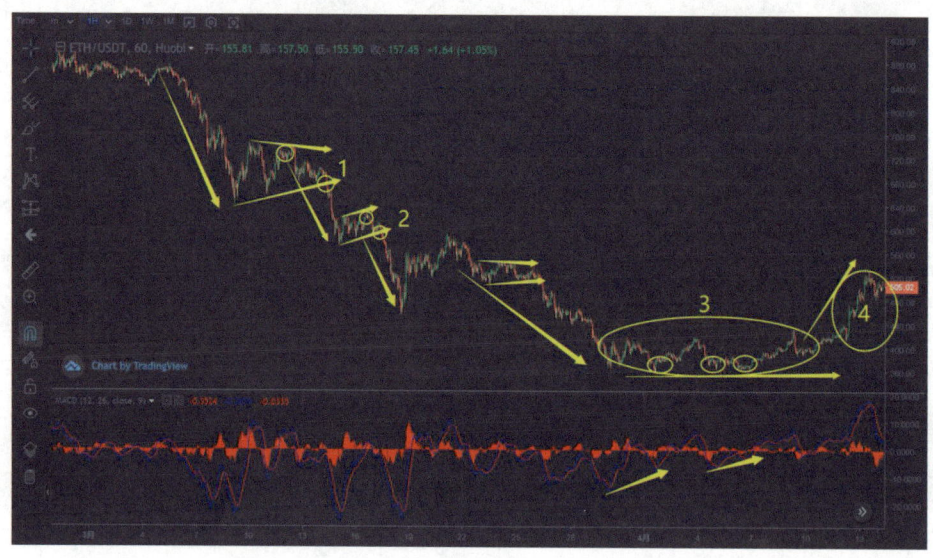

图 7-5

【图形说明】

图7-6对应日线图图7-2位置3处至位置7处。如图,整轮上涨行情同样以浪形形态进行收复行情,每轮浪形后都会伴随震荡修整行情,在日线图中就表现为上涨中继平台。可在2处二次探底和突破上轨时做多,当行情位于4处时可以轻仓做空,设前高点为止损位,但要明白,现在是上涨趋势,以回踩做多为主。如果做空,为逆势,只能短线见好就收或设移动止损位。接着行情突破7处可追多,直至到达8处,伴随行情到达上方阻力位和顶背离等特征,多单可以止盈。做好回踩收复第三大浪的准备,目标位分别为前方密集区上轨中轴下轨处。如图,在10处受到下轨强支撑并伴随下方底背离,行情反弹。

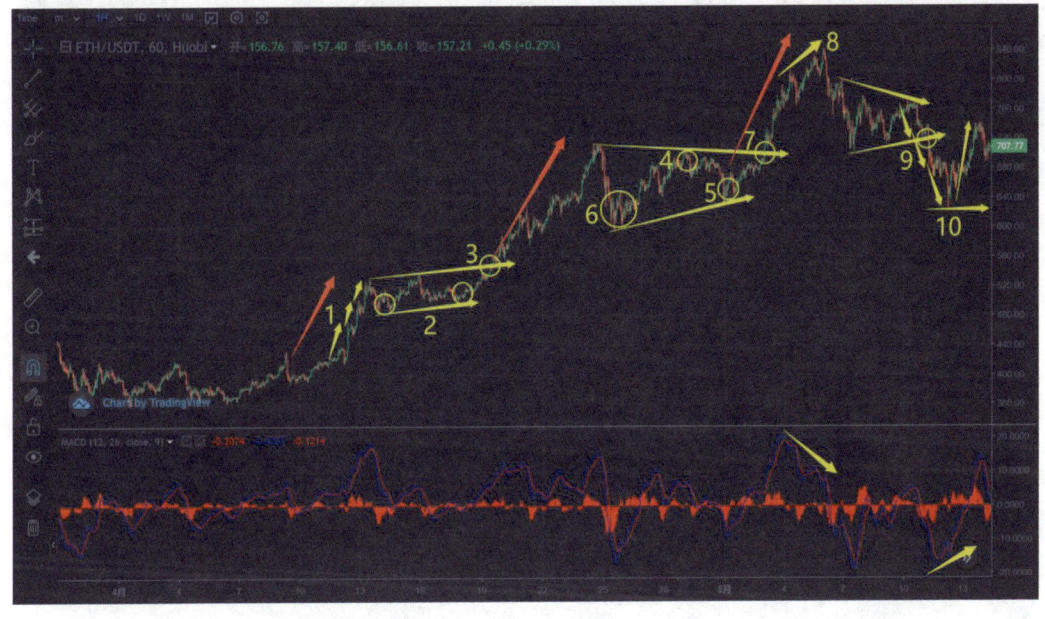

图 7-6

【图形说明】

图7-7对应日线图图7-2位置8处至位置10处及位置12至位置13处。行情三浪逐渐缩短,构成日线图整体下行的第一大浪。下方指标不断底背离,随后反弹收复形成震荡修整形态5,再次变盘,可在跌破6处时追空。行情在下轨反阻力位7处形成小平台,然后再次下跌,并以小三浪形态展开。

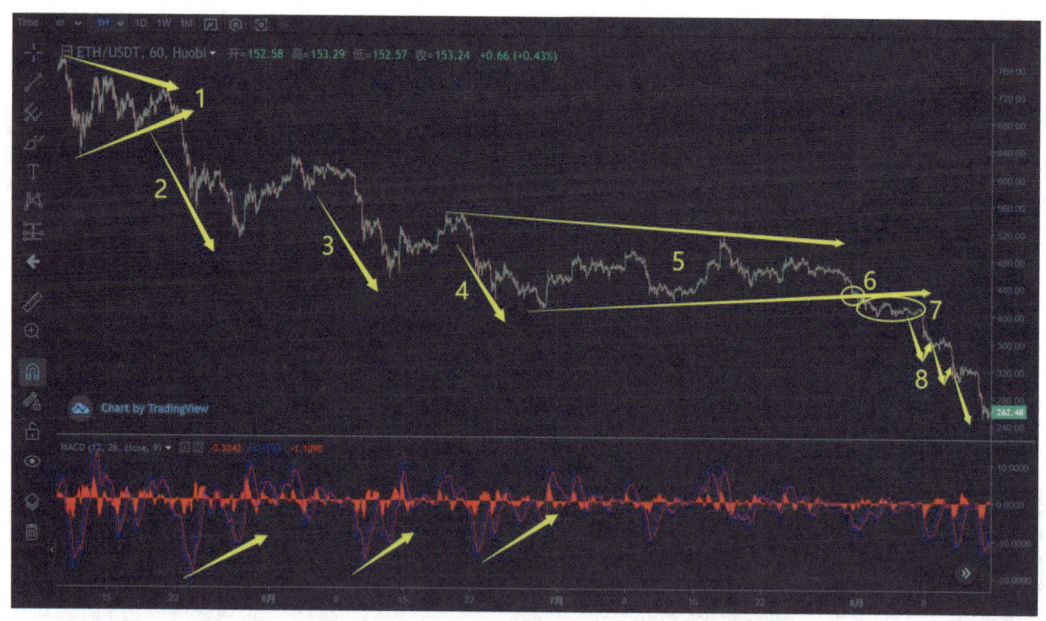

图 7-7

【图形说明】

图7-8对应日线图图7-2位置11处、位置14处至15处。1处为行情跌破下轨后的反阻力位，行情以三小浪形态进行下跌，形成日线图第二大浪。随后自5处反弹收复，形成震荡修整形态4，接着开始变盘，可委托跌破7处的空单。随后形成日线图的第三大浪3处，并形成底背离，最后进行日线图一轮下跌行情的的反弹收复，到达8处并受到前低点5处的阻力。可想而知，接下来形态9即将面临变盘。

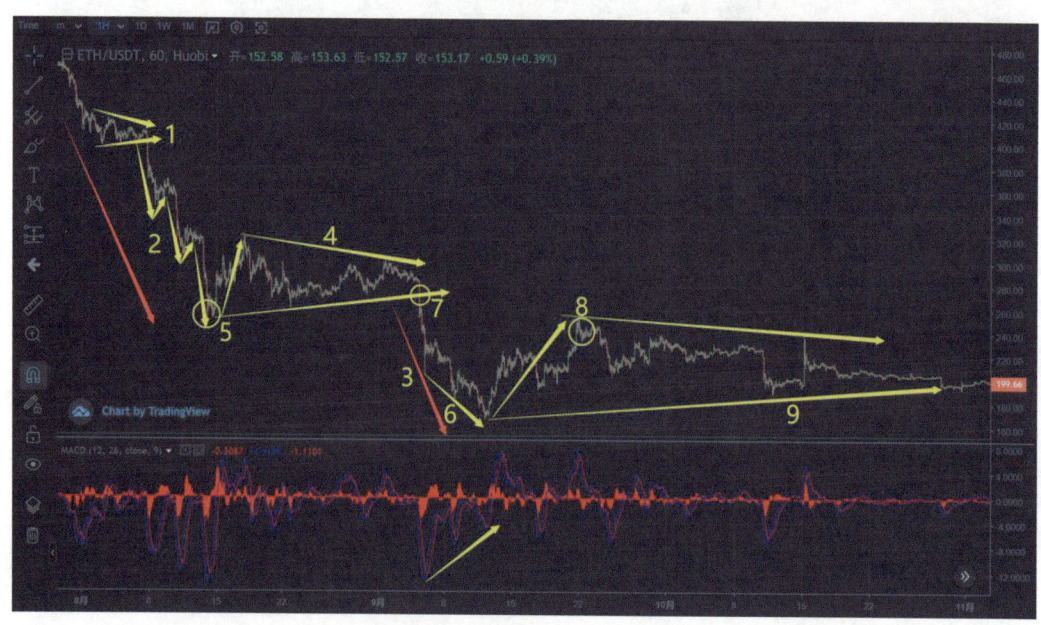

图 7-8

【图形说明】

图7-9对应日线图图7-3位置16至26处。要想发现K线运行规律其实不难，我们只要耐心等待属于自己的交易机会。我们平时在交易过程中，要等待较大周期中出现的较规则的形态，例如三角形、箱体等。这类形态一旦变盘，突破时追单都来得及。大家可以从图7-9清楚观察到，该形态变盘释放后，产生的单边行情的空间幅度是非常巨大的，而且处于下跌趋势中，根据形态的预期变盘方向尽量在2处、3处做空而不是在4处、5处做多，否则高空低多会失效，多单迟早被扫损。7处、8处和11处都可做多，设前低点为止损位。

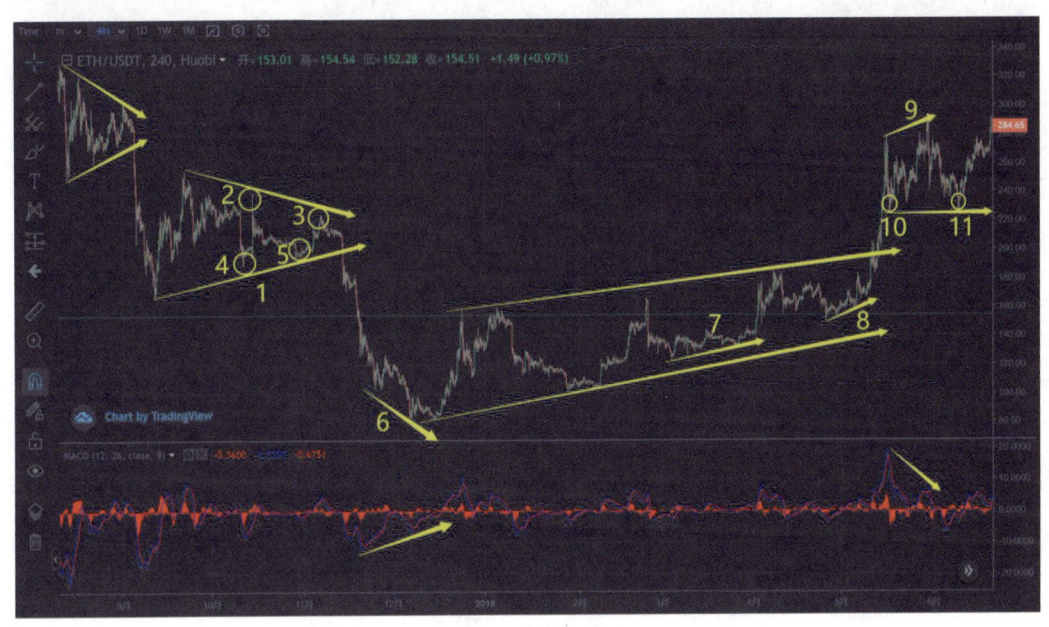

图 7-9

【图形说明】

图7-10对应日线图图7-3位置27至28处，图7-4位置29至40处。行情在1处变盘，跌破下轨时可追空，随后在2处构成的三角形非常规则，如果放在5分钟K线图等较小周期图中可以清楚观察。同理，行情跌破4处时可追空，6处低点上移，随后整体构成头肩底，变盘释放并以三浪形态展开。位置8处形成的三角形更是值得操作，一是处于相对高位；二是形态较大、较规则，一旦变盘，盈利空间会非常巨大。9处的行情受到反阻力下跌，至于11处，为下跌中继小平台，这时可以切换至5分钟K线图或1分钟K线图清晰观察，选择在小平台的上轨处做空。

225

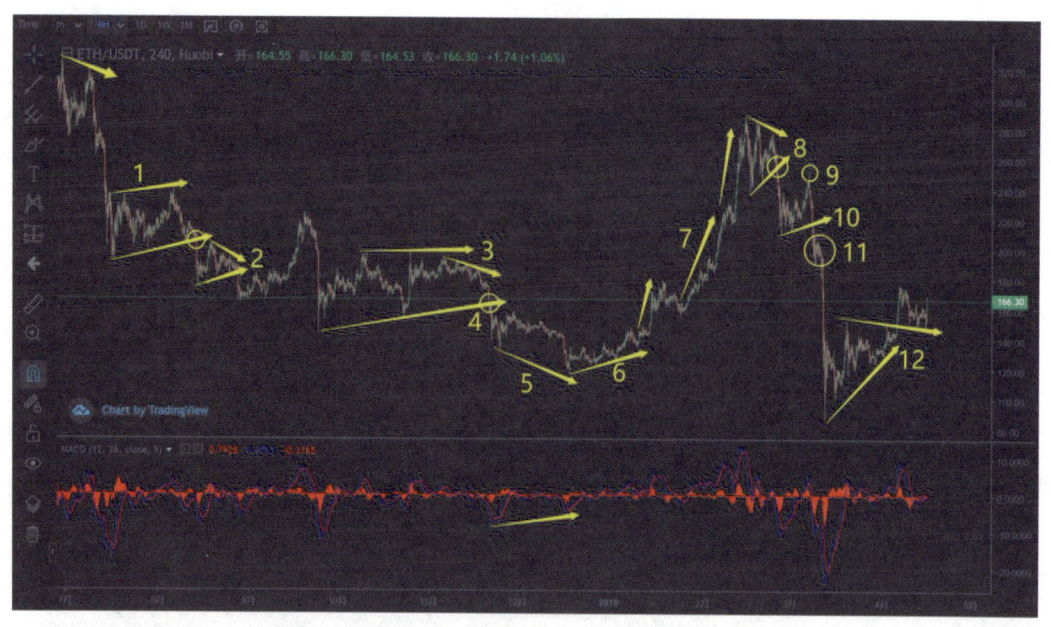

图 7-10

第二节 莱特币（LTC）的行情分析

一、周线图整体形态解析

【图形说明】

图7-11为莱特币周线图，时间跨度为2017年10月—2020年4月，图中出现中继平台、低位希望之星、仙人指多等K线组合，以及三次探底、三角形、下跌三浪等K线形态。

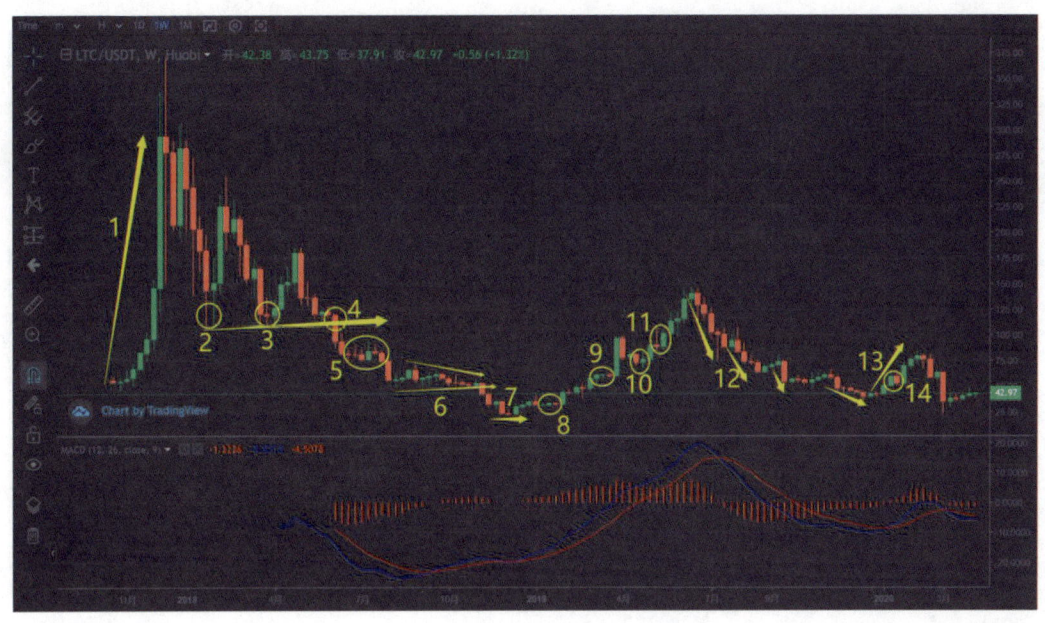

图 7-11

二、日线图形态清晰分解

【图形说明】

经过等待，形态变盘，在突破上/下轨处进单操作较安全，行情极大概率一买即赚的位置（见图7-12、图7-13）：位置1、位置2、位置5、位置7、位置11、位置13、位置16、位置18、位置21。每当较大形态变盘释放时，我们要明白，如果这是一轮日线级别形态的变盘，一般要持有几日的仓位。较大行情的运行释放也是需要时间的，极少情况下会出现几个小时就大涨完或大跌完的极速单边行情。一轮行情的上涨或下跌，有时很顺畅，有时却要经历不断的反弹再下跌或回踩再上涨。

227

图 7-12

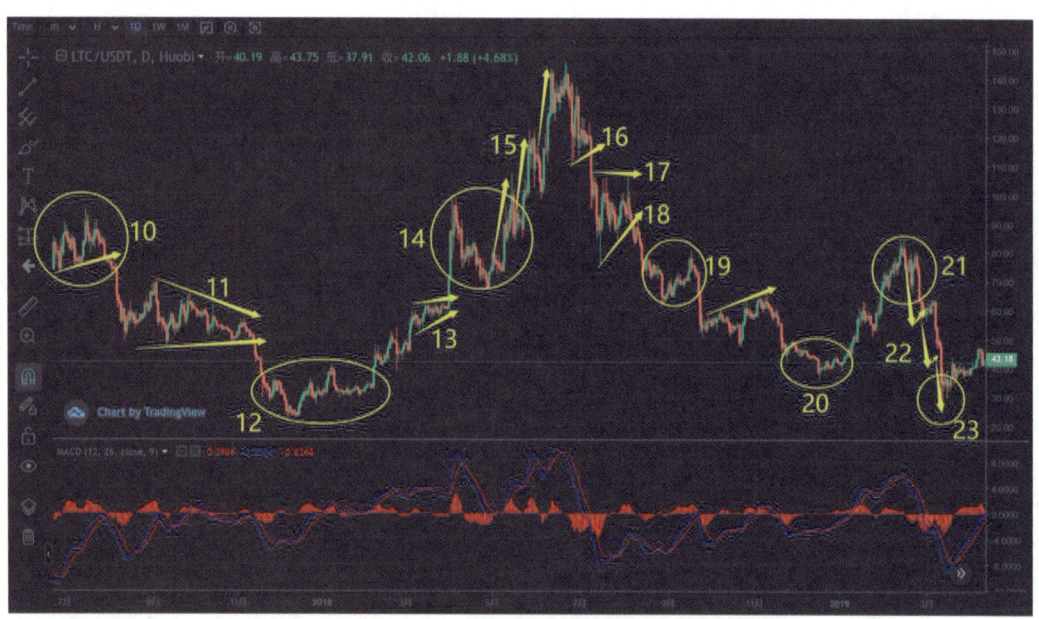

图 7-13

三、小时图形态细致讲解

【图形说明】

图7-14对应日线图图7-12位置1至9处。在三角形或箱体修整末期、振幅逐渐收窄的时候，如果形态处于中轴无法判断变盘方向，可以委托好突破上轨的多单和跌破下轨的空单。如果处于相对高位，预计其向下变盘的可能性大，空单可以适当增多，反之亦然。当行情处在8处、9处时，可做多。设前低点为止损位，但如果继续在11处做多，最后就会面临高空低多失效，多单被扫损。在这种情况下要明白，此为周/日线级大形态的变盘，一旦跌破，释放空间会非常大，所以可以立即反手追空，设10处附近为止损位，不要一被扫损就失去信心。大形态变盘初期，行情可能才刚刚启动，要开始顺势而为。

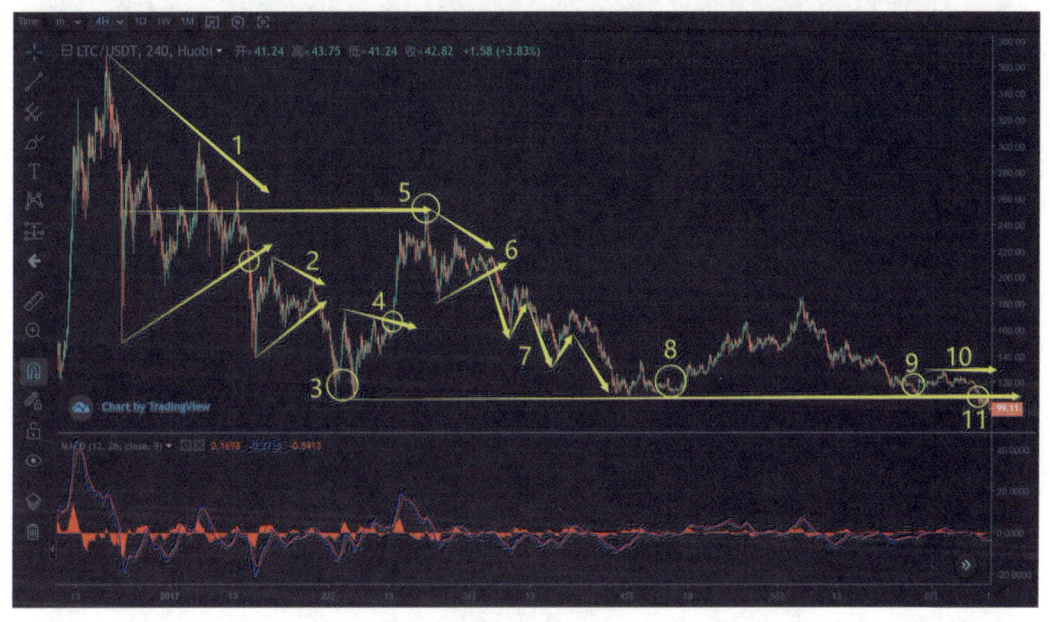

图 7-14

【图形说明】

图7-15对应日线图图7-13位置10至15处。跌破三次探顶位置1处后，行情一直处于下跌趋势中，所以在形态2处、3处，都是以反弹做空为主，此为顺势而为，尤其是跌破规则形态3处下轨时，更应顺势追空。随后行情以4处为底，3处为左颈线，5处为右颈线构成头肩底形态。6处出现明显变盘信号后，行情到达7处上轨，此位置因前方有密集区，又形成复合头肩底。以2处为左颈线，7处为右颈线，随后右颈线再次变盘以三浪形态上涨。单独看60分钟K线图会觉得行情杂乱，但如果观察日线图或缩小60分钟K线图规则的大形态，一般都会显现出来。

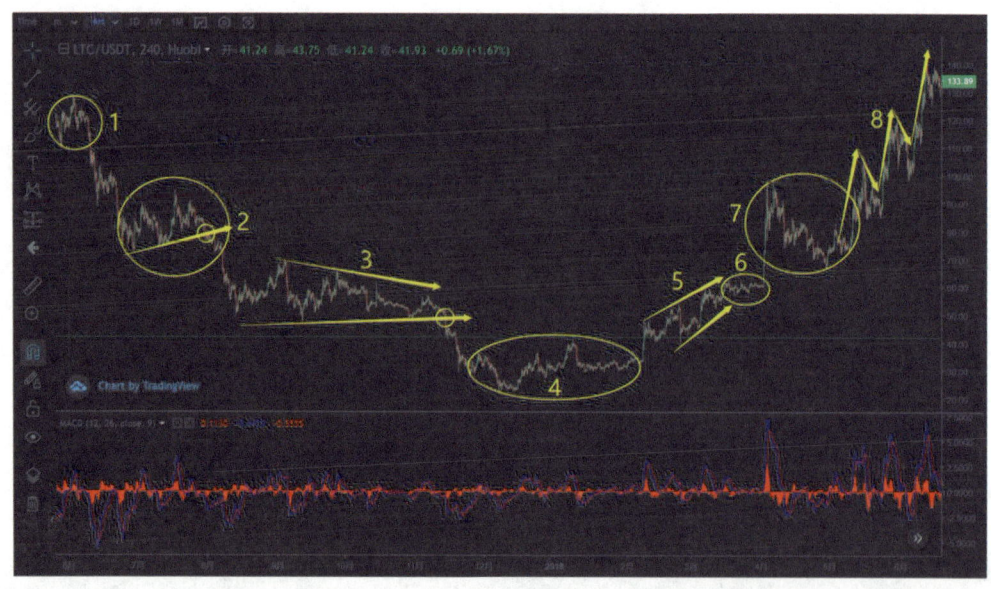

图 7-15

【图形说明】

图7-16对应日线图图7-13位置16至23处。在实盘过程中，几乎不太可能每次看盘时，都处在相对安全的进单位置。好的位置都是等待出来的，等待有时看似是错过机会，实则是错过风险。当形态不规则、行情看不懂时，大家记住做交易的底牌就是等待60分钟K线图中形成一个较规则的形态时再做单，例如三角形、箱体等。就算所处位置不明朗、预期变盘方向不明确，规则的震荡修整形态在60分钟K线图中会经常出现，只需等待，然后轻仓做突破行情即可。

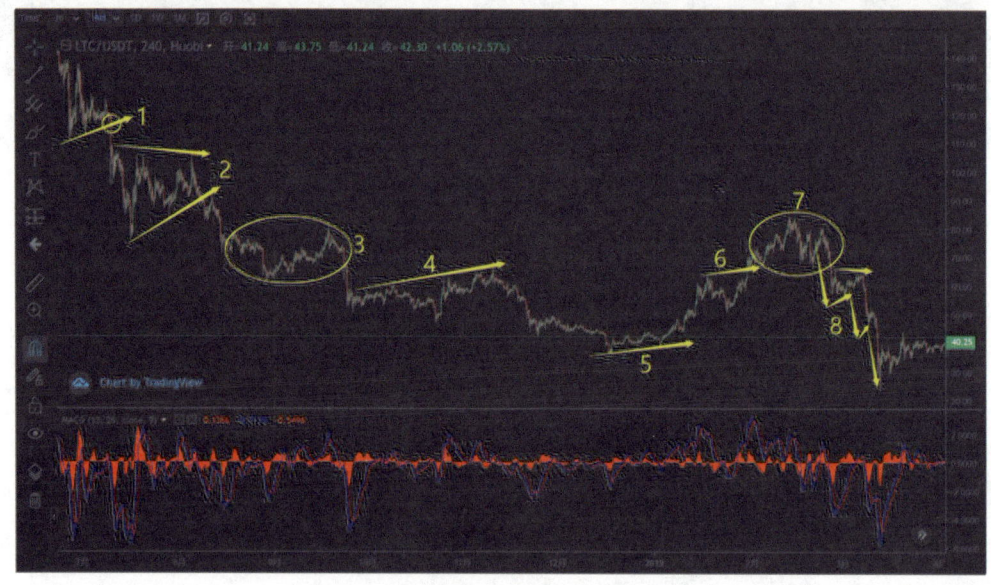

图 7-16

第三节 DISANJIE
瑞波币（XRP）的行情分析

一、周线图整体形态解析

【图形说明】

图7-17是瑞波币周线图，时间跨度为2018年1月—2020年4月，图中出现上下影组合、绝地反攻、多头吞没线等K线组合，以及震荡箱体、三角形等K线形态。

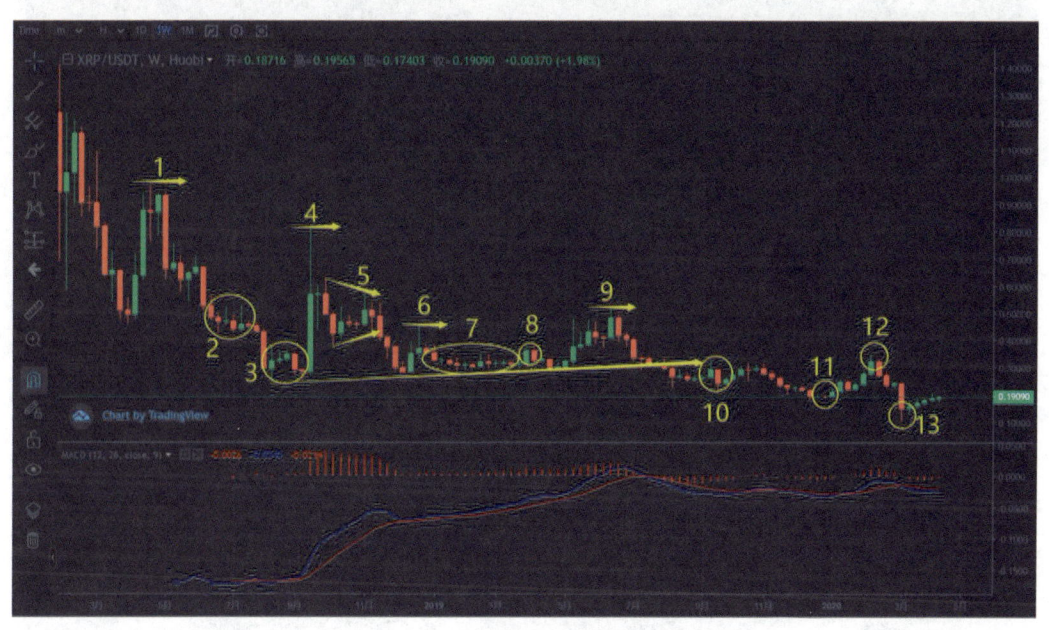

图 7-17

二、日线图形态清晰分解

【图形说明】

经过等待，形态变盘，在突破上/下轨处进单操作较安全。行情极大概率一买即赚的位置（见图7-18、图7-19）：位置3、位置4、位置5、位置6。进行交易时，选择永远比努力重要。选择交易品种就像挑选一件心仪的物品一样，要在纷纷扰扰中找到适合自己的。又如面前的道路有好多条，为了快速到达目的地，肯定要走高速公路，而不是泥泞的山间小路。对交易品种的选择也是一样，有好操作的就没必要抱着那个不好操作的不放手。例如，国际黄金、白银，包括国内的商品期货，诱多、诱空行情非常多，因为交易的时间不连续，所以在交易的过程中，跳多、跳空行情也比较多，因此会产生很多风险问题。但是交易比特币等主流数字货币不会出现这种问题，因为它们是"7×24小时"交易，并且主流数字货币，尤其是比特币的运行非常规律。建议大家还是以操作比特币为主，因为交易的人越多，体量越大，其运行走势就会越规则。

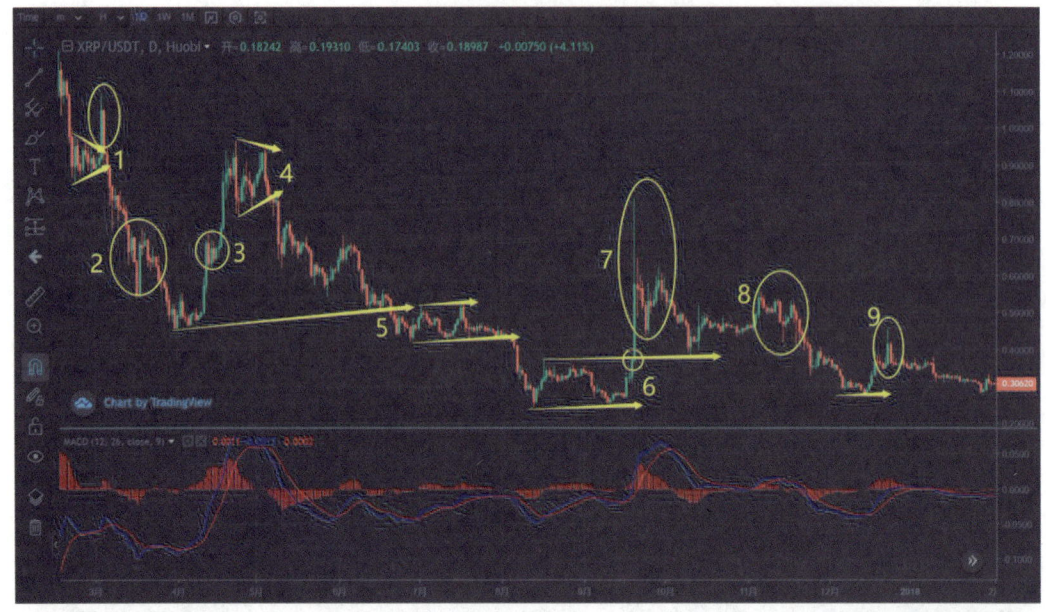

图 7-18

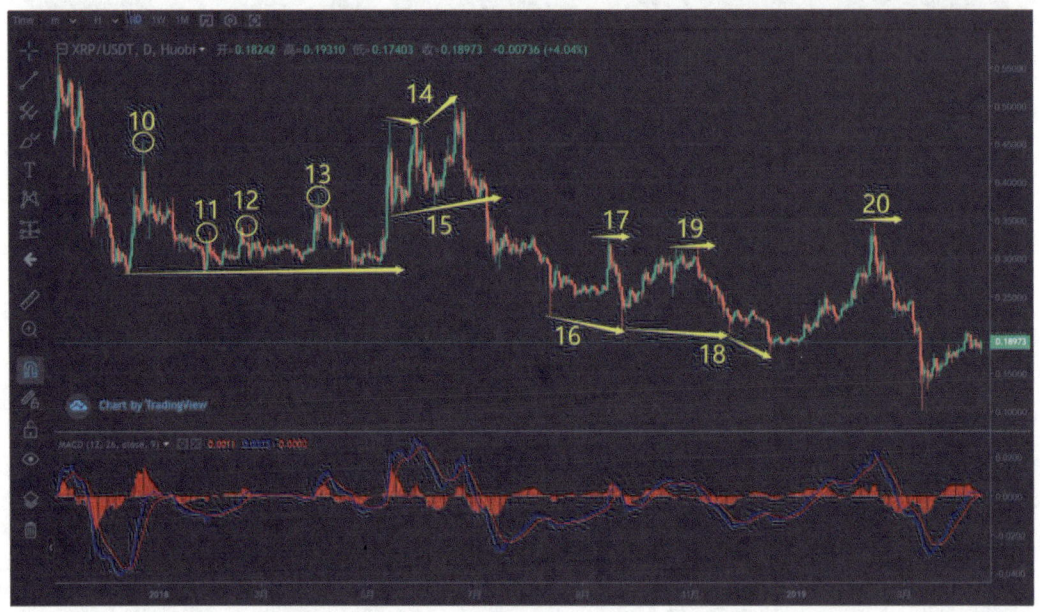

图 7-19

三、小时图形态细致讲解

【图形说明】

图7-20对应图7-18～图7-19位置7至15处。从技术面来讲，形态的运行规律不明显，诱多、诱空，急涨、急跌行情经常出现，建议多看少动，以操作较规则大形态为主。

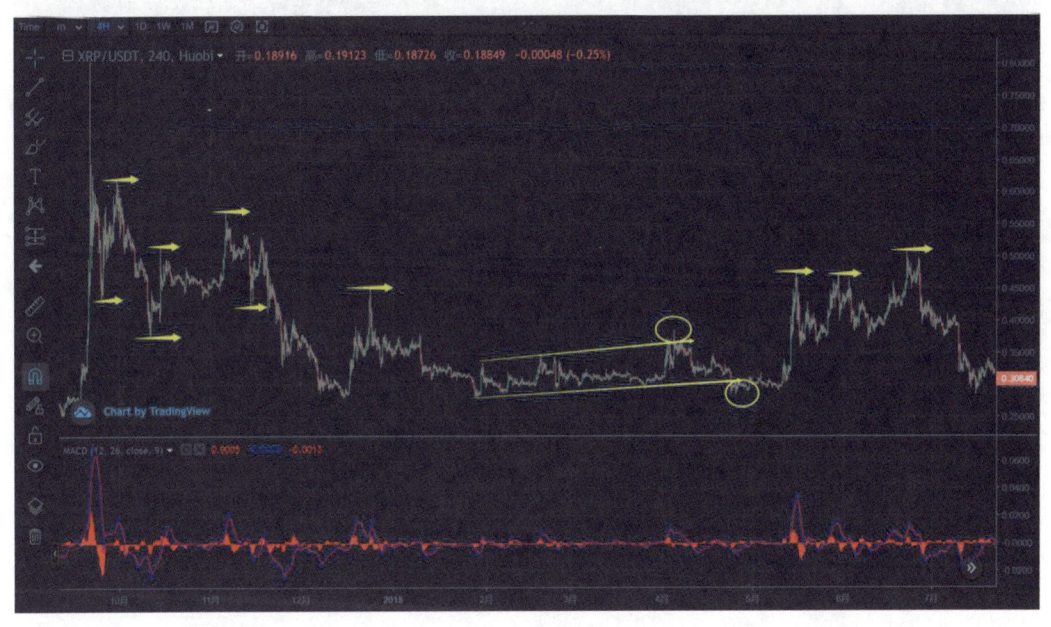

图 7-20

比特币现金（BCH）的行情分析

一、周线图整体形态解析

【图形说明】

图7-21为比特币现金周线图，时间跨度为2018年1月—2020年4月，图中出现高位黄昏之星、串阳组合、串阴组合等K线组合，以及修整箱体、下跌浪形等K线形态。

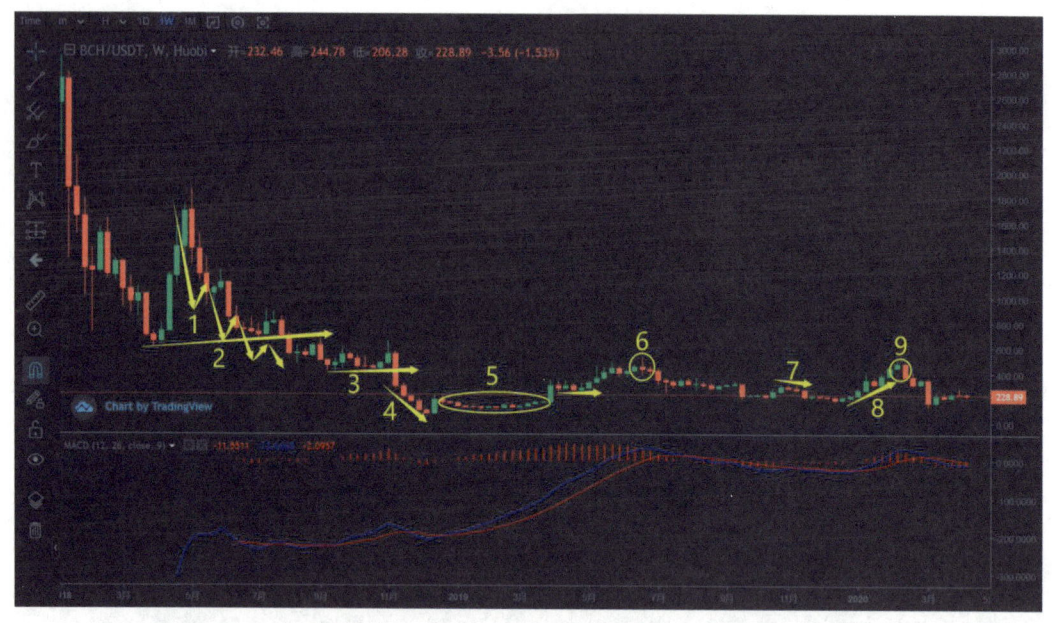

图 7-21

二、日线图形态清晰分解

【图形说明】

经过等待，形态变盘，在突破上/下轨处进单操作较安全。行情有极大概率一买即赚的位置（见图7-22、图7-23）：位置1、位置2、位置8、位置12、位置13、位置16、位置18、位置20。

在技术分析当中，我们的目的是寻找可交易的安全位置。但是很多投资者在分析中常会忽略这一点，只有在相对安全位置中去把握买点，成功的概率才会大大提高。那么K线行情当中有哪些特征属于安全位置？一是支撑位。一般在支撑位买进多单比较安全，特别是在同一个位置形成多次支撑现象、形成下轨，甚至是在跌至前面几个低点后，在构底以后买进多单；还有一种选择就是向上突破之后再回踩至原上轨处，在出现反支撑现象时买进多单。阻力位与反阻力位同理。二是突破位。最安全的阶段位置是有条件的，最安全的阶段位置往往出现在长时间蓄势之后形态的突破位、变盘区域后的突破位，例如大型的箱体、三角形等形态，尤其在市场投资者较重要的心理防线被突破时。三是上涨中继平台和下跌中继平台。但是要注意细节分析，最安全的就是大周期大形态释放初期的中继平台，一定要珍惜。四是近损位。近损位是指在分析后打算买进的点位，是离技术图形条件上的支撑位或阻力位较近的安全区域。看好的买点，离支撑位或阻力位越近越安全，因为需要承担的风险也越小。

第七章 / 世界主流币种K线行情分析

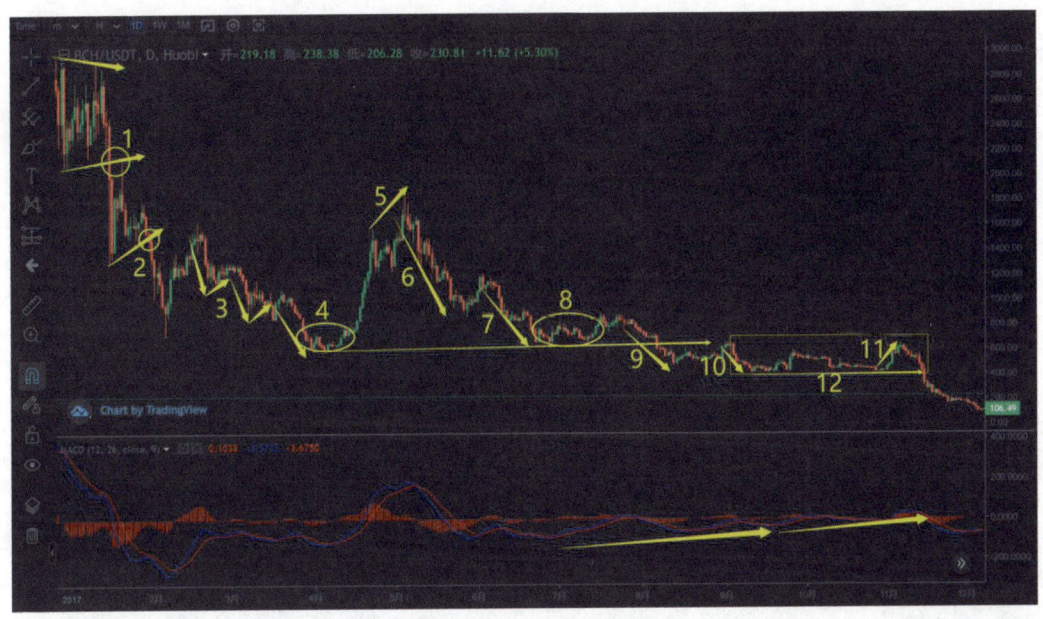

图 7-22

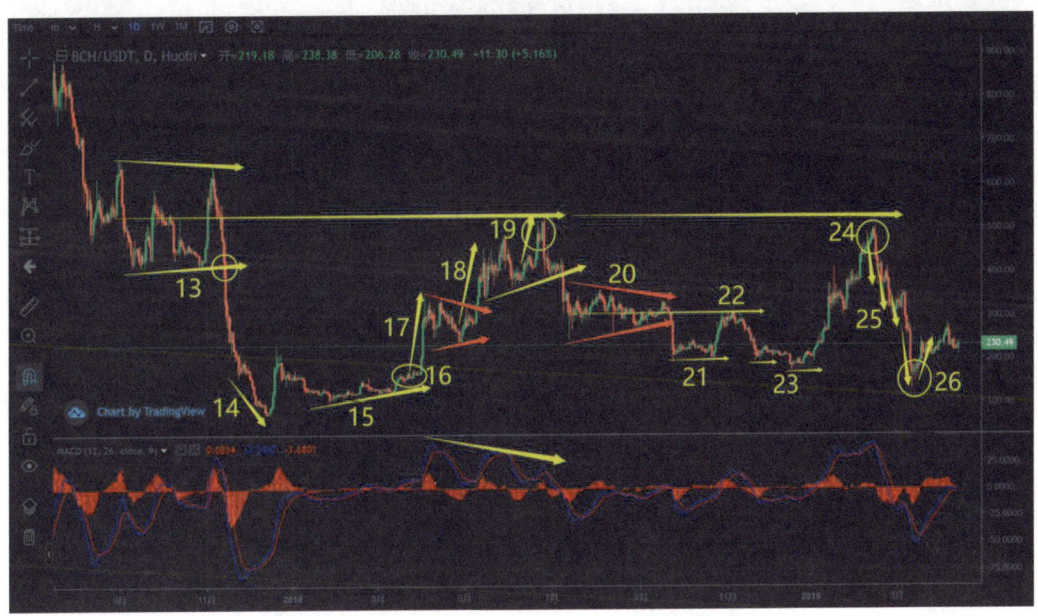

图 7-23

三、小时图形态细致讲解

【图形说明】

图7-24对应图7-22位置1至11处。以下两种情况出现底背离的成功概率较大：一是出现在真正的支撑位，例如10处，前方有低点4处；二是出现浪形逐渐缩短、下跌乏力，或K线价格开始持平震荡，但下方低点同样逐渐抬高的走势，例如11处、12处。由图可知浪形6处至9处逐渐缩短，下方不断出现底背离，随后行情开始反弹收复以最后一浪进行区间内的震荡修整，随后蓄势充足再变盘选择方向，如图行情跌破14处。

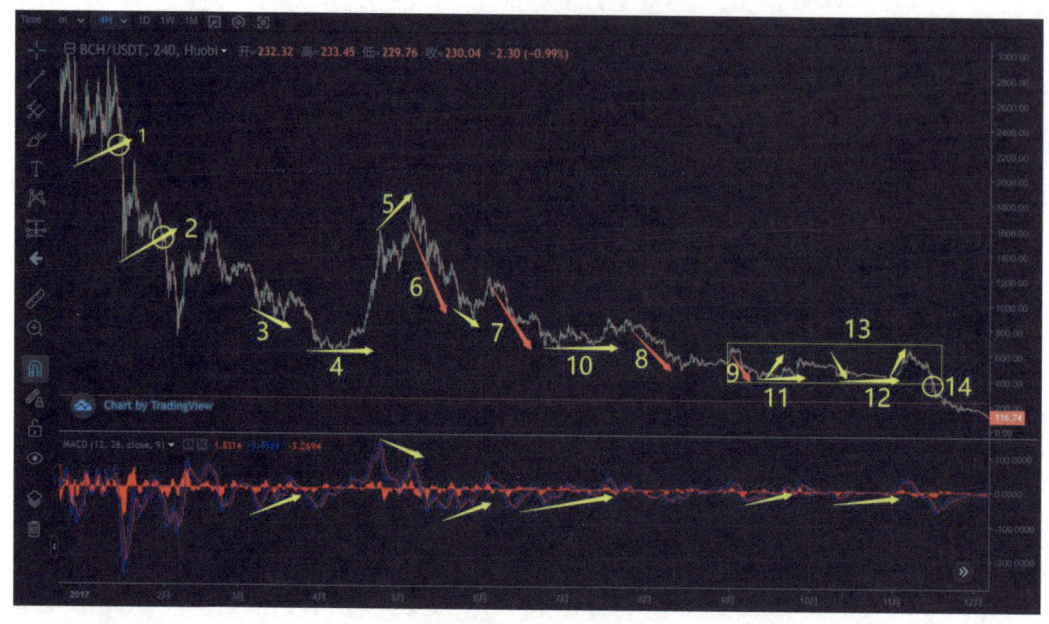

图 7-24

【图形说明】

图7-25对应图7-23位置13至14处。如果切换到5分钟K线周期图中，我们会发现日线图中的13处及14处都是比较规则的较大形态，所以在操作的过程中，一般都是大小周期相互切换，一边看大形态观察大趋势，一边看小形态去寻找更细致的进单或止盈位置，平时看盘可花较多时间停留在60分钟K线图。

第七章 / 世界主流币种K线行情分析

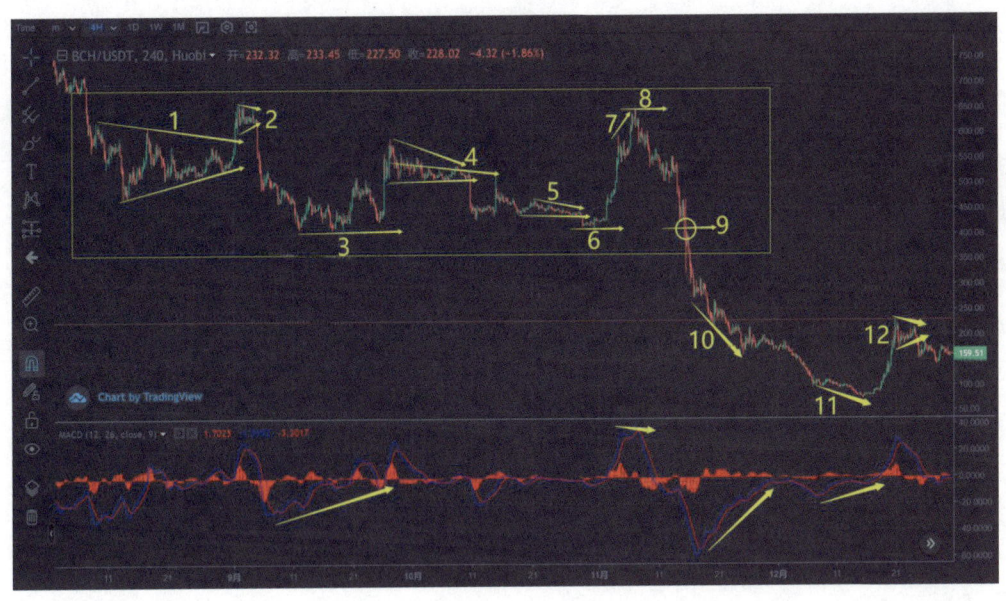

图 7-25

【图形说明】

图7-26对应图7-23位置15至26处。由图可知：操作较大形态，盈亏比将很高。例如在图7-26二次探顶16处做空，设6处为止损位，这里就算没有日线图的大级别下跌，一般也会有回踩，那么在60分钟K线图中就是较大的下跌行情，随后可以再设移动损位、保本损位等零风险去博取利润。设置移动损位的意义在于防范一切可能未按预期运行的风险，例如按正常操作跌破13处下轨轻仓做空，但行情是诱空，探到14处低点后立刻反弹，此时如果没有设置移动止损位等，就容易产生大亏损。

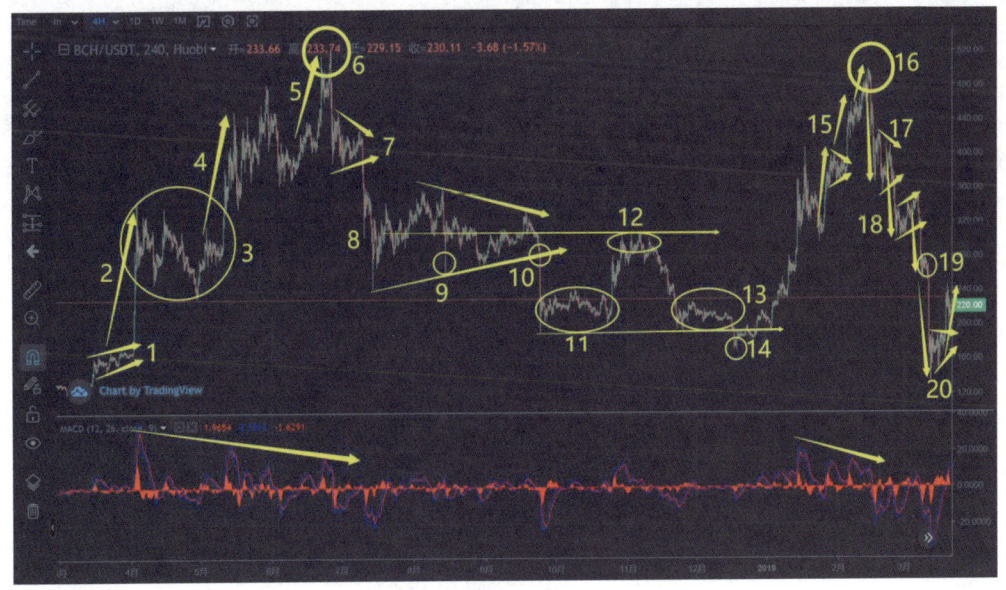

图 7-26

237

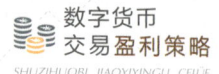

第五节 EOS代币的行情分析

一、周线图整体形态解析

【图形说明】

图7-27为EOS代币的周线图，时间跨度为2017年12月—2020年4月，图中出现希望之星、黄昏之星、串阳组合等K线组合，以及V形反转、上涨/下跌浪形、三角形等K线形态。

图 7-27

二、日线图形态清晰分解

【图形说明】

经过等待，形态变盘，在突破上/下轨处进单操作较安全。行情有极大概率一买即赚的位置（见图7-28、图7-29）：位置5、位置6、位置7、位置9、位置12、位置14、位置15、位置22、位置30。做交易，其实最根本的出发点是控制风险、控制亏损，而不是盈利。如果你不是以盈利为首要出发点，而是抵御着、防范着产生亏损的各种因素，努力地做到控制风险，在任何时候都不让资金走势出现大幅回撤，那么你会很容易做到轻仓、顺势、止损等。所以有经验的交易者不会追求盈利最大化，而是会不断控制风险，只把盈利当成控制亏损时的意外所得。排除风险的第一步是保本，只寻找安全区域去交易。第二步就是关于大小顺序。大小顺序是指在卖出止盈时由大到小止盈，先卖出一半或一半以上仓位锁住现有的盈利，然后在第二个、第三个卖出信号出现时卖出余下的少部分仓位。开仓买进是由小到大，因为第一个买点信号往往是买预期，在信号不太明确时应少量参与，当第二个买点信号出现，信号进一步明确时再加量增仓。这一步简称为"金字塔买卖法则"。第三步是耐心等待。日常交易中有的图形我们看不懂，有的图形比较不标准，有的图形自己不太熟练。当出现比较有把握的信号和点位时一定不要错过，但这种精准的图形和点位是需要耐心等待的，大家要记住，宁可错过也不做错。第四步是顺势而为。顺势而为一般都是"去掉头尾做中段"，所以对于上涨或下跌中的中继平台千万别错过，特别是在行情突破后，要记得看1分钟K线图和5分钟K线图中是否有中继平台，偶尔也会在中大周期图中出现中继平台，那就更要珍惜这种波段行情机会。

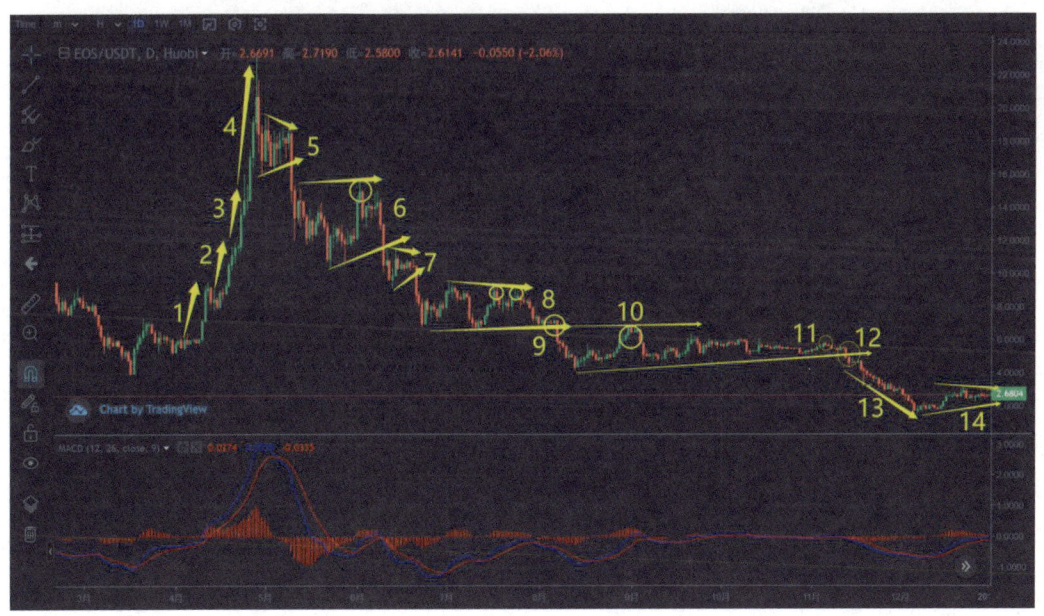

图 7-28

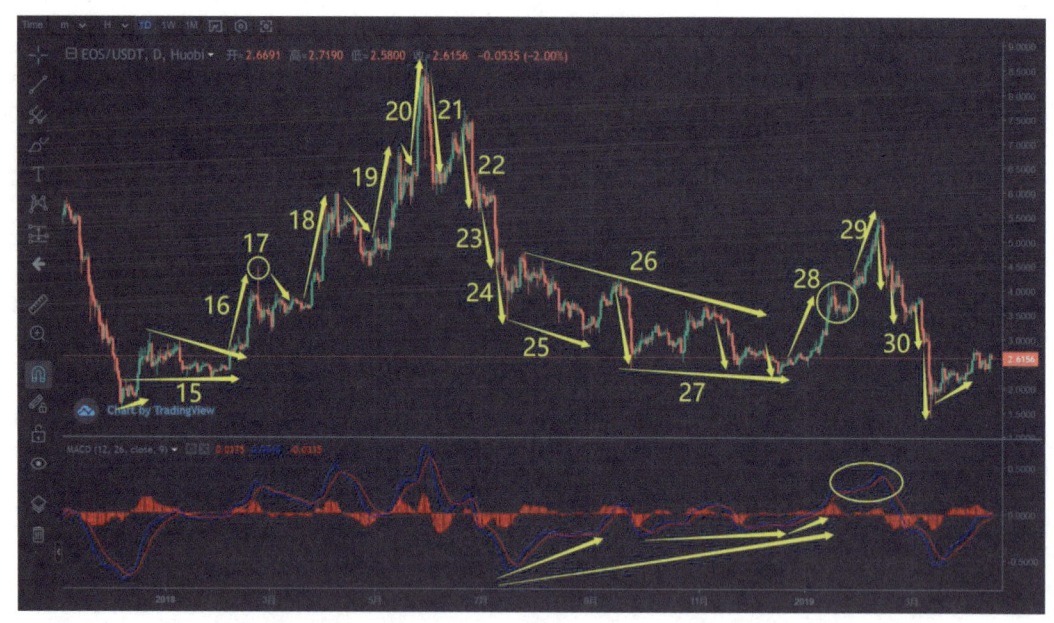

图 7-29

三、小时图形态细致讲解

【图形说明】

图7-30对应图7-28位置1至10处。行情自历史低位1处小形态向上变盘，分别以2处至4处三小浪加5处主升浪展开，我们可用较小周期图观察主升浪5处，会发现该形态同样是由三小浪构成。接着行情在6处下跌收复，为整体下跌行情第一大浪中的第一小浪（第一大浪由6处、7处、8处浪形构成）随后按浪形收复规律，以9处收复最后一小浪8处，然后行情震荡修整，开始变盘开启第二大浪（第二大浪由10处、11处、12处浪形构成）。随后又开始震荡修整，以13处收复最后一小浪12处。行情继续修整随后开始释放第三大浪（第三大浪由14处、15处、16处、17处浪形构成），随后同样收复最后一小浪。但因为从6处、8处至10处、12处至14处、17处三大浪整体逐渐缩短，下跌乏力，并受到历史低位1处前支撑，所以行情面临反弹收复。第一目标位是最后一大浪——18处，但行情受到下轨反阻力，反弹较弱，随后开始区间内震荡修整，酝酿主跌浪。

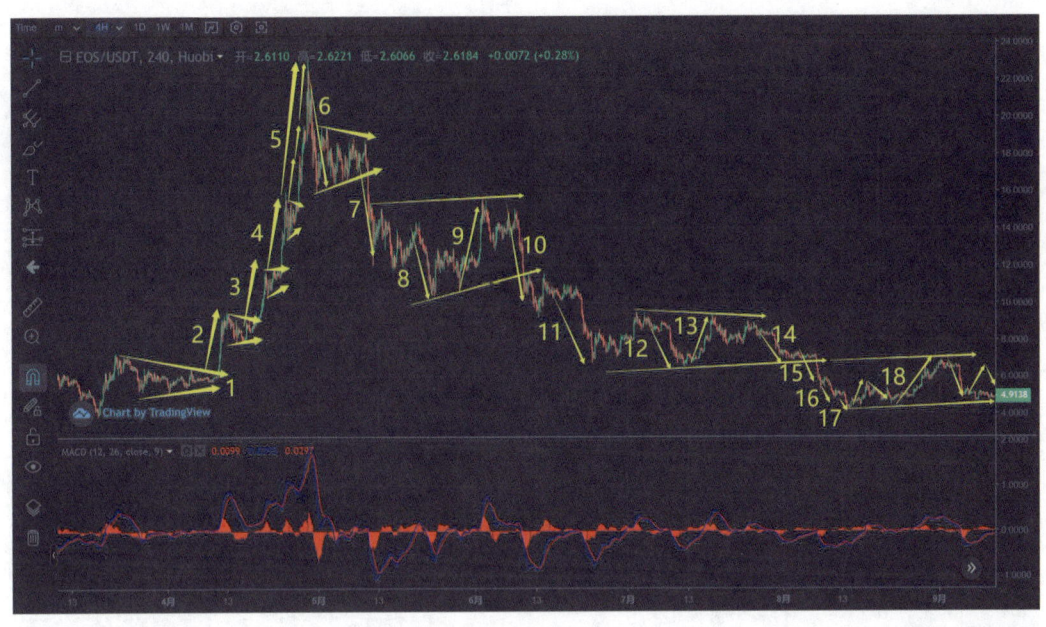

图 7-30

【图形说明】

图7-31对应图7-28位置11至14处,图7-29位置15至20处。行情形成规则的震荡修整形态3,经过多次探顶/探底后变盘,开启主跌浪。下跌行情5处这种规则形态,若遇到一定要珍惜,随后行情到达6处止跌,开始低位修整构成7处,最后以三浪加主升浪的形式展开一轮上涨行情,受到前高点阻力后收复最后一浪。所以一轮单边行情的上涨或下跌,一般都以浪形规律进行。

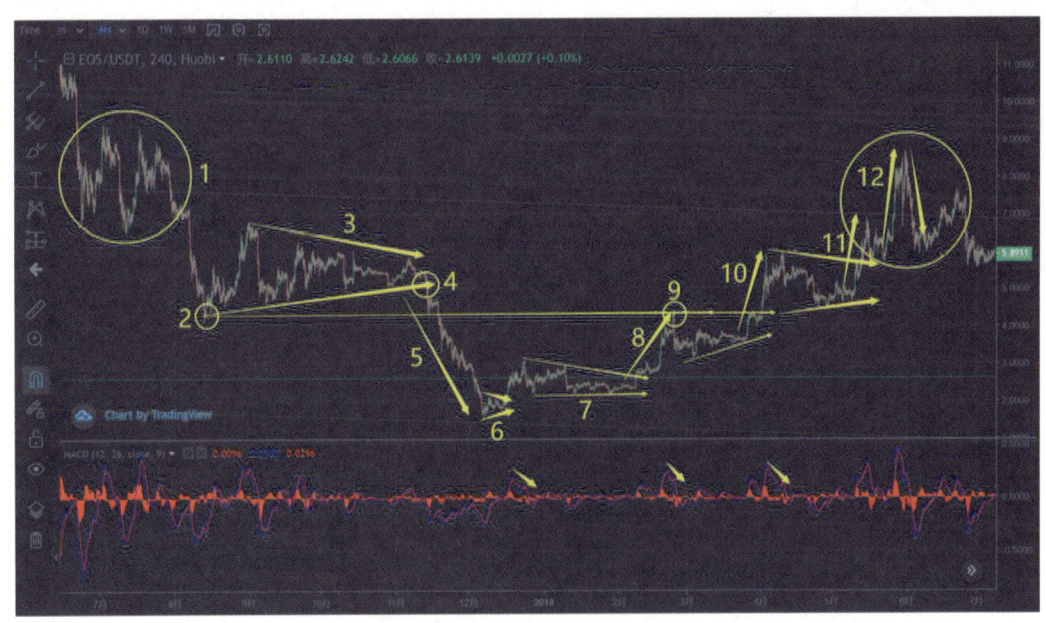

图 7-31

【图形说明】

图7-32对应图7-29位置21至30处。这里注意一个知识点：6处的高点不断降低，形成一个下降通道，同时下轨也不断下移，并且2处、3处、4处下跌乏力。这时行情转多的标志是突破第一个反弹的高点，例如7处突破5处，甚至8处突破3处圆圈位置，随后位置9处受到前方低点反阻力，下跌构成头肩顶右颈线。之后头肩顶行情释放再次下跌，11处的下跌空间等同于9处至10处的幅度。

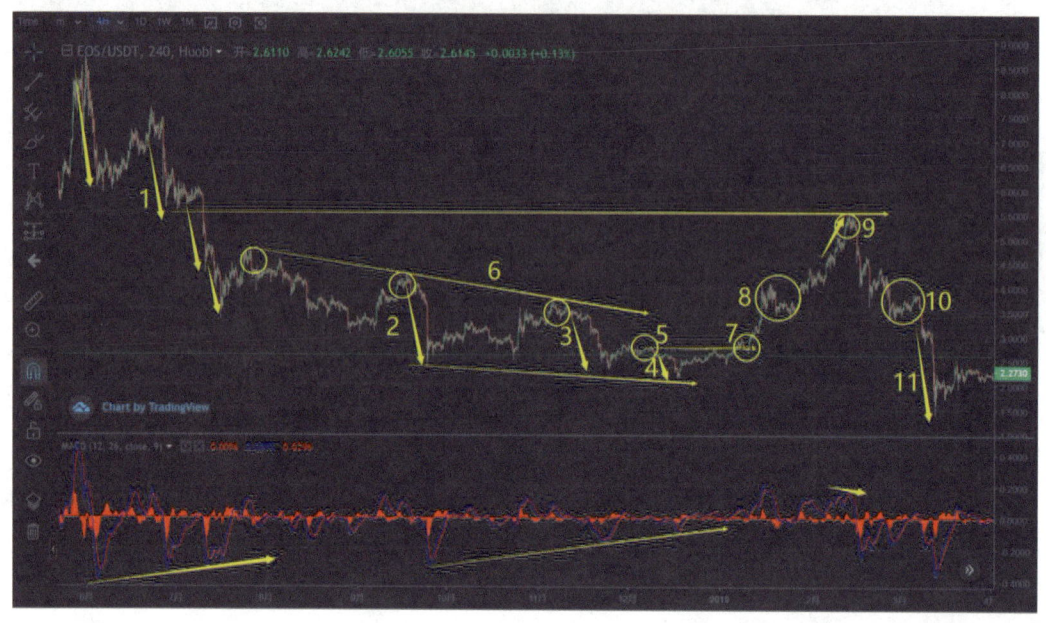

图 7-32

第六节 以太经典（ETC）的行情分析

一、周线图整体形态解析

【图形说明】

图7-33为以太经典周线图，时间跨度为2018年2月—2020年4月，图中出现希望之星、黄昏之星、多头吞没线、串阴组合等K线组合，以及三角形、浪形、箱体等K线形态。

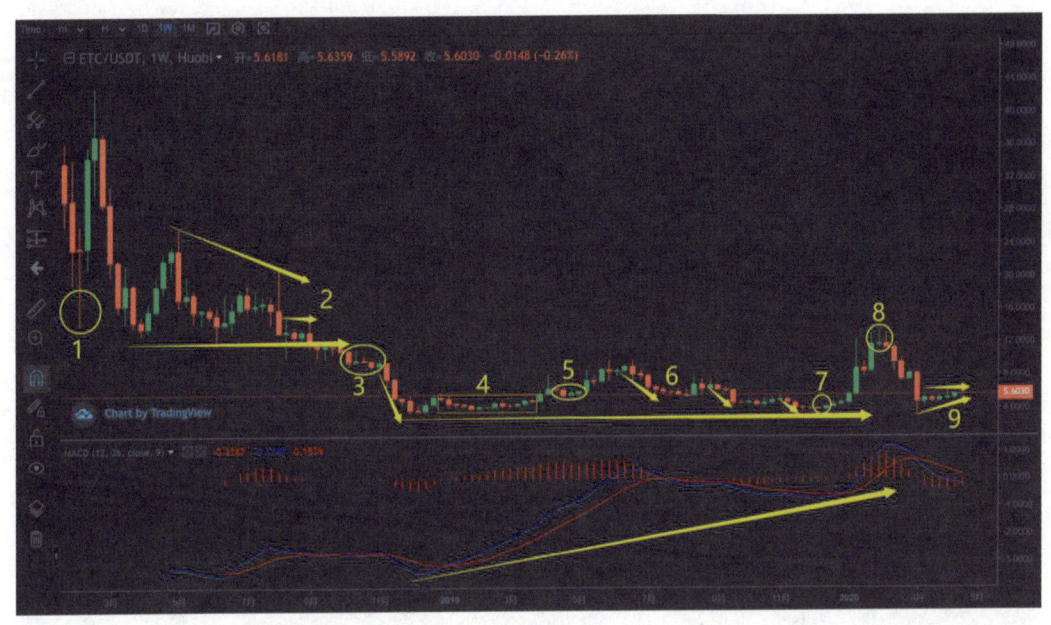

图 7-33

二、日线图形态清晰分解

【图形说明】

经过等待，形态变盘，在突破上/下轨处进单操作较安全。行情有极大概率一买即赚的位置（见图7-34、图7-35）：位置5、位置7、位置11、位置14、位置15、位置17、位置18、位置19、位置20、位置27、位置30、位置31。在进入市场之前，首先要对数字货币交易行业有全面的认识和理解，简单来说就是要明白整个交易过程会经历哪些阶段，这样才能增强自身对这个行业的了解，最后才明白如何制定一套适合自己的交易手法和原则。一是多尝试。新手在入门后对新市场要先尝试交易。特别是在刚开始学习的过程中，对每一个操作技巧都要先去测试，经过测试练习之后才会知道这种操作技巧实用性高不高，并且是否适合自己运用，直到试出感觉、试出经验、试出精髓，最终形成自己的系统。二是稳字当头。若想在数字货币交易市场中生存得更久一点，立足得更稳一点，就必须稳步发展，留得青山在才能有柴烧，保住本金才能发展。笔者经常看到，不少投资者开户交易不到一个月就元气大伤，不到三个月就悲惨离场，原因是他们在入门前后没有认真学习过，没有认真规划过，更没有理性建立操作计划和原则等。三是心态成熟后开始盈利。随着逐步适应市场，随着技术逐步提高，随着心态逐步成熟，随着经验逐步增加，慢慢转向进取利润。但很多投资者开始时却是把利字放在首位，没有经过实战，没有建立稳健的手法，所以最后难以求得利润。四是勇于博取。这是指在已有稳定盈利的基础上去博取更大的利润，在自己经验相对成熟的情况下，偶尔也可以放胆去博取。如果一贯太过于保守，太过于谨慎，太过于稳健，有时会错失大的盈利机会，这里所说的不是随意博取，而是在以完善技术和正确交易理念为基础的情况下，适当进取。

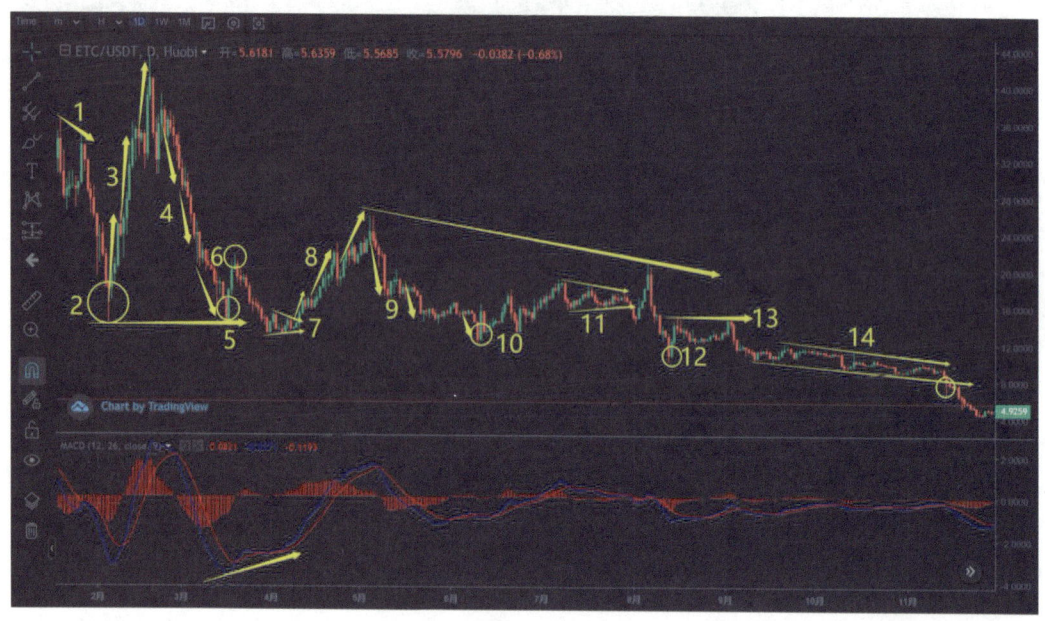

图 7-34

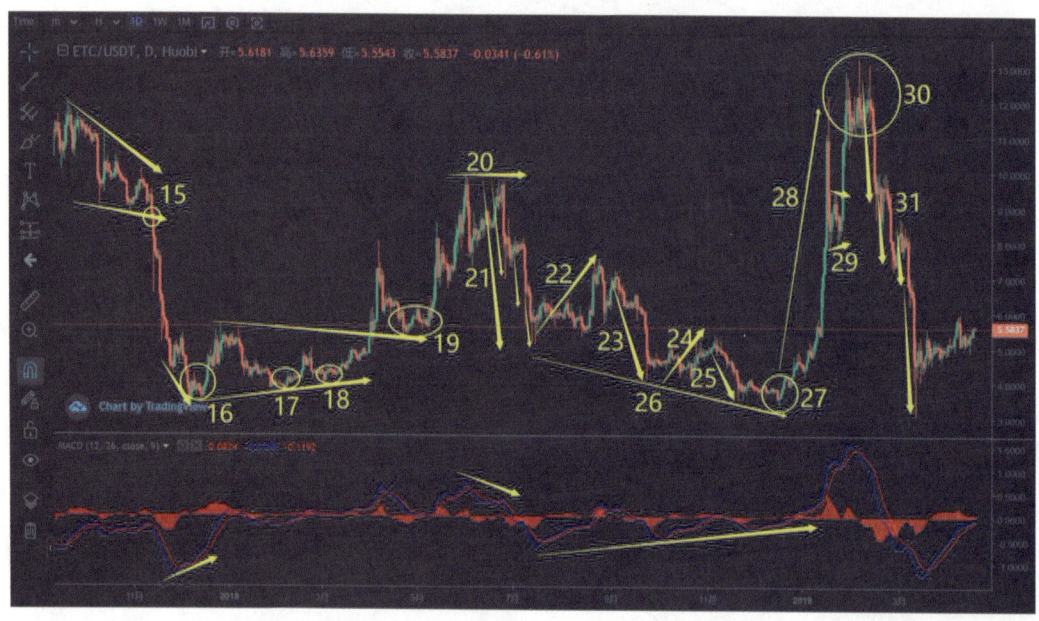

图 7-35

三、小时图形态细致讲解

【图形说明】

图7-36对应图7-34位置1至8处。行情由1处至3处，3处至5处，再由5处至8处，都是以较规则的浪形形态展开。由图7-36可知，7处面临浪形释放完全，并且下方底背离，处于前方低点支撑位3处。所以此位置反弹上涨的可能性较大，可以设前低点为止损位做多，按浪形收复规律，目标位为收复最后一浪至9处。随后开始跌破前低点至10处，所以如果在8处设损位做多，当有盈利时，就要开始设保本损位、移动损位，并由高点分批止盈，不要舍不得走，更不要让盈利变为亏损，要以保本为最基本的前提，来防范所有未知的风险。

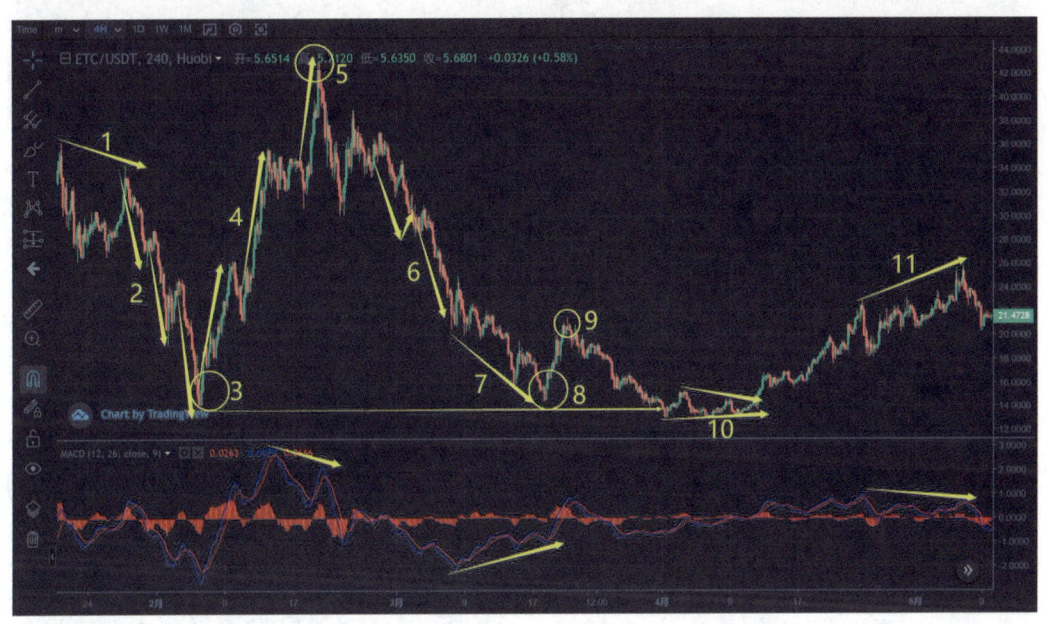

图 7-36

【图形说明】

图7-37对应图7-34位置9至14处、图7-35位置15至16处。当行情杂乱没有规律时，就多观察、少操作。等待的意义不是错过机会而是错过风险，只等待规则的、属于自己安全交易系统内的交易形态及交易位置。下降通道一旦跌破下轨，成功的概率较高，尤其是行情处于相对高位时；同理，处于低位的上升通道向上变盘。

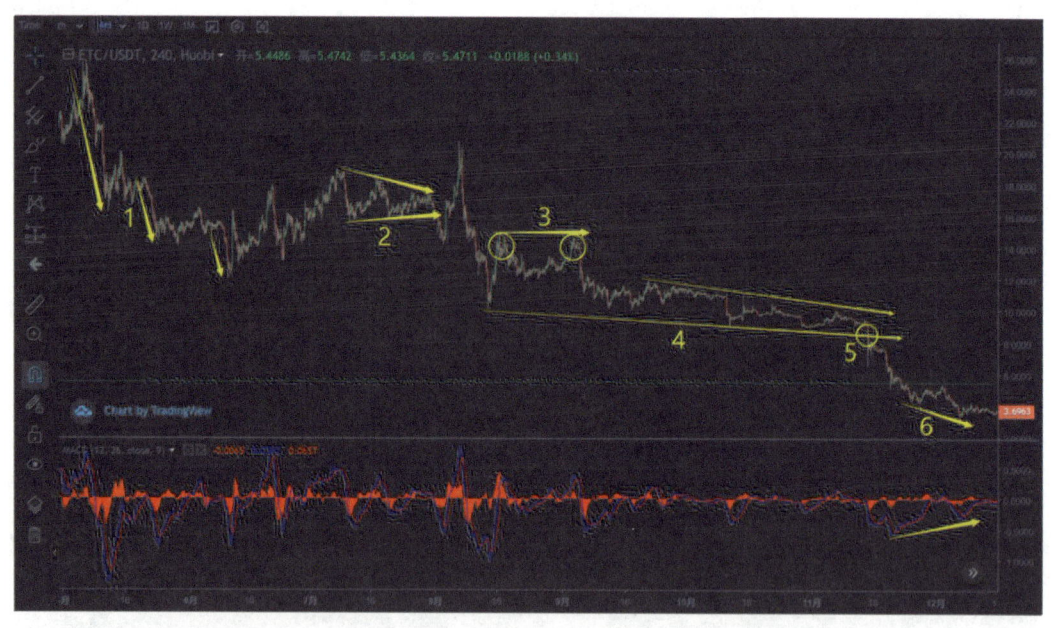

图 7-37

【图形说明】

图7-38对应图7-35位置17至20处。行情在形态1处向上变盘,随后在2处三角形上轨受到反支撑,上涨至3处后进行深度回踩,再次到达2处附近,形成二次探底5处、6处,共同构成头肩底的底部。至此3处为左颈线、4处为左肩部、7处为右颈线、8处为右肩部,释放后形成二次探顶并且下方指标顶背离。

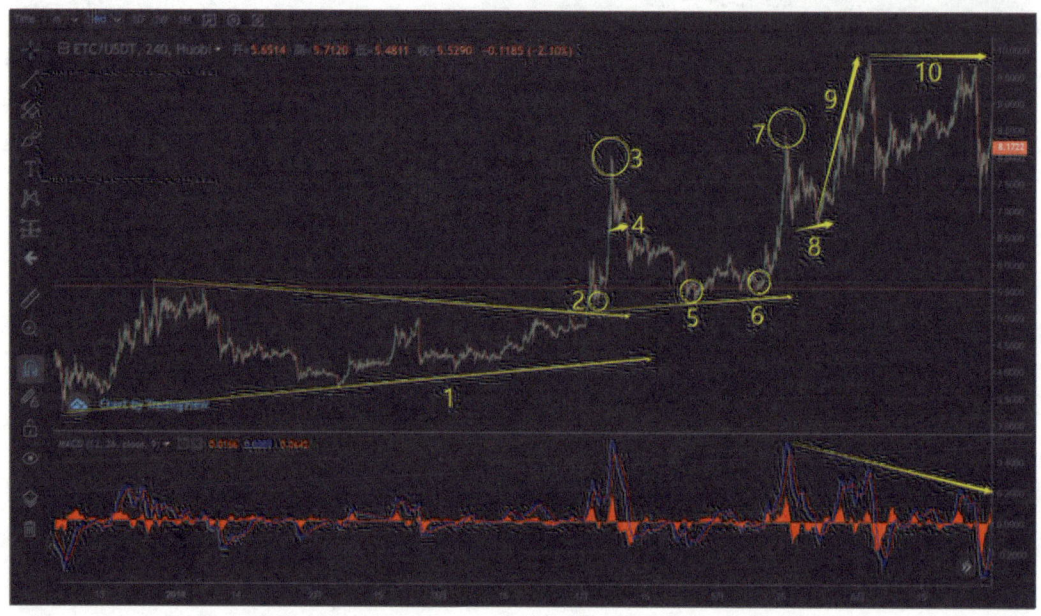

图 7-38

【图形说明】

图7-39对应图7-35位置21至27处。行情自相对高位下跌后先是形成第一大浪（1处），由三小浪构成，随后2处反弹收复最后一小浪，开始区间内震荡修整形成形态3。一般情况下，如果下跌力度较强，形态3会直接向下变盘，但注意行情也可能先向上变盘再下来。这说明行情收复力度较强，要强反弹一下再跌，所以如果在3处上轨处做空，也要设止损位，否则如果出现图中的情况，就会比较被动。接着行情6处、7处、8处浪形逐渐缩短，并且9处是前方历史低位的支撑位，这时就要注意，9处为周线级支撑位，大级别的反弹行情可能即将到来，此处为大形态做多的近损位。

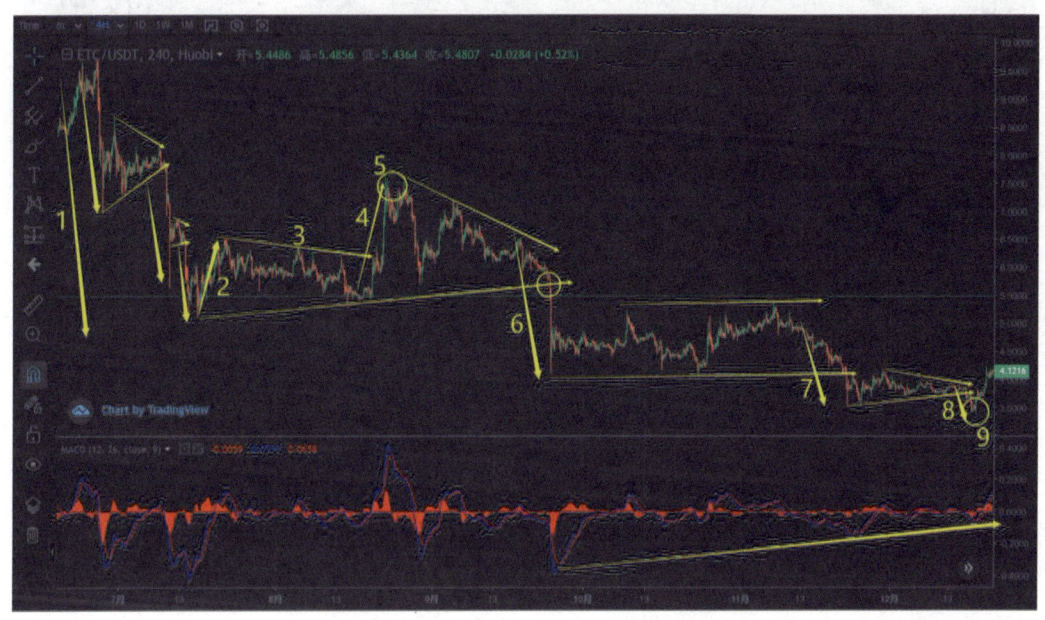

图 7-39

【图形说明】

图7-40对应图7-35位置28至31处。一般一轮行情的上涨或下跌，都是由一轮浪形释放完成的，只不过分为三浪逐渐拉长或缩短，是否有主升浪、主跌浪或延展浪等。这时一般根据前方的支撑位或阻力位来判断，还有就是给已经盈利的单子设好保本损位或移动损位，零风险去博取可能出现的延续行情。

位置4处出现的三次探顶形态做空相对安全：一是可委托好三次探顶位置的近损位空单；二是委托好跌破下轨处的空单，目标位为前方密集区中轴附近，有盈利后设置移动损位，再去零风险博取继续的下跌行情。

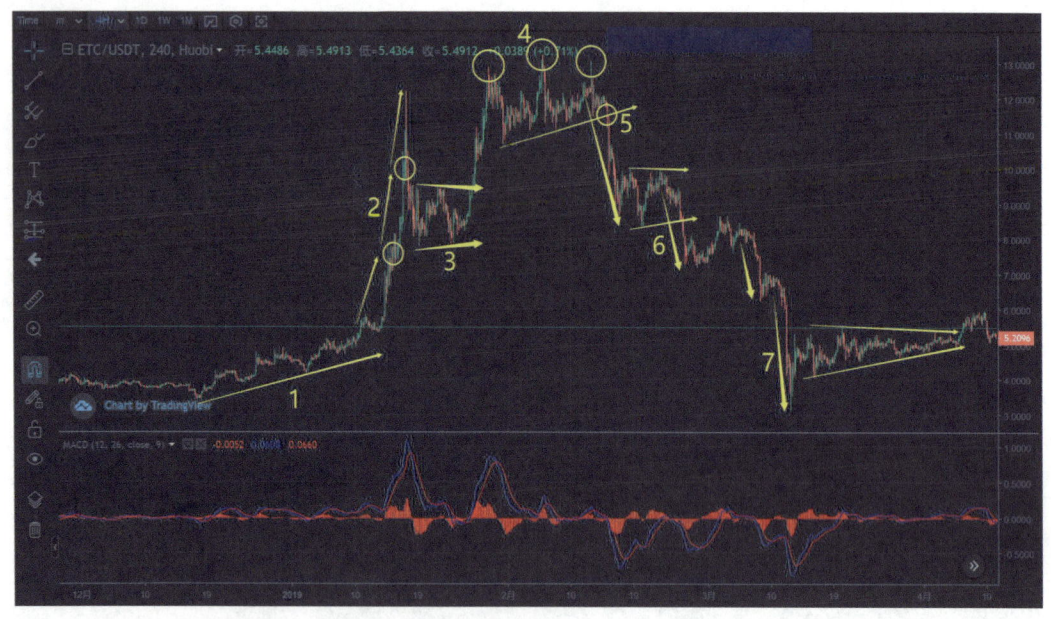

图 7-40

第七节 比特币SV（BSV）的行情分析

一、周线图整体形态解析

【图形说明】

图7-41是比特币SV周线图，时间跨度为2018年11月—2020年4月，图中出现历史低位四次探底且低点逐渐抬高，每一次探底都是进多单的大机会。

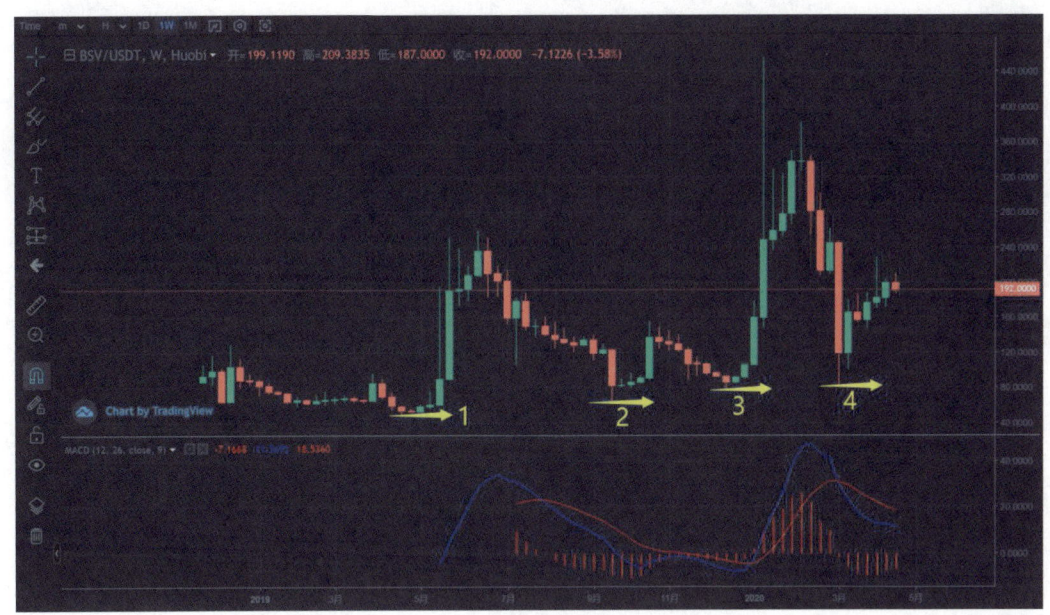

图 7-41

二、日线图形态清晰分解

【图形说明】

经过等待，形态变盘，在突破上/下轨处进单操作较安全。行情有极大概率一买即赚的位置（见图7-42）：位置1、位置2、位置3、位置5、位置7、位置8、位置9、位置11。交易市场不怕没有机会，或是机会太多，就怕钱莫名地亏光了。在这纷纷扰扰的小概率与大概率中，我们要找到可以赚钱的大形态、大概率、大机会。每一次交易要在深思熟虑、有严格止损规则的前提下去"赌"大势。静心等待属于自己的机会，设定合理的止损位，去"赌"出属于自己的波段及中线大行情。一波一波地推进，一波一波脚踏实地地前进。建议把这条"金言"也写在笔记本上："钱是坐着赚来的，而不是靠操作赚来的。"每一天没有那么多的60分钟级别以上的趋势，而只有5分钟K线图、1分钟K线图的小机会。做较小周期，就会面临盈亏比较低和容易被扫单的问题，在日内交易时漫无目的地跟着小势开仓，不过是被多空来回亏损。所以，有经验的交易者一直在重复这些步骤，寻找并等待大机会、分批止盈、设移动损位、长期持有、全部平仓、再寻找机会。

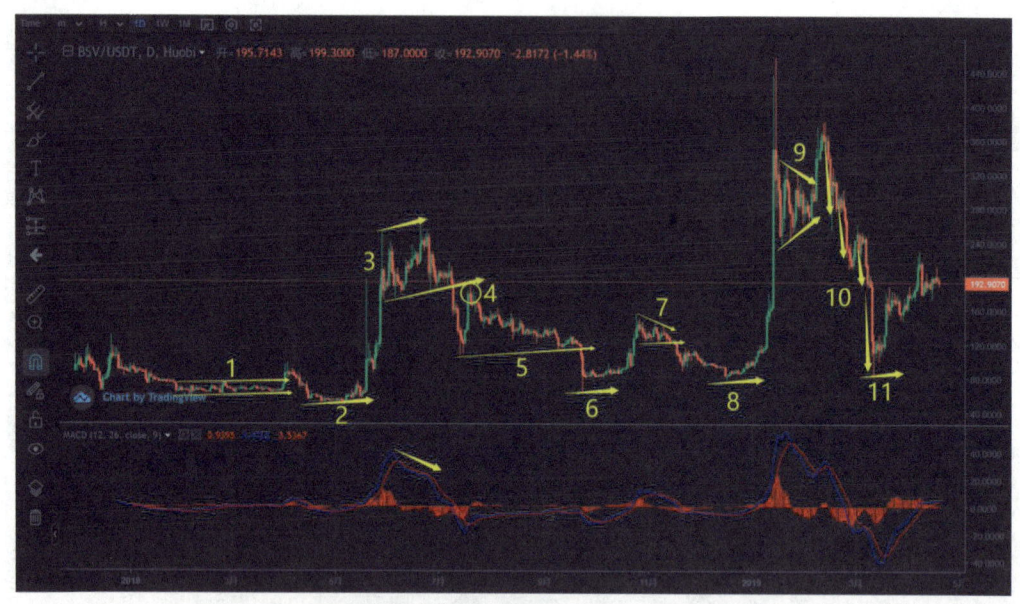

图 7-42

三、小时图形态细致讲解

【图形说明】

图7-43对应图7-42位置1至2处。实在无法对行情的后续运行进行判断时就等待，等待至少在60分钟K线图中修整出规则的小形态，例如规则的箱体、三角形等，这类形态在5分钟图中也算是个较大的形态，在行情即将变盘时，可及时切换至1分钟K线图中清楚地观察突破位置。

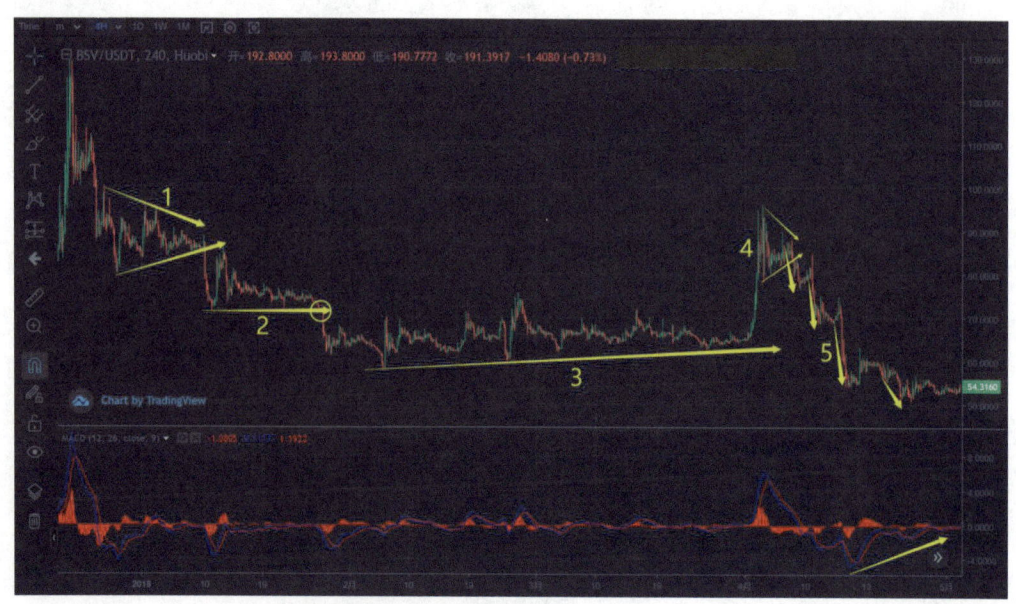

图 7-43

【图形说明】

图7-44对应图7-42位置3至4处。行情在箱体2内震荡修整，随后向上变盘，但诱多，然后回踩中轴处。当行情再次突破上轨时，真正起涨到达4处，当上涨幅度没办法达到预期时，就通过不断在高点分批止盈和设置移动损位去零风险博取利润。

当7处受到前方小密集区中轴的支撑，并且8处受到下轨反阻力位后，接下来行情会有以下几种走势：一是自8处一直盘跌，直至跌破7处；二是在8处形成上涨中继平台，突破箱体下轨甚至中轴或上轨处，去构成头肩底；三是行情自8处下跌，但以7处为前低点受到支撑，形成二次探底，随后弱反弹再跌破前低，或到达7处后再次上涨，以8处为阻力，去构成三次探顶。无论以上哪种走势，其未来都会突破以6处为高点，以7处为低点的区间，形成震荡修整形态后变盘。

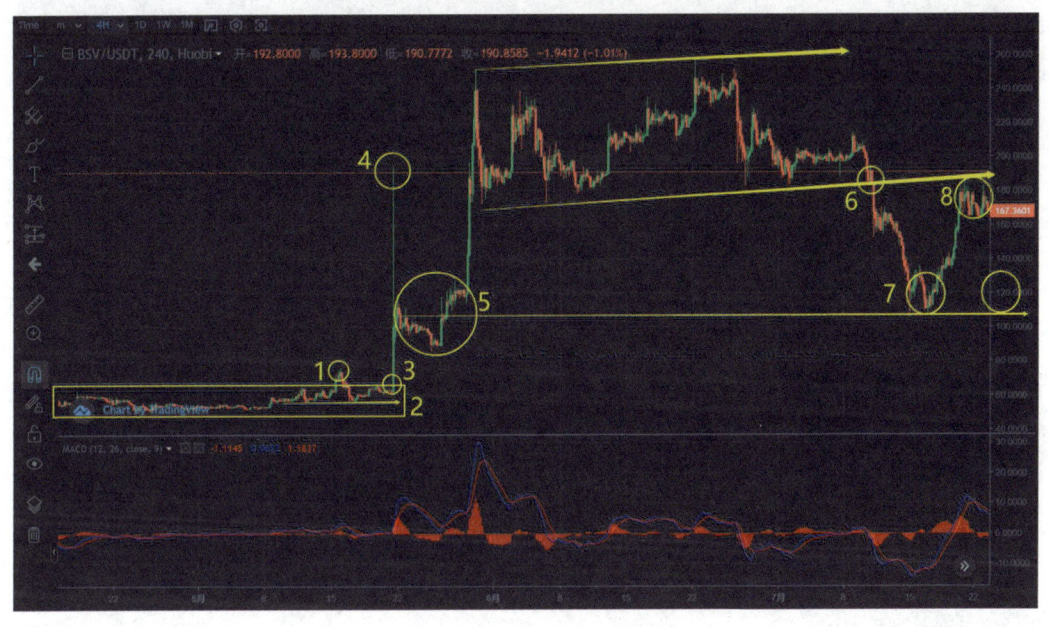

图 7-44

【图形说明】

图7-45对应图7-42位置5至8处。行情自1处受到反阻力后一直向下盘跌，直至跌破前低点，6处和3处，同属历史低位，大周期大形态的二次探底，可设损位做多。

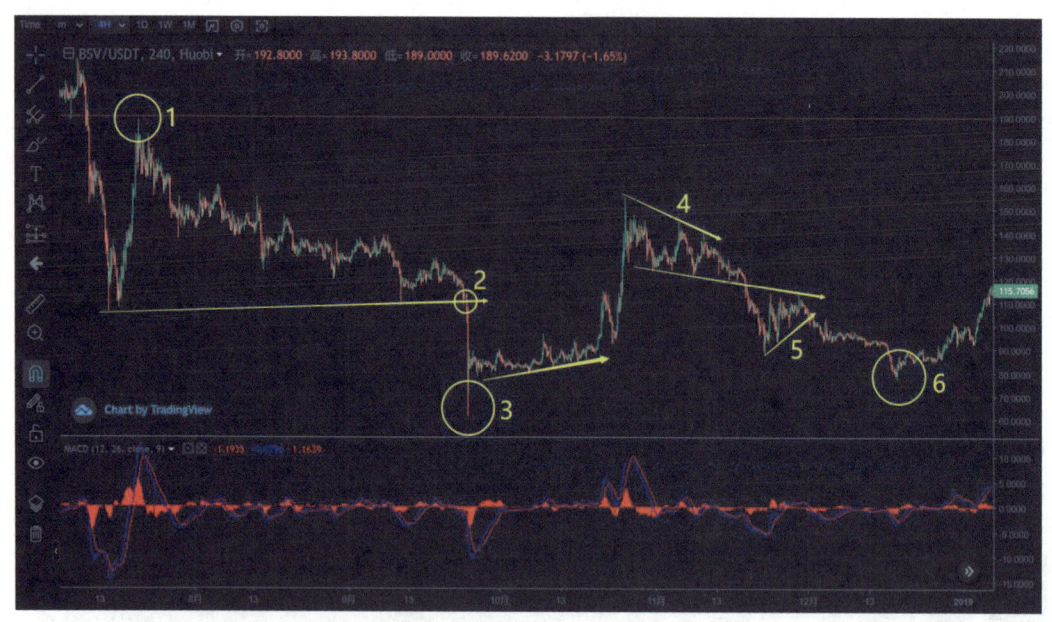

图 7-45

【图形说明】

图7-46对应图7-42位置9至11处。按出现规则形态的周期，中线周线图行情一般一年有2至3次交易机会，大波段日线图行情一般每月有1至2次交易机会，小波段60分钟K线图一般一周有1至2次交易机会，只要能静下心等待，安全的交易机会迟早会到来。

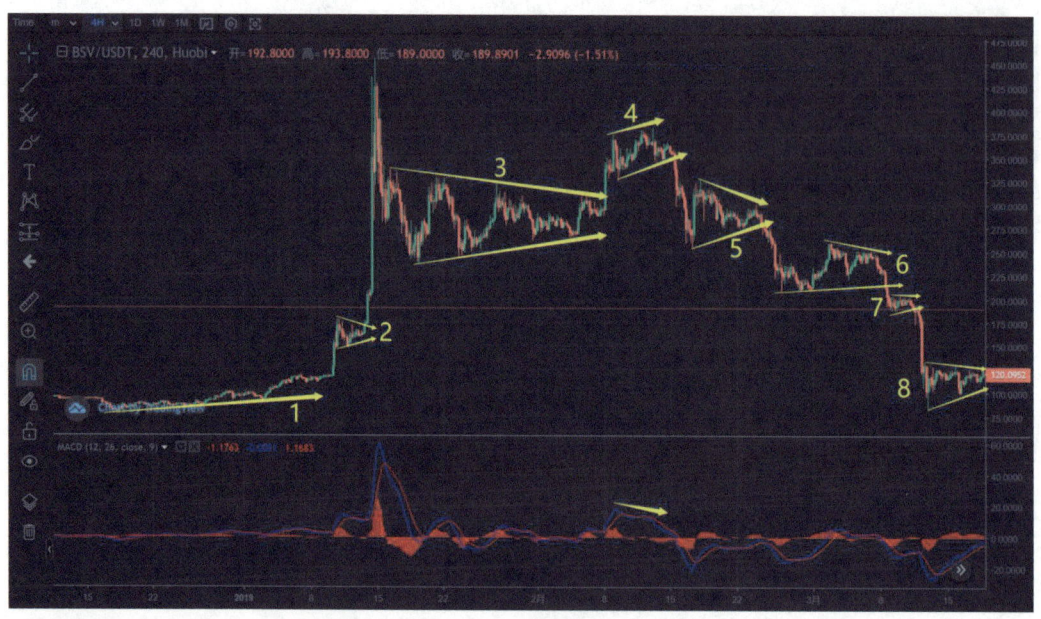

图 7-46

本章结束之时，希望大家能领悟到稳定盈利的具体方法，那就是看盘由大到小，只做形态较大的、规则的、预期变盘方向强的行情，形态区间内尽量只在相对上轨或者下轨处二次、三次探顶/探底的近损位才做单，形态变盘后尽量在初期顺势而为。如此，便能够做到大赚小亏，稳定盈利。

第八章
数字货币正确交易理念

导 读

笔者认同:"天下万物皆不出道术。道不正则术不明,术不明则道难行,以道为本,以术驭事。然万物皆本原,道正方基实。有道无术,术方可求也;有术无道,止于术。有道者术能长久,无道者术必落空,学术先需明道,方能大成。学术若不明道,终是小器。故道为纲,术为目,纲举目张。"从这个意义上来说,"道"是万物之本源,指的是万物存在的理,是事物的根基和根本,是生发一切、指导一切的方向和目标。万物没有"道",就相当于失去了牢固的根基。所以如果想要成功,学习"道"是最关键的。同样,金融交易不出"道""术",在交易的过程中,"道"指的是正确的交易理念,"术"指的是方式、方法。例如看盘,要大周期、小周期依次看,包括学习进单点位、止损位、分批止盈位等,这就属于"术"的范畴。而"道"指明了大赚小亏的根源是什么,为什么进单位置最重要等问题。所以,在交易的过程中,正确交易理念的重要性要占到80%以上,再加上完善的交易系统,最后才能达到知行合一的境界。

数字货币交易行业是个艰难且需要恒心的行业,交易者要么全身心投入,要么很快从这个行业消失。有的人进入交易行业后,赚了一些钱,就认为做这个很容易,但也许只是运气。交易市场就是有经验的人获得很多金钱,而有金钱的人获得很多经验的地方。要想在这个地方偶有斩获虽然不难,但要频频得手却非易事,而想以此为生就更是对自我和人性的全面挑战。所以,要想源源不断地从交易市场中赚到钱,除了具备完善的交易系统外,最重要的就是掌握正确的交易理念。

第一节 掌握K线规律的重要性

古人云：知己知彼，百战不殆。学习K线技术就是一个寻找规律、发现规律、总结规律、运用规律的过程。所以说，选手之间的对决，其实就看谁发现得更多、总结得更全、理解得更深入、运用得更巧妙。在这个过程中，最忌讳一个"懒"字。曾国藩六戒之一："天下古今之庸人，皆以一惰字致败。"笔者切身体会，要不断总结，切不能懒惰。记笔记为交易中的关键一环。记笔记的目的一是以防忘记，二是整理杂乱无章的思维，增强融会贯通的能力。

市场是有规律可循的，趋势总是客观存在的，只是还没被发现。交易者不能改变趋势，但可以发现趋势，并且顺应趋势。所以只要按照市场的客观事实和客观规律操作就有可能赚到钱。就像原子弹的能量，能量的持有者不是制造原子弹的人，而是原子。交易者要尽量去发现这个规律，最终运用这个规律，来为预期行情做出一些大概率的预判。接下来要做的只是等待合适的时机，然后入场和出场。但是我们需要明白，在合适的时机进场只能保证我们有很大的概率可以获取盈利，并不能百分百保证稳赚不赔。所以我们还必须做好风险管理，当出现意外情况时能把损失降到最低。风险管理就是提前设置止损位。事实上，你读书的时候，学习和考试，考察的就是你寻找规律的能力；工作之后，只要善于寻找规律，就能快速获得进步。找规律能让你明白万事万物的运行逻辑。厘清这个逻辑，再将这个逻辑运用到K线交易中，你就可以举一反三、知己知彼，多一些胜算。

构建交易系统的重要性

工欲善其事,必先利其器。

人们常说,在交易市场中,纪律和心态控制重于一切。然而,笔者却要说,这一切的前提是必须有一套完善、经过市场考验的交易系统,否则,就是空谈。交易技术永远要放在第一位,它就像是交易者的眼睛。一个没有眼睛的交易者,他在交易市场中无论怎样做或做什么都是错的,他就像一位将要上战场的战士,虽有雄心壮志,誓死保家卫国,但却没有枪。

做单之前,一般人都能够保持相对客观。而进入市场后,头脑思维就会变得不那么可靠,不值得信任。操作原则不清晰、不具体,就容易随心所欲地做单,以致什么都不能有计划地严格执行。交易者常常无法执行事先计划好的止损,最后造成重大亏损。所以,场内交易的决策远不如系统来得稳定,场内的临时决策会无限放大人的弱点,而人性是难以控制的,所以只能先长期遵守系统的强制规则,反作用于本身的弱点进行修正。有一套规则的交易系统能使实盘过程中的操作有章可循、有法可依,起到控制心态的作用,心里有底气。只要系统显示的是做空信号,哪怕其他所有人都看多,交易者也只能做空。严格地按照系统操作才能保证亏损最小化,利润最大化。投资界有一句名言:"一个优秀的操盘手是一个没有观点的操盘手。"所以建立一个适合自己的交易系统非常有必要。

一个专业的投资者,必然是一个系统交易者。因为只有按照系统去执行操作,才可以真正避开心理和情绪波动的影响,才可以真正做到完全的客观和理性,才可以持续地抓住机会、避开风险。

荀子在《劝学》中说:"不积跬步,无以至千里;不积小流,无以成江海。"只有经过无数次的交易,才能厚积薄发。交易系统的形成,需要进行大量实战,并总结出各种运行规律、技术要点。其中后期的联想分析能力、归纳总结能力等尤其重要。也就是我们通常所说的"把书读厚再读薄"。数学家华罗庚谈读书时曾说,读书是一个从薄到厚又从厚到薄的过程,即开始时你什么都不懂,书自然很薄;随着学习的深入你发现该学的东西越来越多，书就变得很厚；最后你都懂了，要明白的要点就是这么多，书又会变得很薄。这个过程适用于很多方面，炒期货是这样，炒股是这样，炒币也是这样。你想跳过中间的"厚"，而由"薄"直接到"薄"是不行的。有可能你看到的与那些有大量实战经验的交易员是一样的，甚至结论都相同，但是你只是转了一个弯，他们却转了十个弯。大道至简，必须经过由繁至简的过程。你看到的简单也许是单纯，而他们看到的简单却是精髓，不是同一个东西。但如果一个有经验的人能告诉你后面的"薄"是什么，或许能让你精减"厚"的过程，但你必须经历"厚"的阶段。

完善自己的交易系统之后，心态自然会更加稳定、自信，而你也必然要用最严格的纪律去遵循你的交易系统指示的信号去行事。因为一旦不遵照交易系统行事，你将处于非常不利的境地。你和你的交易系统充分磨合直到你确信你的交易系统可以灵敏应付大多数市场变化的时候，你会发现，通过交易赚钱其实也没那么难。简而言之，就是要融会贯通，提炼、萃取出自己的交易方法。

能够穿透市场的纷繁复杂，找到市场运行的本质和投资操作的核心，并且将它们简化进自己的系统中，是交易者最关键的投资能力。要成为这样的投资者，首先得建立一个完整的交易系统，投资的要义就是重复简单的盈利模式，而且是大量重复地做。只有这样才能显示出这种模式的大概率特征，才能实现稳定盈利。接下来就是严格按照交易系统进行操作，在具体交易的时候不能带有任何的个人看法和情绪。

交易者学习交易技术必须经历由简单到复杂、再由复杂到简单这样一个过程。就交易系统而言，简单的不一定是正确的，但是太复杂的一定是错误的。交易系统越简单越好，把简单的东西用到极致的人，就是高手。因为在交易市场中，复杂交易几乎就等同于"风险无法控制"。正如乔治·索罗斯所说："系统越复杂，犯错的余地就越大。"

第三节 DISANJIE
交易盈利的根源性问题

交易能长期稳定盈利的根源，说到底只有简单的两个方面——小亏和大赚。小亏就是把可能的损失降到最低，大赚就是说单子盈利时要拿得住，实现利润最大化。

笔者认为市场上有三种交易者，第一种是亏钱的单子拿得住，赚钱的单子拿不住。第二种是亏钱的单子拿不住，赚钱的单子也拿不住。第三种是亏钱的单子拿不住，赚钱的单子拿得住。大家读完这本书后也应该能明白其中的含义。

市场里95%的人之所以亏钱，主要是因为看对的时候拿一点盈利就跑，亏钱的时候死扛，赚小亏大，最终的结果必然是亏钱。盈利不是靠预测行情的胜率来获取的，而是依赖于"做错的时候尽可能少亏，做对的时候尽可能多赚"，当你处于有利地位的时候必须贪婪。胜率不重要，重要的是盈亏比。索罗斯说得更直白："我不在乎你看对或者看错多少次，重要的是你看对的时候赚了多少钱，看错的时候亏了多少钱。"如果一个交易者所采取的策略，让他在正确的时候能获得大额利润，错误的时候只承受小额损失，那他的操作可以不必依赖于高成功率。不符合自己的行情的时候，尽可能少亏，截断亏损；符合自己的行情的时候，尽可能多赚，不要奢望任何行情都能赚到钱。有一点需要明白，任何时候持有盈利的单子都是最安全的交易行为。

著名交易员丹尼斯也说过："我的交易中，95%的利润来自我5%的交易，其余的单子都是小亏小赚。"意思是在一定的做单量中，盈利的比例不是重点，重点是长期持有几手单子。只要其中有一两笔盈利了，抓住了趋势，就足矣。

再谈一下为什么要以控制亏损为盈利的第一前提。举一个生活中的例子，绝大多数人玩五子棋时的想法都是我要赢，我要连成五个子。这固然没错，但如果反过来想，我完全不看自己的棋子，而是一门心思只想堵对方的棋，不让对方连成五个子，那么最终有很大概率能取得胜利。这个例子所表明的道理就是，只要我不输，迟早都会赢。在金融交易的游戏中，盈利和亏损就是两个对立面，也是这个游戏的根本法则。在交易中，本来一切现实条件，都是对亏损有利，对盈利不利的。交易者在这个游戏中本来就处在劣势。而如果你能明白上述的基本认知，你就会想到，做交易，其实根本出发点是控制风险、控制亏损,而不是盈利。如果你不是以盈利为首要出发点,而是抵御着、防范着产生亏损的各种因素,努力地控制风险,那么在任何时候只要资金走势不出现大幅回撤,就能很容易地做到轻仓、顺势、止损等。

如果交易者的盈利系统全部聚焦在怎样避免亏损,那么只要不被清出局(还拥有交易的本钱),总会有抓到好牌的一天。

所以有经验的交易者不会追求盈利最大化,而是会不断控制风险,只把盈利当成是控制亏损时的意外所得。

以上所讲的可用华尔街的一句名言简单概括——"截断亏损,让利润奔跑"。话说到这里,再假设一点,如果每次进单还都能使赚钱的概率加大,也就是还能大概率做到一买即赚,再配合上面所讲的"小亏损,大收益",是不是更是锦上添花呢?答案是肯定的。所以请谨记,一是将自己每次入场获胜的概率从50%提到60%甚至80%(可惜的是,对于一般交易者来说,他们往往不是没有耐心,也不是不知道危险,他们知道要耐心等待时机,但问题是他们没有足够的知识和经验判断何时才是正确的时机)。二是每次只下小部分本金,不至于因为几次大亏损就本金损失殆尽。三是再结合如上所讲,截断亏损,让利润奔跑,赢时赚大的,亏时损失小的,那么获胜的概率其实就远远超过了50%。这样长期下来必然能够稳定盈利。

第四节 只操作形态的重要意义

大家首先要明白什么是K线组合。K线组合就是指由几根K线组成的小形态,例如阳包阴、阴包阳、希望之星、黄昏之星、仙人指多、仙人指空、串阳组合、串阴组合、多头加速、空头加速等。行情相对来说只分为区间形态和单边释放行情,那么K线组合可能出现的位置就在区间形态的上轨、下轨以及中轴附近,单边释放行情的初期、中期、末期等。

不同的K线组合出现在不同的位置产生的意义或成功的概率是不一样的。例如,阳包阴、希望之星、串阳组合、仙人指多等预期多头意义的K线组合出现之后,都是预计行情继续向上运行的可能性大。但如果这些K线组合出现在不同的位置,那么成功概率的大小就不一样了。例如，以上这几个预计多头的K线组合出现在形态的上轨，由于接下来行情向下运行的可能性较大，失败的可能性就较大。但如果出现在形态的下轨，接下来行情向上运行的可能性较大，那么成功的可能性就比较大。再例如，一个形态预期向上变盘，并且此形态已经到修整末期了，这些K线组合又处于上轨，这次行情极有可能向上变盘，导致以上K线组合成功预期上涨。

同理，以上列举的这些预期上涨的K线组合，如果出现在此形态向上变盘后的一轮单边上涨行情途中，那么接下来行情继续上涨的可能性就大一些。但是反之，如果出现在此形态向下变盘后的一轮下跌途中，那么此类多头形态失败的可能性就较大，因为是逆势而为。阴包阳、黄昏之星、仙人指空等预计空头的K线组合，也是一样的道理。因此须谨记，K线组合不重要，处在大形态的什么位置才是重要的。

接下来说明一下K线组合与K线形态的关系。在此先总结性地说一句，其实一个周期内出现的K线组合，就是由比它小一级别周期图的K线形态构成的。例如，日线图的一个仙人指多，其实反映在60分钟K线图中就是一个V形反转；日线图中的阴阳线交叉，在60分钟K线图中其实就是个箱体；日线图中的黄昏之星，在60分钟K线图中其实就是一个倒V形反转。再例如，日线图中出现的三四根K线的串阳组合，其实在60分钟K线图中就是三个上涨浪形。所以说，K线组合就是由相对小一级别的K线形态构成的，K线形态形成了相对大一级别周期的K线组合。

理解了以上所讲，只做形态的原因就明朗了。举个例子，在日线图区间下轨处出现希望之星，如果做K线组合，那么只能等收完了长下影线随后日线图再收小阳线时，再开始进单。但是如果你做形态，在到达日线图区间下轨处时，就可以切换至60分钟K线图，那么在触及下轨的一刹那，就可以在60分钟K线图甚至5分钟K线图收第一根小阳线时做多，而这个位置才是真正绝对损的位置。

像这样，大形态到了重要位置再在相对小周期中去操作，就能确保在绝对损位置上做单。大家要明白，做的价位离下轨越近，一旦出现扫损，你的损失就越低。如果等到日线图都收了长下影线又收了阳线再去做单，那么你的进单位置势必较前者更远，设正常止损区间的空间更大，一旦被扫损，就会导致较大亏损。

大家可以再仔细思考一下以上所讲内容。同时，这也是左侧交易与右侧交易的区别。

还需要明白两点。一是在同一个周期图中，形态越大，震荡蓄势越久，一旦变盘，爆发力就会越强。尤其是周线级、日线级的大形态。二是在不同的周期图中，例如日线图和60分钟K线图，出现同样大小的形态，但日线图中的形态显示在60分钟K线图中肯定更大，操作也更有价值。所以，通过以上内容，希望大家明白操作形态的意义——它有助于我们先知先觉。

第五节 DIWUJIE
等待安全买点的重要性

人们的一切活动，包括个人穿衣吃饭，动心动念，待人、接物、处事，无不孕育着因果。

智者畏因，一开始就怕，就重视、注意，后果就不会有问题了。有人抽烟抽到得了肺癌才害怕，而有些人抽第一根烟之前已经害怕，坚决不抽烟，就是畏因。而普通人一般畏果，比如犯了罪到被抓时才后悔，后果来了才怕。用一句话来讲就是："一个人要想有好的结果，不如有好的开始。"

在数字货币交易市场中，"因"就是指交易中的买点，其重要性自然不言而喻。

交易不是每天要做的事情。那种认为随时都要交易的人，忽略了一个条件，就是交易是需要理由的，而且是客观的、适当的理由。除了设法赚钱之外，交易者也必须设法避免亏钱。知道什么不应该做，与知道什么应该做几乎一样重要。真正的高手对于大多数行情往往是望而却步、退避三舍的，等待看似错过了很多机会，其实是躲过了很多风险。

但是有一种交易者，他们认为随时都要交易。所以他们就一直处在越亏越买、越买越亏的恶性循环中，一步错步步错。市场仁慈的一面就是提供源源不断的安全机会，但人类贪婪的本性却使他们想要得到百分之百，最终失去了一切。知足，恰恰是救自己。

在这高精准的游戏中，任何情况下，买入的位置都是最重要的。只要买入的位置正确，那你将大概率能获得盈利，没有比手持盈利单更安全的事情了。而前提就是要等到那个一买即赚的位置。交易就是高精准的游戏，思维方法不对，轻仓一样会爆仓，频繁止损就是最好的途径。

等到这些道理你都彻底弄明白了，你就会发现，交易最核心的方式就是开仓，开仓即盈利才是交易的最高境界。时机就是一切，在恰当的时候买进，在恰当的时候卖出，即可。

　　大多数投资者永远控制不住自己内心的贪婪，在丢掉合理的入场时机后盲目地追涨杀跌。没有耐心往往导致过早进单，所以你就要经受市场的波动，因为此时行情尚未完全展开你所期望的上涨或者下跌，而这种情况你往往无法坚持住或者你的止损位也不会让你坚持住。并且如果设损空间较大，一旦被扫损，同样会导致较大损失。而设损空间小，又容易来回被扫损。如果进单过晚，趋势都已经启动了，在区间内做单那就又很容易引起追涨杀跌。以上种种现象，就是由于交易者缺乏耐心，深层原因就是急于赚钱，迫不及待过早进单，担心失去最好的机会，行动表现就是过早进入，实则是贪婪。而另一类人进单过晚，深层原因是就怕赶不上这轮行情，还急于赚钱，实则是恐惧。

　　这也就是为什么很多聪明人都赚不到钱。看得太早的人，其实挺适合做"先知"，当然也很容易成为"先烈"。看得太早的不幸案例太多了，意义不大，就如同过早介入单子。而等到趋势都被人看到的时候，其实趋势的意义也就没了，你已经没有任何机会和优势来成为一个领头者了，当真理都被大家接受的时候，真理就会成为常识。唯有在人们尚未发现，而你却提前发现，等待位置到达后一击即中时，你或许还有先发性优势。这个度的拿捏，除了有一套操作系统外，还要锻炼心性。

　　每当遇到人们说，老师你就直接告诉我现价是开多还是开空就可以了，这种时候我真是哭笑不得。我就和他们讲，任何位置都是可以做单的，时时刻刻都是可以买进的，但最重要的问题是概率，在这个位置成功的概率有多大？赚钱的概率有多大？向下的概率有多大？盈利空间是多少？盈利比例是多少？这次进单是做大周期、大形态变盘释放空间还是做小周期、小形态的释放？行情决定盈亏比，决定诱多、诱空行情出现的概率。它是有一定技术含量的。不是随时都适合交易，所有安全的交易位置，都是认真等待出来的。当然，具体什么样的位置是安全的交易位置，肯定要通过技术去寻找，这就属于"术"的问题了，但前提是我们要明白理念问题。

　　这个问题的解决办法是不操作，就看着行情一个月。无所谓行情的涨或跌，无论出现多安全的交易位置都不要下手，更别说过早或过晚去介入。目的就是培养你的耐力和克制贪婪与恐惧，无论多大的行情，就是让你做不上、赚不到钱，只能干着急。长期如此，最后麻木了，着急的心理就会被克服，以后也就不着急追了，从此只等待安全的交易位置。

第六节 进单设置止损位的重要性

不可预测性和波动性是数字货币交易市场最根本的特征，是数字货币交易市场存在的基础，也是交易中产生风险的原因，是一个不可改变的特征。谁都无法预测未来会不会有什么突发事件，我们所有的技术分析，分析的仅仅是一种可能性，根据这种可能性进行的交易是有不确定性的，没有人能真正预测到市场每一段行情的全部发展过程，只能用相对正确的分析去接近市场的真实情况、去预测，但最终结果还是市场说了算。所以务必加上合理的交易止损策略，不确定的行为必须有措施来控制其风险的扩大，止损就这样自然而然发生了。

止损的关键在于我们所设定的止损价格不应该随随便便被击穿，止损区间将被市场的趋势保护，是一个绝佳的防守点，当市场价格接近止损位时，市场将有很大的概率发生反转，但市场价格一旦击穿此止损位区域，那么市场必将触发大量的止损盘。高还有更高，低还有更低。如果不设止损位，你就会把自己置于逆势风险中，这是交易的大忌，尤其是在相对大形态震荡蓄势很久后的变盘中，这也是设置止损位的意义所在。

要想在数字货币市场站住脚，止损是你要过的第一关。对于大多数人而言，本能上都会抵制止损。不愿去止损，无非是认为行情可能还会有反转的机会，于是扛单，到最后遇到一次一去不复返的行情，终于扛不下去了，就只有大亏损甚至爆仓的结局。可以说绝大多数投资者都是由于死扛、不止损而被市场淘汰的。所以说，我们的交易在某段时间可能会出现连续小亏、盈利欠佳或没有交易等，这可能是由于我们的水平有限，但更重要的原因是把市场博弈建立在安全机制下必须付出基本交易成本。在高风险投资市场，如果不愿付出必需的风控成本，之后反而会付出更高昂的代价，而且很可能是致命的代价。所以，止损是走上交易赢家之路首先要考虑的问题。

在数字货币交易中设置止损位是保护自己的重要手段，犹如汽车中的制动装置，遇突发情况"刹车"才能保证安全。止损的目的是保存实力和减少不必要的损失，避免小错铸成大错、甚至全军覆没。如果汽车在该制动时还继续向前跑，那么结局可想而知。

从人性的角度分析的话，好贪小便宜、不肯吃小亏的人最终难免因小失大。吃了大亏，人们才能学会不贪小便宜，不怕吃小亏。可以这么说，数字货币交易的过程就是克服贪婪等与生俱来的人性然后不贪的过程。但这个学习的过程并不如同一般人想象的那么简单。贪小便宜、不肯吃小亏是一种心态，不贪小便宜、不怕吃小亏也是一种心态。要实现心态的转变，我们最应该战胜的是自己，但战胜自己可不是件容易的事，唯有在交易中不断磨炼自己的心智，在生活中不断强化自己的意志，熬过去了，黑暗后的黎明就到来了。

第七节 分批止盈仓位的重要性

当持有多单时，价位已到达第一目标位（预计还存在第二、第三目标位），若是此刻全部平仓，再次上涨怎么办？如果再去追进，可想而知，进单的点位肯定不如低位安全，并且涨得越多，回踩的可能性就越大；但如果一点仓位也不平，万一行情是诱多或者上涨到位，那么全部利润都会回吐，更会陷入两难的境地（当然，此时要设好保本损位或移动损位）。所以，当价位到达第一目标位（短线）时，最好先平一小部分仓位落袋为安，剩下的单零风险继续持有，去博取接下来的波段或中线行情。

本章第三节也讲到了长期持有的重要意义。在此主要讲解一下，如果看到利润就想全部平仓，做不到分批止盈的解决方式。

如果一位投资者每个月都查看他的投资结果，根据前景理论的效应，他的头脑总是提前跳到远处，想着虚幻的结果而忽略当下真实发生的事情，这是最大的荒谬，他将经历完全不同的投资感受。虽然这是许多人共同的性格弱点，但还是要想办法克服，防止产生过度的消极情绪与兴奋心理。

这种影响会随着对投资结果的查看的频率增加而变得更加严重，使投资处于恐惧、贪婪的危险循环之中。

当投资收益见好的时候，投资人可能很快获得微利并撤出。这种在频繁查看收益情况基础上对市场的认知很有可能是歪曲的，会使交易者在贪婪与恐惧的两难境地越陷越深，从而做出错误决定。解决办法为，除在绝对损位下单外，还要设置好正常止损位。如果有小额盈利，就设好保本损位；如果已经有些许盈利了，就设置好移动损位和依次止盈位。随后关电脑，愿意去做什么就去做什么。不看盘不是因为对交易不负责，而是因为已经手持盈利单。市场不会因人的多空意志而转移。笔者只能保证在相对安全的位置进单，但至于市场给笔者多少，即使笔者有预期，最终也是市场说了算。对未来的影响是，当一个人体会过长期持有所产生的巨大利润后，哪怕只有一次，那么下次对于长期持有这件事，心里就会有胆量、有底气、有期望，就会在这方面想再次有所作为。否则，永远不会明白其中滋味。同时，一笔单子因为长期持有，有了盈亏比比较高的利润，那么设置近损位止损也就亏得起。对下定决心设置止损位这件事，也能起到帮助作用。但如果从市场上拿到过钱了，信心增加，舍弃点利润又如何？谨记一点，不要把盈利的单子变为止损的单子，这就要求保本位和移动损位，一定要及时跟上。

并且从技术层面讲，如果发现这轮行情是大周期的大形态变盘，那么就要告诉自己，我这次做的是大行情，绝不能有点利润就跑，一定要在获得盈利后分批止盈、设移动损位去零风险持有一次。从心态和系统方面不断磨练，最后就会实现利润最大化的目标。

第八节 DIBAJIE
加仓不同时机的双面性

这里再分析一个知识点——加仓的问题。

做单加仓分为区间内的加仓和震荡修整形态变盘后单边释放过程中的加仓。前者的操作方式为，一般行情到达上轨或者下轨附近时，先轻仓潜伏一些，然后等到绝对损的位置再加仓。后者是在形态突破后，手中轻仓的单子已经有盈利了，因为形态一旦释放会释放很久，有很大的空间，所以在单边行情的释放过程中，按照进单原则去寻找60分钟K线图及5分钟K线图的规则小形态的二次探顶/探底绝对损的位置再加仓，然后设置移动止损位，但注意加仓不要加太多，以防万一被扫损而造成亏损。

所以，无论是做数字货币还是做黄金、外汇，无论是做周线级形态还是做日线级的形态，都是在行情到达形态区间上下轨附近时先轻仓做一些，如果再出现绝对损位再加一些仓位。但是谨记，万一行情突破上轨或下轨，也就是高空低多失效，那就必须全部严格执行止损。要么你就只在绝对损位做单，其他只要没到绝对损的位置，不是和预期变盘方向相同的做单位置，就一概不进单，哪怕极轻的仓也不行，或者只要形态不规则、不够大就不做。遵循了以上所有的条件才做单，虽然会丢掉很多操作机会，但是却确保了做的每一手单子都能达到各种条件的几近完美，每笔单子盈利的概率也就能提升至最大。

我们在此讲的加仓策略，不是指被套了一直不认亏。而是在一定的范围内，例如没突破上下轨区间来灵活运用。不要一风吹草动、有点亏损就吓跑了。

例如在一个区间行情中，现在价格已经接近上轨，也出现了乏力和顶背离之态，但还没到达上轨绝对损的做单位置，如果你还认为整个形态向下变盘的可能性大，那在这个位置就可以轻仓做一点，如果再有高点到达绝对损的位置时就轻仓加一些。为什么要先做一些呢？因为等到日线图或者60分钟K线图的大形态上轨位置做空也不容易，机会也算难得，如果一点不做，行情接下来就转跌了，也许十天半个月就白等了。为什么轻仓呢？因为这毕竟不是最安全的绝对损的进单位置，一是要控制万一止损所产生的损失的大小，二是为绝对损的出现预留仓位。

但是谨记，只有行情在区间上轨或下轨处，在接近绝对损位但还没到达绝对损位时才可以轻仓小做。行情一旦真正突破上轨或下轨，也就是高空低多失效时，不管先做的和后加的仓位，都要执行全部止损。无论做周线图区间形态、日线图区间形态还是60分钟K线图区间形态都是如此。就算现在行情所在的位置是周线图形态的大上轨，哪怕是历史高位，一旦突破上轨也要止损，不要觉得价格很高了就怎么样。同理，不要认为现在的行情是周线图形态的大下轨，历史低位或者价格已经很低了就怎么样。谨记，价格没有很低或者很高了这一说，除非跌到零。

还有形态变盘释放后的单边行情。例如向下变盘了，你预期会沿趋势顺势向下运行，打算根据或大或小的形态在其上轨处进单，那么也可以运用以上所讲的进单方式。但一定严格执行止损，万一反向就会非常被动。

接下来和大家讲一个故事，笔者用适当的解析向大家说明做区间震荡形态关于进单与仓位分配的具体理念。

很久很久以前，在山的那边有一个盆地，盆地里有一片茂密的森林，森林里生活着各种奇禽异兽。那些厌倦了日出而作、日落而息、单调而辛苦的农耕生活的人们发现了这里，于是纷纷放下锄头，拿起弓箭，跑到森林里打猎。是啊，打到一只小羊就抵得上一年的收成。而如果幸运，打到一些宝贵的猎物，就可以过上富足的惬意生活。

可是，森林里不仅仅有可爱而温顺的小鸟、小羊、小鹿，还有凶猛而暴躁的豺狼、狮子……

因此，那些怀揣着梦想来到盆地的猎人，十之八九命运悲惨，有的伤痕累累，有的缺胳膊断腿，有的命丧黄泉……

山的外边有个村子，村子里住着个老汉，老汉有个残疾儿子，名字叫作区间。可就是这个残疾的儿子，却成了最优秀的猎人。他打来了好多好多的猎物。

其他的猎人当然想知道区间打猎的方法，于是纷纷前去讨教，但他就是不肯说。

是啊，换作任何人，也一样不肯说！其他猎人都学会了，把猎物打没了怎么办？

后来在大家的百般乞求下，区间终于缓缓地开了口：

"其实大家是看着我长大的，知道我并不聪明，刚刚学习打猎的时候，也像别人一样跟着猎物来回跑，猎物没打到多少，倒是受了不少伤。有一次，我在打猎时误把猛兽当成温顺的小动物，在追捕时发生意外，结果失去了一条腿，大家也是知道的……"（区间内盲目追涨杀跌）

"伤好以后，我以为再也不能打猎了，可是我不甘心啊，于是整天坐在山上看。我什么农活也干不了，就这么呆呆地坐在山上看着野兽们跑来跑去，一看就是几年。"区间接着说，"也许皇天不负有心人，看久了，居然让我看出了一些门道。"

区间的眼里露出兴奋的光芒，完全沉浸在往事里：

"我发现，野兽平时跑动虽然是无序的，但是盆地和森林限制了它们，使它们只能在特定的区间内奔跑，而且每年总有几次会跑到边上来。"（到达形态的上轨处止涨或下轨处止跌）

"我就想，我虽然不能再去追逐野兽，可是，我可以守在两个边际等猎物来再射杀他们啊。"（在区间上轨或下轨处做单）

"事实证明我是对的。这个方法使我打到了很多猎物，为了纪念这个发现，我把自己的名字由大柱改成了区间。"

这时张三问："猎物跑出了区间你怎么办？"（高空低多失效怎么办）

"我肯定不知道猎物最后还能冲出多远，否则我就是神仙不是人了。而且往往最后的冲劲最大，冲出我设定的区间很正常，而且会是致命的，所以我必须予以防范。"区间说。（形态震荡末期，总会高空低多失效，面临向上或者向下变盘。所以，务必设止损位。对于做单来说，这时对预期变盘方向的判断就显得很重要，因为它决定了你最后是尽量去高空还是尽量去低多，进而决定了是被扫的概率大，还是持有单子的方向与形态的变盘方向相同，从而赶上形态变盘大赚的概率大。）

"我的防范措施有三点,第一是谨慎地判断与选择,第二是分批使用携带的箭,第三是特别关注气候的变化……"(图形是否规则、够大,到位置先轻仓潜伏一些,注意上升三角形、上升箱体、下降三角形、下降箱体。)

区间低着头,并不看众人,仿佛自言自语。

"每年总会有猎物冲到区间附近,但这并不是我出手的充分理由,一般来说,需要满足三个条件我才出手……"

院子里一片寂静,大家一时听得入神,平时只看见区间呆若木鸡地坐在森林的边上,一副无所事事的样子,没想到其中有这么多的学问。

"让我出手的三个条件是:首先,猎物向一个方向运动的时间已经很长,位置上已经明显超过了正常的活动范围;其次,发生过明显而强烈的单向运动,可以推测出猎物的体力透支;最后是猎物开始减速、停留或徘徊……"(行情从下轨到上轨附近或者从上轨到达下轨附近时,行情运行乏力,高位或低位开始小修整,并出现顶底背离等。)

"那这样的机会岂不是很少?"张三突然插话。

"对于你们来说是太少了,对于我,一个行动不便的人来说,一年三四次的机会,也就知足了。重要的是我不像你们那么辛苦。"(只做适合自己的,同时只在绝对损位做单,最安全的行情。)

"叔叔,动物们冲过来时,你不怕吗?"这时,一直乖乖地依偎在妈妈怀里的巧儿问。(你不怕这是逆向做单吗?例如到达上轨了你去做空,到达下轨了你去做多。这就是能否做到逆人性。高空低多说起来谁都懂,可关键是要做到。笔者给出必须要做到的理由:因为只有那里,才是绝对损位;只有那里,预期性才最强,一买即赚的可能性才最大;只有那个位置,当你上轨做空行情却突破上轨,当你下轨做多行情却跌破下轨等行情出现万一反向时,才能大概率确定行情是真逆向行驶了,你的损失才能达到最低。或者说,你的损单才是值得的。再者说,谁说就一定是反向、逆向做单。例如上轨做了空单,行情到达下轨,通过大小周期的相对分析后预期形态的变盘方向向下,并且最后形态也的确是向下变盘的,那就是顺势而为。)

"怕!"区间抬起头,望着星空,"所以我才会分批使用我的箭,一般来说,我把箭分成十份或八份,第一次只射出一份。"(快到达近损位但还不是绝对损最安全的做单位置时,先轻仓做一点。)

"怎么会那么少?"张三疑惑地问。

"因为,我很少一次就中,一般后面都会有更好的机会,我必须为下次补射留出

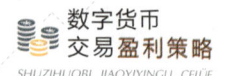

箭。"（也许行情还会再上涨一些到达上轨或者再下跌一些到达下轨，从而出现绝对损位的机会。）

"那你等以后更好的机会出现再射不行吗？"

"不行，因为区间的机会不是很多，我同样要防范错失的风险。"（防范等了好久的行情，但最后还没到达绝对损的位置就转头了，没做上的风险。）

"那一般你总共要射出多少箭呢？"不知谁插了一句。

"如果我携带了一百支箭的话，我会控制在三十支内。"

"为什么是三十支？"

"因为如果我错了的话，我很可能会损失二十支箭，这部分不能计算在内。我还要留下二十支保护自己，要留下三十支防备完全意料之外的事情发生，所以不能超过三十支，这是我自己的经验。"（总仓位不能超过三分之一。）

"那你刚才说的气候变化是什么意思？"张三原来请教区间未果，得到了机会，求知若渴，又忍不住问。

"噢，是这个。"区间从衣服里掏出一份地图，上面绘制着森林的大致形态。老大把地图铺在桌子上，众人围上来。

"由于气候不断变暖，所以动物的活动范围会不断向上方，也就是北方移动，有的时候还特别明显。这一点必须特别关注，每年确定区间时参考气候的变化向上要放宽一些，向下要缩窄一些。"（上升三角形或上升箱体，低点和高点逐渐抬高。）

"你携带了一百支箭，却基本用不到五十支，岂不是很浪费吗？"李四又问。

"不浪费。"区间微微一笑，"猎物是打不绝的，命只有一条，我必须防范再一次把老虎看成山猫的情况。"（控制仓位的目的在于，防止重仓被扫损，虽然在近损位、绝对损位做单，但因有重仓二字，一旦被扫损，就是大损失。永远要把保护本金放在第一位。）

众人一时沉默，只有院墙外的秋虫在苦涩长鸣。

"好了，我的方法就是这些。"

区间说完，端起茶来，低了头慢慢饮着，不再言语。

区间的话一停下来，静悄悄的院子里，一直沉浸在区间讲话中的乡亲们才如梦方醒，开始低声交流，大部分人都表示了极大的赞赏与震撼。

本来，众人对区间的成绩是有些妒忌的，总以为是运气使然，现在才明白：成事之人必有过人之处，区间虽然行动不便，却善于扬长避短，区间这不是在用弓箭打猎，而是在用头脑、用耐心、用时间打猎啊。

这则故事希望大家多看几遍，仔细理解区间行情的具体含义。笔者觉得，以上内容解释区间内的进单位置、加仓位置、止损位置等交易理念，最适合不过了。

第九节 亏光本金的几种做单方式

在数字货币交易市场中，对于个人投机者而言，通常有三种"死"法：第一种是重仓赌博，结果爆仓而"死"。这种交易者往往是做日内短线的，所以敢于重仓去博，然而遇到市场异动，瞬间被打爆是很正常的事情，这种人本质上"死"于无知者无畏的侥幸心理。第二种就是不知止损，扛单，加仓，不断被套，不断加仓，最后重仓、大亏损扛不住了。第三种就是不断止损而"死"。这里主要解释第三种。不断止损而"死"的原因主要有三点。

第一，操作的级别太小。形态越小，行情变化越快，越不容易把握，所以容易频繁操作，操作越频繁，止损次数越多，最后变为盲目止损。所以综合下来，账户本金越来越少。

第二，进场时机不对。要么是做多买在了高点上，要么是做空卖在了低点上，结果一个行情的反向，导致止损出局。

第三，心理承受力小。心理承受能力太差、内心恐惧，导致设置的止损区间太小（恐惧止损）易被扫损。

也许，设置的止损空间是真的小，不给行情正常的波动空间，但需说明的是，止损位设置得合理与否并不是问题的关键所在。说设损空间小容易被扫损是吧，但如果设损空间大了，万一被扫损，损失不也是大的吗？其实说到底，还是进单位置的问题。

如果是在绝对损位做的单，容易一买即赚，就应该设小止损空间，因为必须先保证本金的安全性。就算被扫损，就算行情又按预期方向运行了，笔者也认了，因为这是正常现象。总之只要自己设的止损位是合理的，就没必要懊恼。

但如果进单位置不精准，不是绝对损的位置，当然就容易被扫。那就是自找麻烦了。例如行情还没到达上轨，更没到绝对损的位置，那么在这个位置进了空单，向下的预期不强，不是一买即赚的位置，甚至行情还可能继续上涨，继续到达上轨乃至绝对损的位置，如果这时设损空间还小，当然容易被扫损了。

进单位置不是绝对损位，不精准，你就会陷入两难的境地。设损空间小，很容易就会被扫掉。你也不敢设在绝对损的位置之上，因为那就面临着设损空间大的问题，一旦被扫损，就又会是较大亏损。所以，只要进单位置不精准，一步错，就会导致步步错。只要进单位置不精准，就容易被扫损和导致大亏损。所以一定要提高进单的精准性，至于止损位设置的合理性那都是其次。

解决以上问题的方法为：第一，适当放大你的操作级别。对于一般交易者，建议至少做60分钟K线图区间和单边释放。级别大的好处在于可以减少操作频率，让你慢慢看淡市场的随机波动，同时盈亏比更高。第二，除了遵循高空低多做单原则外，进场位置的精准性对于交易更重要，尤其是近损位。前文详细讲解过，也解释了进单位置的决定性作用。第三，如果遵循了以上种种原则，接下来就要看淡账户的盈亏变动，可抱着要么就赚，要么就小亏损的心态。之前也说过了，如果已经把交易系统优化到相对最完善的程度了，剩下的就是要控制自己的心态。

第十节 关于杜绝锁单操作问题

先问有过锁单经历的朋友，什么情况下你会锁单？是不是在心理承受不住了，再不采取措施，就会大亏损，就会爆仓的情况下？我相信此种结果占比90%，剩下的10%就是，有一点小亏损都受不了，草木皆兵，只要下单后没赚钱，就立刻反方向做上。那么再说结果，先说前者，如果处于锁单状态了，那么肯定会面临解锁。怎么解？肯定是想在哪个支撑位或者阻力位把一方的单子出掉，然后留有一方。你能拿得住剩下这个方向的单子吗？几乎拿不住。为什么？因为本身你的仓位就很重了，你是在仓位很重的情况下，亏损已经很大的情况下，心理承受不住的情况下锁的单子。所以就算解开了，就算明知道接下来行情向你持有单子的方向运行的可能性大，但是接下来行情哪怕再反方向运行一点点，你也会承受不住。最后你可能会在战战兢兢中，把剩下的单子全部平仓。由于解完锁后行情又反方向运行了一小段，再加上仓位重，所以在你全部平完仓后，将会损失得更多。大家仔细思考一下这个过程。再说10%的结果，前几章已经认真分析过，交易者需要做的，只是在绝对损位这样预期强的位置做单，要么赚，要么小亏损。否则，进完单子，遇到一点点亏损又锁上了，随后再解开，然后一有小波动受不了再锁上，那做单还有什么意义呢，一点小亏都吃不了，一点都不能付出，怎么可能抓得住大的获利机会呢？况且进单位置已经是近损位、绝对损位了，位置的预期已经很强了，已经轻仓了，都已经做到这个程度了，怎么走就随它去好了。所以，锁单的前因和结局就是这样，只能带来自我安慰，却大概率改变不了亏损的结局。

第十一节 DISHIYIJIE
不断更改止损位的严重后果

以前北美有这样一种捕捉火鸡的方法：猎手把一个笼子放在旷野之中，再把笼子的门卷起来，随后用玉米铺条路，让火鸡顺着玉米铺成的路跑进笼子里。笼子里放的玉米要多一些，这样火鸡进笼子后就不会马上跑出来，一旦进入笼子的火鸡数够了，猎手就触发机关放下笼门，这样很多火鸡就被关进笼子里了。接下来这个真实的故事相信也能给大家带来一点启示。

一天一位猎人早上去查看他的笼子，发现笼子里有12只火鸡，在他放下笼门之前，1只火鸡溜出了笼子，猎手心想："我手慢了些，让我等等，看看那只火鸡会不会自动跑回笼子里。"

在他等那只火鸡回笼的时候，又有2只火鸡跑了出去，他在心里暗暗自责，"刚才的11只火鸡已经很不错了，我怎么会又让2只跑了呢？"接下来猎手心想："现在只要外出的3只火鸡有1只回来，我就关门。"

很快，又有3只火鸡毫无阻拦地离开了笼子，紧接着又有3只跑掉，直到最后，笼子里只剩下最后1只火鸡的时候，猎人慌了，他的心在挣扎着："要么1只都不要，但如果有1只回笼子，我就关笼子，拿2只火鸡回家。"

最后这位猎人空手而归。

有一定交易经验的朋友读到这个故事时，都会会心一笑，因为他们对这种心理过程非常熟悉，每个交易的人都会经过这个心理过程。例如，在比特币8000点时做多单，定好了止损位是7800点，但是当行情跌到7800点时，你有没有想再等等，或许价格马上反弹。但是当行情又跌到7700点时，你会不会拍着自己的脑袋说刚才真该按照定好的规矩做；接下来行情弱反弹几个点，你又对自己说等到7800点肯定就走，但现在价格已经跌到7600点了，你准备怎么办，是不是束手无策了？这时你会不会就发狠说这次我拼了，就是不走，我看你会跌到哪里。当然最后的结果一般都是市场中又多了一位交很多"学费"的朋友。

当原本设定好的止损价格到位时，就应该严格执行止损。在进入市场后，不断地更改止损位是一种十分不明智的做法。在资金许可的情况下，很多时候，不执行止损或许可以逃过一劫，但是养成了这样的坏习惯，万一有一次一去不复返的行情，只需一次，就足以侵蚀掉你辛苦得来的所有利润；而更重要的是，在你不断地更改止损位的同时，你失去的是重新入场的客观心理与机会。

盈利的哲学原理使他们不能接受系统中出现的小亏损，也享受不到大幅盈利所带来的震撼。在交易中，亏损只是交易者为了获得最终胜利所必须付出的成本和代价，它就像人类的呼吸一样自然。然而很多交易者在经历了几次连续的亏损后，往往会因为对不可预见的未来的恐惧，而放弃一套优秀的交易系统。一个成功的交易者必须培养出正确对待亏损的认识和心态。只有你恰如其分地认识到了亏损在整个交易系统中的意义，才能在一种无压力的心态中进行当下的操作。除非你能够从交易理念上坦然接受亏损，否则你永远不会成为一名盈利的交易者。为了追求全局的盈利，就必须接受暂时的亏损。我们做的只是一种概率。以上种种怪异的交易行为，都是因为投资者的交易理念不清晰，交易中的人性弱点需要修正。

交易市场的初段考验的是勤奋和技艺，中段考验的是智慧和心态，高段考验的是人性和道德。懂得洗尽杂念、心如止水、克服所有人性的弱点才算拿到了盈利的入场券。绝大部分人之所以赔钱，最根本的原因是没有过好两关：第一关，不明白走势选择的基础是与所有的人性相抗，只要你是人，在市场面前就会有问题；第二关，没有真正地了解自己，爱财自大，飞蛾扑火。进入高段，只是盈利的起点，因为这仅仅意味着找对了方向，算是入门。接下来，如何有效地进行修炼和控制，才是高手过招的永恒课题。

第八章 / 数字货币正确交易理念

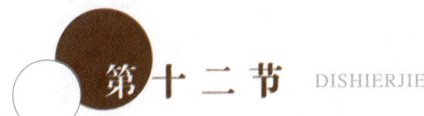

不要让盈利演变为亏损

举个简单的例子，如果你认为这个行情是周线级或日线级的较大行情，不管是区间行情还是单边行情，只要是可以实现大空间赚钱的机会，那么就要注意，在尽量博取利润的同时也要防止已有利润的回吐。

例如，在比特币8000点进的多单，设止损位为7900点，现在行情已经到8200点了。接下来我预期行情可以到达8500点，那么在这个位置我就肯定要设移动损位了，最差的也要把损位移到8000成本位，而不是还设在7900点。因为行情如果真的都那么低了，那么有极大概率不是回踩而是真跌，也许后续还会有更低点。其实，最合适的是把移动损位放到8100点。有的朋友会说把移动损位设得再近一些的话岂不是更好？也不是的，因为设得过于近，例如设到8150点，那么就相当于不给行情一个正常回踩的空间，非常容易被扫损。一旦被扫损了，行情有可能再次上冲到一个很高的价格，再追进就不安全了，不追进也许就失去了赚大钱的机会。如果你觉得8200点是第一目标位，8500点为第二目标位，也可以在行情到达8200点时分批止盈一部分，剩下的设移动损位。

只等待属于自己的行情

1969年，巴菲特认为便宜的股票已经很难找到，他决定暂时离场。当时他是这样给投资者解释的：我对现今的情况有失落之感，但有一点我很清楚，我将只进行我所熟悉的投资方式，这样做或许会失去一些巨额且容易盈利的机会；但我不能进行我所不熟悉的投资方式，因为这很可能导致巨额的损失。一位优秀的投资者只有在获胜概率很大的情况下才会将资金投入市场，巴菲特便是其中的佼佼者。由此谨记，只做符合自己的行情，不要贪心。如果能把属于自己的行情都抓住，那都能进福布斯榜单了。

第十四节 较大盈利后的处理方式

亏损往往跟随在成功的交易之后。赚钱平仓后不应该急着寻找机会去开仓，继续参与末期交易。因为赚钱了，心态上就觉得自己能够把握住方向，能够站在正确的一边，多少会有些浮躁心理，情绪比较激动，对交易的主观认识就会多一些，而这些恰恰是正确交易的大敌。成功带来了志得意满，而志得意满却会带来得意忘形和粗心大意。所以，应该心平气和，让自己保持客观的心态和清醒的头脑，在保住胜利果实的同时养精蓄锐、蓄势待发，像鳄鱼一样等待并捕捉更大的猎物。

第一，利润按比例出金。这是保住胜利果实最有效的方式。赚钱了，就按一定的比例取出来，可以买些自己喜欢的东西犒劳自己，愉悦自己的心情，好的心情有助于正确的交易。赚的钱若继续留在账户里，说不定哪天会一次性被市场要回去，增加利润损失的风险。切记，平仓后就把利润按比例取出来，一点时间都不要耽搁，用赚来的钱再去零风险做单。要养成这种习惯，习惯的力量是无穷的。

第二，休息。无声胜有声，无为胜有为。曲线上蹿下跳，一会儿赚了，一会儿亏了，害怕赚了的钱吐回去，烦恼亏了的钱什么时候能够赚回来，到了关键点是调整还是反转，等待位置进单是该减仓还是加仓等，困惑和纠结有如家常便饭。参与交易是最累的，身体上的疲乏和劳累，心里的压力和困惑，这种累是最具挑战性也最让人难以承受的。舒缓劳累的最佳方法就是休息，休息看似会错过机会，其实更多的时候是避过风险。

第三，学习。活到老学到老，经常反复学习是在数字货币市场中存活的重要法宝。技术分析手段需要学习，基本分析方法需要学习，资金管理技巧数字货币和策略需要学习，心理控制需要学习，开仓、加仓、平仓、止损的策略也需要学习，总归就是要想长期存活于数字货币市场，就要不断地学习。赚钱平仓后，复复盘，翻翻书，看看自己总结的方法、策略、理念是否已融会贯通到自己的交易中，看看这次交易是否有遗漏的地方，是否有没有理解透彻的地方等。结合实际操作进行理论学习，使自己的操作系统更加完善，为下一次交易打好基础。

第四，等待。要能够忍住诱惑和寂寞，在时机未到时什么都不干，这是交易的最高境界。等待是放弃不属于自己的机会，是为了更好地把握属于自己交易系统的机会。等待避免了高风险位置进单产生的损失，不亏钱就相当于赚钱。等待的过程可以好好放松，爬爬山、游游水，人生如此惬意；等待的过程可以干自己平时没有时间而又喜欢干的事情，看看电影、打打游戏，生活如此快乐；等待的过程可以陪陪家人、联络好友，生活如此美好。等待的过程是休息、学习、积累、悟道的过程，是充电的过程。等待不是被动的退步，等待是为了主动进步。

第五，研究分析，寻找机会。最厉害的拳法不是南拳，也不是北拳，而是没有招式的拳。正所谓无招胜有招。分析技术形态，使品种的整体走势印于头脑中，对品种的相关信息了如指掌，胸有成竹。仔细依次分析该品种由大到小的周期图，再从这些分析中寻找符合自己交易系统的介入机会。机会总是眷顾有准备的人。做好交易计划，等待交易机会的眷顾。

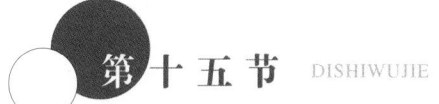

第十五节 DISHIWUJIE
规避四种不良的做单习惯

在交易市场中，无论是数字货币、期货还是股票或是其他有K线图的市场，见到一点点利润就跑不行，见到一点点亏损就跑也不行；有了大利润不走不行，等有了大亏损才走也不行。进单后，不管是盈利还是亏损状态，忘掉你的入场价格，才能更加客观地持有，而不是赚了点、亏了点就想跑。价格接下来该涨或者该跌，你现在是赚钱还是亏钱状态，都无所谓。止损位已经设在那里了，止盈位也设置在那里了，其他就都不要管了，不要以你的进场价为天平的中心点，一会儿向左一会儿又向右不断地倾斜，只以行情为准则。

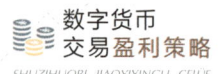

第十六节 关于交易执行力的问题

交易的难点不在于学习，而在于应用，严格按照系统去交易的自律性所产生的执行力才是区分高手和低手的重要因素。

很多人都会有这样的感觉：每当我们通过不同的渠道得到一套盈利的交易系统后，在实际操作中却往往因为这样或者那样的原因不能完全执行。所以，投资成功重要的不是交易系统，而是交易者彻底贯彻交易系统的执行能力。因此，交易心理和执行能力决定了交易者的最终成败。

除了自律性缺失导致很多人虽拥有了盈利的交易系统却根本无法执行外，还有一个重要原因控制着交易成败，那就是信念。如果交易者对交易系统没有坚定的信念，同样会导致执行力不强。交易就是浓缩的人生，它把人性的贪婪与恐惧放大了十倍甚至百倍。在这个大多数人注定亏钱的投机市场中，其实我们最终交易的不是价格，而是信念。

在交易中我们如何对自己的交易系统形成坚定的信念呢？答案很简单，那就是熟悉交易系统、理解交易系统、融合交易系统。交易技术和交易哲学是互为一体的，交易技术是交易哲学思想的具体体现。只有认识到这些，技术才能根深蒂固，应用起来才能行云流水，而不会障碍重重。

投资者只有将操盘技能训练成一种交易习惯，训练到极其熟练以至于不必经过思考的境界，那时自律性、坚定的信念、执行力才算真正"融入"了血液中，才能真正抵挡住盘面这种迷人的诱惑，才能完全达到按系统信号操作而不变形的能力。

我们中国人吃饭用筷子，在使用筷子的时候你会考虑用多大力夹起这个菜，以及从什么角度戳进那块肉吗？我相信大家不会考虑这些，整个吃饭用筷子的过程自然而然。从来没用过筷子的外国朋友，夹了半天没成功，就会认为筷子很难用。我们中国人之所以认为筷子好用，是因为从小就用，时间久了，用法就深深地印在我们的潜意识里。我们平时所说的习惯就是潜意识的一种表现——习惯成自然。

有句俗话说得好：熟能生巧。如果我们在交易中能够自如地发挥自身技术，那么系统的执行力自然强很多。

放到交易中，很多朋友明明知道这个时候不应该交易，但还是交易了，定好了规则又违规了，诸如此类。这些都归为潜意识的问题，或者概括为"功夫不到家"。这个问题你在主观意识领域是无解的，冲动交易之后懊悔不已，更有甚者自己抽自己两耳光。然后没过多久又冲动交易，继续懊悔不已，陷到死循环里了——冲动—懊悔—又冲动—又懊悔—抽两耳光—继续冲动。因此需要不断地操练，不断地去打磨。日子久了，功到自然成。而冲动交易、随意交易等一些交易中的小顽疾也就自然消失了。

第十七节　摒弃各种复杂技术指标

现在有很多系统交易者，他们根据自己的需要发明了无数的技术指标，从趋势到摆动再到强弱型指标，不计其数。很多交易者尝试了无数指标，均线、MACD、随机指标KDJ、相对强弱指标RSI……甚至很多人自己开发了很多"傻瓜系统"，自动发出买卖信号，但最后绝大多数效果都不理想，同时耗费了大量的时间、精力、金钱成本。

你要明白，没有一套放之四海皆有效的指标，如果有，那真成"提款机"了。不要痴迷于技术指标、行情分析，因为很多指标是互相冲突的，各种分析方法也是冲突的。并且要明白主次矛盾，是先有的K线运行走势，才出现的指标运行走势。任何指标都是滞后于K线运行的。

第十八节　获得较大盈利的途径

不见得非得通过重仓或者扛单的方式才能获得较大盈利。这两者的危害笔者再强调一下，重仓——在行情中最直接的体现就是，就算在比较好的位置进单，一旦被扫损，因为仓位重，也会导致很大的亏损。当然必须要承认，如果能做对方向，也会带来比较大的收益。但权衡两者，还是应该以保本为第一原则。如果扛单，就更是如此了。一旦遇上一次一去不回头的行情，如果还不断地加仓，那最后只有大亏损或者爆仓的结果，所以两者都是不可取的。正确的做法，一是操作形态较大的行情，通过分批止盈、设置移动损位来零风险博取较大的行情空间，通过长期持有，使收益最大化。二是行情不断释放，在已有盈利的情况下适当性加仓，随后再设置保本损位。例如，在上轨做空单，随后行情到达下轨，之后整个形态向下变盘跌破下轨。我们明白接下来行情还有很大的运行空间，如果这时手中在上轨处做的单子已有利润，形态变盘初期、中期，又出现了适合我们的做单位置，就可以通过加仓，设置保本损位来零风险持有，从而实现利润最大化。

第十九节 关于保本的两种方法

做到保本的方法只有两种，一个是止损空间小（体现在进单位置），另一个是别一次下注太多。例如，花1万元钱买1手可以赚1000元，花10万元买10手就赚1万元，虽然概率相同，多做就赚得多，少做就赚得少，但是要以控制亏损为大前提。前文也不止一次谈过，如果这次买的手数比较多，被扫损的话，那就是大损失，这样就违背了保本第一的原则。

有的交易者在有盈利后，越来越贪婪，又重仓加进去。一个典型的表现就是在加仓上。例如，当时买了10手单子，然后按照自己的预期方向进行了，交易者就会在内心指责自己，为什么开始的时候不多买一些？然后开始幻想行情还会沿着预期的方向继续行驶，并把大部分的本金投入这个品种上，更别提什么分批止盈等正确的做法了。当你重仓加完仓之后，就意味着成本位的改变，行情一旦稍微反向，就会导致你由原来的有利润变成倒亏钱。这时你慌了神，失去了思考能力，贪婪开始慢慢地变成希望，你希望这只是暂时的，但是亏损却每时每刻地增加，也许会有几次运气好一些，但是用不了多久，终会有一次大亏或爆仓的风险。

要明白，致富不是仅靠这一次行情就可以实现的，不要执着于这一次。贪婪会使人忘记风险,不要总是幻想着行情按照你所下单预期的方向进行,从而忽略了行情相反走势的风险。如此才不会使本金处于风险之中。

第二十节 DIERSHIJIE
在相对高位/低位平仓的意义

不管行情跌到了多低或者涨到了多高,如果不平仓,利润始终都不是交易者的。所以,有大盈利时就要部分卖出,因为只有在那样的高位置或低位置卖出才有钱赚,并且在那种位置卖出才是赚的最多的。要敢于在这样的位置果断卖出。不要等做多单行情的回踩幅度很大了,或者做空单行情反弹幅度很大了才想着卖出,那时已经晚了,你的利润已经回吐了。这也是到位置了就果断分批止盈的意义。

第二十一节 DIERSHIYIJIE
冲动交易与频繁交易的解决办法

做交易的人都知道不能频繁交易,也知道频繁交易是大忌,是错误的,是应该避免的。道理很简单,做起来却很难。我们一次次告诉自己不能再频繁交易了,再频繁交易就要扇自己耳光,但又一次次继续频繁交易。我们的思维、心情等随着市场价格的变化而变化。一会儿看多,一会儿看空,全然不顾原先的计划,频繁地在市场中买进卖出。显然,这种毫无章法的交易方式注定不会有好结果。新手如此操作的根本原因是没有明确的交易规则;老手虽然有交易规则,但太模糊且不够细化,在价格上下波动、人容易情绪化的背景下,一些不是机会的机会就通通被当成了交易机会。

人的情绪极容易受到市场影响,当市场走势与自己做单方向相反时,人容易转为悲观;当市场走势与自己的做单方向相同时,人又容易过于乐观。情绪受到市场波动的影响,所以容易出现盲目追涨杀跌或抄底摸顶。这就是所谓的冲动交易。

对于大部分人而言，特别对于交易时间不长的新手而言，这是主要原因，也是根本原因，无据可依、无章可循，自然心乱如麻，你的操作跟着就会乱。如果没有严谨的操作系统和严格的交易规则，无论怎么样，下一次该犯的还是会犯。在没有规则的条件下，去发誓要减少频繁交易，无异于痴人说梦。

在大部分人的世界里，行情只要涨跌，那就是机会，因为有涨跌，就有差价，有差价就等于有利润。行情时刻都在涨跌，所以时刻都是机会，为何不能时刻操作？这些人最喜欢的就是频繁交易，老想着挣钱，哪个品种有明显的涨跌就想买哪个，没有买就会担忧错失利润。

对于许多老手而言，虽然他们多数已经建立了交易规则，但不够细致、不够明确。因此市场也会出现很多看似属于你、又不属于你的机会，站在当时而言很难清晰地知道是否是属于自己的机会，大部分人都害怕错失机会，天生都有追逐利润的冲动，在令人疯狂的利润面前，人会忘记风险，选择利润，所以就会出现频繁交易。

大部分频繁止损的人都是重仓交易的人，轻仓交易者是很少存在频繁止损的（除了之前所讲的走向另一个极端的人——恐惧止损）；也没有任何一个频繁止损的人，不是过度交易的。他们之所以频繁止损就是因为仓位过重，必须赶快止损，否则就会造成大亏损。止损之后，就是再次开仓，再次重仓布局，如此循环往复乐此不疲。所以，频繁、反复地止损和重仓、满仓的交易以及过度交易三者相依相生。

其实说到底，造成以上种种的原因是，没有一套严格、有效、详细的操作系统和交易规则。

如果系统不明朗，规则不明确，就会不清楚这个位置是否是自己的交易机会。再加上前文所讲，大部分人都害怕错失交易机会，天生追逐利润，所以在令人疯狂的利润面前，就通通当成了自己的机会。人们总是忘记自己究竟应该怎么操作，而完全被市场价格的波动所牵引。其原因是没有一整套交易系统的指引与约束。所以，只能是通过时间的磨炼先有一套行之有效的操作系统约束自身，没有捷径可走。

除以上大前提外，频繁冲动性交易的主要原因也是交易者个人的修养、境界、认知、理念等达不到一定的高度，缺乏足够的自我控制能力，沉溺于短时间从市场波动中赚一笔大钱的想法而无法自拔。如果你心态平和、不着急，不急于一夜暴富，不急于挣快钱，怎么会去重仓满仓、频繁止损，以及过度交易呢？致富或挽回损失，一定要耐心等待"大好机会"的到来，并对高胜算、大利润空间的交易机会有所追求。

如果我们明白了数字货币交易是一种投资智慧加少许运气的脑力游戏，而不是单纯靠勤奋和交易频率就能取得回报的，那么我们应该会对交易理念会有新的认知。不少投资者都有过度交易倾向，一天不做单手就发痒，一天无单子心里就空落落的。整天在市场上"杀进杀出"，弄得自己晕头转向，手续费交了一大堆，结果账面还出现负数。

如果交易者懂得了所有的交易系统只能捕捉特定的一段行情，任何系统都不可能将所有的波动一网打尽，懂得做得多不一定收益就多的道理，还会贪婪地想拥有所有的利润而频繁操作吗？冲动性交易是一种短线交易，而且是超级短线。要明白这是毁灭投机者最快捷的途径。

如果交易者深刻地理解了投资盈利的交易哲学，明白亏损是捕捉成功的必由之路，还会不接受亏损吗？

知易行难，做交易就是自我控制的过程。与之相关的是一个人的悟性、认知以及执行力。管住自己的手和心，只做高胜算的交易。首先明确自己的目标，把"知"明确了，才能做到"行"，达到"知行合一"的状态。做到一定的境界后，技术只是一种工具，而心性的历练才是方向。悟性和修为，远比技术本身重要。

冲动交易与频繁交易的解决办法如下：

冲动交易的人有一个共同点，那就是不按计划操作，都过分把注意力放到钱上。交易者可以采取一些方法将其弱化，将更多的注意力放在正确的交易方法上。当你把更多的注意力放在交易上时，就自然地会弱化对钱的关注。最好的解决办法就是先轻仓试探。当交易连续亏损、交易节奏紊乱时，及时停下来调整心态是非常必要的，不然会越来越乱。就像跳交谊舞，一旦舞步踏乱了，就会总踩舞伴的脚，只能就地停下来，等踏准舞曲节拍后再和舞伴起跳。

当出现大亏损后，很多交易者希望赶紧翻本，最后越亏越惨、血本无归。就像输急了眼的赌徒一样，最后将所有的筹码都押上。其实这时候最需要做的是离开市场，需要一个疗伤过程，并总结造成亏损的原因。等休养生息、恢复自信后，再返回市场也不迟。当交易状态异常时，要及时住手休整。相信每个人都有自己的"运气周期"，当某一段时间诸事不顺、感觉不好、伸手就被"咬"时，表明自己处于背运期，如果勉强做单交易，很可能接连失利。

当连做单都不顺时，请适时休息一下，先离场，让自己先放松。

其实，真正大的投资机会，每年也就数得清的那么几次，只有平时冷静观察、潜心研究，届时才能捕捉到机会。在交易过程中，很多情形下，我们都需要休息和调整。

第二十二节 DIERSHIERJIE
交易过程中需克服的人性弱点

【患得患失】

进场前，你会持有多或者空的观点，并依次进场。进场之后，一旦手中有单子，就时时惦记账面资金的起伏变化，被各种诱惑、恐惧、贪婪、执着、希望等所折磨，并被这种变化左右了情绪，忽略行情本身。这对正常的思维判断有非常大的干扰。

无所谓看多、看空，无所谓得与失，只要小赚小亏都在可接受范围内，谨防大亏就好了。交易者更应该注重过程的正确，结果随遇而安。如果提前去考虑结果，就会扰乱整个交易过程，导致次次亏损。人的头脑总是提前跳到远处想着虚幻的结果而忽略当下真实发生的事情，这是我们生命中很大的错误。这些都是恐惧或贪婪的成因，会导致交易者下完单又后悔，平完仓又后悔，如此反复，犹豫不决。究其原因，是没有一套行之有效的交易系统，导致交易者在做单过程中的任一环节都信心不足。

【对抗市场】

交易者首先要明白，市场不因人的意志而转移。大家从小所受的教育都建立在竞争的基础上，如战胜各种艰难障碍、与困难搏斗等。这种意识已经深深地扎根于交易者的内心。其实交易者进入数字货币市场，还是带着这样的心理意识。常常有一些各行各业的精英来到数字货币市场，遭受失败，而且比一般人失败得更彻底。这是因为，这些其他行业的成功人士都有一个很强烈的自我，他们不相信自己会失败，也非常不愿意接受自己的失败。

他们的成功使他们的个性变得很强硬，所以当市场变得对他们不利的时候，他们不懂得屈服和退让，而是采用抗争的态度，直到被摧毁。人们在生活中或多或少都会捍卫自己的观点，不情愿承认自己在判断上出现的失误。所以一个人不管自己是对是错，都会把自己的态度坚持到底，他捍卫的不是真理，而是他的自我。人性中这种抗争的天性，这种不愿意屈服、不愿意放弃自我的态度是交易的最大障碍。扛单，不止损，不认错，最后造成大亏或者爆仓。

【追求完美的心理】

追求完美是一种非常贪婪的心理，是一种极端的心理。因为追求完美，就不允许有一点瑕疵,就不能承担哪怕非常小的损失,该止损时就难以执行,该盈利平仓时还想更多盈利。因为追求完美,一个人就试图抓住所有的波动,不希望漏过任何行情。每个人都有自己的局限性,都有自己不擅长的领域。追求完美的心理很容易导致频繁交易以及冲动交易。

【大赚的心理】

把单次交易的结果看得过重,试图在一次交易中暴富;或者拒绝在明显看错市场的情况下止损离场,一直坚守亏损的单子。

证券交易是长期的过程,没有必要为一次交易的结果要死要活。有时候接受一些小的损失是非常健康的,这样就能够预防大的亏损。并且我们也要思考,这一次盈利与否,难道就可以从此让整个人生大富大贵或者沉入谷底了吗?所以要明白,投资的稳定盈利的关键在于长期,而不在于单次。

【恐惧心理】

不敢长期持有单子,就是有恐惧心理。一是在技术上无信心。二是在心理上也许因为上次以亏钱收场的惨痛经历而有阴影,技术方面、心态方面就不管不顾了,就不以行情为中心而以自己的主观想法为准则了。所以本应该获得一万,却只得到了一千。并且人们对没有赶上行情的恐惧和失去赚大钱机会的担心,导致常常没有耐心,然后在不好的位置进单,以致后续造成一连串的失误。

解决办法一是轻仓,降低内心的情绪波动。二是通过移动损位长期持单,有了移动损位,心里就有了不会亏钱的底。三是多观察一些品种,明白机会永远都不会完。其实恐惧的根源也是贪婪,恐惧和贪婪相互相生。要这样想,大不了这钱我不赚了,反正机会多得是。总之,安全的位置才进单,进完单后还要设移动损位长期持单赚更多。这样想,才能得到相应的收益。

【情绪的失衡】

数字货币交易市场的波动常常是市场参与者情绪的直接反应。管理情绪、控制情绪是成功交易的重中之重;如果你无法控制自己的情绪,你的一生将会因为不时地情绪冲动而受害。恐惧、仇恨、愤怒、贪婪、嫉妒、悲观、绝望等,都属于消极的情绪。而拥有消极情绪的交易者则缺乏理智、拒绝接受现实、事事怨天尤人等,导致在价格跌了很久后才卖掉、错过最佳买点、卖得太早,等等。同时消极的交易者也可能把失败当作消极、重大、最终的结果,把失败归结为自己能力不足,认为是自身弱点或者疏忽导致失利。每个人都会产生各种各样的情绪,但是情商高的人,会更好地管理不良情绪,适当地宣泄。情绪控制能力是可以通过后天来培养的,但要注意的是,培养情绪控制能力并不是一学就会、一会就用、一用就灵、立竿见影的，这个培养过程是一个长期的、系统的过程。对此交易者要有足够的心理准备才行。

因此，无论遇到什么事情，一定要控制住冲动的情绪。深呼吸10秒钟后，再选择应对之策。这样往往会做出更加理智、正确的决策。冲动的时候不做决定，惊喜的时候不下承诺。管好自己的情绪，你就收获了人生的主动权。生活中有形形色色的情绪，要学会管理它们、支配它们，不做情绪的奴隶，管理好不良情绪，把不良情绪巧妙转移。同样，生活中对情绪的控制决定了交易中的情绪控制。

情绪失控导致交易失败的三个阶段：一是出意外之前麻痹大意；二是出现意外之后惊慌失措；三是造成损失之后急于补亏。解决办法如下：

（1）永远敬畏市场、谨慎交易，用战战兢兢、如履薄冰的态度面对市场。

（2）一旦亏损不要慌张，暂时停止交易，寻找原因、发现问题，查缺补漏、完善系统。

（3）着急是交易者亏损的最大原因。重仓是着急，没有信号开仓、平仓是着急，频繁交易是着急，加仓是着急，实则就是贪，就是想尽快赚钱。中国有句老话："财不入急门。"耐心一点，冷静决策，市场会给你回报的。

【从众心理】

不要过多地与人讨论，不要与人探讨行情，性格不一样、方法不一样，探讨的结果就不会一致。即使你们同时做同一方向单，出场方式也会出现不同。当一切都在你的技术方法当中时，不要与人探讨行情、浪费时间。不要以为兢兢业业就能取得成功，也别以为他人能发现你没有发现的东西。当你技术成熟时，你不会受别人分析的干扰。如果你技术不成熟，则很容易受到干扰，往往做错都是因为听信他人之言。K线图的分析带有强烈的主观色彩，这导致每个人修完同样的课程后，即使都是市场医生，都可以通过K线图给市场做诊断并付诸实施，但每个人的方法和成效都不一样。这与每个人不同的性格、悟性、市场哲学观、资金规模、心理承受能力等有关。

【急于赚钱，小周期做单来回被扫损】

大、中、小级别趋势相互矛盾混淆和刺激着大多数人的心理。一般投资者由于数字货币的杠杆作用，容易被小波动所诱惑，因此特别想抓小区间波动，结果频繁交易中就可能无数次陷入"陷阱"，而此时又带着不良的交易心态，从而很容易被市场无情地吞噬。一般的投资者总是喜欢对短期波动的行情做预测，因为有波动就意味着有价差，有价差就意味着有利润空间，为什么不做呢？然后忙于短期波动的交易，其实这样做只能捡些芝麻，并且结局大概率都是大亏小赚。投资者应该克服并抵制短期波动的诱惑，从大的形势去分析、去把握，才能从根本上做对行情、赚到钱。

形态的周期性越大，那么这个形态的稳定性就越高，同时也越容易按照K线的运行规律去运行，并且不容易出现上下扫单，同时盈亏比也越大，这就是操作大规则形态的优势。

操作的形态越小、级别越小，行情变化越快，随机性比较大，越不容易把握，所以就容易频繁操作。操作越频繁，止损次数越多，综合下来，你的账户本金会越来越少。不断地损失金钱，会使先前盲目自大的投资者走向另一个极端——因恐惧而频繁止损，即胆小而敏感。一点点的风吹草动、一点点不利的价格变化就使投资者心理压力沉重，从而忘记止损目标价位，盲目止损。可以说恐惧与盲目是相生相依的。

我们按捺不住自己内心的恐惧，在交易系统没有出现止损的情况下，人为地平掉了本可以大赚的仓位。其实，市场的波动是正常的，主力故意把价格打压至技术性止损价位的情况比比皆是。止损虽是必需的，但是胡乱地止损，相当于一刀一刀把自己给"凌迟"了。

盲目止损以及恐惧止损，只会延缓本金的亏损，但改变不了本金赔光的结局。这种结果和操作形态过小有着密不可分的关系。

解决方法是，适当放大操作级别，对于一般交易者，建议至少做60分钟K线图区间和释放。级别大的好处在于可以减少你的操作频率，让你慢慢看淡市场的随机波动，同时盈亏比更高。其实，只要按照自己的交易系统来做单，进单的位置已经很安全了，盈亏比已经很大了，交易策略已经很完善了。所以，真的没必要被一点点小亏损吓跑或获得一点点小盈利就离场，只需要按照系统心平气和去执行就好了。

【急于大赚，重仓交易】

重仓在任何交易市场上都是万恶之首、万恶之源。所有的亏损、频繁止损、过度交易、贪婪的心态扭曲、眼中只盯着大赚盈利看不到风险等都和重仓有关。

毋庸讳言，每一个在数字货币市场能够短期暴利、一夜暴富、赚取几百上千倍的交易者都是全仓杀入、浮盈加码。如果哪个交易者能够不重仓交易、执行资金管理，他实际上已经成功了一半，也就是说走完了一半的成功历程，最终的盈利已经不再遥远。

经常会有人在短期内创造暴利，但无数事实证明，基本上都是昙花一现。创造暴利的操作一定蕴涵着致命的风险，其成败皆源于此。但绝大部分交易者却会因急功浮躁、轻狂侥幸而对此丧失理智。孙子说："善战者无赫赫之功，善者之战，无奇胜、无智名、无勇功。"意思就是会打仗的将军不会承担大的风险，也不会耍小聪明，更不会逞匹夫之勇。所以，会打仗的将军往往都没有值得夸耀的战绩。例如晚清名臣曾国藩，就是这个说法的代表人物，他率领湘军剿灭了太平天国。他用"结硬寨，打呆战"的方式，集小胜为大胜，一步步将太平天国逼上死路。"结硬寨"就是挖深壕、堆高垒保护自己尽量不受损失。"打呆战"就是不心存侥幸、不投机取巧，有多少实力就打多大的仗。曾国藩进士出身，对《孙子兵法》读到滚瓜烂熟，真正实践了"善者之战"——"无奇胜、无智名、无勇功"。所以在交易中不要试图通过一把豪赌将本金翻倍，而是要努力在不亏钱的情况下让资本不断地由小到大增值，也就是说先把盈利当成是控制亏损时的意外所得。善战者集小胜为大胜，最后完成战略目的；善交易者集小赢为大赢，最后达成财务自由。

那些靠轰轰烈烈大搏杀、扛单等出名的人结局常常不好。你可以连续九次百分之百地赚，但只要第十次亏百分之百就会一无所有。最具代表性的例子就是"炒股天才"杰西·利物莫，他的好赌、满仓、重仓名扬天下，但一生破产三次，去世时一无所有。这同时也是教育我们，在某一时间段内如果有盈利就要拿出一些本金，拿零风险的盈利去做单，保存实力。

第二十三节 DIERSHISANJIE
交易过程中需具备的优秀品质

【贵在坚持】

交易的成功和其他方面的成功在本质上是一致的。万事都是贵在坚持，也难在坚持。不论做什么事，如不坚持到底，半途而废，那么再简单的事也只能功亏一篑；相反，只要抱着锲而不舍、持之以恒的精神，再难办的事情也会迎刃而解。纵观历史，姜太公熬得住，终于等到了周文王；越王勾践熬得住，终于成为一代霸主；司马迁熬得住，终于完成了旷世之作《史记》。当然，并不是所有的坚持都会取得胜利，尤其是在淘汰率如此之高的数字货币市场。但是，唯有坚持才能胜利，遇到挫折不要轻言放弃，比别人多走几步，做到别人做不到的，你就胜出了。在我们身边，总会有一些能沉下心去熬、不肯轻易言弃的人。他们从不肯让环境左右自己的人生。熬得久了，心性被磨炼得坚韧了，就算在千磨百折中，他们也能成为可以被打倒，却绝不会被击垮的人。这也是数字货币市场赢家所必备的特质。所以,大器晚成绝非是一碗自欺欺人的"假鸡汤",前提是你足够努力与坚持。在奋斗的道路上多一份忍耐与坚守,会让你距离目标越来越近。越是艰难,就越有可能收获超出预期的巨大成功,关键是要挺住。其实,任何领域的伟大都来源于一个人坚持到所有障碍都被克服的能力,一些人由于缺乏这种决心和能力,只能当普通人和平凡人。

【勤于总结】

愿意自我反省和总结就是不在同一个地方跌倒两次。做交易不可能不犯错误,但最终一定要知道错在哪儿了,提醒自己下次不能再犯。佛教中有"三毒"之说,指的是"贪、嗔、痴",这三点其实就是人性的弱点,人人都会有的。"贪婪、迁怒、痴迷"也是做数字货币交易的"三毒"。要克服这些问题,就需要戒律,需要总结,需要反省。有些人能在投资失利的同时总结经验和教训,并不断学习。这就可以让他们在以后的投资中,避免出现类似的情况。而另一些投资人,不喜欢学习和总结,一旦投资失败就找各种理由为自己开脱,而不是在自己身上找原因。长此以往,投资永远不会成功,也会将自己和财富的距离越拉越远。

【懂得休息】

身体的疲乏和劳累、心理的压力和困惑,是最具挑战性也最让人难以承受的。舒缓劳累的最佳方法就是休息。休息看似会错过机会,其实,休息更多时候避过的是风险。人在身心疲惫的情况下,什么都不想做,也什么都做不了。

我们每天所做出的任何判断都会消耗我们的精力,精力被过度消耗,决策不怎么经过大脑,这个时候是没有判断力可言的。交易中也是这样,人在疲劳的时候做单效率大大下降,导致已有的单子不想做分析就一次全平了,或者明明是赚钱的单子却因为疲劳而无视风险、不做任何应对,最后止损出场。

【善于等待】

不要担心错失机会,善猎者必善等待。优秀的交易者都厌恶风险,他们耐心等待最有利的交易机会。如同比尔·利普舒茨所说的:"如果交易员能够减少50%的交易次数,通常都可以赚更多的钱。"耐心,是所有优秀品质中的重中之重。

要想在数字货币市场中不断地赚钱,除了知识和经验之外,还必须学会忍耐。等待赚钱的时机,只有在数字货币价格的运动符合你的入场位置和入场条件时才入场,只有这样,你才能够确定你入场的获胜概率远远大于50%,在这基础上才有可能不断盈利。市场上有太多一买即赚的机会,也有太多规则的图形形态,我们唯一要做的就是等待一击即中的机会。看过狮子怎么捕猎的吗?它耐心等待猎物,只有在时机及取胜机会都适合的时候，它才从草丛中跳出来。成功的交易者应该具有同样的特点，绝不为了交易而交易，等待合适的时机，然后采取行动。因为他们不担心错失机会，这是一种非常重要的心态——机会永远都存在。修炼自己做一个有耐心的人，这就是投资之道。找到极安全的交易机会是不难的，最难的是修炼自己做一个有耐心的人。

耐心地等待，才会有正确的入场时机，接下来就是买对了要有耐心去持有，等待着大行情运行完全。

记住，对市场做出正确判断不算什么。你在牛市中总能找到许多早就做多的人，在熊市中也能找到一早就做空的人。许多人都适逢其时做对了，他们在最有利的价位买进或卖出，但是他们却没有从中赚到什么钱。做对又能坚持的人不多见。我觉得这是最难学的一件事。还记得杰西·利物莫赚大钱的秘诀吗？钱不是靠不断操作而来的，而是"坐"出来的。就像庄稼成长有一定规律一样，行情发展也有一定规律，我们播下种子之后，除了施肥、除草，不应该再干预，不要拔苗助长。

"业余炒手，因为大亏损而破产；专业炒手，因为获小利而破产。"请所有读者记住这一华尔街名言。

【愿守规矩】

在日常生活中，一成不变、守规矩的人，或许会被某些人瞧不起。可是，要在股市、期市、币市赚钱，就必须守规矩，如果不守规矩，不要说赚钱，想要做到不赔钱都是很难的。不少人在其他交易市场滚打数十年，说到规矩，甚至可以出一本金融操作大全，但为何来到数字货币市场，却被"修理"得很惨？其中一个关键因素是，数字货币的高杠杆特性，很容易使投资人被肾上腺素所左右，而不断重复一些初级错误，没有将经验、教训总结为个人的规矩，并严格去遵守。就如同下棋一样，喜欢下随手棋的人，下不出稳定的好棋。

【独立性格】

优秀投资者不是一味地与大众唱反调，他们有的时候与大多数人看法一致、有的时候不一致，关键是他们不去看大多数人对市场的观点，而是永远坚持自己独立去分析市场，自己独立地做出判断。这类人最大的特点就是有自己分析问题的能力，不盲目跟风，对事物的判断有自己的根据，绝不人云亦云。即便是已经众所认同的观点，都还要经过自己的论证，因为他们要做和大众不同的事情。长期以来，人们习惯集体思维，但是交易是需要独立思考的。

【承认错误】

雨果说过："尽可能少犯错误，这是人的准则；不犯错误，那是天使的梦想。尘世上的一切都是免不了错误的。错误犹如一种地心吸力。"

优秀的交易者不怕承认错误。承认错误无损他们的自尊。他们知道,在变幻莫测的数字货币市场,判断错误是交易过程中必然发生的现象。通过认赔可以重新取得清晰的思考与专注能力。事实上许多投资成功者都提到过如何从亏损中学习。而只有不断地学习,最后才能到达成功的彼岸。

【严格的执行力】

笔者在这里再次强调执行力的意义。如果连基本的执行都存在很大的问题,做任何事都很难成功,不仅仅体现在数字货币上。看看身边那些成功的人,无论他们是打工的还是创业的,绝对拥有值得信赖的执行力,这就是一种生存态度。在交易中,不论是策略还是计划,一旦开始就必须严格执行,因为只有在场外制定策略的时候你才能保持相对的客观,一旦置身场内你就会失去理性的判断,这个时候唯一的办法就是执行既定的策略。每天都在行情里随机做出决定,那么你所付出的代价和交易沉淀的经验都无法帮助到你,这个时候一个老手和新手没有任何区别,你以前付出的算是白费了。对于成功者来说,执行力已经融入到血液和骨骼,成为身体和灵魂的一部分。他们在对自己的严格要求中超越自我、慢慢成就自我。一套良好的交易系统是起点,执行力是难点。要不断完善交易系统的细节,良好技术应用背后是交易内功。

【积极向上的心态】

拥有积极情绪的交易者会在学习和交易中克服一个又一个困难,把失败看作暂时的、意料之中的结果,把它当作自身发展过程中所面临的挑战,把一切困苦当作人生成长过程中的肥料,从而能够从失败中学习。蒙受损失后,可以抖擞精神、不甘失败并再次返回交易阵地,也可以在交易中制定和遵循交易计划,始终如一地坚持自己的交易系统,每天完善交易系统,长此以往,终究会有所成。

【专心】

专心是在任何行业中成功的基本要求。数字货币交易其实对专业性要求不高,用不着很多专业的知识,也不用很多的资本,比成为数学家、工程师简单多了。但千千万万的人都在这里摸爬滚打,你凭什么做得比他们好?普通人每天工作八小时,你也工作八小时的话,只会是普通人中的一员。你要求生存、谋发展,只能依靠八小时以外的努力。八小时之内求生存,八小时以外谋发展。

【果断】

果断是一种教养和能力,也是一种胸襟和气度。遇事要有谋略,行动果断不犹豫,得事当勇,直面可解,躲避难结。果断是一种自信,用在情感上,是一言九鼎的气魄；用在事业上，是对周围环境准确把握、认识和评估后做出的决定；用在交易上，更是当机立断的行动力。人在十字路口，总要选择方向，或许这个方向不准确，但我们果敢做出的决定，给修正预留了时间和机会。人生不怕走弯路，但最怕原地纠结。

人在世上，每一天都在探索，需要果断地做决定，优柔寡断的人总是前怕狼后怕虎，很难成功。成功的交易者总会有着与众不同的品质，他们拥有正确的思维方式、严谨的交易态度、强烈的自信心、果敢和面对失败永不言败的精神，即使在系统最困难的时候，他们也能果断按照系统交易。因为他们知道：成功要有远大的目光，克服人性短视的弱点，有坚持一个固定的盈利模式的耐心和信心。

【做好充足的心理准备】

对还未入行的朋友来说，炒币是压力极大的行业，所以想踏入此行业的人们，要有足够的心理准备，因为赚钱时你不知道自己因为什么赚钱，不知道下次要怎么做才能重复赚钱的经历；亏钱时，你也不明白自己为什么亏钱，下次要怎么做才能防止亏损再次发生。这在心理上必然会引起极度沉重的压力，带来忧虑、期待和恐惧、贪婪等复杂情绪，是难以用笔墨形容的。你会觉得自己失去了控制，在数字货币市场的海洋中漫无目的地漂流，不知下一站是何处。解决这一问题的唯一办法就是不断地在市场中磨炼、学习，慢慢建立自己对市场的感觉，不要跟风，建立自己的操作系统。并且，当成果和努力不直接挂钩的时候，一般人总是会松懈下来，这是要不得的。毕竟你所从事的不是今天搬一块砖就赚一块砖钱的工作。最后，就是要热爱你选择的行业，如果你不热爱这个行业，只是追求金钱，你很快就会发现交易很单调、无趣，赚钱也不如你想象的那么容易。以上的种种问题，笔者希望大家可以在这本书中找到答案。

谨记，市场的走势从来都没有错，它总是在走自己要走的路，会出错的只有交易者自己。你能做的只有追随市场的走势，见到危险信号，不要三心二意，不要存有幻想，把单子全部出手，如果不是适合自己做单的位置，那么就按兵不动。几天之后也许一切又恢复正常，你一样可以重新找到适合自己的入场位置。如果这样做，你将会为自己省下很多焦虑的心情以及学费。华尔街流行的说法是这样的，你在道路上漫步时，见到汽车向你驶来，你该怎么办？你自然应该闪到一边，待汽车离去后，你随时可以继续行走，迟疑不决会危及生命。在数字货币市场中就是你的交易的生命。

按规则行动是愉快的，不按规则行动是痛苦的。刚学知识的时候亏钱总是痛苦的，随着时间的推移，你经历了从小亏损到大亏损的过程，不断对自己产生怀疑，感到焦虑，总有一次，你终会对自己再也忍无可忍，那么从这次开始就会逐渐形成快速止损的心态。开始时定下的止损规则显得难以执行，慢慢地成为下意识的行为，一旦行情运行不对就采取止损的行动，否则就会寝食难安。这个过程就是你学习交易的过程。所以，不止损与恐惧止损这两种极端都是需要克服的，需要磨炼出很多和人性逆向而行的心态。如果我们有正确的交易理念，有一套完善的操作系统，还需要严格执行，一次不行磨炼两次，两次不行磨炼三次，只要严格遵守自己的交易原则，那么还会出现不愿止损、犹豫不决、随意操作吗？我相信只要不断打磨，终有一天你会有所成就。

后记
POSTSCRIPT

　　首先感谢广东经济出版社,感谢罗振文编辑、周伊凌编辑以及赖芳琨编辑长期以来的大力支持。我从2013年开始进入金融交易行业,一开始做国际黄金、白银,随后是外汇,2015年开始做国内的商品期货,2017年进入数字货币交易行业。我认为这个行业公平、公正、公开,并且只要肯学、发挥自己的主观能动性,就可能有所收获。并且这个行业,随着时间的推移和经验的累积也能够做到可持续的发展,几年之后可能做得越来越精通,行业不会消失,投资者也不会被更年轻的群体所取代,这是我选择它并努力为之奋斗的原因。

　　我常对身边的学员讲,从某种程度上说,上天是公平的,它给了每一个人选择的机会。但它也是不公平的,它没有给每个人看见这种机会的能力。生活没有得到改善的本质原因不是人们不努力、不思变,其实有些人一直都在思考如何让自己的日子好过一点,并做了相应的调整和努力,可是最后依然没能改变贫穷,本质原因不仅仅是思维观念的落后。更深层的原因也许是他们根本没有充足的社会资源、经济资源以及人脉资源可用来转化为财富资本,也就是说他现有的各种资源条件不足以推动任何财富的增长、生活的改善,于是只好坐吃山空。

　　但我认为这是一个公平的时代,数字货币市场也是一个相对公平的市场。

　　金融交易行业给了人们一个公平改变命运的机会,这里不需要阿谀奉承,不需要无用社交,不需要各种现实资源,这也是其魅力所在。

　　在从事这个行业之初,和所有人一样,我亏过很多钱,在拥有完善的交易系统和正确的交易理念后,我也赚了很多钱。我觉得这都是好事,或者说是必经之路。因为做任何行业,都是吃过亏才好,并且越早吃亏越好。可能新手朋友刚进入这个行业时心情会比较浮躁,都想在这个行业大赚一笔,这是不太可取的,因为任何行业都是一样的,没有经历过大挫折,最后是不会有大成功的。有一句话是这样讲的:"智慧不可赐,通过磨难方可获得。"当今社会上,但凡能"立"起来的,能把企业经营好的，都是经历过九九八十一难的，每个大人物、每个成功的企业家都是如此。这叫大破大立，小破小立，不破不立。破，有风险；但不破，会一辈子立不起来，从事任何行业都是一样的道理。同样，交易的智慧也是不可赐的，唯有通过不断地磨炼，亏损—盈利—再亏损—再盈利，不断地发现规律、总结规律、运用规律，才能最终实现稳定性的盈利。所以我常和大家讲，不管是在人生里还是在交易中，你们要和赚过大钱也亏过大钱的人学习。他赚过大钱，说明他有能力，并且对钱有承载力；他亏过大钱，才会对钱有敬畏感，这是做成大事业的基本前提。

在我个人看来，生命向来没有任何过不去的坎，要一直踩过去、踏过去。我觉得所有困难都是人生修炼，越想成为大人物，要经历的挫折就越大；经历大的挫折，还能勇往直前，最终才能取得大成功。

我希望大家如果下定决心从事这种高风险高利润的行业，就不要只保持"三分钟热度"。想通过这个行业换取下半辈子的富足，最好先用两年时间好好学习，磨炼自己的交易心态。建立完善的交易系统，把这个行业当作有目标性、持续性的事业来做。所有的K线技术都是相通的，所有的K线规律的形态运行也都是一样的。例如，学会了数字货币交易，商品期货交易、国际黄金交易也就会了。所以希望大家把这个行业当作长期的事业来做。上天是公平的，别人努力了一两年赚到钱，你努力一两个月就想拿到钱是不太现实的。

从事交易行业，你要给自己这样的信心，只要你全力以赴，专心致志，什么都能学会，什么都会做得到。对这行了解得越多，从中得到的乐趣也就越多。俗话说，知识就是财富，交易的知识也不例外，而且这些知识除了精神财富之外，还能提供财务上的收益。

说了这么多，不去做的话，是没有用的。只有那些满怀理想又努力用实践来实现这些理想的人，才能有所作为。虽然这种人少之又少，但是只有这种人才会成为真正的成功者。并且我写书也只帮助有缘人，只帮助那些有意愿，还能不断坚持、战胜各种困难的交易者。因为每天都有源源不断的人进入这个市场，有人亏钱有人赚钱，有人继续有人离开，但我相信，能留下来的这些人，都是强者愈强。这些人会把每段失败经历和挫折都当作前进路上不可避免的障碍。我的亲身体会是，人只有在一段时间的压力中，才会完成这辈子最重要的那么几件事，或者别人永远不可能完成的那些事情。当你只有唯一的活路时，你才能拿出平时百倍千倍的努力与坚持去克服一切苦难。所谓绝处逢生，就是只有当你"绝"了，才能勇往直前；只有"绝"了，你才能克服一切并坚持下来，达到别人难以企及的高峰。

所以要感激失败与挫折，是它们让人去进步、去超越、去战胜自己。每个人都希望自己有一天能出人头地，拥有精彩的人生，然而很多人一辈子却庸庸碌碌，不仅没有任何作为，反而活得一塌糊涂，这样的结果完全是自己甘于平庸的心态所造成的。如果一个人能够超越自己，不甘平庸，那他就很容易获得成功。

虽然距离成功越近，越是路广人稀，但是，只要坚持不懈，终会开花结果。

当你身处逆境，感到诸事不顺，爱情、工作、事业、理想都成泡影，心生绝望之时，不妨换个角度看问题，告诉自己，一切都是最好的安排，福祸相依，你怎么知道未来不会出现惊喜呢？人生道路上，很多人求之不得的捷径，其实不过是投机取巧，在苦难和挑战面前绕道而行。但别忘了，挫折，往往是成长的加速器。

失败的人之所以倒地不起，就是因为他们一击即溃；而成功的人之所以无往不胜，恰恰是因为他们在每一次跌倒后都脱胎换骨，看似节节败退，实则以退为进，因此再度上阵后必将强者愈强。

同时要记住两个字——争气。一个失败者，要努力变成巨人，令曾经看不起你、不信任你的人感到内疚。那些喜欢嘲讽人的人几乎都是生活的失败者、碌碌无为的混日子者，对这些人的嘲笑，要一笑置之。

塞翁失马，焉知非福。一切都是最好的安排。

所以，感恩一切都是最好的安排，感恩生命中所遭遇的一切。

济卿凭
2020年5月8日